William Lewis Hertslet
Winfried Hofmann

Der Treppenwitz
der Weltgeschichte

William Lewis Hertslet
Winfried Hofmann

Der Treppenwitz der Welt- Geschichte

Geschichtliche
Irrtümer,
Entstellungen
und Erfindungen

Begründet von
William Lewis Hertslet

Fortgeführt von
Hans F. Helmolt,
Friedrich
Wencker-Wildberg,
Alfred Grunow

13. Auflage

Ullstein

© 13. neubearbeitete Auflage 1984 by Verlag Ullstein GmbH,
Berlin · Frankfurt/Main · Wien
Alle Rechte vorbehalten
Satz: Fotosatz Otto Gutfreund, Darmstadt
Druck und Einband: May + Co, Darmstadt
Printed in Germany 1990
ISBN 3 550 07732 7

1. Auflage Juli 1984
2. Auflage Januar 1985
3. Auflage September 1990

CIP-Titelaufnahme der Deutschen Bibliothek

Hertslet, William Lewis:
Der Treppenwitz der Welt-Geschichte : geschichtliche
Irrtümer, Entstellungen und Erfindungen / William Lewis
Hertslet ; Winfried Hofmann. Begr. von William Lewis
Hertslet. Fortgef. von Hans F. Helmolt . . . – 13., neubearb.
Aufl., 3. Aufl. im Ullstein-Verl. – Berlin ; Frankfurt/Main ;
Wien : Ullstein, 1990
ISBN 3-550-07732-7
NE: Hofmann, Winfried [Bearb.]

Inhaltsverzeichnis

Amicus Plato, magis amica veritas

Einleitung

Der *Treppenwitz der Weltgeschichte* – was besagt der Titel, was verspricht er und was erwartet der Leser vom Inhalt?

Unter dem Begriff Treppenwitz verstehen wir die guten Gedanken, die goldenen Worte und die in klarer, geschliffener und treffsicherer Prägnanz und in schlagwortartig gefaßter Form zum Ausdruck gebrachten Ansichten und Ideen, die uns meist zu spät einfallen. Hintennach, wenn wir bedächtig die Treppe herabsteigen, sind wir mit einem Mal viel klüger als zuvor. Beschämt erkennen wir, daß wir im entscheidenden Augenblick, sei es im Verlauf einer Konferenz, in einer Unterredung oder in einer Diskussion, versagt und eigentlich eine recht klägliche und unbedeutende Rolle gespielt haben. In langatmigen, ausweichenden und banalen Redewendungen, die jeder überzeugenden Kraft entbehren, in abgegriffenen Gemeinplätzen haben wir zu dem umstrittenen Gegenstand Stellung genommen. Der zündende Funke ist ausgeblieben, der ein Brillantfeuerwerk von Geistesblitzen entfachen sollte, die man von uns erwartet hat. Im entscheidenden Augenblick der Bewährungsprobe haben wir versagt.

Diese schmachvolle Niederlage hat den Menschen an seiner empfindlichsten Stelle getroffen: in seinem Geltungsbedürfnis als Persönlichkeit. Minderwertigkeitsgefühle läßt der verletzte Ehrgeiz aber nicht aufkommen.

Was liegt also näher, als daß man die fatale Szene post eventum rekonstruiert, sich selber in den Mittelpunkt rückt und in logisch durchdachten Redewendungen die großen Worte formt, die die Zuhörer blenden, mitreißen und in ehrfurchtsvoller Bewunderung erstarren lassen sollten: *Voilà un homme.*

Unwillkürlich korrigiert und retuschiert man so lange den tatsächlichen Hergang, bis das die Eitelkeit befriedigende Selbstporträt in allen Einzelheiten so vollendet ist, wie es in Wirklichkeit hätte sein sollen.

Die *Memoiren* und *Autobiographien* wohl der meisten Persönlichkeiten, die im öffentlichen Leben und in der Geschichte ihrer Zeit eine mehr oder minder bedeutende Rolle gespielt haben, sind zwangsläufig unter dem Bann dieser Philosophie des Als-ob entstanden: Der Verfasser sucht der Nachwelt die Verkörperung seines Wunschtraums aufzudrängen, die den Ablauf der Begebenheiten, an denen er mitgewirkt hat, so darstellen, *als ob* es verbürgte Geschichte wäre.

Der Historiker kennt den geringen objektiven Wert derartiger Selbstbekenntnisse als Geschichtsquelle, deren kritisch-gewissenhafte Nachprüfung in den meisten Fällen ein ganz anderes Bild von minder großartiger Wirkung gibt, das dafür aber der geschichtlichen Wahrheit entschieden eher entspricht.

Das gleiche gilt ebenso von den feingeschliffenen, langatmigen Reden und Ansprachen, die Livius und andere antike Geschichtsschreiber ihren Helden in den Mund legen. Sie sind niemals am Vorabend weltgeschichtlicher Entscheidungen, unmittelbar vor Beginn einer Schlacht oder im Verlauf diplomatischer Verhandlungen gehalten worden, sondern erst viel später, oft Jahrhunderte nach den Ereignissen, auf die sie Bezug nehmen, in der wohltemperierten Umwelt der Studierstube von dem die Vergangenheit belebenden Historiker Wort für Wort abgewogen und in endlose Satzperioden eingekleidet worden, deren kunstvolle Partizipial- und Relativkonstruktionen allen Sekundanern, die sich mit der wortgetreuen und sinngemäßen Verdeutschung dieser Ungetüme herumplagen mußten, eine Gänsehaut nach der andern über den Rücken jagten.

Sie waren nur Kunstgriffe, mit denen der antike Autor den trockenen Ablauf der Geschehnisse durch Monologe und Dialoge der Hauptakteure zu beleben suchte.

Genau so zweifelhaft und wenig authentisch sind die geistreichen Aussprüche großer Männer und die kurzweiligen Geschichten, die man sich von ihrer Schlagfertigkeit und Geistesgegenwart erzählt. Mit staunender Bewunderung und geziemender Hochachtung blicken wir zu diesen Lebenskünstlern auf, die nichts zu erschüttern vermag, die alle, auch die schwierigsten und verzweifeltsten Vorkommnisse mit einem geistvollen Wort meistern, deren Vorrat an attischem Salz, an Witz und Geist so unerschöpflich ist, daß sie selbst noch auf dem Sterbebett im Delirium der Agonie soviel Selbstbeherrschung und Kraft besitzen, mit einem tiefsinnigen und bedeutungsvollen Bonmot auf den erstarrenden Lippen in einem grandiosen Finale von der Bühne des Lebens abzutreten.

8

Was die Antike an solchen erbaulichen Aussprüchen und Anekdoten überliefert hat, kann man in den moralischen Schriften des Plutarch und in der Anekdotensammlung des Valerius Maximus, ferner bei Sueton, Nepos und in den nachklassischen Kaiserbiographien nachlesen.

Unser heute für diese Kategorie gebräuchliches Wort *Anekdote* ist aus dem Französischen übernommen, das seinerseits wieder aus dem griechisch-lateinischen anecdota abgeleitet ist. Dies bedeutet ursprünglich Dinge, die nicht bekanntgemacht wurden, also *opera inedita* – nichtveröffentlichte Werke, im weiteren Sinne also unbekannte Begebenheiten aus dem Leben dieser Männer.

Mit dieser Bedeutung hat das Wort im 18. Jahrhundert Eingang in die deutsche Sprache gefunden und begegnet uns in den Werken von Gellert und Lessing.

Das Charakteristikum der Anekdote ist die anfangs nur mündlich überlieferte Erzählung eines kleinen Erlebnisses oder Ausspruchs. Erst viel später, oft nach dem Tod der Augenzeugen dieses Vorgangs, hat die inzwischen durch die unkontrollierte Weitergabe von Mund zu Mund mehr oder minder ausgeschmückte und damit von der ursprünglichen Begebenheit abweichende Fassung ihre schriftliche Fixierung erhalten, und zwar gewöhnlich von verschiedenen Autoren in ebenso verschiedener Formulierung. Darin erinnert die Anekdote vielfach an die Sage, der auch meist ein gewisser historischer Kern zugrunde liegt, dessen Ausgangspunkt ein verbürgtes Ereignis oder eine bedeutende Gestalt ist. Wie es Wandersagen gibt, die in verschiedenen Ländern sich an verschiedene Ereignisse und Personen knüpfen, so gibt es auch einen gewissen Fundus von Wanderanekdoten, die im Lauf der Zeit von verschiedenen Personen erzählt werden, auf die sie durchaus zutreffen, obwohl sie in den meisten Fällen frei erfunden sind.

Die Anekdote, gleichgültig, ob ihr Stoff in seiner Substanz historisch verbürgt oder erdichtet ist, besitzt ein zähes Leben, das allen noch so scharfsinnigen und überzeugenden Widerlegungen durch die objektive Forschung zum Trotz im Bewußtsein des Volkes fest und unausrottbar verankert ist. Ein knapp formulierter Ausspruch, eine konkrete Begebenheit prägt sich dem Gedächtnis viel leichter ein als nüchternes Tatsachenmaterial, das nur dem kenntnisreichen Forscher geläufig und verständlich ist. Man kann sogar behaupten, daß große Männer in der Erinnerung der breiten Masse nur in Anekdoten fortleben und daß die Unsterblichkeit einer Persönlichkeit von dem Kranz der Anekdoten abhängt, den die Nachwelt um sie gewunden hat. Denn die Anekdote entkleidet die überra-

9

gende Gestalt ihrer Apotheose und ihres historischen Nimbus, *sie durch-bricht* – wie der Volkskundler Karl Wehrhan sich über das Verhältnis der Anekdote zur Geschichte äußert – *die ehrfurchtsvolle Entfernung des gewöhnlichen Erdenbürgers von dem Mann großer Taten, dem Herrscher auf dem Throne, wie es ja auch die historische Sage tut. Sie läßt uns gleichsam durch die Fenster in die Privatgemächer des Schlosses und durch den Busch in den abgesperrten Teil des königlichen Parkes einen Blick werfen. Darum hat das Volk auch gerade die Bilder seines Lieblings-helden und Lieblingsfürsten mit dem Blätter- und Blütenschmuck solcher sagenhaften Anekdoten oder besser anekdotenhaften Sagen umkränzt. Dadurch bringt es sich auch die Größten und Mächtigsten, die Erhaben-sten und Glänzendsten als freundlich lachende und scherzende, aber auch als menschlich leidende Erdenkinder näher... Nur so konnten Gestalten wie Siegfried, Hermann der Cherusker, Karl der Große, Fried-rich Barbarossa, Luther, der Alte Fritz, Zieten, Blücher und viele andere zu echt volkstümlicher Größe emporwachsen.* Vom hohen Kothurn un-nahbarer Vergottung steigen sie gleich den Göttern des Olymps zu den Sterblichen herab und werden Menschen wie du und ich, behaftet mit allen irdischen Eigen- und Leidenschaften.

In der Anekdote wird Geschichte mit Poesie verwoben und zur Keim-zelle der Dichtung selbst.

So führt ein direkter Weg von der Geschichte zum *Epos*, zur *Ballade*, zum *Drama* und im weiteren Verlauf in die uferlosen Gefilde der üppig wu-chernden Belletristik des *historischen Romans*.

Denn die nüchterne nackte Geschichte, die sich ausschließlich auf urkundliches Aktenmaterial stützt, ist weder poetisch noch malerisch. Die großen Dichter der Weltliteratur von Homer und Vergil über Shake-speare, Byron, Goethe und Schiller bis zu Gerhart Hauptmann – um nur einige hervorragende Vertreter zu nennen – mußten, wenn sie geschichtli-che Begebenheiten und Personen zum Gegenstand ihrer Epen und Dramen machen wollten, den überlieferten Stoff erst veredeln, die Geschichte korrigieren und mit dem Recht der poetischen Lizenz zum Kunstwerk umgestalten. Kein Kritiker wird ihnen diese Eigenmächtigkeit verübeln, denn die Bühne ist nun einmal kein Katheder. Shakespeares Tudorkönige, Goethes Tasso, Götz und Faust, Schillers Tell, Jungfrau, Wallenstein, Don Carlos und Fiesco, Hauptmanns Florian Geyer haben mit ihren geschicht-lichen Urbildern nur die Namen gemeinsam.

Das gleiche trifft auch, und oft in noch höherem Grad, auf die literari-

10

sche Gattung des historischen Romans zu, der neben dem Drama eine schier unerschöpfliche Quelle für den Treppenwitz der Weltgeschichte ist. Selbst in sogenannten gebildeten Kreisen begegnet man häufig der irrigen Ansicht, man könne sich durch die Lektüre solcher Romane mühelos auf angenehme und unterhaltsame Weise gediegene geschichtliche Kenntnisse aneignen. Aber selbst wenn die Verfasser sachkundige Fachgelehrte sind – wie etwa Georg Ebers und Felix Dahn –, so müssen auch sie zwangsläufig Konzessionen an die von ihnen gewählte Form der literarischen Gattung machen und dem Geschmack des Publikums durch Verniedlichung und Ausschmückung der Tatsachen entgegenkommen und dadurch die Geschichte mehr oder minder verfälschen.

Aufgabe und Zweck des historischen Romans können eben nur darin bestehen, ein größeres Publikum von Laien für historische Stoffe zu interessieren und sie anzuregen, sich mit dem Studium ernsthafter Fachliteratur zu beschäftigen – was wohl nur in den seltensten Fällen geschieht.

Schöpfer des historischen Romans großen Stils ist der englische Schriftsteller Walter Scott gewesen. Seine in den ersten Jahrzehnten des 19. Jahrhunderts erschienenen Romane, deren Handlung meist der englischen Geschichte des Mittelalters entlehnt ist, gehörten zu den Bestsellern der Biedermeierzeit. Sie sind in vielen deutschen Übersetzungen verbreitet worden und haben sich befruchtend auf unsere Unterhaltungsliteratur ausgewirkt. Ein kaum noch übersehbarer Kometenschweif zweit- und drittrangiger Epigonen hat sich an das leuchtende Gestirn des britischen Vorbildes geheftet und in zahllosen Romanen das Gesamtgebiet der Weltgeschichte durchgeackert. Die Namen dieser zahlreichen Autoren sind der Vergessenheit anheimgefallen und ihre bändereichen Werke, die einst die Regale der Leihbüchereien füllten, sind längst Makulatur geworden, ein Verlust, den die von überflüssigem Ballast befreite Literaturgeschichte wahrlich nicht zu beklagen braucht. Wie nachhaltig Scott das geistige Deutschland beeinflußt hat, beweist die Tatsache, daß selbst Leopold von Ranke sich zunächst dem Zauberbann des britischen Schriftstellers nicht entziehen konnte.

England brachte die merkwürdigste Erscheinung zutage, den historischen Roman, der durch die Werke Walter Scotts die litterarische Welt beherrschte. Wonach man trachtete, eine vollkommene Anschauung der Jahrhunderte zu geben, das schien hier erreicht zu sein. Ich begann damals eben [1824] meine Studien zu der Geschichte der romanischen und germanischen Völker. Ich studirte die Memoiren von Comines ... Da erschien Walter Scotts »Quentin Durward« glaube ich war es, und ich

11

sagte: ›Mein Gott! Comines und die andern Relationen... haben das ja ganz anders!‹ Ich war gleichsam beleidigt im Namen der alten Fürsten, denen er [Scott] andere Gesinnungen zuschreibt, als sie hegten, immer unter ihrem Namen. *Ich empfand Widerwillen gegen den historischen Roman... und faßte den Beschluß, daß in der Historie Alles vermieden werden müsse, was von der beglaubigten Überlieferung der Thatsachen wesentlich abweicht (Leop. v. Ranke an seinem neunzigsten Geburtstage.* 21. Dezember 1885. Ansprachen und Zuschriften, ges. v. Theodor Toeche, Berlin 1886, S. 26 f.) *... Ich konnte ihm [Scott] nicht verzeihen, daß er... Züge aufgenommen hatte, die vollkommen unhistorisch waren, und sie noch vortrug, als glaube er daran. Bei der Vergleichung [Scotts mit den echten Quellen] überzeugte ich mich, daß das historisch Überlieferte selbst schöner und jedenfalls interessanter sei als die romantische Fiktion. Ich wandte mich hierauf überhaupt von ihr ab und faßte den Gedanken, bei meinen Arbeiten alles Ersonnene und Erdichtete zu vermeiden und mich streng an die Tatsachen zu halten.*

Vielleicht noch nachhaltiger als Bühne und Roman hat die *darstellende Kunst* zur Schaffung und Verbreitung geschichtlicher Treppenwitze beigetragen.

Der Maler, der ein Motiv sucht, wird naturgemäß eine an sich schon packende, dramatisch belebte Szene wählen, von der er sich eine den Beschauer mitreißende Wirkung verspricht und die sich daher besonders für eine bildliche Darstellung eignet. Niemand wird von ihm verlangen oder erwarten, daß er den Vorgang, den er zum Gegenstand eines Gemäldes machen will, eingehend und kritisch auf seine geschichtliche Echtheit und Treue prüft. Der Künstler ist kein Historiker. Er richtet sich nach den Gesetzen der Ästhetik, die für sein Schaffen und für die spätere Beurteilung seines vollendeten Werkes allein maß- und ausschlaggebend sind.

Wo aber findet er eine Vorlage, die einer solchen Prämisse am nächsten kommt und die in ihren Grundzügen schon die Konzeption des Künftigen enthält? In sehr vielen Fällen doch wohl in der Anekdote, also in einer oft sehr trüben und wenig zuverlässigen Quelle, aus der der Geschichtsforscher nie schöpfen würde. Die nackte, nüchterne Geschichte ist an sich nicht malerisch. Der Künstler muß sie daher ebenso wie der Dichter erst für seine Zwecke herrichten, zustutzen und zurechtrücken. Mit Vorliebe wird er sich daher für einen Treppenwitz der Weltgeschichte entscheiden, der bereits alle Elemente enthält, die er nur noch nach seinem Können und nach den Grundregeln der jeweiligen Stilrichtung auszugestalten braucht.

12

Oft dient dem Maler auch eine Ballade oder ein Schauspiel als Vorlage für sein Bild, also ein Motiv, das der Dichter bereits für seinen Zweck umgeformt und zurechtgerückt hat. Die Gefahr, die eine solche Vernebelung oder Verniedlichung einer an sich schon dubiosen geschichtlichen Handlung bedeutet, hat bereits Ludwig Uhland erkannt. Als ihm eine Zeichnung zu einem seiner historischen Gedichte vorgelegt wurde, meinte er (Joseph Rank, in: *Neue freie Presse* [Wien] v. 4. 7. 1882): *Ich liebe solche Bilder nicht. Die Maler sollten derlei Gegenstände nicht zum Vorwurfe ihrer Kunst machen. Entweder sollten sie wirkliche Geschichten darstellen oder nur Gedichte rein poetischen Inhalts illustrieren. Historische Stoffe, welche einmal den Weg durch Sage und dichterische Form hindurch gemacht, führen den Künstler auf einen Zwitterboden, der sehr bedenklich ist, denn indem auch der Maler dem fort und fort verwandelten Stoffe noch einmal in seiner Weise ein eigenes Gepräge gibt, geht zu leicht die historische Wahrheit, Ursprünglichkeit und Kraft verloren.*

In der Tat stellen die meisten Schöpfungen der Historienmalerei – der sakralen wie der profanen – unhistorische Vorgänge dar und haben dadurch wesentlich zur Verbreitung und Verewigung geschichtlicher Irrtümer und Legenden beigetragen.

Während die Malerei des 14. und 15. Jahrhunderts noch völlig von der Wiedergabe biblischer Motive beherrscht wird, wählen die Künstler der Renaissance und des Humanismus neben Szenen aus der Passion Jesu immer häufiger Vorgänge aus der antiken wie aus der miterlebten Profangeschichte. Im Zeitalter des Barock und Rokoko wetteiferten die Künstler in Darstellungen aus der antiken Mythologie und aus den *Metamorphosen* des Ovid. Die große Zeit der Historienmalerei beginnt mit dem Ausbruch der französischen Revolution, die ebenso wie die darauffolgende napoleonische Heldensage den Künstlern überreichen Stoff für riesenhafte und prunkvolle historische Gemälde liefert. Sie sind erst lange nach den Ereignissen, die sie verherrlichen, in friedlichen, von Kanonengebrüll und dem Getrabe wiehernder Rosse nicht erschütterten Ateliers entstanden. Die Künstler haben sich auf porträtgetreue Wiedergabe der Züge ihrer berühmten Zeitgenossen und deren Kleidung beschränkt. Keiner aber hat den Schlachten, die sein Pinsel verherrlicht, selbst beigewohnt oder an Ort und Stelle Skizzen der Landschaft gemacht.

Keines dieser grandiosen Schlachtengemälde kann daher Anspruch auf realistische Wiedergabe der Wirklichkeit erheben. Sie sind samt und sonders Phantasiebilder, die als Kunstwerke lediglich im Rahmen ihrer Schule und des Zeitgeschmacks dokumentarischen Wert besitzen.

Das Kausalgesetz von Ursache und Wirkung läßt sich nur in sehr beschränktem Maß auf die Geschichte anwenden. Noch nie hat in dem bisherigen langen Verlauf der Weltgeschichte eine Ursache unmittelbar darauf, wie etwa der Blitz den Donner, auch die Folgeerscheinungen ausgelöst. Beide Phänomene liegen meist weit auseinander. Der primäre Vorgang, die Ursache, entwickelt sich langsam und unauffällig aus einer Fülle scheinbar nebensächlicher und daher gewöhnlich kaum beachteter Einzelerscheinungen. Die unmittelbare Ursache, *la cause occasionelle*, verdichtet sich ganz allmählich zu einer Kraftkomponente, die dann durch ein oft ganz belangloses, rein zufälliges Geschehnis, auf das man geradezu gewartet hat, den aufgehäuften Zündstoff zur Explosion bringt. Ursache und Wirkung unmittelbar in Verbindung zu bringen, bleibt dem Dramatiker und Epiker vorbehalten (Schiller, *Die Künstler*, 225–228):

Was die Natur auf ihrem großen Gange
In weiten Fernen auseinanderzieht,
Wird auf dem Schauplatz, im Gesange
Der Ordnung leicht gefaßtes Glied.

Es wird zwar behauptet, daß Menschen die Geschichte machen. Aber genau besehen steht der Heroenkult auf schwachen Füßen. Denn auch der Genius, der große Staatsmann, Feldherr, Herrscher und Diktator formt nicht eigenmächtig das Zeitgeschehen nach seinem Willen. Auch er ist abhängig von den verschiedenartigsten Einwirkungen und Strömungen, denen er unterworfen ist und die sein Handeln und sein Schicksal bestimmen.

Geburt und Jugend der Großen der Geschichte sind meist in Dunkel gehüllt, verlieren sich in den Niederungen des Alltags im Rahmen einer bescheidenen Umwelt. Kein Zug, keine Äußerung verrät den göttlichen Funken, der in dem Kind schlummert und der erst viel später hervorbricht, wenn äußere Einwirkungen und glückhafte Zufälle ihn aus der anonymen Menge emporgehoben haben.

Dann erst, wenn er im grellen Scheinwerferlicht der Geschichte steht, setzt die Apotheose in Form von Legenden ein, die schon in dem neugeborenen Säugling die künftige Größe ahnen ließen. Die Einbildungskraft der Menge klammert sich an das Wunderbare und Geheimnisvolle. Sie verlangt einen Mythos, an den sie glauben kann, und da er nicht vorhanden ist, schafft sie ihn sich selbst. Kosmische Erscheinungen, Kometen, Erdbeben und andere erstaunliche Vorzeichen haben seinen Eintritt in die Welt verkündet, und die gleichen okkulten Erscheinungen rufen den Auser-

14

wählten einst ab, wenn er seine Laufbahn beendet hat. Bis zum letzten Atemzug bewahrt er seine Größe. Noch auf dem Sterbebett legt das Volk dem scheidenden Helden ein letztes bedeutsames Wort in den Mund, als bühnenwirksamen Abgang – jeder Zoll ein Heros.

Auch diese bedeutungsvollen letzten Worte und Reden großer Männer gehören zu den Treppenwitzen der Weltgeschichte. Sie sind fast alle post mortem erdichtet worden. Die Zeugen, die dem Todeskampf des Sterbenden beigewohnt haben, wissen nichts davon, sie haben nur Röcheln und Stöhnen vernommen, allenfalls ein unzusammenhängendes, nichtssagendes Stammeln.

Die Dramaturgie der Geschichte ist höchst mangelhaft und willkürlich aufgebaut. Die einzelnen Abschnitte schließen weder wie der Akt eines Dramas mit einer effektvollen Handlung, noch beginnen sie mit einer solchen. Die einzelnen Epochen sind auch nicht scharf abgegrenzt, sondern fließen in langsamer organischer Entwicklung ineinander über. Die uns geläufige Einteilung in Altertum, Mittelalter, Neuzeit und Gegenwart ist erst im nachhinein erfunden worden.

Die Weltgeschichte kennt keine Moral. Sie handelt nach Gesetzen, die jenseits von Gut und Böse stehen. Es ist daher abwegig und führt zu Trugschlüssen, wenn wir das Weltgeschehen nach den Begriffen unseres sittlichen Standpunktes aburteilen. Die Weltgeschichte ist keineswegs das Weltgericht. Wer aus einem Kampf als Sieger hervorgeht, ist noch lange nicht der, dem man den Sieg hätte wünschen müssen und der ihn daher auch verdient hat.

Die Politik kümmert sich nicht um Rechtsfragen. Sie werden nur als Rechtfertigung des eigenen Handelns vorgeschoben. Nicht das tugendhafte Volk bleibt Sieger, sondern das militärisch und wirtschaftlich überlegene. Der Gott der Schlachten ist immer auf der Seite der stärksten Bataillone – das haben schon Feldherren vom Rang Friedrichs des Großen und Napoleons erkannt.

Das besiegte Volk ist der schuldige Teil, der Sieger dagegen immer im Recht.

Es bleiben uns noch zwei weitere Quellen, aus denen der Treppenwitz der Weltgeschichte gespeist wird: die *volkstümliche Erklärung von Bezeichnungen, Namen, Worten, Sprüchen, Sitten, Einrichtungen, Symbolen, Bildern und Denkmälern*, deren ursprüngliche Bedeutung im Lauf der Zeit in Vergessenheit geraten ist.

15

Ferner die *Erklärung von Naturspielen* und die *wörtliche Auslegung und Personifikation des Allegorischen.* Auch hiervon bringt der Hauptteil unseres Buches eine Menge seltsamer Beispiele.

So hübsch, sinnfällig und oft geradezu poetisch diese vom Volksmund erdichteten Auslegungen auch sein mögen, der Historiker darf sich von ihnen nicht bestechen lassen. Die geschichtliche Wahrheit allein ist ihm Gesetz und Richtschnur: *Amicus Plato, magis amica veritas* – Plato (ist mir) lieb, noch lieber die Wahrheit. Wie bei einer gerichtlichen Untersuchung muß es der Geschichte vor allem auf die Feststellung des Tatbestandes ankommen.

Zweck und Aufgabe unseres Buches laufen also auf eine Entzauberung oder, besser gesagt, auf eine Entrümpelung der Geschichte hinaus. Wir wollen sie von dem überladenen Stuck und Rankenwerk befreien, die ihr wahres Gesicht entstellt haben, wir wollen die einzelnen Schichten, die Zutaten späterer Generationen, entfernen, bis das oft übermalte Original in seiner ursprünglichen Reinheit wieder zum Vorschein kommt.

Zur Rechtfertigung unseres Vorhabens müssen wir uns noch einmal auf den Altmeister der Geschichtsschreibung berufen. In der Vorrede zu seinen *Geschichten der romanischen und germanischen Völker...* (Bd I, Leipzig-Berlin 1824, S. Vf.) bekennt Leopold von Ranke:

Man hat der Historie das Amt, die Vergangenheit zu richten, die Mitwelt zum Nutzen zukünftiger Jahre zu belehren, beygemessen: so hoher Ämter unterwindet sich gegenwärtiger Versuch nicht: er will bloß sagen, wie es eigentlich gewesen.

Aber bedeutet es nicht eine Verarmung, wenn wir aus unseren Geschichtsbüchern alles entfernen, was dem Stoff Wärme, Charakter, Anschauung verleiht? Lohnt es sich überhaupt noch, in der Geschichtsstunde zuzuhören, wenn die Weiber von Weinsberg, der Kniefall Kaiser Rotbarts, die charakteristischen Kriegsanekdoten von Friedrich dem Großen und Napoleon kritisch in Frage gestellt werden?

Wir kennen Goethes Satz, daß das Beste, was die Geschichte gewähre, der Enthusiasmus sei (*Maximen und Reflexionen*, 495: *Das Beste, was wir von der Geschichte haben, ist der Enthusiasmus, den sie erregt.*). Schillers Kampf mit dem Drachen wird mehr Begeisterung erwecken als eine bändereiche Geschichte der Johanniter.

Aber einerseits ist es ein Irrtum, zu meinen, alles, was langweilig oder unverständlich sei, habe sich sicher ereignet. Andererseits braucht deshalb, weil die Kritik die Unhaltbarkeit gewisser Geschichtchen erwiesen

16

hat, der Geschichtslehrer keineswegs völlig auf sie zu verzichten, wenn er nur selber weiß, daß es unverbürgte Anekdoten sind, und es nur versteht, sie als solche mit Verstand und Humor vorzutragen und anzubringen. Unbedingt nötig ist deshalb ein Hilfs- und Nachschlagebuch, wo der hierin unsichere und ungeübte, aber nach wahrer Geschichtserkenntnis strebende Laie nachlesen kann, was Forschung und Kritik als unhistorisch erkannt und seiner trügerischen Talmiglorie beraubt hat. Denn die weiteren Ausführungen werden zeigen, wie gerade das Pikante, das Rührende, das Ergreifende, das Begeisternde, ja das Hinreißende in der Geschichte meistens – erlogen ist. Eben das, was sich am leichtesten dem Gedächtnis einprägt, ist fast immer Schwindel, gut erfundene Schöpfung, die zur Begründung eines brauchbaren Stichworts dienen muß – *une fable convenue.*

Aus dieser Erkenntnis ist *Der Treppenwitz der Weltgeschichte* entstanden, ein Buchtitel, der sich in der deutschen Sprache eingebürgert hat und wie Büchmanns *Geflügelte Worte* längst zu einem festen Begriff geworden ist.

Vor gut einhundert Jahren, 1882, erschien im Verlag der Haude- und Spenerschen Buchhandlung ein kleines unscheinbares Bändchen. Sein erster Verfasser war kein zunftmäßiger Historiker, sondern ein allerdings hochgebildeter und kenntnisreicher Außenseiter: William Lewis Hertslet, seiner Abstammung nach ein Engländer, der sich in Deutschland Heimatrecht erworben hat.

Am 21. November 1839 wurde er in Memel als Sohn des englischen Konsuls und Großkaufmanns William John Hertslet geboren. Die an der Mündung der Dange gelegene Kreisstadt – sie zählte damals kaum 7800 Einwohner – besaß als Umschlagplatz für die Erzeugnisse des gesamten ostpreußisch-litauischen Hinterlandes große handelspolitische Bedeutung. In dem geräumigen Hafen am Kurischen Haff legten jährlich etwa siebenhundert Schiffe an, die vorwiegend englische Fertigwaren löschten und als Rückfracht Getreide, Häute und Hanf mitnahmen. Die Ein- und Ausfuhr lag großenteils in den Händen britischer Firmen, die das Wirtschaftsleben dieses entlegenen Nordostwinkels beherrschten, weshalb die kleine Provinzstadt auch Sitz eines königlich-großbritannischen Konsulats war.

Der junge William Lewis besuchte das Realgymnasium. Seine Kameraden waren Söhne von Offizieren, Beamten, Kaufleuten und Gutsbesitzern, mit denen der Brite in die deutsche Umwelt hineinwuchs. Nach dem Abitur machte er sich zunächst im elterlichen Exportgeschäft mit der Technik des Handels vertraut, um dann später in London seine kaufmännische Ausbildung zu vollenden. Nach der Lehrzeit kehrte er nach Memel zurück, wo es den Bemühungen des Vaters gelungen war, unter Beteiligung ostpreußischer Kaufleute, Banken und Gutsbesitzer das Stammkapital für den Bau der Ostpreußischen Südbahn zusammenzubringen. Die Ausführung des Projekts wurde dem englischen Bauunternehmer James Bray übertragen, der sich mit mehreren Millionen beteiligte. In der von Bray geleiteten Aktiengesellschaft erhielt der junge Hertslet eine verantwortungsvolle Stellung, in der er sich zum Experten in allen Fragen des sehr verworrenen Eisenbahn- und Aktienrechts ausbildete.

Die Bahn wurde gebaut, aber sie rentierte sich zunächst noch nicht. Bray mußte sein Unternehmen an den Eisenbahnkönig Bethel Henry Strousberg verkaufen, einen 1823 in Neidenburg geborenen Ostpreußen, der sich als gerissener Spekulant in London Vermögen und Kredit erworben hatte.

Strousbergs finanzielles Vabanquespiel ließ sich mit den Grundsätzen des ehrbaren Kaufmanns nicht vereinbaren. Der nüchtern denkende und vorsichtig kalkulierende Hertslet wollte an den gewagten Aktienschiebungen dieses Glücksritters weder beteiligt sein noch die Verantwortung dafür tragen.

Rechtzeitig, bevor es zum Zusammenbruch kam, schied Hertslet aus und gründete in Berlin ein eigenes kleines, aber auf solider Grundlage aufgebautes Bankgeschäft.

Gleich seinem Zeitgenossen Heinrich Schliemann war Hertslet eine eigenartige Mischung von Geschäftsmann und Idealist. Beide, der Mecklenburger Pastorensohn und der junge Engländer, entstammten dem bildungshungrigen und -begeisterten Bürgertum des 19. Jahrhunderts, dem Gelderwerb nicht Endzweck, sondern nur Mittel zum Zweck war.

Um sich ganz ihren geistigen Idealen hingeben zu können, mußten sie Geld verdienen. Auf diese Weise konnte Schliemann seinen Wunschtraum verwirklichen und das sagenhafte Troja Homers entdecken, während die Einnahmen aus dem Bankgeschäft es Hertslet ermöglichten, sich frei von wirtschaftlichen Sorgen seinen philosophischen und historischen Studien zu widmen. Die kaufmännische Lehrzeit hatte ihn gehindert, die Universität zu besuchen, das Realgymnasium hatte ihm aber die Grundlage einer exakten Allgemeinbildung vermittelt. Schliemann, der in weit höherem Grade Autodidakt war als der Abiturient Hertslet, eignete sich mit zähem Fleiß und nach eigener Methode die gründliche Kenntnis eines halben Dutzends Fremdsprachen an. Hertslet, der geschulte Mathematiker und Statistiker, vertiefte sich in das Studium der Philosophie und Geschichte.

Als gründlicher Kenner und Anhänger Schopenhauers hat er mit seinem systematisch aufgebauten *Schopenhauer-Register* (Leipzig 1890) die volle Anerkennung der Fachgelehrten erworben.

Nicht minder erfolgreich hat sich Hertslet in seinem eigenen Fachgebiet als Finanzschriftsteller betätigt. Seine zahlreichen, scharf durchdachten Artikel in der Berliner Tagespresse fanden in Börsenkreisen verdiente Beachtung. *Salings Börsenjahrbuch,* dessen Redaktion er ein Vierteljahrhundert gewissenhaft und mustergültig führte, gehörte zu den unentbehrlichen Nachschlagewerken eines jeden Finanzmanns und -wissenschaftlers.

Hertslets Steckenpferd aber war die Beschäftigung mit Literatur und Geschichte, der er jede freie Minute widmete. Er besaß profunde Kenntnisse der Weltliteratur. Nicht schöngeistig-dilettantisch, sondern mit kritischem Scharfsinn studierte sein an den exakten Wissenschaften geschulter Verstand jedes Werk. Seine außergewöhnliche Belesenheit und seine vielseitigen Kenntnisse verwertete er als eifriger Mitarbeiter an Georg Büchmanns *Geflügelten Worten.*

Hertslet hat schließlich selber ein solches geprägt, und zwar den dem französischen esprit d'escalier nachgebildeten *Treppenwitz der Weltgeschichte.* Mit diesem Werk, dem seine ganze Liebe und Sorgfalt galt, hat sich der zum deutschen Schriftsteller und Bürger gewordene Engländer ein bleibendes Denkmal in unserem Schrifttum errichtet. Es ist das getreue Spiegelbild seiner ureigenen Wesensart, als Mensch wie als Autor, diese glückliche Dosierung von idealistischer Begeisterung für einen liebgewonnenen Stoff und kritisch-objektivem Streben nach unbestechlicher Wahrheit. Diese maßvoll harmonische Ausgeglichenheit, die belebt und gewürzt ist mit einer Prise feiner Ironie und scharfem Sarkasmus, ist einer der Vorzüge seines von überwältigender Belesenheit und erstaunlichem Fleiß zeugenden Werkes, das von Kritik und Leserschaft sofort anerkannt wurde. Zurückhaltend, fast verlegen, in unscheinbarer Aufmachung hat Hertslets Buch sich 1882 an die Öffentlichkeit gewagt. Gleichwohl fand es eine so günstige Aufnahme, daß bereits im selben Jahr eine zweite Auflage folgen konnte. Auch diese war rasch vergriffen und wurde 1886 durch eine dritte ersetzt. Hatten für die Unterbringung des Stoffes in der ersten Auflage 160 Seiten Kleinstformat ausgereicht, so war die dritte Auflage zu einem stattlichen Oktavband von 468 Seiten angewachsen.

Hertslet arbeitete an der Vervollkommnung seines Lieblingswerkes unverdrossen weiter. Nach fast fünfundzwanzigjährigem Bestehen hatte er 1895 sein Bankgeschäft aufgegeben, um sich fortan ausschließlich seinen

Studien zu widmen. Leider sollte er sich nicht lange dieses stillen Gelehrtendaseins erfreuen, denn schon am 2. Mai 1898, erst neunundfünfzigjährig, starb er.

Das Werk hat seinen Schöpfer überlebt. Es ist immer wieder überprüft, erweitert und auf den Stand der jeweiligen Geschichtsforschung gebracht worden. Das Geschehen der folgenden ereignisreichen Jahrzehnte hat die Zahl der historischen Treppenwitze beträchtlich vermehrt und lebendig erhalten, denn *die Treppenwitze der Weltgeschichte werden nach wie vor erzählt, sie werden von Leuten, die nicht viel Zeit zu lesen haben, nach wie vor geglaubt werden, nicht weil sie wahr sind, sondern weil sie so gut sind, aber dem tiefer Blickenden wird es interessant sein zu beachten, nach welchem Gesetz sie sich bilden und wie sie in dem einförmigen Saatfeld der Geschichte in schillernden Farben erblühn. Wenn ich nur das Eine erreicht habe, daß man nicht mehr sagt »diese Anekdote ist wahrscheinlich historisch, denn sie ist sehr charakteristisch«, bin ich wohl zufrieden.*

Mit diesen, Methode und Zweck seines Buches umreißenden Worten schließt die Vorrede zur 3. Auflage. Was Hertslet damals im August 1886 niederschrieb, besitzt auch heute noch Geltung und hat seither als Richtschnur für die weiteren Bearbeitungen gedient.

Unser Buch wendet sich vornehmlich an interessierte Laien, die sich gern in frühere Zeiten versenken. Es möchte aber auch Lehrern, Studenten und Schülern ein zuverlässiger Begleiter im Irrgarten der Geschichte sein. Und wahrscheinlich wird sogar der Fachgelehrte manches Neue finden.

Das Goldene Zeitalter

Beginnen wir mit dem ältesten und zählebigsten, zugleich aber auch schönsten und rührendsten Treppenwitz der Weltgeschichte, dem Glauben an die Existenz eines *Goldenen Zeitalters*.

Man darf den Begriff natürlich nicht wörtlich nehmen, als *the age of gold, when gold was yet unknown* – das Goldene Zeitalter, als Gold dennoch unbekannt war (Byron, *Don Juan* VI, 55). Denn das wäre die gleiche, vom bloßen Wortklang bestimmte Etymologie, die zu einem völlig abwegigen Trugschluß führt, wofür der römische Rhetoriklehrer und Prinzenerzieher Quintilian ein klassisch gewordenes Musterbeispiel geprägt hat: *Lucus a non lucendo* – Der Wald heißt *lucus*, weil es darin nicht hell ist *(non lucet)*. Womit Quintilian eigentlich nur eine andere Variante des Satzes *Canis a non canendo* des großen Gelehrten Varro gibt: Der Hund *(canis)* heißt so, weil er nicht singt *(non canit)*.

Der Begriff erklärt sich vielmehr aus der Symbolbedeutung der einzelnen Metalle, die uns von einem goldenen, silbernen, ehernen (bronzenen) und eisernen Zeitalter sprechen läßt (vgl. Bodo Gatz, *Weltalter, goldene Zeit und sinnverwandte Vorstellungen*, Hildesheim 1967). Die Inder hatten ihre vier Weltalter (yuga), die immer kürzer und schlechter werden. Im *Zendavesta* zerfällt die zwölftausendjährige Dauer der Welt ebenfalls in vier, aber gleich lange Perioden; jede folgende ist jedoch um so viel schlechter als ihre Vorgängerin, daß am Ende der vierten, jetzigen, die Welt in Feuer aufgehen wird. Auch das Paradies der Juden, der Garten Eden *(Genesis* 2 f.), der Züge des Schlaraffenlandes des Märchens trägt, war nur von kurzer Dauer. Der Mensch war frei von Unglück und Leid, er herrschte über die Natur und war in seinem Glück Gott fast gleich.

Auch die Griechen kannten ein Goldenes Zeitalter, von dem Hesiod *(Werke und Tage*, 109–120) vor über zweitausend Jahren schon mit einer gewissen Wehmut schreibt:

Und sie lebten dahin wie Götter ohne Betrübnis
Fern von Mühen und Leid, und ihnen nahte kein schlimmes
Alter, und immer regten sich gleich die Hände und Füße,
Freuten sich an Gelagen, und ledig jeglichen Übels
Starben sie, übermannt vom Schlaf, und alles Gewünschte
Hatten sie.

Es ist eine Zeit, in der der Mensch in jugendlicher Kraft und Gesundheit bis ins hohe Alter lebt, frei von Sorgen, im Vollbesitz aller irdischen Güter, in naher Gemeinschaft mit den Göttern, bis ihn ein sanfter Tod im Schlaf hinwegnimmt. Dieses paradiesische Goldene Zeitalter wird bei Hesiod abgelöst durch sich stets verschlechternde, das silberne, das eherne, das (sonst nicht übliche) heroische und letztlich das eiserne, in dem er selbst zu leben gezwungen ist (200 f.):

Was bleibt, ist trauriges Elend
Bei den sterblichen Herrschern. Da hilft nichts gegen das Unheil.

Das Goldene Zeitalter als der vollkommene Idealzustand, der in längst geschwundener, grauer Vorzeit einmal auf Erden bestanden habe, begegnet nach weiteren Erwähnungen bei den Griechen (vgl. Emil Hübner, *Das goldene Zeitalter*, Berlin 1879), dann häufig in der römischen Literatur, etwa bei Vergil (*Georgica* I, 125–146), Horaz (*Epoden* II, 1 ff.; XVI, 41 ff.), Tibull (*Elegien* I, 3, 35–50) und in vorbildgebender Form bei Vergil (*Metamorphosen* I, 89–115).

In christlicher Zeit trat die Vorstellung von einem früheren Goldenen Zeitalter für Jahrhunderte zurück zugunsten des durch eschatologische Ideen beeinflußten Glaubens an ein verheißenes künftiges Reich Gottes (Elisabeth Frenzel, *Motive der Weltliteratur*, Stuttgart 1979, S. 30). Doch mit der Renaissance lebte das antike Gedankengut erneut auf, und vor allem seit Torquato Tasso *(Aminta)* und Giovanni Battista Guarini *(Il Pastor fido)* lebt das Goldene Zeitalter meist als das über Polybios und Vergil tradierte Arkadien wieder auf und findet in zahllosen Werken der europäischen Literatur seinen Ausdruck, in der deutschen Literatur unter anderem bei Goethe (*Torquato Tasso* II, 1, 995 ff.) oder Schiller *(Die vier Weltalter)*, wo es heißt:

Erst regierte Saturnus schlicht und gerecht,
Da war es heute wie morgen;
Da lebten die Hirten, ein harmlos Geschlecht,
Und brauchten für gar nichts zu sorgen;

Sie liebten und taten weiter nichts mehr,
Die Erde gab alles freiwillig her.

Aber in der langen Entwicklungsgeschichte hat es niemals eine Zeit gegeben, in der Gottesfrieden unter allen Geschöpfen herrschte, in der der Mensch mit sich und allem, was ihn umgab, in Harmonie lebte und es weder Unglück noch Leid, weder Feindschaft noch Krieg gab.

Gleichwohl haben die Menschen sich immer wieder nach einem verlorenen Paradies zurückgesehnt, in eine Zeit, *when wild in woods the noble savage ran* – da wild in Wäldern der edle Wilde schweifte (John Dryden, *The Conquest of Granada* I, I, 1). Dieser *edle Wilde*, den Dryden als erster 1670 so benannte, *ist ein jüngerer Bruder des arkadischen Schäfers* (Frenzel, *Motive der Weltliteratur*, S. 793) und verdankt seine poetische Gestaltwerdung ebenfalls der Illusion von einem Goldenen Zeitalter, als die Menschen glücklich und unschuldig waren. Solche Gedanken spielen wohl bereits mit, *wenn, wie Diodoros von Sizilien (1. Jh. v. Chr.) überliefert, die griechischen Autoren Euhemeros* (Hiera Anagraphe um 300 v. Chr.) *und Iambulos (um 100 v. Chr.) von kulturell unberührten Völkern auf »glückseligen« Inseln des Indischen Ozeans berichteten, wenn Plinius d. Ä.* (Naturalis historia 77 n. Chr.) *einen frühen Zustand der menschlichen Gesellschaft, in dem die Menschen unschuldig und glücklich waren, und Tacitus* (Germania 98 n. Chr.) *in einer Zeit sich abzeichnenden sittlichen Verfalls mit politisch-pädagogischer Absicht die Germanen so beschrieb, wie später Rousseau den »natürlichen« Menschen beschrieben hat* (Frenzel, *a.a.O.*, S. 793 f.).

Die Vorstellung vom edlen Wilden hat ihren Ursprung im Unbehagen an der Zivilisation und einem daraus resultierenden Schuldgefühl, das den »natürlichen«, von den »Fortschritten« der Menschheit unberührten Menschen und seine Haltung sehnsüchtig und unkritisch verklärt. Sie entfaltet sich namentlich seit der Entdeckung Amerikas. Schon die Berichte des Kolumbus sprechen von der Schönheit, Nacktheit und Würde der karibischen Wilden, und Amerigo Vespucci (*Quattuor navigationes*, 1507) vergleicht die neuentdeckten Eilande mit den Inseln der Seligen. Und bald häufen sich die Beschreibungen, die in immer neuen Ansätzen das Bild des edlen Wilden oder ehrlichen Huronen ergänzen und vervollkommnen, der *Europens übertünchte Höflichkeit nicht kannte* (Seume, *Der Wilde*) und sich so vorteilhaft von den Bewohnern der alten Welt abhob: *Seht, ihr fremden, klugen weißen Leute, seht, wir Wilden sind doch beßre Menschen.*

23

Den Höhepunkt dieser Entwicklung bilden M. de Montaignes Essays »Des Coches« und »Des Cannibales« (1580), in denen die Essenz der Entdeckerberichte mit der Wunschvorstellung vom Goldenen Zeitalter verschmolz: Die Indianer verkörpern die reine Naivität, von der die Sänger des Goldenen Zeitalters träumten, in ihnen sind Besitzlosigkeit, stoisches Ideal, Freiheit von staatlicher Bindung und Unberührtheit von Bildung Wirklichkeit geworden (Frenzel, a.a.O., S. 796).

In der geistigen Nachfolge von Montaigne und John Locke und unter dem Eindruck der zahllosen Reiseberichte schrieb dann im 18. Jahrhundert Jean-Jacques Rousseau seinen vom Unbehagen an der Zivilisation geprägten *Discours sur l'origine et les fondements de l'inégalité parmi les hommes* (1754). Sein flammendes *Zurück zur Natur* wurde zur Parole seiner ganzen Epoche und beeinflußte neben anderen François René de Chateaubriand und seine gefühlvollen Indianergeschichten *Atala, René* und *Les Natchez*, den Höhe- und Schlußpunkt der Idealisierung des edlen Wilden.

Wie das Goldene Zeitalter verkörpert der edle Wilde die uralte Sehnsucht der Menschheit nach dem *holden Blütenalter der Natur* (Schiller, *Die Götter Griechenlands*), nach einem verloren gegangenen Paradies, das räumlich oder zeitlich fern liegt. Die Griechen träumten von den Gefilden der Seligen, die fern im Westen seien, wo die Sonne untergeht – die heutigen Kanaren – und wo in Märchengärten die Äpfel der Hesperiden reifen. Aber das Paradies gleicht stets der Insel St. Brandan, die der Sage nach den Bewohnern der Kanarischen Inseln von Zeit zu Zeit am Horizont erschien, aber immer, wie ein Traum, denen, die nach ihr aufbrachen, entschwand. Ihr soll nach Washington Irving (*The Life and Voyages of Columbus and his Companions*, Bd III, London 1850, S. 878–881) Tasso die Farben zu seinen Zaubergärten der Armida entlehnt haben (*Gerusalemme liberata* XV, 37 ff.). Noch 1721 ging eine Expedition zur Auffindung der Insel von Spanien ab, und noch 1755 wird sie auf einer französischen Karte verzeichnet in 29° nördlicher Breite und 5° westlich von Ferro. Von einer ähnlichen Insel berichtet die irische Überlieferung. Die Einwohner von Arranmore behaupteten bis in die jüngste Zeit, an klaren Tagen Hy Brysail, d. i. die Zauberinsel, erblicken zu können, die den vorchristlichen Iren als ihr Paradies gegolten hatte.

Aber nicht nur die Dichter hatten ihr Goldenes Zeitalter, auch die Philosophen haben mit ähnlichen Vorstellungen geliebäugelt. Platon hat im *Staat* eine Verfassung geschildert, wie er sie sich vollkommen dachte, und in den *Gesetzen* eine zweitbeste mit unverkennbarer Vorliebe für spartanische Einrichtungen. Bedeutsamer als diese Werke ist in unserem Zusammenhang jedoch Platons Bericht über *Atlantis*, das er in seinen Dialogen *Timaios* (20D–25C) und Kritias (108E–121C) schildert, eine Insel, jenseits der Säulen des Herakles (Gibraltar) gelegen, *welche größer war als Asien und Libyen* [Nordafrika] *zusammen. Dort bestand eine große und bewundernswürdige Königsherrschaft, welche nicht bloß die ganze Insel, sondern auch viele andere Inseln und Teile des Festlands unter ihrer Gewalt hatte. Außerdem beherrschten sie noch von den hier innerhalb liegenden Ländern Libyen bis nach Ägypten und Europa bis nach Tyrrhenien hin* (Timaios, 25A–C).

Im *Kritias* erzählt Platon die Geschichte dieser Insel, die Poseidon bei der Aufteilung der Erde durch die Götter zugefallen sei. Dieser zeugte mit einer Sterblichen, Kleito, fünf Zwillingspaare, unter die er die Insel aufteilte. Das größte und beste Gebiet gab er seinem erstgeborenen Sohn, Atlas, nach dem die Insel ihren Namen trägt und der die Oberherrschaft über die zehn Teilkönigreiche erhielt. Atlas und seine zahlreichen Nachkommen waren hochgeehrt, reich und mächtig. Die Insel war mit Bodenschätzen gesegnet und *nährte reichlich wilde und zahme Tiere. Was überdem die Erde jetzt nur irgend an Wohlgerüchen nährt, sei es von Wurzeln oder Gras oder Hölzern oder hervorquellenden Säften oder Blumen oder Früchten, das trug und hegte die Insel vielfältig.* Wein, Getreide, Gemüse, Obst und vieles andere – *dies alles brachte die Insel ... in vortrefflicher und bewundernswerter Gestalt und der reichsten Fülle hervor.* Die Bewohner legten große Kanäle und Brücken an, bauten Paläste und einen riesigen und mit Statuen geschmückten Tempel zu Ehren ihres Stammvaters Poseidon. In der Nähe dieses Tempels entsprang je eine warme und eine kalte Quelle.

In ihren Teilreichen waren die zehn Könige Alleinherrscher. *Die Herrschaft über sie selbst aber ward gegenseitig und gemeinschaftlich geführt nach den Anordnungen des Poseidon, wie sie ein Gesetz ihnen überlieferte, welches von ihren Vorfahren auf eine Säule von Goldkupfererz eingegraben war, die in der Mitte der Insel, nämlich im Heiligtum des Poseidon, stand.* Hier trafen sich die Teilkönige abwechselnd alle fünf oder sechs Jahre, um über gemeinsame Angelegenheiten zu beraten und Recht zu sprechen.

Viele Geschlechter hindurch, solange noch irgend die Natur des Gottes in ihnen wirksam war, waren sie den Gesetzen gehorsam und zeigten ein befreundetes Verhalten gegen das ihnen verwandte Göttliche. Denn sie besaßen wahrhafte und durchgehends große Gesinnungen, indem sie eine mit Klugheit gepaarte Sanftmut allen etwaigen Wechselfällen des Schicksals gegenüber sowie gegen einander an den Tag legten; und da sie eben deshalb alles andere außer der Tugend für wertlos ansahen, so achteten sie alle vorhandenen Glücksgüter gering und betrachteten mit Gleichmut und mehr wie eine Last die Masse ihres Goldes und ihrer übrigen Besitztümer; und nicht kamen sie, berauscht von dem Schwelgen in ihrem Reichtum, so daß sie durch ihn die Herrschaft über sich selbst verloren hätten, zu Falle, sondern erkannten mit nüchternem Scharfblick, daß dies alles nur durch die gemeinsame Freundschaft im Verein mit der Tugend sein Gedeihen empfängt, durch den Eifer und das Streben nach ihm dagegen nicht bloß selber entschwindet, sondern auch jene mit sich zugrunde richtet. Infolge dieser Grundsätze und der fortdauernden Wirksamkeit der göttlichen Natur in ihnen gedieh ihnen denn das alles, was ich euch vorhin mitgeteilt habe. Als aber ihr Anteil am Wesen des Gottes durch die vielfache und häufige Beimischung des Sterblichen in ihnen zu schwinden begann und die menschliche Art überwog, da erst waren sie dem vorhandenen Reichtum nicht mehr gewachsen und entarteten...* Darauf beschloß der Gott der Götter, Zeus, sie zu bestrafen. Er berief daher alle Götter in ihren ehrwürdigsten Wohnsitz zusammen, welcher in der Mitte des Weltalls liegt und eine Überschau aller Dinge gewährt, die je des Werdens teilhaftig wurden, und nachdem er sie zusammenberufen hatte, sprach er...*

Damit bricht der Bericht ab, vor dessen Vollendung Platon gestorben zu sein scheint. Aber das Ende ist mehrfach angedeutet: Als die Atlanter – vergeblich – versuchten, ihre Herrschaft über Athen und das Mittelmeerbecken auszudehnen, brach das göttliche Strafgericht über sie herein. Furchtbare Erdbeben und Überschwemmungen verheerten das Land, und im Verlaufe eines einzigen *schlimmen Tages und einer schlimmen Nacht* versank die Insel Atlantis im Meer. *Deshalb ist auch die dortige See jetzt unfahrbar und undurchforschbar, weil der sehr hoch angehäufte Schlamm im Wege ist, welchen die Insel durch ihr Untersinken hervorbrachte* (*Timaios*, 25 C).

Platons Gewährsmann ist sein Onkel Kritias, der angibt, er habe den Bericht im Alter von neun Jahren von seinem damals neunzigjährigen gleichnamigen Großvater bekommen. Dieser habe ihn von seinem Vater Dropides erhalten, und der seinerseits von seinem Freund und Verwandten Solon. So ist letztlich Solon, dessen schriftliche Aufzeichnungen der jüngere Kritias noch besaß (*Kritias*, 113 B), der eigentliche Vermittler des Berichtes, den er in Ägypten von einem Priester in Sais gehört hatte.

Platon selbst will die Erzählung als Tatsachenbericht verstanden wissen. Er bezeichnet sie als *eine gar seltsame, aber durchaus wahre Geschichte* (*Timaios*, 20D) und versichert, daß sie *kein bloß erdichtetes Märchen, sondern eine wahre Geschichte enthält* (*Timaios*, 26E). Gleichwohl meldeten schon Zeitgenossen ihre Zweifel an. Platons eigener berühmter Schüler, Aristoteles, hält die Atlantisgeschichte für eine poetische Fiktion, von ihrem Urheber erfunden, um seine Vorstellungen von einem idealen Staat darzulegen. Während sich später Strabon und Plinius Aristoteles' Meinung anschließen, stand für die meisten Autoren der Folgezeit der Wahrheitsgehalt des Berichtes außer Frage. Proklos (ca. 411–485), einer der ersten Kommentatoren Platons, behauptet, Krantor von Soloi (330–260 v. Chr.) habe in Sais noch die Aufzeichnungen eingesehen, die den Informationen an Solon zugrunde gelegen hätten. Diodor (III, 56) weiß zu vermelden, die atlantischen Inseln hätten sich nördlich und westlich von Sizilien erstreckt. Und zahlreiche weitere Autoren, wie Theopompos von Chios (bei dem Atlantis *Meropis* heißt), Älian oder Poseidonios äußern ebenfalls keinerlei Zweifel an der Richtigkeit von Platons Bericht (Gerhard Gadow, *Der Atlantis-Streit*, Frankfurt 1973, S. 13).

Nach dem Zeugnis des Prokop herrscht dann für etwa ein Jahrtausend Schweigen in der Atlantisfrage. Das scheint einmal begründet zu sein durch das Urteil des Aristoteles, der im gesamten Mittelalter als unbestrittene Autorität galt. Zum anderen bedeutete die Zeitangabe bei Platon, der Untergang von Atlantis habe vor 9000 Jahren stattgefunden (*Timaios*, 23E; *Kritias*, 108E), einen unannehmbaren Widerspruch zur mittelalterlichen Zeitrechnung, nach der die Welt erst im Jahre 5509 vor Beginn unserer Zeitrechnung geschaffen worden ist (Otto H. Muck, *Alles über Atlantis*, München-Zürich 1978, S. 51).

Erst nach der Entdeckung Amerikas durch Kolumbus, der den Rahmen des antiken und mittelalterlichen Erdbildes sprengte, setzte eine erneute, bis heute andauernde und nicht endenwollende Diskussion der Atlantisfrage ein. Seither ist eine unübersehbare Flut von Büchern – Muck (S. 37) gibt ihre Zahl mit 25 000 an – darüber erschienen. Wissenschaftler vieler Fachrichtungen – Historiker, Altphilologen, Archäologen, Geologen, Ozeanologen – und Sonntagsforscher, Theologen und Politiker, Schriftsteller und Ingenieure haben erbittert darüber gestritten, ob Atlantis jemals existiert habe oder Platons Erfindung sei. Nachdem die Zahl derer, die den Bericht für wahr hielten, größer geworden war als die der Zweifler, begann eine weitere, noch nicht abgeschlossene Auseinandersetzung, wo denn

Atlantis zu lokalisieren sei. Und inzwischen hat man es »gefunden« von Innerasien über Indien bis Nord-, Mittel- und Südamerika, von Grönland über die Azoren und die Kanarischen Inseln bis Südafrika, von Spitzbergen über die Ägäis bis nach Australien. Wenn auch viele dieser Theorien unbewiesene Spekulationen sind, so gibt es andererseits zahlreiche gut belegte, in sich schlüssige und plausible, die einander freilich jeweils ausschließen.

Es ist unmöglich, in diesem Rahmen einen auch nur annähernd vollständigen Überblick über die zahllosen Lösungsversuche des Atlantisproblems zu geben. Aber es lassen sich einige geographische Räume nennen, die stärkere Beachtung gefunden haben.

Da ist zuerst der von Platon genannte westlich von Gibraltar liegende Teil des Atlantiks zu erwähnen, und hier zunächst die Azoren. Bereits im 17. Jahrhundert glaubte der vielseitige gelehrte Jesuit Athanasius Kircher in den Azoreninseln die Gipfel versunkener atlantischer Gebirgszüge zu erkennen und lokalisierte Atlantis, von dem er sogar eine Karte entwarf, im Gebiet der Azoreninsel St. Miguel (*Mundus subterraneus*, Amsterdam 1665). Etwas mehr als 200 Jahre später folgte ihm der amerikanische Politiker Ignatius Donelly, der in seinem Werk *Atlantis, the Antediluvium World* (London-Edinburgh 1882) den sogenannten Delphinrücken, eine untermeerische Erhebung im Azorengebiet, als das versunkene Atlantis zu identifizieren suchte. Donelly, Kongreßmitglied, zweifacher vergeblicher Bewerber um das Amt des Vizepräsidenten der Vereinigten Staaten, einfallsreich und mit sicherem Gespür für Publicity, hatte mit diesem Werk, das über 50 Auflagen erlebte, einen großen Erfolg. In neuerer Zeit hat noch einmal der Ingenieur und Erfinder Otto Heinrich Muck in seinen Werken *Atlantis gefunden* (Stuttgart 1954) und *Atlantis – die Welt vor der Sintflut* (Freiburg 1959) Atlantis im Azorengebiet zu finden geglaubt, obwohl der Göteborger Ozeanologe Hans Pettersson bereits Jahre vorher aufgrund der Ergebnisse von Tiefenbohrungen in dieser Region zu der Erkenntnis gekommen war, daß die Azorentheorie *geophysikalisch eine Leiche* sei, die *kein Geologe – sei er noch so angesehen – jemals ins Leben zurückrufen* könne (*Atlantis und Atlantik*, Wien 1948, S. 63). Wie er überhaupt meint: *Die Erzählung von der Herrlichkeit und den Reichtümern von Atlantis, von dessen Fürsten und Kriegern, seinem Handel und Eroberungszug, vom Poseidontempel mit dem Dach aus Elfenbein und Gold im Schutze der ringförmigen Kanäle und Mauern, ist ganz bestimmt eine Sage, eine Dichtung des größten Denkers der Antike, Platon* (ebd., S. 121).

Statt mit den Azoren hat der napoleonische Offizier Jean Baptiste Bory de Saint Vincent die Kanarischen Inseln mit Platons Atlantis gleichgesetzt (*Essai sur les îles fortunées et l'atlantique Atlantide*, Paris 1803), worin ihm in neuerer Zeit der Schriftsteller und Tiefseetaucher Jean Albert Foex gefolgt ist (Gadow, *a.a.O.*, S. 17).

Zahlreiche Befürworter hat lange Zeit die 1922 erstmals aufgestellte Theorie des deutschen Archäologen Adolf Schulten gefunden, der Atlantis in der alten südspanischen, wohl im Mündungsgebiet des Guadalquivir gelegenen und bereits um 500 v. Chr. zerstörten Handelsstadt Tartessos wiederentdeckt zu haben glaubte: *Plato hat die Hauptstadt des Gadeiros* [nach Platon der Zwillingsbruder des Atlas] *und ihr Gebiet nach Tartessos geschildert und damit zugleich ein dichterisch verklärtes Bild des reichen und glücklichen Tartessos an der Mündung des Guadalquivir gegeben* (*Tartessos*, 2. Aufl., Hamburg 1950, S. 105 f.).

Doch sind dagegen inzwischen schwerwiegende historische Bedenken geltend gemacht worden (Gadow, *a.a.O.*, S. 27 ff.).

Seit dem Beginn der Ausgrabungen auf Kreta zu Anfang unseres Jahrhunderts hat man häufig die kretische Bronzekultur des zweiten vorchristlichen Jahrtausends in Beziehung zu Platons Bericht gesetzt (Gadow, *a.a.O.*, S. 29 ff.). Den frühen Arbeiten von Frost (1909) und Balch (1921) folgten der Sprachwissenschaftler Wilhelm Brandenstein (*Atlantis. Größe und Untergang eines geheimnisvollen Inselreiches*, Wien 1951), der Ozeanologe James W. Mavor (*Reise nach Atlantis*, Wien-München-Zürich 1969) und der Dubliner Professor John Victor Luce (*Atlantis. Legende und Wirklichkeit*, Bergisch Gladbach 1969). Verständlicherweise erfreute sich diese Theorie besonderer Beliebtheit bei griechischen Forschern. Nachdem der Seismologe Prof. Angelos Galanopoulos, der Leiter der Erdbebenwarte von Athen, 1959 den Untergang von Atlantis mit dem Ausbruch des Vulkans auf der 110 km vor Kreta gelegenen Insel Thera (Santorin) gleichgesetzt hatte, suchte Mavor diese Hypothese mit einem auch finanziell ungeheuren Aufwand (man sprach von 100 000 Dollar im Jahr) zu beweisen und kam zu dem Schluß: *Ich bin überzeugt, daß die Hauptquelle der Geschichte Platons über Atlantis in der minoischen Thalassokratie und besonders in Thera wurzelt* (*Reise nach Atlantis*. In: *Antike Welt* [Zürich 1970], S. 45).

Da jedoch das Zentrum der Insel Thera zur Bronzezeit wegen des Kraters des alten Santorin-Vulkankegels kaum besiedelbar war, richtete sich das Augenmerk auf Kreta selbst mit Knossos als dem Mittelpunkt der minoischen Kultur. Daher vermutet Luce Platons Atlantis auch dort: *Die wesentlichen Merkmale von Platons Erzählung finden wir in dem Bild,* das er uns von einer hohen Inselkultur gibt, die über andere Inseln und Küstengebiete dominierte und plötzlich von einer Sintflut zerstört wurde. Dieses Bild kann man nun von Platons zeitlichem und topographischem Rahmenwerk abtrennen und mit der Geschichte der Ägäis in der späten Bronzezeit in Verbindung bringen. In diesen neuen Hintergrund paßt es so gut und stimmt in so vielen Punkten mit den archäologischen Tatsachen überein, daß seine grundsätzliche Historizität gerechtfertigt erscheint. Um die Frage ganz deutlich zu machen: Die Atlantis-Legende scheint eine Erinnerung an das minoische Meerreich darzustellen, das sein Zentrum auf Kreta hatte und plötzlich durch einen großen Ausbruch des Vulkans Thera im frühen 15. Jahrhundert v. Chr. unterging (Neues Licht auf Atlantis. In: Antike Welt [Zürich 1971], S. 14).

Obwohl sich zahlreiche Argumente für die Richtigkeit dieser Hypothese anführen lassen, scheint doch das Gewicht der Gegenargumente größer zu sein. Die geographische Lage Kretas im östlichen Mittelmeer widerspricht dem, was Plato berichtet, und dessen Beschreibung des Königssitzes und der politischen und militärischen Verhältnisse läßt sich nicht mit den Verhältnissen auf Kreta in Einklang bringen.

Der letzte Lösungsversuch des Atlantisproblems, der großes Aufsehen erregt hat, stammt von dem nordfriesischen Pastor Jürgen Spanuth (Das enträtselte Atlantis, Stuttgart 1953; Atlantis, Tübingen 1965), der den legendären Königssitz der Atlanter in der Nordsee östlich von Helgoland vermutet, eine Hypothese, die auf begeisterte Zustimmung, aber auf noch mehr schroffe Ablehnung namentlich vieler Wissenschaftler stieß (Gadow, a.a.O., S. 36 ff.).

Schon die wenigen Beispiele haben deutlich gemacht, wie schwierig, vielleicht sogar aussichtslos das Unterfangen ist, mit Bestimmtheit zu sagen, ob Platon uns in seiner Atlantiserzählung einen historischen Bericht geliefert hat oder seine fiktive Schilderung des Goldenen Zeitalters. Und es scheinen Zweifel angebracht, ob man diese Frage je zweifelsfrei und überzeugend wird beantworten können.

Im Gegensatz dazu dürfen wir sicher sein, daß der englische Kanzler Thomas Morus in der Schilderung seiner Insel Utopia (De optimo statu reipublicae deque nova insula Utopia, gedruckt Löwen 1516) an kein reales Land anknüpft, wenn er auch durch Gedankengut des Erasmus von Rotterdam ebenso inspiriert wurde wie von Berichten über südamerikanische Wilde (Frenzel, a.a.O., S. 795). Der Titel seines Werkes (griechisch ou = nicht und topos = Ort; also eigentlich Nirgendwo) gab der literarischen

Gattung der Utopie ihren Namen. Er wollte das Idealbild eines Staates entwerfen, das in seiner Zeit jedoch auch als Realität aufgefaßt wurde. So hielten es der bedeutende Gelehrte Guillaume Budé (Budaeus, 1467–1540) und andere mit ihm für wünschenswert, Missionare nach Utopia zu senden, *um so eine weise Nation für das Christentum zu gewinnen* (Isaac D'Israeli, *Curiosities of Literature*, London 1866, S. 120).

Was die Utopien der Philosophen mit dem Glauben an ein Goldenes Zeitalter verbindet, ist der zugrunde liegende Traum von einer imaginären *guten alten Zeit.* So lange es menschliche Überlieferung gibt, so alt ist der Irrglaube, die jeweilige Vergangenheit sei schöner, besser gewesen. Vergessen wird stets, was an Schwerem und Schmerzlichem hinter uns liegt. Die Erinnerung verklärt: *Das war eine köstliche Zeit!*

Von jeher waren die Dichter *laudatores temporis acti* – Lobredner der Vergangenheit (Horaz, *Ars poetica*, 173), die der guten alten Zeit nachtrauerten. August Friedrich Langbein (1757–1835) klagt in seinem heute noch zitierten Gedicht *Als der Großvater die Großmutter nahm* mit fast denselben Worten wie Lortzings Waffenschmied über die Gegenwart und preist die Vergangenheit:

> Ein Handschlag zu jener hochrühmlichen Zeit
> Galt mehr als im heutigen Leben ein Eid.

Die angeblich gute alte Zeit flieht von Generation zu Generation immer weiter zurück. *O tempora! O mores!* – Oh, diese Zeiten! Oh, diese Sitten! seufzte Cicero im ersten vorchristlichen Jahrhundert (*2. Actio in Verrem* IV, 25, 56 u. ö.). Sechshundert Jahre vor ihm beklagte Hesiod, wie wir sahen, das vergangene Goldene Zeitalter. Und schon um 2200 v. Chr. klagt ein ägyptischer Prophet: *Es ist doch so: Das Lachen ist zugrunde gegangen... Trauer durchzieht das Land... Ach, daß es aufhörte mit den Menschen!*

Die gute alte Zeit ist wie das Goldene Zeitalter ein trügerisches Traumgebilde, in das wir unsere unerfüllten Wünsche und Sehnsüchte projizieren, ein verlorenes Paradies, dessen Eingang ein Cherub mit flammendem Schwert bewacht.

Ungehört verhallt unser Flehen (Schiller, *Die Götter Griechenlands*):

> Schöne Welt, wo bist du? Kehre wieder,
> Holdes Blütenalter der Natur.

Der Alte Orient

Unser Wissen von den ältesten vorderasiatischen Kulturreichen beschränkte sich bis zum Ende des 18. Jahrhunderts noch ausschließlich auf die Berichte der antiken Schriftsteller und die Bücher des Alten Testaments. Aber schon Herodot, der im fünften vorchristlichen Jahrhundert, also in der Blütezeit des Perserreiches, den Vorderen Orient bereiste, konnte von Priestern und Schriftgelehrten doch nur sehr verschwommene und sagenhafte Einzelheiten aus der Geschichte der damals längst untergegangenen Reiche der Sumerer, Babylonier und Assyrer erfahren, die er uns zwar getreulich überliefert, an deren Glaubwürdigkeit aber der »Vater der Geschichte« schon selbst gezweifelt hat.

Nicht viel zuverlässiger sind die Aufzeichnungen des Ktesias aus Knidos, der ein Menschenalter nach Herodot als griechischer Leibarzt der Königin Parysatis, der Gemahlin des Königs Artaxerxes II., am persischen Hof lebte. Obwohl ihm dort alle Archive zugänglich waren, hatte sich auch an höchster Stelle ein undurchdringlicher Nebelschleier über die jahrtausendalte Geschichte des Zweistromlandes gebreitet. Die Berichte des Ktesias, deren Wortlaut verloren ist, hat der griechische Geschichtsschreiber Diodoros von Sizilien im 1. Jahrhundert v. Chr. (II, 1–22) übernommen und ausgewertet, freilich ohne jede Nachprüfung und Kritik, wozu er selber allerdings auch keine Möglichkeit mehr besaß. Auch die Aufzeichnungen des Ägypters Manetho und des Chaldäers Beresos aus dem dritten vorchristlichen Jahrhundert bestehen im wesentlichen doch nur aus einer Sammlung der im Bewußtsein der Nachwelt und auf mündlicher Überlieferung beruhenden Legenden, in denen die Geschichte zum Mythos und zur Dichtung wird.

Die Voraussetzung für eine objektive Erforschung der bibelfernen Frühgeschichte menschlicher Kultur und Macht fehlten noch. Die ersten Keilschriftfunde (vgl. Leopold Messerschmidt, *Die Entzifferung der Keilschrift*, Leipzig 1903; Bruno Meißner, *Die Keilschrift*, 3. Aufl. von Karl Oberhuber, Berlin 1967) aus achämenidischer Zeit wurden zwar bereits im Jahre 1621 durch den italienischen Reisenden Pietro della Valle in Europa bekannt.

Später haben Chardin (1674) und Carsten Niebuhr (1765) in den Ruinen des von Alexander dem Großen zerstörten Königspalastes Persepolis weitere Inschriften gefunden und veröffentlicht, allein die Gelehrten wußten damit nichts Rechtes anzufangen, solange man diese seltsamen in den Stein gehauenen Krähenfüße nicht entziffern konnte. Den Schlüssel zu diesem zweitausendjährigen Geheimnis fand der Göttinger Gelehrte Georg Friedrich Grotefend (1802). Grotefends Spuren folgen dann Eugen Burnouf und Christian Lassen (1836), Henry Rawlinson, Edwards Hincks und Jules Oppert (1857). Immerhin bedurfte es noch der mühsamen Einzelforschung internationaler Fachgelehrter, bis etwa ein Jahrhundert nach den ersten Gehversuchen Grotefends Langdon, Delitzsch und Meißner diese Arbeiten zum Abschluß bringen konnten, so daß wir heute die tote Sprache der märchenhaften Vorzeit ebenso geläufig zu lesen vermögen wie etwa einen in einer modernen Kultursprache abgefaßten Text.

Fast gleichzeitig mit den Entzifferungsversuchen der Keilschrift setzte auch die systematische Erforschung der mesopotamischen Ruinenstätten ein. Der Ulmer Arzt Dr. Rauwolff, der im Auftrag seines Schwagers, des Augsburger Kaufherrn Manlich, von 1573–1575 den Orient bereiste, hat als erster dem Abendland Kunde von dcm Trümmerfeld Babylons vermittelt, und rund hundert Jahre später hat Engelbert Kämpfer (1651–1716) eine Zeichnung der Ruinen von Persepolis angefertigt.

Methodische Ausgrabungen größeren Umfangs setzten indes erst in den vierziger Jahren des 19. Jahrhunderts ein, als der französische Konsul P.-E. Botta in Khorsabad und Austen Henry Layard in Nimrud die Paläste assyrischer Großkönige ausgruben und dort ganze Staatsarchive und Bibliotheken in sorgsam aufgestapelten Tontäfelchen fanden, so daß wir anhand dieser Funde, die durch neuere Forschungen, an denen deutsche Gelehrte wie Robert Koldewey, Carl Friedrich Lehmann-Haupt und andere ebenso rühmlichen Anteil hatten wir ihre französischen und englischen Kollegen, heute über die Geschichte jener bis in die Zeit vor der Sintflut zurückreichenden Kulturvölker eingehender und genauer unterrichtet sind als die diesen Begebenheiten zeitlich doch wesentlich näherliegende Antike. Als Xenophon mit den 10 000 griechischen Söldnern nach der Niederlage des jüngeren Kyros bei Kunaxa (401 v. Chr.) den in seiner *Anabasis* meisterhaft beschriebenen Rückzug durch Kurdistan zum Schwarzen Meer antrat, kam er, dem Lauf des Tigris folgend, auch an dem Ruinenfeld von Ninive vorüber. Obwohl die Hauptstadt des assyrischen Reiches damals erst vor zweihundert Jahren (612 v. Chr.) von Babyloniern und Medern erobert und zerstört worden war, erwähnt Xenophon – der als Schüler des

Sokrates doch ein wissenschaftlich gebildeter Mann war – den Namen Ninive überhaupt nicht. Nur bei der Stadt Larissa, dem heutigen Nimrud, fiel den Griechen eine die flache Ebene weit überragende Pyramide auf, wahrscheinlich die Reste eines Stufentempels (Zikkurat), die als Grabmal des sagenhaften Königs Ninos galt. Auch bei Mespila, dem heutigen Kujundschuk, lagerten die Griechen im Schatten mächtiger Ruinen.

Von Ktesias aus Knidos erfahren wir über die Vermittlung Diodors (II, 4–20), daß das assyrische Reich von König Ninos und dessen schon von Herodot (I, 184; III, 155) erwähnten legendären Gemahlin Semiramis gegründet wurde.

Um diese erste Frauengestalt, die uns aus dem waffenklirrenden und kriegerischen Hintergrund des alten Orients plastisch und kraftvoll entgegentritt, hatten Phantasie und Mythos ein so dichtes Rankenwerk geschlungen, daß darunter die Züge des Originals bis auf unsere Zeit verborgen blieben. Noch in der 8. Auflage des Brockhaus (1836) heißt es: *Die Geschichte der Semiramis, die mit den wunderbarsten Fabeln vermischt ist, erscheint als Sage im Geiste des Orients; nicht einmal ihr Zeitalter läßt sich bestimmen, wiewol ihr historisches Dasein nicht in Zweifel gezogen werden darf.*

Wie alle Königsdynastien ihren Ursprung auf die Götter zurückführen, so ist auch Semiramis göttlicher Abstammung, nämlich die Tochter der assyrischen Göttin Derketo und eines Hirten. Als neugeborenes Kind wird sie im Gebirge ausgesetzt, aber von Tauben ernährt mit Milch und Käse, bis Hirten des Simmas sie fanden und aufzogen. Herangewachsen und von großer Klugheit und Schönheit, gefiel sie dem königlichen Beamten Onnes, der sie heiratete. Sie begleitete ihren Mann in einer Kleidung, *die nicht erkennen ließ, ob sie Mann oder Weib war.* Im Krieg gegen die Baktrer zeichnete sie sich ebenso durch persönlichen Mut wie durch Umsicht aus. An der Spitze einer Schar erstürmte sie die belagerte Stadt und zwang sie zur Übergabe. König Ninos ehrte die tapfere Frau durch Geschenke, wurde aber zugleich von ihrer Schönheit gefesselt. Da Onnes sie ihm nicht abtreten wollte, stellte der König seinen Statthalter vor die Wahl: entweder Semiramis im Austausch gegen die Prinzessin Sosane oder Ausstechen beider Augen. Onnes wählte das kleinere Übel, verfällt aber aus Verzweiflung über den Verlust seiner geliebten Gattin dem Wahnsinn und erhängt sich. So wurde Semiramis Königin und nach dem Tod ihres Gemahls als Regentin für ihren minderjährigen Sohn Ninyas praktisch Alleinherrscherin. Sie gründete Städte, legte Kanäle und Befestigungen an, sie gilt als Urheberin aller großartigen Paläste, Tempel und Bauten in Babylon und Ekbatana. Schließlich stellt sie ein riesiges Heer auf, an dessen Spitze sie nach Indien zieht. Aber König Stabrobates lockt die Assyrer ins Innere des Landes, greift ihre langgestreckte Flanke an und jagt sie über den Indus zurück. Im Handgemenge wird die Königin verwundet, kann sich aber noch auf ihrem Pferd durch die Flucht retten. Mit dem Rest ihres Heeres kehrt Semiramis in die Heimat zurück. Sie führt ein ausschweifendes Leben und läßt ihre zahlreichen Liebhaber, sobald sie ihrer überdrüssig ist, töten. Ihr Sohn Ninyas versucht sie umzubringen. Das mißlingt, doch sie verzichtet auf den Thron und wird zu den Göttern entrückt: *Einige fabeln, daß sie in eine Taube verwandelt mit einem Taubenschwarm aus dem Palast geflogen sei. So ist es geschehen, daß die Assyrer die Semiramis für eine Unsterbliche halten und die Taube als Gottheit verehren.*

Was ist Dichtung, was ist Wahrheit an diesem orientalischen Märchen? Weder die Keilinschriften der Königsstelen noch die Tontäfelchen der Bibliothek des Königs Assurbanipal wissen etwas von einer Reichsgründerin Semiramis. Doch bald förderten die Ausgrabungen mehrere Statuen des Gottes Nebo ans Tageslicht, mit einer gleichlautenden Inschrift, die besagt, daß der Statthalter der altassyrischen Residenzstadt – der heutige Ruinenhügel Nimrud – diese Statuen dem Gott für das Leben des Königs Adadnirari und seiner »Palastfrau« geweiht hat, die den mit Semiramis fast völlig identischen Namen Schammuramat führte. *Schon die Erwähnung einer Frau in einer offiziellen Urkunde war an sich etwas höchst Außergewöhnliches. Zudem bezeichnet sie der Statthalter als seine Herrin, genau wie den König als seinen Herrn. So ergab sich, daß tatsächlich in Assyrien eine Herrscherin Semiramis gelebt hatte, von ungewöhnlicher Bedeutung und wohl geeignet zum Mittelpunkt eines Legendenkreises* (Carl Friedrich Lehmann-Haupt, *Die historische Semiramis und ihre Zeit,* Tübingen 1910, S. 3).

Da gelang der Deutschen Orient-Gesellschaft zu Beginn des Jahrhunderts eine Entdeckung, die erst völlige Klarheit über die Stellung der Semiramis innerhalb des assyrischen Königshauses schuf. Unweit der Befestigungsmauern von Assur wurden zwei Reihen von Stelen gefunden, die teils von Königen, teils von Statthaltern errichtet waren. Eine dieser fast 4 m hohen Denksäulen trägt die Inschrift (Ernst Kornemann, *Große Frauen des Altertums,* Wiesbaden 1954, S. 38):

Säule (Stele) der Schammuramat,
Palastfrau Schamschi-Adads,
des Königs des Alls, Königs von Assur,
der Mutter Adadniraris,
des Königs des Alls, König von Assur,
der Schwiegertochter Salmanassars,
des Königs der vier Weltgegenden.

Damit ist die Zeit, in die wir die historische Semiramis einreihen müssen, genau festgelegt: Ihr Gemahl Schamschi-Adad V. regierte 826/25–811/10. Ihr Sohn Adadnirari wurde etwa 822 geboren. Er war bei dem frühen Tod des Vaters also noch ein Kind, das in den Jahren 811/10–806/5 unter der Regentschaft der Mutter stand. Aber auch noch unter der Regierung ihres Sohnes scheint Semiramis als Palastfrau weiterhin als eine Art Mitregentin bis zu ihrem nach 787 erfolgten Tod ihren Einfluß auf die Schicksale des Reiches ausgeübt zu haben.

Die ungewöhnlich kraftvolle Frau, die an Katharina II. und an Maria Theresia erinnert, stammte aus Babylon, wahrscheinlich war sie eine Prinzessin aus dem dortigen Königshaus. Schamschi-Adad hat sie wohl um 825 geheiratet, vielleicht *um nach der Thronbesteigung eine Legitimierung seiner Oberherrschaft über das damals von Bürgerkrieg heimgesuchte Babylonien in Händen zu haben* (Ernst Kornemann, a.a.O., S. 38). Sie hat die stürmische Zeit, in die sie hineingestellt wurde, mit starker Hand gemeistert. Ein Obelisk aus Kalach-Nimrud zählt die Siege auf, die ihr Schwiegervater Salmanassar III. (858–824 v. Chr.) in allen Himmelsrichtungen errungen hatte. Ihr Sohn Adadnirari III. mußte als König allein acht Feldzüge gegen die ins Osttigrisgebiet eindringenden Meder und Armenier führen, an denen seine streitbare Mutter regen Anteil genommen hat. Im Quellgebiet der beiden Ströme hatten die von Westen her eingewanderten freiheitsliebenden und kampfesfrohen Armenier (Urartäer) ein mächtiges Reich Urartu mit der am Urmiasee gelegenen Hauptstadt Van errichtet. Hier war die Residenz des Armenierkönigs Ispuinis und seines Sohnes und Mitregenten Menuas, mit denen Schamschi-Adad und Adadnirari zu kämpfen hatten. Auf einem Kalksteinabhang über der Stadt Van erhebt sich die Zyklopenburg, deren Erbauung die Armenier noch heute der Semiramis zuschreiben, die auch die Gründerin der Stadt Van und der heute, nach dreitausend Jahren, noch in Betrieb befindlichen Wasserleitung gewesen sein soll. So werden noch eine Reihe weiterer Festungsbauten und Kulturtaten, die nachweislich Schöpfungen urartäischer Herrscher sind, der Semiramis zugeschrieben.

Obwohl zur Zeit der Schammuramat das assyrische Königtum seit mindestens achthundert Jahren bestand, feiert die Sage Semiramis als Reichsgründerin und erste Herrscherin Assyriens. Als solche verschmolz sie mit der Göttin Ischtar, die gewöhnlich mit einem Bogen bewaffnet als Kriegsgöttin dargestellt wird. *Besäßen wir nicht die historischen Quellen und die durch die Ausgrabungstätigkeit von Europäern und Amerikanern wiedergefundenen Monumente des Vorderen Orients, wäre Semiramis heute im Nebel der Sage verschwunden. So aber ist es gelungen, neben der literarisch bevorzugten Sagengestalt die historische Persönlichkeit zurückzugewinnen: die Schammuramat aus Babylonien, die auf dem Throne der grausamen assyrischen Könige als Schwiegertochter des bedeutenden Salmanassars III. das Werk ihres Gatten und ihres Sohnes mit aller Kunst einer klugen Frau so zu fördern vermochte, daß es ihr gelang, ihr älteres, reicheres und kulturell höherstehendes Heimatland nach jeder Richtung für Assyrien fruchtbar zu machen und dadurch den erneuten Aufstieg ihrer Wahlheimat vorzubereiten* (Kornemann, a.a.O., S. 45). Aber über zweitausend Jahre diente Semiramis' Name in der europäischen Überlieferung als Inbegriff einer kriegerischen und stark erotischen Frau (Elisabeth Frenzel, *Stoffe der Weltliteratur*, 2. Aufl., Stuttgart 1963, S. 577–579).

Nicht nur alle großartigen Bauten werden der Semiramis zugeschrieben, obwohl sie zu ihrer Zeit bereits bestanden haben oder von anderen Herrschern errichtet wurden, sie gilt auch als Schöpferin der *hängenden Gärten*, die das Altertum zu den Weltwundern zählte (Diodor II, 10). Ihr Urheber ist jedoch der große Babylonierkönig *Nebukadnezar*, der von 605–562 v. Chr. regierte, also volle zweihundert Jahre nach Semiramis-Schammuramat. Es waren auf terrassenförmig ansteigenden Steinbauten angelegte Dachgärten, die der König für seine aus dem medischen Bergland stammende Gemahlin Amytis (Nitokris) angelegt hatte und die aus der Ferne gesehen den Eindruck erweckten, als schwebten sie auf Inseln frei in der Luft über den Häusern der Stadt (vgl. Robert Koldewey, *Das wieder erstehende Babylon*, Leipzig 1913, S. 90–100).

Wie die Legende ein mannhaftes Weib, Semiramis, als Gründerin des assyrischen Reiches überliefert, so läßt sie es mit einem weibischen Mann ruhmlos ausklingen, mit dem erstmals von Herodot (II, 150) erwähnten König *Sardanapal* von Ninos (Ninive). Die volkstümliche Überlieferung geht zurück auf Ktesias, dessen Schilderung durch Diodor (II, 23 ff.), Athenaios, Eusebios, Georgios Synkellos und Nikolaios von Damaskus weitervermittelt wurde. Danach gab sich Sardanapal in völliger Abgeschiedenheit vom Volke einem Leben voller Ausschweifungen und Wollust hin, kleidete sich nach Weiberart und übte sich im Spinnen von Wolle und Purpur. Nachdem der Meder Arbakes und der Babylonier Belesys ihn in Ninive eingeschlossen und drei Jahre belagert hatten, verbrannte er sich mit seiner Gemahlin und seinen Nebenfrauen auf einem ungeheuren Scheiterhaufen, gebildet unter anderem von 150 goldenen Ruhebetten und ebenso vielen goldenen Tischen, zehn Millionen Talenten Goldes und hundert Millionen Talenten Silbers und einer großen Menge Purpurs.

Den Griechen war der Name Sardanapal schon zur Zeit des Aristophanes der Ausdruck aller Pracht und Üppigkeit und »schwelgerischer als Sardanapal« bei ihnen ein gangbares Sprichwort (Vögel 1022). Diese Auffassung wurde dann sogar dahin gewendet, daß Sardanapal das Leben im Genuß erschöpft habe, weil dasselbe kurz und der Mensch nach dem Tode nichts als Asche sei. So galt Sardanapal bei den Griechen als Vorbild und Prediger jener Weisheit, welche das Leben in Genuß zu verwerten rät und assyrische Inschriften zu Anchiale in Kilikien an einem assyrischen Königsbilde, welches eine verächtliche Handbewegung zu machen schien, gaben griechischen Dichtern Gelegenheit, angebliche Verdollmetschungen derselben zu erfinden, welche Lehren dieser Art unter dem Namen einer selbstverfaßten Grabschrift Sardanapals einschärften. »Wohl wissend, daß du sterblich geboren«, sagt die gangbarste dieser Inschriften, »ergötze dich des Genusses froh; dem Todten ist keine Freude gegeben. – Auch ich bin Asche, der großen Ninive Herrscher. Nur was ich aß und schwelgte und in der Liebe Freuden genoß; ist mein; das Übrige – Vieles und Schönes – mußt' ich verlassen« ([Diodor II, 23]; Max Duncker, Geschichte des Alterthums, Bd II, Leipzig 1874, S. 353 f.). Die letzten Worte gibt Byron in seinem *Sardanapal* so wieder: *Eat, drink, and love; the rest's not worth a fillip* – iß, trink und liebe; der Rest ist keinen Nasenstüber wert.

In der eben geschilderten Legende sind die Züge mehrerer assyrischer Herrscher – Sanherib, Schamas-schum-ukin und Assurbanipal – wie Märchenmotive eingegangen. Aber sie trifft wohl am wenigsten auf Assurbanipal (669–ca. 627 v. Chr.) zu, den die Griechen Sardanapal nannten. Dieser hat im Kampf gegen seinen älteren Bruder Schamas-schum-ukin die Einheit des Reiches wiederhergestellt und 668 nach hartem Ringen Babylon erobert. Er war einer der wenigen wirklich gebildeten assyrischen Herrscher. Ursprünglich zum Gelehrten erzogen, trug er eine Bibliothek zusammen, die die bedeutendste Sammlung babylonisch-assyrischer Literaturdenkmäler darstellt. Über sein Ende liegen keine sicheren Erkenntnisse vor. Wahrscheinlich ist er von seinen Söhnen abgesetzt und ins Exil geschickt worden. Als diese dann um die Vorherrschaft stritten, konnten Meder und Babylonier 612 Ninive zerstören und das assyrische Reich endgültig vernichten (Maximilian Streck, *Assurbanipal...*, 3 Bde, Leipzig 1916).

Das von Homer (*Ilias* IX, 381) erwähnte *hunderttorige Theben* in Ägypten hat nicht hundert Tore gehabt, wie groß es auch sonst gewesen sein mag; wahrscheinlicher ist es, daß die Stadt viele Tempel und diese große Tore hatten. – Bei demselben Theben, zwischen dem seit Strabon von alten Schriftstellern irrtümlich »Memnonion« genannten Ramesseion und dem großen Tempel von Medinet Habu, war die Memnonssäule, ein 21 m hoher Steinriese, der – wie sein benachbartes Gegenstück – dem König Amenhotep III. (1400 v. Chr.) geweiht worden. Sie ist noch zu sehen, eine sitzende Statue mit aneinandergeschlossenen Füßen aus dunklem Stein; durch ein Erdbeben (wahrscheinlich 25 v. Chr.) wurde sie zertrümmert, so daß der obere Teil herabgestürzt ist. Seit dem erklang der Stein, wenn er von den Strahlen der aufgehenden Sonne getroffen wurde, ähnlich einer springenden Saite. Strabon, der zuerst von dieser Erscheinung spricht und den Klang gehört (XVII), aber sich sehr vorsichtig darüber äußert, ob er wirklich von der Säule herrühre, nennt den Koloß noch nicht Memnon, sondern sagt nur, er hätte sich im Memnonion befunden; der Mythos ist erst später auf den Stein übertragen worden. Bei Homer (*Odyssee* XI, 522; IV, 188) wird Memnon erwähnt als der schönste der Krieger und der Sohn der Eos. Mit Beziehung auf jenes Ertönen sagte man dann, der Sohn begrüße seine Mutter. So suchen ein seltsames Naturspiel und der dazu passende Mythos einander, bis sie sich finden. Das Klingen hörte übrigens auf, als der Kaiser Septimius Severus um 200 n. Chr. die in Trümmern liegende Säule wieder aufrichten ließ.

Nicht zu halten sind die Erzählungen des Herodot (II, 151) und des Diodor (I, 66) über die gleichzeitige Herrschaft von *zwölf Königen* (Dodekarchie) in Ägypten, welche die Zügel der Regierung ergriffen hätten, weil das Volk nach dem freiwilligen Rückzug der Äthiopier zu unruhig geworden wäre; – oder von dem Orakel, derjenige unter den Zwölfen werde die anderen verdrängen, welcher zuerst beim gemeinsamen Opfer, statt aus goldener, aus eherner Schale opfern würde, was unabsichtlich bei Psammetichos, dem ersten König der 26. saitischen Dynastie zutrifft, als er anstatt der fehlenden zwölften goldenen Schale aus seinem Helm opfert; – oder schließlich, wie die zwölf Könige ein gemeinsames Grabmal am See Moeris für sich errichten lassen, das alles frühere dieser Art übertreffen soll.

Immer wieder kann man von Zeit zu Zeit lesen, daß die *Weizenkörner*, die in den Särgen altägyptischer *Mumien* gefunden werden, ausgesät worden sind, noch gekeimt und gar Früchte getragen haben, obgleich sie drei Jahrtausende oder länger in ägyptischen Gräbern gelegen haben. Die Verwaltung der großen botanischen Gärten in Kew bei London hatte den Beschluß gefaßt, die Frage endlich einmal durch wissenschaftliche Experimente mit Weizenproben, über deren Herkunft aus altägyptischen Särgen sichere Beweise vorlagen, in Ruhe zu prüfen. Die Versuche, die von Beamten der botanischen Gärten geleitet wurden, sind durchweg erfolglos geblieben, und damit dürfte die Sage vom Mumienweizen wenigstens für wissenschaftliche Kreise endgültig abgetan sein. Die Botaniker waren freilich schon seit längerer Zeit davon überzeugt, daß Weizenkörner in wenigen Jahren ihre Keimkraft verlieren.

Durch Herodot empfangen wir außer über die Ägypter auch Nachrichten über die *Meder* und die alten *Perser*. Sie dürften jedoch nicht zuverlässiger sein als etwa die Schriften Walter Scotts, Alexander Dumas' oder der Louise Mühlbach, wollte man diese als Geschichtswerke ansehen. Die Wahrhaftigkeit, d. i. der gute Wille des Herodot, ist nie mit Erfolg in Zweifel gezogen worden; wohl aber war, was er vorfand und sammelte, schon sehr verzerrt und ausgeschmückt. *Dasjenige, dessen jene Völker* [die Meder und Perser] *von ihrer älteren Geschichte sich noch erinnerten, was Herodot und später Ktesias bei ihnen darüber erfuhren, beruhte schon an sich vornehmlich auf dichterischer Grundlage, auf den volkstümlichen historischen Liedern der Meder und Perser, von denen Xenophon sagt, daß sie noch zu seiner Zeit bei ihnen gesungen wurden* (Bernhard Erdmannsdörffer, *Das Zeitalter der Novelle in Hellas*, Berlin 1870, S. 34).

Herodots Erzählungen leiden daher sehr unter der »poetischen Gerechtigkeit« und – wenn es sich um den Gegensatz zwischen Persern oder weniger zivilisierten Völkerschaften handelt – unter einer rousseauhaften Schwärmerei für Naturzustände. Herodot braucht auch, wie Goethe, gern den rhetorischen Kunstgriff der knappen, traumartigen Vorwegnahme dessen, was gleich darauf sich deutlich und in erschütternder Weise ereignen soll.

40

Ktesias, der als Leibarzt am persischen Hofe die Landesarchive benutzen durfte, nennt den Herodot einen Märchenerzähler, was ihn jedoch selbst nicht hindert, die wunderlichsten Fabeln als Tatsache zu berichten, wie schon Plutarch (*Artaxerxes*, 1) bemerkt. Diodor hat den Ktesias stark benutzt. Unter anderem leugnet Ktesias die romantische Verwandtschaft des Kyros mit dem Astyages. Es ist dieser Zug wohl einer Dichtung der Meder entnommen, denen die persische Herrschaft erträglicher erscheinen mußte, wenn der persische König von einer medischen Prinzessin abstammte; der siegreiche Perser Kyros hat aber erst 550 v. Chr. des besiegten Mederkönigs Astyages verwitwete Erbtochter Amytis (Mandane) aus Legitimitätsrücksichten geheiratet. Der eigentliche Held der Novelle ist jedoch weder Astyages noch Kyros, sondern *Harpagos. Des Harpagos Leiden und Taten bilden den Mittelpunkt der medischen Version, und dieser Harpagos war den Griechen auf der Westküste Kleinasiens nur zu wohl bekannt geworden. Mit ihren warnenden Vorbedeutungen, mit der Aussetzung des Kyros führte die medische Version den Herodot auf den ihm vertrauten Boden griechischer Sagen, denen warnende Orakel, vergebliche Aussetzungen, täuschende Auslegungen geläufig waren. Endlich entsprach die Vergeltung, welche den Astyages erreicht, Herodots sittlicher Anschauung* (Duncker, *a.a.O.*, Bd IV, S. 279).

Eine orientalische Märchenfigur ist auch *Gyges*, den Friedrich Hebbels herbes Trauerspiel von 1856 auch bei uns volkstümlich gemacht hat.

Der ausgesetzte *Kyros* soll von einer Hündin gesäugt worden sein (der Hund war den Persern ein heiliges Tier), nach anderen von einer Hirtin, welche Hündin hieß. Ktesias weiß von alledem nichts; aber auch sein Bericht ist eine Novelle, in der ein Bettelknabe König wird – eigentlich ein Märchenmotiv.

Allgemein bekannt ist die Erzählung Herodots (I, 29–33) vom Besuch des Solon bei König *Kroisos* von Lydien, wie dieser vergebens von jenem zu hören versucht, daß er wegen seiner Reichtümer der glücklichste Mensch sei. Wegen ihrer Entsagung predigenden Moral ist die Geschichte häufig in Schullesebücher aufgenommen, das *Nemo ante mortem beatus* (Niemand ist vor seinem Tode glücklich zu preisen) sogar ein geflügeltes Wort geworden. Der ganze Besuch ist jedoch wegen chronologischer Schwierigkeiten unwahrscheinlich. Herodot verwechselt, wie schon die Alten merkten, die sonst in solchen Sachen nicht peinlich waren, die frühere zehnjährige Reise Solons mit einer späteren. *Wen die Volkssage lieb hat, den*

41

schickt sie gern auf Reisen. *Der kleinste, unscheinbarste Anlaß muß ihr dabei als Rechtfertigung genügen. Sie liebt es, vermittelst dieser Form das Ferne und Fremde, was ihr Interesse erregt, sich in dem Spiegel einer vertrauten Persönlichkeit reflektieren zu lassen und es dadurch sich selbst näher zu bringen; es reizt sie, auf diese Weise bedeutende Persönlichkeiten aus weit entlegenen Kreisen miteinander in Berührung zu setzen und sie gleichsam aneinander zu messen* (Erdmannsdörffer, a.a.O., S. 31). – Zu Herodot kommt jetzt Bakchylides von Keos (um 470 zu Syrakus) hinzu.

Plutarch freilich (*Solon*, 27), dem die Geschichte gefiel, hält sie aufrecht; weil jedoch er, wie Herodot, ganz bestimmt die Zusammenkunft an die Reise knüpft, die Solon nach seiner Neuordnung der athenischen Verfassungszustände (593) unternommen hat, da Kroisos (der erst 561 v. Chr. zur Regierung gekommen ist) noch im Knabenalter stand, so ist die Erzählung nicht zu halten.

Schon in alten Zeiten hat man die Begegnung zwischen Solon und Kroisos in Zweifel gezogen, und wenn Plutarch dagegen geltend macht, daß die Erzählung doch gar zu sehr dem Charakter der beiden Männer entspreche, so verkennt er, daß diese innere, poetische Wahrheit, welche uns die Erzählung so teuer macht, die historische Wirklichkeit des Vorgangs gerade am meisten verdächtigt (Ernst Curtius, *Griechische Geschichte*).

Fällt der Besuch, so fällt mit ihm natürlich die fernere Erzählung, Kroisos habe 546 v. Chr. auf dem Scheiterhaufen den Namen Solons ausgerufen und dadurch die Aufmerksamkeit des Kyros erregt, der ihn dann begnadigt hätte. Der Lydier Xanthos, der etwa 40 Jahre vor Herodot schrieb und von diesem sowie von Diogenes Laertios und von Nikolaos aus Damaskus benutzt worden ist, hat nach Letztgenanntem bei der Scheiterhaufengeschichte von Solon noch nichts gewußt. Kyros hätte ja nie daran denken dürfen, den Kroisos verbrennen zu lassen, weil seine iranische Religion ihm die Verunreinigung des »göttlichen« Feuers ausdrücklich verbot.

Die Antworten des pythischen Apollon, Kroisos werde, wenn er über den Halys gehe, ein großes Reich zerstören, sowie er werde seine Herrschaft verlieren, wenn ein Maultier über die Perser herrsche, sind wohl zunächst so gemeint gewesen, wie sie jeder verstehen würde. Als die Antworten nachher nicht zutrafen, hat Herodot, der auf die Erfüllung der delphischen Weissagungen erpicht war, die erste so gut ausgelegt, wie es eben ging, und des Maultiers wegen den Kyros – an die medische Dichtung

42

anknüpfend – zum Sohn einer Mederin gemacht. Das Erraten der Pythia, was Kroisos zu einer bestimmten Stunde täte, nämlich daß er Schildkröten- und Lammfleisch in einem erzenen Gefäß zusammenkoche, ist wohl ganz erfunden, damit doch wenigstens eine ganz zutreffende Auskunft vorhanden sei. Es ist anderweitig nicht bekannt, daß die Priesterschaft auf dergleichen frivole Anfragen überhaupt Antwort gab; – oder aber sie war zwischen Kroisos und den Priestern verabredet, um das Volk durch die folgenden Sprüche mehr zu begeistern. Daß Kroisos bei Herodot eigentlich eine recht komische Figur ist, hat übrigens schon der Pseudo-Plutarch in der Schrift *Über die Böswilligkeit des Herodot* (18) sehr treffend hervorgehoben.

Nachdem Herodot ferner erzählt hat, daß die Königin der Massageten jenseits des Jaxartes (Oraxes), *Tomyris*, einen Schlauch mit Menschenblut hatte füllen lassen und dann den Kopf des getöteten Perserkönigs Kyros in diesen Schlauch steckte, um den König, wie sie gedroht hatte, *mit Blut zu sättigen*, setzt Herodot selbst hinzu: *Dies ist meiner Meinung nach der glaubwürdigste Bericht über das Lebensende des Kyros, das auf so verschiedene Art erzählt wird.* Wohl nur, weil sie, einer poetischen Quelle entstammend, die pikanteste war. Xenophon läßt in seiner *Kyrupädie*, die allerdings nur ein historischer Roman ist, den König ruhig im Bett sterben, Ktesias erzählt, Kyros wäre in der Schlacht gegen den Derbiker-König Amoraios von einem Inder verwundet worden und drei Tage darauf im Lager verschieden.

Seine Berichte über die scheußliche Grausamkeit des Despoten *Kambyses*, des Sohns des Kyros (529–522 v. Chr.), und über sein Wüten gegen die Religion der Ägypter (Tötung des heiligen Apis) hat Herodot (III, 29) von den ägyptischen, durch ihren Religionshaß bestimmten Priestern. Die in den Apisgräbern bei Memphis gefundenen Inschriften wissen nichts davon.

Novellenhaft ist auch die Erzählung des Herodot, wie der 525 von Kambyses gefangene König Psammetichos III. beim Anblick seiner Tochter in Sklavenkleidern, seines zum Tode geführten Sohnes scheinbar unbewegt bleibt und erst als sein Freund als Bettler vorübergelenkt wird, Tränen findet; denn jene Schmerzen wären für Tränen zu groß gewesen. Herodot selbst erzählt, Kambyses würde wohl dem Psammetichos die Verwaltung Ägyptens gelassen haben, wenn er sich klüger benommen hätte; doch zu solcher Absicht hätte die Hinrichtung des jungen Sohnes nicht gepaßt, und Ktesias weiß auch nichts davon.

Die an Gaumata, den falschen Bardija (Smerdis), sich knüpfenden Anekdoten übergehend, erwähnen wir die noch von Herodot (III, 80 ff.) berichteten, angeblich der Ermordung der Magier folgenden *Debatten der sieben persischen Fürsten*, die den Usurpator von 522 gestürzt hatten, über die beste Regierungsform, wobei Otanes die Republik, Dareios die Monarchie verteidigt; sie sind zwar schon nach Herodots eigener Bemerkung *einigen Hellenen unglaublich vorgekommen, trotzdem aber gesprochen worden.* VI, 43 kommt er darauf zurück und betont nochmals die Richtigkeit seiner Angaben. Duncker bemerkt jedoch dazu (a.a.O., Bd IV, S. 460): *Die Legende von jener Diskussion beruht offenbar auf den Vorrechten der sechs Stammfürsten, die in der That ein gewisses aristokratisches Element der Verfassung bildeten und von den Griechen auf den Magiermord zurückgeführt wurden; sodann auf den besonderen Immunitäten des Hauses des Otanes. Aus den Freiheiten, der angeblichen Selbstregierung dieses Hauses schlossen die Griechen, daß sich Otanes damals für die Freiheit und Selbstregierung der Perser ausgesprochen haben müsse.*

Hierauf folgt die Anekdote von der Erhebung des Dareios zum Könige (521). Derjenige der sieben Verschworenen sollte Herrscher werden, dessen Pferd beim Sonnenaufgang vor der Königsburg zuerst wiehern würde. Eine List des Oebares, des Stallmeisters des Dareios, bringt diesem die Königskrone. *Die Erzählung von der List des Oebares ist wohl griechische Erfindung. Im Sinne der Perser würde solche List dem göttlichen Wahrzeichen jede Bedeutung geraubt haben ... Der Name des Stallmeisters Oebares (d. i.: der gute Botschaft bringt), macht sie um nichts glaubhafter oder besser; er ist jenem treusten und wirksamsten Ratgeber und Gehülfen des Kyros entlehnt (von dem, nach Ktesias, und Nikolaos von Damaskus berichtet), der diesem zuerst, selbst ein glückliches Zeichen, in der Fremde begegnete ... Und was das Reiterbild betrifft, welches Dareios zu Ehren des Pferdes und des Stallmeisters nach Herodots Versicherung nebst erklärender Inschrift errichtet hat, so hatte Dareios gewiß kein Interesse, dem Reiche zu verkünden, daß er betrüglicherweise den Tron gewonnen* (Duncker, a.a.O., Bd IV, S. 459).

Aus der Regierungszeit des *Dareios* ist besonders sein Zug gegen die Skythen (ca. 513 v. Chr.) mit Fabeln ausgeschmückt. Die Geschichte Persiens beginnt nunmehr, sich mit der der Griechen zu verflechten.

Griechen

Die Griechen haben sich in gewisser Weise schon mit unserem Thema beschäftigt, denn bereits im 4. vorchristlichen Jahrhundert versucht der pseudonyme Autor Palaiphatos in seiner 45 Stücke umfassenden Sammlung *Peri apistōn* (Über Unglaubwürdiges), das Unglaubliche, Unhistorische mythischer Berichte in etwas gewalttätiger Weise rationalistisch zu erklären. Häufig sieht er in ihnen irrtümliche Deutungen von Aussprüchen oder Eigennamen, so wenn er behauptet, der Stier, der die Europa davongetragen hätte, sei ein Mann namens Stier gewesen. Einige seiner Deutungen sind jedoch recht interessant. *Medea* soll nach ihm deshalb alte Leute wieder habe jung machen können, weil sie weißes Haar schwarz färben konnte. *Niobe* wurde durch Schmerz über den Verlust ihrer Kinder in Stein verwandelt, d. h. sie ließ noch zu ihren Lebzeiten über deren Grab ein Marmorgrab für sich selbst bauen. Nach Diodor soll der *Charon*, der die toten Seelen über den Styx setzte, der gewöhnliche Fährmann gewesen sein, der in Memphis die Toten über den Fluß hinüberbrachte.

In den Mythen von *Herakles* (Herkules) und Theseus sind eine Menge von Helden und Heldentaten aufgegangen. Herakles hat nach Varro (44) die Züge verschiedener Persönlichkeiten in sich vereinigt. Peisandros von Rhodos übertrug (um 680 v. Chr.) in seiner *Herakleia* die Wanderungen des syrischen Sonnengottes Melkart durch die zwölf Zeichen des Tierkreises auf den griechischen Heros und gab ihm auch statt der gewöhnlichen Waffen die Keule und die Löwenhaut.

Was das *Labyrinth* betrifft, in dem Theseus den Minotauros mit Hilfe des Fadens der Ariadne aufspürte und erschlug, so wird es vor Diodor (I, 61.97; IV, 60.77) von keinem Schriftsteller erwähnt; doch hat es zweifelsohne existiert, wenngleich in anderer Form, als die Sage es überliefert. Der von *labrys*, dem Doppelbeil, dem Symbol des Himmelgottes, abzuleitende Name bezeichnete ursprünglich die mit den Symbolen des vierköpfigen Gottes und der Ariadne, der »Hochheiligen« von Knossos, geschmückten

Hauskapelle. Später hat man die Bezeichnung Labyrinth auf die gesamte Palastanlage übertragen, die der britische Archäologe Arthur Evans seit 1896 aufgedeckt und restauriert hat. Plinius (*Naturalis historia* XXXVI, 13) kennt außer dem Labyrinth auf Kreta noch eines in Ägypten (vgl. Herodot II, 148), das der Pharao Amenemhet III. um 1820 v. Chr. an der Mündung des Kanals vom Nil zum Moiris-See erbaute und dessen Überreste Karl Richard Lepsius und Flinders Petrie bei Hawara entdeckt haben sowie je eines auf Lemnos und in Italien, letzteres wahrscheinlich das bei Poggio Gajella gelegene Grabmal des Etruskerkönigs Porsenna. Vielleicht liegt dieser Sage, ebenso wie der von der Erlegung des marathonischen Stiers, die Abschaffung von Menschenopfern durch Theseus zugrunde, die dem in Stiergestalt verehrten Moloch dargebracht und von den Phönikern bei ihren Verbindungen mit Griechenland dort eingeführt worden sein mögen.

Umstritten ist auch die Geschichtlichkeit eines Ereignisses, dessen Schilderung durch die *Ilias* seit nahezu dreitausend Jahren zum festen Bestand der Weltliteratur zählt, der *Trojanische Krieg*. Obwohl mindestens seit dem Ende der Bronzezeit ebenso Gegenstand von Sage, Epos und Tragödie wie von zahllosen künstlerischen Darstellungen, sind die Zweifel nie ganz verstummt. So haben Skeptiker den in der *Ilias* dargestellten Kampf der Griechen unter der Führung des Königs Agamemnon um die Burg Pergamos des Priamos oft einfach ins Reich der Fabel verwiesen oder als symbolhafte Deutung kosmischer oder geophysikalischer Vorgänge erklärt. Der Kieler Professor Wilhelm Forchhammer etwa sah in den griechischen Mythen symbolische Auslegungen physikalischer Erscheinungsformen des Wassers und führte den Inhalt der *Ilias* auf den winterlichen Kampf der Strömungen des Meeres und der Flüsse, der Nebel und des Regens in der troischen Ebene zurück (*Erklärung der Ilias*, Kiel 1884; 2. Aufl. 1888).

Ähnlich verkrampft ist auch der Versuch des unter dem Pseudonym Carus Sterne schreibenden Ernst Krause, der in seinen pseudogelehrten Werken *Die Trojaburgen Nordeuropas...* und *Die nordische Herkunft der Trojasage...* (beide Glogau 1893) den Zusammenhang der *Ilias* mit dem indogermanischen Mythos von der entführten und gefangenen Sonnenfrau und den Schwert- und Labyrinthtänzen zur Feier ihrer Befreiung im Lenz »bewies«.

Demgegenüber stehen von keinem Zweifel angekränkelte Aussagen wie die von Hildegard Weigel, die nachweisen zu können glaubt, daß der trojanische Krieg stattgefunden, ein Jahr gedauert habe und daß Troja am

46

10. Oktober 1300 v. Chr. gefallen sei (*Der Trojanische Krieg. Die Lösung*, Darmstadt 1970). Die in der Regel als Beweis herangezogenen Befunde nach den Ausgrabungen von Heinrich Schliemann, Wilhelm Dörpfeld und Carl William Blegen beweisen die Geschichtlichkeit des Trojanischen Krieges nicht. Troja VI ist durch ein Erdbeben zerstört worden, VIIa durch eine Brandkatastrophe, deren Ursache unklar ist. *Die heute übliche Annahme eines Zuges mykenischer Griechen gegen Troja, vielleicht nur Raubzuges ohne Eroberung... ist reine Hypothese nur aufgrund der Sage vom Krieg gegen Troja... Andererseits ist es wenig wahrscheinlich, daß eine Sage wie die vom trojanischen Kriege gänzlich frei erfunden sein sollte* (*Der Kleine Pauly*, Bd V, München 1979, Sp. 980 f.).

Seit der Antike leidenschaftlich umstritten ist auch die Person des *Homer* und die Autorschaft der beiden großen Epen, die mit seinem Namen verbunden sind. Ist Homer überhaupt eine historische Persönlichkeit? War er blind, wie in einem von Thukydides (III, 104) angeführten, Homer zugeschriebenen Fragment eines Lobgesangs auf Apollo erwähnt wird? Wo ist seine Heimat, da sich bereits im Altertum sieben – in Wirklichkeit sogar elf – Städte (Smyrna, Rhodos, Kolophon, Salamis auf Zypern, Chios, Argos, Athen, Kyme, Ios, Pylos und Ithaka) rühmten, sein Geburtsort zu sein?

Erhalten sind sieben antike Biographien des Dichters, unter anderem die *Legende von Homer, dem fahrenden Sänger*, die Wolfgang Schadewaldt herausgegeben hat (Leipzig 1942; 2. Aufl., Stuttgart-Zürich 1959). *Das alte Buch... mag als rechtes Volksbuch, das Ernst und Scherz auf eine gutmütige Art mischt, sich wohl neben dem alten Aesop, unserem Till Eulenspiegel oder dem Doktor Faust sehen lassen. Es birgt im Kern echte Überlieferung über die Person des Iliasdichters, in dem wir nach langen Irrwegen wieder einen wirklichen Menschen erkennen.*

Danach war Homer ein Kind der Liebe, das Kretheïs, die Pflegetochter des Kleanax in Kyme, empfangen hatte. Um ihre Schande zu verbergen, zog Kretheïs in das neugegründete Smyrna. Dort, am Fluß Meles, gebar sie einen Sohn, den sie Melesigenes nannte. Ihren kärglichen Verdienst als Dienstmädchen verwandte sie für die Erziehung ihres Kindes, das der Lehrer Phemios *im Lesen und Schreiben und allem, was sonst zum Musenhandwerk gehörte*, unterrichtete. Melesigenes war ein aufgeweckter und begabter Knabe, und da seine Mutter fleißig und bescheiden war, machte Phemios sie zu seiner Frau. Nach seinem Tod erbte der Sohn die Schule und führte sie eine Zeitlang weiter, bis der reiche Getreidehändler Mentes ihn als Begleiter auf seinen Reisen mitnahm. Melesigenes bereiste das Mittelmeer, kam nach Italien und Spanien, bis er auf der

Heimfahrt auf Ithaka von einem Augenübel befallen wurde, das später zu völliger Erblindung führte. Er kehrte in die Heimat zurück, geriet in Not und wurde als Blinder zum Dichter. Als fahrender Sänger zog er im Lande umher, von den Spenden seiner mitleidigen Zuhörer kümmerlich lebend. In der Geburtstadt seiner Mutter wurde er *Homer* genannt, nach der dort üblichen Bezeichnung für Blinde *(Homeroi)*. Die Stadtväter von Kyme haben ihm zwar einen unsterblichen Namen verliehen, scheinen aber im übrigen Banausen gewesen zu sein, denn sie wiesen den Bettler unbarmherzig aus ihren Mauern. Mit dem Stab in der Hand tastete er sich als Rhapsode mühsam durch die Lande. Gutmütige Schiffer, denen er seine Gesänge vortrug, nahmen ihn auf, und so bereiste er die Städte und Inseln der Ägäis. In Chios, wo er vorübergehend festen Fuß faßte, leitete er eine Dichterschule, schrieb *Ilias* und *Odyssee* nieder und nahm eine Frau, die ihm zwei Töchter gebar.

Endlich ging es ihm erträglich. Seine Lieder und Hymnen brachten ihm ein ständig steigendes Einkommen. Er konnte sich eine Reise nach dem griechischen Festland leisten, weilte eine Zeitlang in Samos und traf später in Chalkis seinen großen Dichterkollegen Hesiod, dem er aufgrund eines Fehlurteils des Königs Panedes in einem Sängerstreit unterlag. Darauf besuchte Homer Athen, Korinth und Argos. Von dort begab er sich nach Delos, wo er beim Volkstreffen der Ionier durch den Vortrag seines *Apollon-Hymnus* reichen Beifall erntete. Alt und gebrechlich soll er am Ende des 8. Jahrhunderts v. Chr. im Hause seines Freundes und Gönners Kreophylos auf der Insel Ios seine irdische Laufbahn beendet haben. Umbrandet vom Wellenschlag des ruhelosen Meeres, fand er sein Grab, in dessen Stein die Bürger von Ios die Inschrift setzten:

Wahrlich, ein heilig Haupt deckt hier die bergende Erde,
Ihn, der die Helden gepriesen, den göttlichen Sänger Homeros.

Als gesichert gilt heute, daß Homer eine historische Person des achten vorchristlichen Jahrhunderts ist und seine Heimat das ionische Kleinasien war. Wahrscheinlich ist Smyrna seine Geburtsstadt, gut möglich scheinen enge Beziehungen zu Chios und sein Tod auf Ios. Aber bis zu diesen Erkenntnissen war es ein weiter Weg. Im Anschluß an antike Nachrichten und an den französischen Abbé François Hédelin d'Aubignac mit seinen 1644 geschriebenen und 1715 gedruckten *Conjectures académiques...* hatte Friedrich August Wolf in seinen *Prolegomena ad Homerum* (Halle 1795) die These aufgestellt, die *Ilias* und die *Odyssee* seien das Werk verschiedener »Homeriden«, deren Einzelgeschichte nach längerer mündlicher Überlieferung erst unter Peisistratos im Athen des 6. Jahrhunderts v. Chr. aufgezeichnet und zusammengefaßt worden seien.

Das Buch von Wolf schlug wie eine Bombe ein: *Das von Wolf entfachte Großfeuer griff schnell auf die ganze deutsche gebildete Welt über und ließ seinen Funkenregen auch nach Italien, England, Frankreich sprühen.*

Die da löschen wollten, liefen herbei; doch da andere wieder um so kräftiger in die Flammen bliesen, ist der Kampf der Elemente weitergegangen. Und eingeschränkt auf die engeren Bezirke der Wissenschaft, aber von Zeit zu Zeit immer wieder bereit auszubrechen, frißt der Brand fort bis auf den heutigen Tag (Wolfgang Schadewaldt, *Von Homers Welt und Werk*, 4. Aufl., Stuttgart 1965, S. 9). Die homerische Frage ist bis heute nicht definitiv entschieden, doch schreibt man besonders die *Ilias* einem einzigen Autor, Homer, zu, während die etwas jüngere *Odyssee* nicht als Werk desselben Dichters gilt.

Die Frühgeschichte der *Spartaner* wimmelt geradezu von Fehlern, Anekdoten und Ungereimtheiten, die erst viel später entstanden sind, jedoch immer wieder gutgläubig nacherzählt werden.

Als Erklärung der merkwürdigen Erscheinung des *Doppelkönigtums* der Eurypontiden und der Agiaden in Sparta hat man angegeben (Herodot VI, 52), es sei eingerichtet worden, weil der König Aristodemos Zwillingssöhne, den Prokles und den Eurysthenes, gehabt habe. Aber allein die Tatsache, daß man die beiden Familien nicht nach diesen Zwillingen benannt hat, kennzeichnet diese Erzählung als Erfindung.

Als Begründer der spartanischen Verfassung gilt seit Herodot (I, 65) der legendäre *Lykurgos*, auf den die Spartaner eine Menge späterer Gesetze übertragen haben, um ihnen ein höheres Ansehen zu verleihen. *So übereinstimmend aber die Verdienste Lykurgs anerkannt wurden, eben so unsicher und schwankend war jede weitere Überlieferung von ihm... Den Spartanern waren die festen Umrisse seiner Persönlichkeit früh entschwunden; sie ehrten ihn wie ein göttliches Wesen... Darum ist aber Lykurgos keine erdichtete Person, sondern er ist einer von denen, welche, wie Epimenides und Pythagoras, als Vermittler des Menschlichen und Göttlichen, mit Legenden umwoben sind, und es ist nicht in Abrede zu stellen, dass in der zweiten Hälfte des neunten Jahrhunderts v. Chr. wirklich ein Mann jenes Namens in Sparta gelebt und gewirkt hat* (Ernst Curtius, *Griechische Geschichte*, Bd I, 6. Aufl., Berlin 1887, S. 171 f.). Die neuere Forschung allerdings ist zu dem Urteil gekommen: *Lykurgos ist eine Sagenfigur und war ursprünglich vielleicht ein Gott* (*Der Kleine Pauly*, Bd III, Sp. 823).

Die Überlieferung ist im wesentlichen zusammengefaßt in der Biographie Plutarchs. Danach stammt Lykurgos aus königlichem Geschlecht und war Vormund seines Neffen, Königs Charilaos, nach anderer Überlieferung des Leobates (Herodot I, 65). Er studierte auf verschiedenen Reisen das politische Leben in Ionien, in der Ägäis und auf Kreta und schlichtete in Sparta mit Hilfe des delphischen Orakels durch eine neue Verfassung zwischen Königtum und Volk. Schon Plutarch erkannte, daß in der Lebensbeschreibung Lykurgs sehr vieles nicht zweifelsfrei war, und was er selbst erzählt, *ist eine Reihe von Märchen, die die Veranlassung zu den dem Lykurgos beigelegten Einrichtungen erklären sollen.* Abzusprechen sind ihm die Ordnung des Kriegswesens, die rigorose Bodenreform – wohl eine späte Erfindung, um die Restaurationsversuche unter Agis III. und Kleomenes III. zu rechtfertigen –, die Einrichtung des Ephorats wie der Syssitien oder gemeinsamen Mahlzeiten.

Auch die sprichwörtliche spartanische Lebensführung und Jugenderziehung ist angeblich ein Werk Lykurgs. Um die abgehärtete Natur der Spartaner ins rechte Licht zu rücken, hat man viele zum Teil haarsträubende Geschichten erfunden, die durch all die Jahrhunderte weiter überliefert worden sind. Als Beispiel möge die Erzählung von dem Jungen dienen, dem bei einem Opfer eine glühende Kohle auf die Hand fällt, worauf er die Kohle nicht wegwirft, was doch ein leichtes gewesen wäre, sondern, seinen Schmerz verbeißend, die glühende Kohle durch die Hand, also auch durch den Knochen (!) hindurchschwelen und zu Boden fallen läßt.

Es gibt eine Reihe Erzählungen aus den *Messenischen Kriegen*, die wohl unhistorisch sind, da weder Herodot noch Thukydides etwas von diesen Kriegen wissen, vielmehr (außer einem Fragment des Tyrtaios) erst Isokrates *(Archidamos)* sie erwähnt. Unsere einzige Quelle für die Anekdoten ist Pausanias, der sie (IV, 6) dem von ihm selbst als unzuverlässig bezeichneten Geschichtsschreiber Myron von Priene entnahm sowie dem kretischen Dichter Rhianos, der zur Zeit Alexanders des Großen, also nach der Wiederherstellung Messeniens durch Epaminondas, gelebt und vielleicht auch für die messenischen Schullesebücher geschrieben hat. Aristomenes, der große Nationalheld und Verteidiger der messenischen Unabhängigkeit, wird von Myron in den ersten, von Rhianos dagegen in den zweiten Krieg gesetzt, während er dem Anfang des fünften Jahrhunderts angehört. Rhianos aber dichtete in sichtlicher Nachahmung Homers, so daß nach des Pausanias Bemerkung Aristomenes darin nicht weniger strahlt als Achilles in der *Ilias.*

Auch eine andere Erzählung aus einem Messenischen Krieg, die Strabon (VI, 279) nach dem Bericht des Ephoros wiedergibt, ist frei erfunden. Danach hätten die Spartaner vor einem zwanzigjährigen Krieg geschworen, nicht eher heimzukehren, ehe sie Messene erobert hätten oder aber alle gefallen seien. Zu Bewachung der Stadt ließen sie nur die Jüngsten und die Ältesten zurück. *Später im zehnten Jahre des Krieges wären die Frauen der Lacedämonier zusammengekommen und hätten aus ihrer Mitte einige an ihre Männer abgesendet, um sie zu tadeln, daß sie nicht unter gleichen Verhältnissen mit den Messeniern Krieg führten (denn diese blieben zu Hause und zeugten Kinder, sie aber hätten ihr Lager im Feindesland und ließen ihre Frauen als Witwen zurück) und daß das Vaterland Gefahr laufe, männerleer zu werden. Die Lacedämonier sendeten also, zugleich ihren Eid haltend und die Rede der Weiber zu Herzen nehmend, die stärksten und jüngsten Männer des Heeres nach Hause zurück, von welchen sie wußten, daß sie am Eidschwur nicht teilgenommen hatten, weil sie noch als Knaben mit den Erwachsenen ausgezogen waren. Diesen befahlen sie, mit allen Jungfrauen Beischlaf zu pflegen, alle mit allen, weil sie glaubten, daß sie so mehr Kinder erzeugen würden. Nachdem dies geschehen, wurden diese Kinder Parthenier [Jungfernkinder] genannt.*

Nach anderen Quellen waren diese Jungfernkinder die Frucht der Verbindung zwischen den daheimgebliebenen Ehefrauen und Heloten. Als man ihnen deshalb die Bürgerrechte verweigerte, seien sie nach einem verratenen Putschversuch um 700 v. Chr. nach Süditalien ausgewandert und hätten Tarent gegründet. Wahrscheinlich ist die Geschichte nur zur Rechtfertigung eines strengeren Eherechts erfunden worden, das nur solchen Kindern die vollen Bürgerrechte gewährte, deren Väter und Mütter rein spartanischer Abstammung waren. Vorher hatte man es damit offensichtlich weniger genau genommen (vgl. Max Duncker, *Geschichte des Alterthums*, Bd V, 3.–5. Aufl., Leipzig 1881, S. 429 ff.).

Der Spartaner *Tyrtaios*, von dem Platon (*Gesetze* 629 A) berichtet, er sei von Geburt Athener gewesen und erst später zum spartanischen Bürger geworden, hat zur Zeit des sogenannten Messenischen Krieges, um die Mitte des 7. vorchristlichen Jahrhunderts gelebt. Er soll von den Spartanern mit einem Orakelspruch von Delphi hin zum Anführer gegen die Messenier gewählt worden sein. Bekannt wurde er durch seine Kriegslieder, in denen er immer wieder zum Aushalten im Kampf bis zum Tode aufrief. Seit Justinus (3,5) und Pausanias bildete sich die Überlieferung heraus, daß er ein lahmer Schulmeister gewesen sei. Diese Lahmheit ist ihm im nachhinein zugeschrieben worden, weil seine *Elegien* aus ungleichfüßigen Versen, einem Hexameter und einem Pentameter, bestanden, also gleichsam hinkten.

Arion war der Töne Meister beginnt August Wilhelm von Schlegels Romanze aus dem Jahre 1797 über den lesbischen Sänger *Arion* (um 600 v.Chr.), der der Überlieferung nach (Herodot I, 23 f.; Plutarch, *Gastmahl der Sieben Weisen*, 18; Lukian, *Dial. marin.*, 8) als Dichter und Sänger in Sizilien und Italien ein reicher Mann geworden war. Auf der Rückfahrt von Tarent nach Korinth wollen ihn die habgierigen Matrosen ausrauben und ins Meer stürzen. Doch wird ihm noch eine letzte Bitte gewährt: In prächtigem Gewand spielt er ein Abschiedslied. Dann springt er plötzlich ins Meer, worauf ein Delphin – oder mehrere Delphine im Wechsel – ihn auf dem Rücken zum Vorgebirge Tainaron trägt. Arion begibt sich zum Königshof nach Korinth, wo die Räuber nach ihrer Ankunft entlarvt und bestraft werden. Der musikliebende Delphin aber wird unter die Sterne versetzt (Hyginus, *Fabeln*, 194).

Ihren Ursprung verdankt diese Legende wohl einer auch von Herodot erwähnten Statue, die einen auf einem Delphin reitenden Mann darstellt, und die Arion vielleicht dem Poseidon-Tempel in Tanairon geweiht haben mag. Der Delphin war bei den Alten das Symbol einer glücklichen Seereise, weshalb ihn mehrere Städte, unter anderen auch Tarent, wohin Arion kam, als Wappentier führten (vgl. M. Rabinovitch, *Der Delphin in Sage und Mythos der Griechen*, Dornach-Basel 1947). Der auf dem Delphin reitende Arion wurde später ein dankbares Motiv für Schriftsteller, bildende Künstler und Komponisten (Herbert Hunger, *Lexion der griechischen und römischen Mythologie*, Reinbek 1979, S. 63).

Daß *Solon*, der große athenische Staatsmann, Gesetzgeber und Dichter (*um 640 v. Chr.) merkwürdigerweise mit keinem Wort erwähnt wird von dem sonst so gewissenhaften griechischen Geschichtsschreiber Thukydides, beweist selbstverständlich nicht, daß dieser nicht gelebt hat. Allerdings ist sein bereits oben erwähntes angebliches Treffen mit Kroisos ebenso eine Erfindung wie die von Herodot (I, 30) berichtete Reise zu König Amasis von Ägypten. Über sein Sterben und seine Bestattung schreibt sein sonst im ganzen anekdotenreicher Biograph Plutarch (*Solon*, 32): *Daß er verbrannt und seine Asche über der Insel Salamis ausgestreut worden sei, ist eine wegen ihrer Abgeschmacktheit ganz unglaubwürdige Geschichte, sie steht aber neben anderen namhaften Autoren auch bei dem Philosophen Aristoteles [Fragment 354] verzeichnet.*

Gleichgültig für Hippokleides oder *Das kümmert Hippokleides nicht* war ein bekanntes griechisches Sprichwort, dessen Entstehung Herodot (VI, 126-130) erzählt. Danach wollte Kleisthenes, der Tyrann von Sikyon,

575 v. Chr. seine Tochter Agariste *dem tapfersten und edelsten unter allen Hellenen, die er fände, zum Weibe geben.* Unter den zahlreichen Bewerbern aus den verschiedensten Regionen befand sich auch Hippokleides, der Sohn des Teisandros, *der in Athen an Reichtum und Schönheit hervorragte.* Nach einer Reihe von Prüfungen war der Tag gekommen, an dem Kleisthenes seine Wahl verkünden wollte. Dazu lud er alle *Freier und ganz Sikyon zum Schmause* ein. *Nach dem Mahle wetteiferten die Freier im Vortrag von Liedern und Scherzen. Hippokleides übertraf alle anderen.* Als er dann jedoch noch einen Tisch bringen ließ und in sehr ausgelassener Art darauf tanzte, wobei er sich schließlich sogar auf den Kopf stellte und mit den Beinen in der Luft herumfuchtelte, da konnte Kleisthenes *nicht mehr an sich halten und rief aus:* »O Sohn des Teisandros, du hast deine Hochzeit vertanzt!« Doch der erwiderte nur: »Das kümmert Hippokleides nicht!«

Die Erzählung weist jedoch zu deutlich Motive von Brautwerbergeschichten auf, als daß man sie für historisch halten könnte.

Im Jahre 554 v.Chr. wurde *Phalaris,* der aus Rhodos stammende Tyrann von Akragas (Agrigent), gestürzt. Bekannt ist die Erzählung von dem ehernen Stier, den ihm Perilaos von Athen habe anfertigen müssen. Der blutrünstige Tyrann habe seine Feinde in den glühend gemachten Bauch dieses Stiers eingesperrt und zu Tode geröstet; das erste Opfer soll der Künstler selbst gewesen sein (Pindar, *Pythien* I, 185; Herakleides Pontikos *[Fragmenta Historicorum Graecorum,* ed. C. und Th. Müller, 5 Bde, 1841-1870, Bd II, 223,37]). Nach einigen soll Phalaris sogar kleine Kinder verspeist und schließlich, was noch das Erfreulichste wäre, selbst in dieser Folterkammer, nachdem er durch Telemachos gestürzt worden, verbrannt worden sein. Man irrt wohl nicht, wenn man diese Berichte auf den Kultus des phönikischen Baal Moloch bezieht, in dessen Stierbild, nachdem es glühend gemacht worden war, in der Tat Menschen-, besonders Kinderopfer dargebracht wurden; ein Kult, der von Tyros nach Rhodos (Zeus Atabyrios), von da nach Gela und von dort schließlich nach Akragas gebracht worden war. Timaios *(Fragmente der griechischen Historiker,* ed. F. Jacoby, 3 Bde, Berlin 1923–1930, 556 F 28 bc) behauptet, es hätte nie einen Stier des Phalaris gegeben; Polybios widerspricht jedoch und erzählt, der Stier sei später (406 v. Chr.) mit der Beute von Akragas nach Karthago gekommen. Dazu stimmt die Nachricht bei Diodor (XIII, 90), daß Scipio den Stier nach der Einnahme von Karthago (146 v. Chr.) den Akragantinern zurückgegeben habe.

Daß die 148 Phalaris zugeschriebenen Briefe eine antike Fälschung sind, hat Richard Bentley 1697 und 1699 nachgewiesen.

Viele Anekdoten knüpfen sich an den berühmtesten Athleten des Altertums, *Milon von Kroton,* angeblich Schüler des Pythagoras (Strabon VI, 263) und 540 zum ersten Male Olympiasieger. Gerühmt waren besonders seine Kraft und Selbstdisziplin: Man konnte ihn nicht von einem eingeölten Diskus herunterstoßen (Pausanias VI, 14,6); keiner vermochte ihm einen Granatapfel aus der geschlossenen Hand zu entwinden, ohne daß die Frucht eine Druckstelle zeigte (Plinius VII, 83). Er zersprengte eine um den Kopf gewundene Darmsaite, indem er den Atem anhielt, bis die Adern so stark hervortraten, daß die Saite platzte. Zum Training trug er täglich ein Kalb und – als persönlichen Rekord gewissermaßen – seine eigene Bronzestatue zur Altis in Olympia (Pausanias VI, 14,6 f.).

Wahrscheinlich gehen die Kraftakte mit Diskus, Granatapfel und Darmsaite zurück auf seine Statue in Olympia, die ihn auf einem Diskus zeigt, mit einem Apfel in der Hand und einer Binde um den Kopf. Den Tod fand Milon angeblich, als er einen durch Keile auseinandergetriebenen Baum ganz zerreißen wollte, wobei die Keile herausglitten, seine Hände von dem zusammenschnellenden Baum festgehalten wurden und er dann von wilden Tieren zerrissen wurde (Strabon II, 263).

Die *Vertreibung* ihrer Tyrannen, *der Peisistratiden* (510 v. Chr.), erzählen die Athener gerne so, als ob sie infolge der Ermordung des Hipparch durch Harmodios und Aristogeiton stattgefunden habe, obgleich der eigentliche Tyrann, Hippias, erst vier Jahre nach der Ermordung Hipparchs, und zwar mit Hilfe des Spartaners Kleomenes gestürzt worden ist (Thukydides I, 20). Ausführlich wird über diese Vertreibung berichtet bei Herodot (V, 55 ff.) und bei Thukydides (VI, 54–59). Was jedoch bei Diodor *(Exzerpt über die Tugend)* von der Folterung und Standhaftigkeit des Aristogeiton, bei Justin (II, 9) und Polyainos (I, 22) zu lesen ist, beruht auf nachträglichen Ausschmückungen. Nirgends findet man bei allen diesen ein Wort von der Leaina (= Löwin), welche die Geliebte eines der beiden Verschworenen gewesen sein und sich bei der Folter die Zunge abgebissen haben soll, um ihn nicht zu verraten. Später hätten die Athener ihr ein Standbild errichtet, eine Löwin darstellend ohne Zunge (vgl. Plinius XXXIV, 8; Pausanias I, 23,2; Plutarch, *Über die Schwatzhaftigkeit,* 8). In Wirklichkeit aber war dieses Standbild, das sich am Eingang der Burg befand, nur ein symbolischer Wächter; die Erzählung ist erst dazu erfunden worden, wohl von athenischen Touristenführern (vgl. Gottfried Kinkel, *Mosaik zur Kunstge-schichte*, Berlin 1876).

Im Jahre 510 v. Chr. ist die demokratisch regierte Stadt *Sybaris* in Unterita-lien von den aristokratischen Krotoniaten zerstört worden; früher, als gut für sie war, hatten sich ihre Einwohner von kriegerischen Übungen ab- und einer verfeinerten Lebensweise zugewandt. Über diese ihre Verweichli-chung ist viel gefabelt worden, aber meist mit Humor. Einer von ihnen hätte sich ein Bett von Rosenblättern machen lassen und beim Erwachen geklagt, daß es zu hart gewesen und er sich Blasen gelegen habe. Sie hätten alle lärmenden Handwerke vor die Tore verbannt und keine Hähne in der Stadt geduldet, um nicht im süßen Morgenschlummer gestört zu werden. Ottavio Lancellotti (*Farfalloni degli antichi historici*..., Venedig 1636; 64) bemerkt dazu, sie müßten sich also wohl alle mit einem Male aus ihren Betten erhoben haben, denn sonst hätte ja einer den anderen gestört! Ihre Pferde waren abgerichtet, nach der Musik zu tanzen. Die Krotoniaten wußten dies und ließen daher in einer den Sybariten gelieferten Schlacht Tanzmusik spielen, worauf deren Pferde alle zu tanzen angefangen hätten und den Sybariten die Schlacht verlorengegangen sei, wie Aristoteles berichtet. Übrigens erzählt Charon von Lampsakos, ein Logograph, diesel-be Geschichte von den Kardiern; auch die Chinesen haben sie. Es ist also wohl auch eine Wanderanekdote.

Als *Dareios*, der Perserkönig, von der Brandschatzung der Stadt durch Athener und Jonier (um 499 v. Chr.) erfuhr, soll er nach Herodot (V, 105) *einem Diener den Auftrag erteilt haben, ihm jedesmal, wenn das Mahl bereitet sei, dreimal zuzurufen:* »*Herr! Vergiß nicht die Athener!*« Auch Aischylos (*Perser*, 285) spielt auf diese Anekdote an durch die Worte des Boten: *Weh dir, Athen, laut jammr' ich, wenn ich dein gedenk!* Sie hat ihren historischen Hintergrund wohl in der von Plutarch erwähnten Sitte, daß ein Kammerdiener die Aufgabe hatte, täglich den König mit den Worten zu wecken: *Stehe auf, o König, und bedenke die Dinge, die Ahuramazda von dir bedacht haben will.*

Als Dareios Herolde nach Griechenland gesandt hatte, um von den einzelnen Städten und Staaten Erde und Wasser als Zeichen der Huldigung zu verlangen, sollen die Spartaner sie in einen Brunnen und die Athener in ihr Barathron (den Mordgraben) geworfen haben mit den höhnischen Worten, sie möchten sich dort Erde und Wasser holen. Herodot erzählt dies jedoch nicht, wo es hingehört (VI, 49), sondern erst VII, 133, offenbar auf

Grund des Geschicks der Söhne des Sperthias und des Bulis, das sich im Sommer 430 vor seinen Augen vollzog. (Sie waren auf einer Gesandtschaftsreise von Sparta nach Persien von den Thrakern aufgegriffen, nach Athen abgeführt und dort hingerichtet worden.) Die Spartaner haben sich wohl jene Verletzung des anerkannten Völkerrechts zuschulden kommen lassen; denn sie sandten etwa 482 eben den Sperthias und den Bulis an Xerxes als Sühneopfer für die gemordeten Gesandten seines Vaters, worauf der »Barbar« jedoch beide unversehrt entließ, *weil er nicht handeln wollte wie die Spartaner.* Die entsprechende Untat der Athener scheint nur als Seitenstück erfunden zu sein (Pendantismus).

Daß ferner auf Antrag des Themistokles der Dolmetscher der Herolde, ein Grieche, wie Plutarch (*Themistokles,* 6) erzählt, hingerichtet worden sei, weil er *despotischem Ansinnen hellenischen Ausdruck* gegeben, ist wohl nur eine leere Rhetorenfloskel.

Ebenso wenig Glauben verdienen Herodots (VII, 112 ff.) sichtlich übertriebene Einzelheiten aus der *Schlacht bei Marathon* (490 v. Chr.). Da berichtet er zunächst von dem fabelhaften, etwa eine Viertelstunde langen (4800 Fuß) Dauerlauf der schwerbewaffneten Athener. *Ein solcher Lauf ist eine physische Unmöglichkeit; ein schwerausgerüsteter Heereshaufe kann allerhöchstens vier- bis fünfhundert Fuß (120–150m) im Laufschritt zurücklegen, ohne die Kräfte völlig zu erschöpfen und in Unordnung zu geraten. Einzelne Kunstläufer und Naturvölker sind allerdings imstande, sehr große Strecken selbst belastet im Lauf zurückzulegen, aber die Athener bei Marathon waren kein Naturvolk mehr . . .* (Hans Delbrück, *Geschichte der Kriegskunst im Rahmen der politischen Geschichte,* Bd I, *Altertum,* 2. Aufl., Berlin 1908, S. 52).

Ferner soll Kynaigeiros, der Bruder des Dichters Aischylos, ein abstoßendes persisches Schiff mit den bloßen Händen zurückgehalten haben, worauf ihm ein Arm abgehauen wurde. Justinus (*Historiae philippicae* II, 9) malt die Szene noch dramatischer aus: Nach ihm hat Kynaigeiros nach dem Verlust des Armes das Schiff mit den Zähnen gehalten. Die Tat wurde in der *Stoa poikile,* der bunt ausgemalten Wandelhalle an der Agora zu Athen im Bilde dargestellt *und diente in den Rhetorikschulen als Übungsmaterial* (*Der Kleine Pauly,* Bd III, Sp. 398).

Ein Phantasieerzeugnis aus späterer Zeit, als die Athener vom alten Ruhm zehren mußten, dürfte auch die bekannte Geschichte des Läufers sein, der nach der Schlacht von Marathon nach Athen lief, wo er auf dem Markt mit dem Ruf *Freut euch, wir haben gesiegt* vor Erschöpfung tot zusammenbrach. Herodot berichtet nichts davon, Plutarch jedoch hat uns in seiner Abhandlung *Ob die Athener durch Krieg oder Weisheit berühmter sind* (Kap. 3) sogar den Namen des Marathonläufers überliefert: die einen behaupten, es sei Thersippos aus Eroia gewesen, während andere ihn Euklees nennen.

Die Zahlen, die Herodot für das *Heer des Xerxes* angibt, sind schlichtweg unsinnig, erwachsen aus dem Stolz der siegreichen Abwehr der Aggression des mächtigen Perserreiches durch die Athener und aus einem schwach entwickelten Zahlenverständnis. *Wir müssen uns klarmachen und mit aller Bestimmtheit den Satz festhalten, daß es eine Selbsttäuschung ist, Zahlen wie den Herodoteischen Wert beizumessen... Zunächst aber muß festgestellt werden, daß die Zahlenangaben der Griechen gar keinen Glauben verdienen, auch nicht den allergeringsten,... daß wir also auch aus ihnen nicht entnehmen können, ob die numerische Überlegenheit auf Seiten der Griechen oder der Perser gewesen ist* (Delbrück, a.a.O., Bd I, S. 10f.).

Herodot schreibt dem Xerxes 2 641 610 Krieger und ebensoviel Diener, also 5 283 220 Mann zu; ferner ungezählte Frauen und Eunuchen. Legt man die deutsche Marschordnung vor 1913 zugrunde, dann nahm ein Armeekorps (= 30 000 Mann) ohne Fuhrpark eine Strecke von etwa drei Meilen ein. *Die Marschkolonne der Perser wäre also 420 Meilen lang gewesen, und als die ersten vor Thermopylä ankamen, hätten die letzten gerade aus Susa jenseits des Tigris ausmarschieren können* (Delbrück, a.a.O., Bd I, S. 10).

Auch die bereits wesentlich geringeren Zahlenangaben von Ktesias-Diodor (800 000 Infanteristen und 80 000 Reiter) sind noch viel zu hoch. Nach den Berechnungen Delbrücks dürfte Xerxes etwa 45 000–55 000 Krieger und einen Troß von 100 000 bis 200 000 Mann über den Hellespont geführt haben; bei Marathon läßt er auf persischer Seite nur 10 000 - 15 000 Bogenschützen und 1000 Reiter kämpfen.

Aber selbst diese Zahlen schrumpfen noch weiter zusammen, wenn man die effektive Stärke der bei Marathon und Plataiai tatsächlich eingesetzten Truppen berücksichtigt. *Bei Marathon kämpften 4000 Perser gegen 5000 Athener, Xerxes führte 20000 persische Krieger nach Griechenland. Bei Plätää fochten vielleicht 18 000 Perser und perserfreundliche Griechen gegen 20000 freie Hellenen*, errechnet Delbrücks Schüler Emil Daniels (*Das antike Kriegswesen*, Leipzig 1910, S. 19).

Ebenso fabelhaft sind die 300 000 Mann, die der Karthager *Hamilkar* etwa gleichzeitig in 2000 Galeeren gegen die sizilischen Griechen geführt haben soll; desgleichen die ganze Schilderung der Schlacht von Himera (480 v.Chr.), in der Gelon von Syrakus und Theron von Akragas die Karthager besiegten, aus der sich *dem Sprichwort nach nicht einmal ein Bote nach Karthago gerettet habe* (Diodor 11). Auch der schöne Zug ist leider eine spätere Erfindung, daß Gelon als eine der Friedensbedingungen die Forderung gestellt habe, daß die Karthager sich in Zukunft der Menschenopfer enthalten sollten. Weder Herodot weiß davon noch Diodor (11,26); die Angabe findet sich aber bei Plutarch.

Der Heldentod der dreihundert Spartaner des Leonidas, die sich, *treu wie das Gesetz es befahl,* im Engpaß der Thermopylen 480 v. Chr. bis auf den letzten Mann niederhauen ließen, bot der schöpferischen Phantasie und patriotischen Propaganda willkommenen Stoff für romantische Verklärung und theatralische Inszenierung. Napoleon als erfahrener Feldherr hat die zwecklose Aufopferung dieses verlorenen Haufens richtig eingeschätzt, wenn er verächtlich von den *trois cents têtes carrées* sprach, von den dreihundert Starrköpfen, die mit eigensinniger Verbissenheit eine Stellung verteidigten, die der Feind mühelos umgehen konnte, statt diese rechtzeitig zu räumen, um die Athener zu verstärken und dem Feind den Durchbruch auf die Hauptstadt zu verwehren.

Herodots Schilderung der *Schlacht von Thermopylai* kann mit ihrer engen Szenerie – im Westen das Gebirge als Kulisse, im Osten Sumpf und Meer – einem geschickten Bühnenbildner als wirkungsvolle Staffage für Theater und Film dienen. Dem Textdichter steht zur dramatischen Untermalung eine Auswahl zugkräftiger geflügelter Worte zur Verfügung. Aber gerade deshalb ist es höchst unwahrscheinlich, daß der historische Vorgang sich wirklich so plastisch und dramatisch abgespielt hat. Die hartnäckige Verteidigung des Thermopylenpasses war ein unnötiges Bravourstück, weiter nichts als ein dankbares Motiv für die Historienmalerei und für Schullesebücher, denn *in unmittelbarer Nähe der Thermopylen führt jener Fußpfad über das Gebirge, auf welchem die Perser nach Herodot 480, die Gallier 278, die Römer 191 die Verteidiger des Passes umgingen* (Delbrück, *a.a.O.*, Bd I, S. 74).

Im übrigen waren nicht nur 300 Spartaner und 700 Thespier nebst 400 Thebanern, sondern weil jeden Spartaner sieben Heloten begleiteten, noch 2100 Heloten in diesem Gefecht dabei.

Die tapfere Haltung der Spartaner stand im Einklang mit den heroischen Sentenzen, die über die Lippen der Todgeweihten kamen, oder die –

was entschieden wahrscheinlicher ist – geistreiche Schriftsteller ausgeklügelt und ihren Helden in den Mund gelegt haben.

Schon Herodot (VII, 226) läßt den Dienekes auf die Meldung, die Feinde seien so zahlreich, daß ihre Pfeile die Sonne verfinstern würden, schlagfertig erwidern: *Desto besser, so werden wir im Schatten kämpfen.* Erst bei Plutarch *(Lakonische Denksprüche)* jedoch findet sich die bekannte »lakonische« Antwort auf die Aufforderung des Xerxes, die Waffen abzuliefern: *Komm und hole sie!* Auch das Wort des Leonidas *Laßt uns das Frühmahl genießen in dem Bewußtsein, daß wir das Abendmahl im Hades einnehmen werden* fehlt bei Herodot; ähnlich heißt es bei Cicero *(Tusculanae disputationes* I, 42), vollständig finden wir es bei Diodor (XI, 9). Diodor (XI, 11) und die pseudoplutarchischeSchrift *Über die Böswilligkeit des Herodot* (Kap. 32) erzählen das Ende der Schlacht anders als Herodot. Danach hätten die Griechen einen Sturmangriff auf das persische Lager unternommen, um den König zu töten, und wären dabei niedergehauen worden.

Der Verräter Ephialtes ist eigentlich eine ziemlich überflüssige und nur als dramatischer Effekt eingeführte Bühnenfigur: die auf persischer Seite kämpfenden Malier und Thessalier kannten den zur Umgehung benutzten Bergpfad. Xerxes brauchte daher keinen »Verräter«, wohl aber der Dramatiker.

Über die Beratungen der griechischen Feldherren vor der *Schlacht bei Salamis* 480 v. Chr. erzählt Herodot (VIII, 59), daß Themistokles vor der förmlichen Eröffnung der Versammlung durch den Spartaner Eurybiades die übrigen Feldherren durch Bitten für seine Absichten habe gewinnen wollen. Deshalb habe ihm der Korinther Adeimantos vorgehalten: *Bei den Wettkämpfen wird mit Ruten gestrichen, wer zu frühzeitig zum Kampfe antritt,* worauf Themistokles erwidert habe: *Aber wer beim Wettlauf zurückbleibt, bekommt keinen Kranz.* Bei Plutarch *(Themistokles,* 11) wird die Schilderung schon zugespitzt. Themistokles und Eurybiades sagen wörtlich dasselbe wie bei Herodot; dann aber erhebt Eurybiades den Stock, um auf Themistokles einzuschlagen. Doch dieser spricht nur das berühmte Wort *Schlag zu, aber höre mich auch an,* wodurch er seine Gegner entwaffnet. Bei einem späteren Scholiasten schlägt dann Eurybiades den Themistokles wirklich (Adolf Bauer, *Themistokles,* Merseburg 1881).

Außergewöhnlich ist die Rolle, die nach Herodots Bericht in der Schlacht von Salamis auf persischer Seite Artemisia spielt (VII, 99; VIII, 68 f.; 87 f.). *Sie war eine Tochter des Lygdamis und stammte väterlicherseits aus Halikarnassos, mütterlicherseits aus Kreta.* Um 480 hatte sie nach dem Tode ihres Gatten, des frühverstorbenen Königs von Karien, als Vormund ihres Sohnes Pisindelis die Herrschaft über Halikarnassos, Kos, Nisyros und Kalydna inne und nahm, Vasallin des Xerxes, als Führerin eines Geschwaders von fünf Schiffen an der Schlacht von Salamis teil. *Regentin eines bescheidenen Königreichs, deren Weitblick aber zugleich den Orient und Hellas umfaßte, war sie strategisch den Männern ebenbürtig, ebenbürtig auch im Gefecht. Umsonst blättere ich in den Annalen der neueren Weltgeschichte: sie zeigt uns kein Weib, das dieser Artemisia gleichkäme* (Theodor Birt, *Frauen der Antike*, Leipzig 1932, S. 50).

Als einzige im Rat des Xerxes rät sie von einer Seeschlacht bei Salamis ab (Herodot VIII, 68 f.), wobei man sich des Gefühls nicht erwehren kann, daß der ganze Kriegsrat in Nachahmung des bei den Griechen üblichen erfunden zu sein scheint.

Im Verlauf der Schlacht selbst versuchte der persische Admiral Ariamenes, ein Bruder des Xerxes, das Schiff des Themistokles zu entern. Im Nahkampf drängten die griechischen Matrosen den Admiral über Bord und stießen ihn ins Meer, wo er ertrank. Artemisia barg den unter den Schiffstrümmern umhertreibenden Leichnam des Ariamenes und brachte ihn zu Xerxes, der von einem Berg am attischen Ufer aus die Schlacht überwachte (Plutarch, *Themistokles*, 14). Themistokles hatte einen Kopfpreis von zehntausend Drachmen für die Ergreifung der Artemisia ausgesetzt. Um ihn zu verdienen, machte ein attischer Kapitän Jagd auf das Flaggschiff der Königin. Die persische Flotte befand sich bereits in voller Auflösung. Artemisia mußte ihr Heil in der Flucht suchen. Ein persisches Schiff versperrte ihr den Weg. Sein Kommandant war ausgerechnet ihr Grenznachbar, der Vasallenkönig Damasithymos von Kalydna. Es ging um Leben und Tod, denn der Verfolger hatte sie fast eingeholt. In höchster Not rammte sie das Schiff des Damasithymos und bohrte es in den Grund. Der König und die Besatzung ertranken, aber Artemisia entging der Schmach der Gefangenschaft. Artemisia hatte doppeltes Glück: Sie rettete ihr Leben, und ihre rücksichtslose Tat brachte ihr die höchste Anerkennung des Königs ein. *Man erzählt, daß Xerxes beim Zuschauen auch das angreifende Schiff der Artemisia bemerkte und daß jemand aus seinem Gefolge sagte: »Herr, siehst du, wie tapfer Artemisia kämpft und ein feindliches Schiff in den Grund bohrt!«* Da Artemisia dazu noch das Glück hatte, daß von dem kalydnischen Schiff keiner überlebte und sie anklagen konnte, blieb ihre Tat unentdeckt, und Xerxes lobte: *Die Männer sind bei mir zu Weibern geworden und die Weiber zu Männern.*

Vielleicht kann als Erklärung für die ganze etwas verwunderliche Geschichte die Tatsache gelten, daß Artemisia die Großmutter Herodots war *(Der Kleine Pauly,* Bd I, Sp. 625). Über ihr weiteres Leben ist nichts Gesichertes überliefert. Erst mehr als ein halbes Jahrtausend später berichtet der wenig glaubwürdige Mythograph Ptolemaios Chennos aus Alexandria in seiner *Neuen Geschichte,* Artemisia habe sich in fortgeschrittenem Alter in einen wunderschönen jungen Mann verliebt, der aber auf ihr stürmisches Werben kühl reagierte. Da habe die Verschmähte in einem Anfall von Eifersucht dem schlafenden Jüngling beide Augen ausgestochen, damit er seinen Blick nicht mehr auf andere Frauen richten konnte. Nach dieser grausigen Tat habe sie sich vom Leukadischen Felsen ins Meer gestürzt – wohl eine Übertragung der weiter unten geschilderten Sapphogeschichte.

Der Rat des delphischen Orakels an die Athener, ihre Schiffe als *hölzerne Mauern* zu besteigen, dürfte von dem gegen die Beschränktheit seiner Zeitgenossen mit allen Mitteln ankämpfenden Themistokles bestellt worden sein. Auf Geheiß desselben Orakels sollen nach der *Schlacht bei Plataiai* (479 v. Chr.) die Spartaner einen Herold zu Xerxes gesandt haben, der diesen auf seinem Rückzug durch Thessalien ereilt und Genugtuung für den Tod des Leonidas gefordert habe; das muß Herodot einem spartanischen Schullesebuch entnommen haben.

Über *Herodot* selbst erzählt Lukian in dem Aufsatz *Herodot und Aëtion,* er wäre, um in Griechenland bekannt zu werden, von Halikarnassos direkt zu den olympischen Spielen gefahren und hätte sich dort durch Vorlesung seiner neun Bücher mit einem Schlage zum berühmten Manne gemacht. Diese Mitteilung ist wohl kein historisches Zeugnis. *Ich halte sie für ein Märchen der Rhetoren, wie Lukian selber einer war, die von Stadt zu Stadt reisend sich hören ließen. Der alte Herodot sollte ebenso aufgetreten sein, wie sie selbst antraten.* (L. v. Ranke, *Weltgeschichte,* Bd I/2, 1881, S. 45).

Mit dieser Erzählung fiele dann auch die Anekdote in der Suda, daß *Thukydides* als Knabe diese Vorlesung mit angehört und dabei in Tränen ausgebrochen sei. Photios (†891 n. Chr.) erzählt, Thukydides wäre im elterlichen Hause als Knabe beim Lesen des herodotischen Werkes von

Tränen übermannt worden, worauf Herodot zum Vater gesagt habe: *Dein Sohn hat einen tiefen Trieb zur Bildung.* – *Das Geschichtchen ist ganz von der Art, wie sie von den Griechen gleich in der ersten Periode ihrer Literaturgeschichtschreibung häufig erfunden wurden.* (Rudolf Schöll, *Übersetzung des Herodot,* 1875).

Gegen die sich auf den Rhetor Dion Chrysostomos (um 40–120 n. Chr.) stützende Behauptung, Herodot sei ein *bezahlter Athener-Schmeichler* gewesen, ist anzuführen, daß er allerdings 446 v. Chr. in Athen gewesen ist, *und daß ein älterer Historiker, welcher nicht ohne Ruf für die Geschichte von Athen war, Diyllus, erzählt, Herodot habe von der Stadt Athen durch Volksbeschluß die Summe von zehn Talenten erhalten. Es findet sich nicht, bei welcher Veranlassung, ob etwa als Entschädigung, weil er Halikarnaß verlassen hatte, oder als Beihülfe, weil er sich eben mit einer Kolonie nach Thurii begab, am allerwenigsten aber, daß man damit Schmeicheleien über die athenische Politik, die er in seine Geschichte verwoben, habe belohnen wollen* (L. v. Ranke, *a.a.O.,* Bd I/2, S. 39).

Nach der Schrift *Über die Böswilligkeit des Herodot* war der Antragsteller Anytos. Übrigens hat Herodot an einer Stelle (II, 131) selbst schon Kritik geübt. Ihm waren Statuen ohne Hände gezeigt worden, die angeblich Frauen darstellten, denen man irgendeiner Untat wegen die Hände abgehackt hatte. *Ich glaube, das sind törichte Fabeln, namentlich was die Hände der Standbilder betrifft; denn ich selber habe gesehen, daß die Hände infolge des Alters der Bilder abgefallen sind, und sie lagen noch zu meiner Zeit vor ihren Füßen.*

Nach der Schlacht am Eurymedon (465 v. Chr.) soll ein Friede zwischen Athen und Persien zustande gekommen sein, der sogenannte *kimonische Friede,* wonach Persiens Flotte nicht über Phaselis (Ostlykien) und die Kyaneen (am Bosporos) hinausfahren, Persiens Heer sich drei Tagemärsche oder den Tageslauf eines Rosses von der kleinasiatischen Küste entfernt halten sollte. Herodot und Thukydides wissen nichts davon, sondern erst der Redner Isokrates, die Geschichtsschreiber Ephoros (bei Diodor XII, 2–4) und Theopomp (bei Plutarch, *Kimon,* 13) im vierten Jahrhundert v. Chr. Kimon († 449) hat damit nichts zu tun; der athenische Unterhändler hieß Kallias. Seit 448 eine gegenseitige Achtung des Besitzstandes zwischen Persien und Athen: das dürfte am ehesten den Tatsachen entsprechen.

Ähnlich wie Sappho war eine andere berühmte Frau des griechischen Altertums lange Zeit üblen Verleumdungen ausgesetzt: *Aspasia* aus Milet, die bald nach 450 v. Chr. nach Athen kam. Hochgebildet und von freier Lebensart, machte sie einen so starken Eindruck auf Perikles, daß er sich ihretwegen scheiden ließ und sie heiratete. Zwischen 445 und 440 gebar sie ihm einen gleichnamigen Sohn, der allerdings gemäß Perikles' eigenem Bürgerrechtsgesetz von 451/450 zunächst vom Bürgerrecht ausgeschlossen blieb (Plutarch, *Perikles*, 37), weil die Ehe Perikles' mit einer »Ausländerin« illegitim war. Erst als Perikles seine beiden Söhne aus erster Ehe verloren hatte, wurde der Sohn der Aspasia durch Volksbeschluß athenischer Bürger. Die Mutter aber, Aspasia, wurde beschuldigt, eine gewöhnliche Hetäre und Kupplerin zu sein (Eupolis, *Demoi*; Plutarch, *Perikles*, 24 ff.); man schrieb ihr die Schuld für alles mögliche zu, so am Samischen Krieg (Plutarch, *a.a.O.*) oder am Megarischen Psephisma (Beschluß der Volksversammlung; Aristophanes, *Acharner*, 527 ff.). Einer der sie in besonderer Weise verfolgenden Komödiendichter, Hermippos, erhob 433/32 Klage gegen sie wegen Gottlosigkeit und Kuppelei. Perikles verteidigte sie und erreichte einen Freispruch. Nach Perikles' Tod im Jahre 429 heiratete Aspasia den Viehhändler Lysikles und starb später in Athen.

Allmählich jedoch gewann Aspasia, nicht zuletzt durch Sokrates und seine Schüler (Plutarch, *a.a.O.*, 24) größeres Ansehen. Und *das spätere Altertum schaute verehrungsvoll zu Aspasia empor. Die Pythagoreer, die an die Seelenwanderung glaubten, bezeugten dadurch ihre Hochachtung, daß sie ihres vergotteten Meisters Seele in derjenigen der Milesierin wiederzuerkennen vermeinten* (Ernst Kornemann, *Große Frauen des Altertums*, Wiesbaden 1954, S. 76).

Zu der von Plutarch erzählten Geschichte, daß Perikles' Sohn aufgrund eines vom eigenen Vater geschaffenen Gesetzes nicht athenischer Vollbürger werden konnte, sei auf Max Duncker (*Abhandlungen aus der griechischen Geschichte*, Leipzig 1887) verwiesen:

Bei den Rhetoren war es ein beliebtes Thema, die Gesetzgeber in die Schlingen ihrer eigenen Gesetze fallen zu lassen. Zaleukos verfügte bei den Lokrern: »Der Ehebrecher soll geblendet werden«, und danach sei dann des Zaleukos Sohn des Ehebruchs schuldig befunden worden (Aelian). Charondas verbot den Katanäern bei Todesstrafe, bewaffnet zu beraten, und er selbst sei dann, eben vom Landgute hereinkommend und gegen die Räuber mit dem Schwerte umgürtet, mit diesem in die Versammlung getreten, und als er den Ruf gehört, er breche sein eigenes Gesetz, da habe er entgegnet: vielmehr bekräftige ich es, und habe sich den Tod gegeben (Diodor). Dasselbe wird von dem späteren Volksführer und Gesetzordner der Syrakusier am Ausgange des fünften Jahrhunderts, dem Diokles, erzählt (Diodor). – Kleisthenes von Athen, der den Ostrakismos einführte, soll dann selber der zuerst Ostrakisierte gewesen sein, was ersichtlich aus der langen Verbannungszeit, in der er an der Spitze der Emigration des Adels stand, gedichtet ist (Aelian). Aristophon selbst, der 403 das Gesetz durchbrachte: attischer Bürger ist nur, der von Bürger und Bürgerin stammt, soll statt mit einer Bürgerin mit der Hetäre Choregis Söhne im Konkubinat erzeugt haben. Dieser Reihe ihren eigenen Gesetzen verfallender Gesetzgeber ist dann auch Perikles angeschlossen worden.

Von *Diagoras* aus Rhodos, einem Zeitgenossen Pindars (522/18 – nach 446 v. Chr.), und von diesem in der siebten seiner *Olympischen Oden* verherrlicht, wird erzählt, daß er als Hauptkämpfer in allen vier großen heiligen Spielen der Hellenen gesiegt hätte. Als später zwei seiner Söhne, durch sein Beispiel begeistert, zugleich in Olympia bekränzt wurden, sollen sie ihre Kränze dem Vater aufgesetzt und ihn unter dem Jubel der versammelten Hellenen umhergetragen haben. Da habe ein Spartaner ihm zugerufen: *Stirb, Diagoras, denn in den Himmel wirst Du doch nicht steigen wollen!* So erzählen Cicero (*Tusculanae disputationes* I, 46) und Plutarch (*Pelopidas* 34), während Pausanias (VI, 7) die Geschichte ohne die Worte des Spartaners erzählt. Dafür, daß Diagoras jedoch hierauf wirklich bühnengerecht gestorben sei, hat erst Aulus Gellius (*Noctes Atticae* III, 15) gesorgt.

Um die Glaubwürdigkeit antiker Geschichtsschreibung ist es überhaupt nicht zum besten bestellt. Unter Anführung zahlreicher Stilproben und Beispiele hat bereits der geistvolle Satiriker Lukianos von Samosata, der im zweiten nachchristlichen Jahrhundert lebte, sich in seiner auch heute noch lesenswerten Schrift *Wie man Geschichte schreiben soll* darüber lustig gemacht. Die meisten der stilistisch und logisch meisterhaft aufgebauten Reden, die Feldherren am Vorabend denkwürdiger Schlachten oder Staatsmänner, Diplomaten und Parlamentarier im Senat oder bei Friedensverhandlungen hielten, sind erst lange nach den Ereignissen am Schreibtisch ausgefeilt worden. Selbst ein Historiker vom Format des Thukydides gesteht in seiner *Geschichte des Peloponnesischen Krieges* (I, 22) freimütig ein: *Es wäre mir unmöglich gewesen, die wirklich gesprochenen Worte genau wiederzugeben, und zwar nicht nur die, die ich selbst mitangehört habe, wie auch diejenigen, die mir von dritter Seite mitgeteilt wurden. In meinem Werk wird eben so geredet, wie mir die einzelnen den Umständen gemäß am passendsten zu sprechen schienen, wobei ich mich so eng wie möglich an die Hauptgedanken der wirklich gehaltenen Rede anschloß.*

64

Lord Rosebery sprach am 27. September 1887 in London als Präsident des internationalen Stenographen-Kongresses über die Stenographie im Dienste der Parlamente und behauptete dabei, daß die »denkwürdigen Reden«, die v o r Anwendung der Stenographie auf den Blättern der Weltgeschichte verzeichnet stehen, zum großen Teil Phantasiegebilde und mehr oder weniger gut erfunden seien. Gelegentlich eines Dinners, erzählt Lord Rosebery, an dem Samuel Johnson teilnahm, äußerte sich einmal Dr. Francis, Übersetzer des Demosthenes, in bezug auf eine Rede, die in den Berichten als von Lord Chatham gehalten aufgeführt war, daß dies alles überträfe, was er je gelesen habe, und selbst den berühmten Griechen in den Schatten stelle. Da vernahm man die heisere Stimme Dr. Johnsons vom anderen Ende der Tafel, der ausrief: *Die Rede habe ich selber gemacht, und zwar in einer Dachstube in Exeter Street.* Und dann erzählte er, wie er seine Debatten anfertigte. Er sei nur einmal vor jener Zeit, sagte er, im Parlament gewesen; den Freunden seines Verlegers sei es jedoch gelungen, einen der Türhüter zu bestechen, der ihm stets die Reihenfolge der Redner im Unterhaus und einige ihrer Argumente mitteilte, und auf der aus diesem Stoff bestehenden Grundlage habe er seine parlamentarischen Berichte aufgebaut. Umgekehrt ist auch in unserem Zeitalter der Stenographie durchaus nicht alles für bare Münze hinzunehmen, was an der Hand der Stenogramme berichtet wird – die ja oft genug nachträglich durch die Herren Abgeordneten oder sonstigen Redner selbst, durch offiziöse und offizielle Veröffentlichungen korrigiert werden.

Über *Alkibiades* (um 450–404) bemerkt Hoyer (*Gymn.-Programm Kreuznach*, 1887): *Seine Lebenszeit hätte Alkibiades verdreifachen müssen, um hinreichend Gelegenheit zu finden, alle die Streiche auszuführen, welche ihm die Erfindungsgabe der Rhetoren und Anekdotenkrämer zugeschrieben hat. Wir haben gesehn, mit welcher Unverfrorenheit ihm Schandtaten auf Kosten seines oft bewiesenen Edelsinns angehängt werden (Lysias XIV, 38), mit welcher Nachlässigkeit die Rhetoren geschichtliche Tatsachen behandeln, indem sie Namen verwechseln (Isokrates XIV: Tisias statt Diomedes), geschichtliche Ereignisse durcheinanderwerfen (Andokides IV, 13.33; Lysias XIV, 38) und nicht einmal die Perserschlachten im Kopfe haben (Andokides I, 107).*

In einer Felsenhöhle bei Syrakus bestaunen noch heute Touristen das *Ohr des Dionysos* und lauschen mit Schauder dem Wortschwall des einheimischen Fremdenführers mit seiner Geschichte vom *Orecchio di Dionisio.*

Es ist eine merkwürdige Höhlung im Felsen, von parabolischer Gestalt; die Seiten sind vollkommen glatt und mit einer dünnen stalaktitischen Kruste bedeckt, die den Widerhall darin erstaunlich sonor macht. Sie bewirkt einen etwas bedrückenden und düsteren Eindruck, der in Verbindung mit seiner ohrähnlichen Form der Anlaß für eine Anekdote geworden ist. Nach ihr hat der Tyrann Dionysios I. von Syrakus (um 430–367 v. Chr.) die Höhle als Gefängnis für seine Feinde in der Weise bauen lassen, daß er von der kleinen Kammer darüber die Unterhaltungen der Gefangenen untereinander belauschen konnte. Ganz zu seiner Zufriedenheit freilich kann er da kaum gehorcht haben, denn sowie zwei oder gar mehrere Personen zusammen reden, vernimmt man nur noch ein verworrenes Geräusch, ohne einzelne Worte zu verstehen.

Über das Ende des mächtigen und gewalttätigen Despoten gibt es drei verschiedene Lesarten: nach einer soll er an seiner eigenen Unmäßigkeit zugrunde gegangen sein; nach einer zweiten hat ihn sein Sohn und Nachfolger vergiftet; nach der dritten endlich soll ihn aus Freude über den ersten Preis, den er – im Nebenberuf Dichter – im Jahre 367 in Athen für sein Trauerspiel *Hektors Lösung* erhalten hat, der Schlag getroffen haben. Uns ist sein Name bekannt geblieben durch Schillers Ballade *Die Bürgschaft*, die den Tyrannen auch menschlicher Regungen fähig zeigt.

404 v. Chr. mußte sich Athen – *die gefüllte Blume und doch nicht unfruchtbar* – dem *Lysandros*, dem Feldherrn des spartanischen Militärstaates, ergeben; darauf soll Lysandros nach Sparta an die Ephoren berichtet haben: *Athen eingenommen*, und diese hätten geantwortet: *Es genügt die Einnahme* (gegenüber der Forderung der Korinther und der Thebaner, Athen vollständig zu vernichten). Doch schon Plutarch im Leben des Lysandros bezeichnet dies als eine verschönernde Erfindung und gibt den wirklich gefaßten Beschluß der Ephoren wörtlich an: *Folgendes hat die Regierung der Lakedaimonier beschlossen: Wenn ihr den Piräus und die Langen Mauern niederlegt, alle Städte räumt und nur euer Land behaltet, wenn ihr das tut, mögt ihr den Frieden haben, wenn ihr ihn wollt, und wenn ihr die Verbannten wieder aufnehmt. Bezüglich der Zahl der Schiffe tuet das, was dort für gut befunden wird* (Plutarch, *Lysandros*, 14).

Unausrottbar scheint die Überlieferung, der berühmteste Redner des Altertums, *Demosthenes* (384–322 v. Chr.; vgl. Plutarch, *Demosthenes*, 11; *Leben der zehn Redner*, 8: *Demosthenes*; Aischines in seiner Rede gegen Ktesiphon), habe, um seine von Natur schwache Stimme zu stärken, versucht, das Brausen des Meeres zu übertönen. Außerdem habe er, wohl um das Zungen-R zu lernen, Kieselsteine in den Mund genommen (unsere Schauspieler verwendeten dafür Korkstückchen).

Ferner berichtet Aulus Gellius (*Noctes Atticae* XVII, 21), Demosthenes habe in der Schlacht von Chaironeia (338 v. Chr.) die Waffen weggeworfen und sein Heil in der Flucht gesucht. Als man ihn deshalb schmähte, habe er den dem Menander zugeschriebenen Vers ausgerufen: *Nur der Mann, der flieht, kann wieder kämpfen.* Was sicherlich eine unbestreitbare Wahrheit ist, sich jedoch im Munde eines »Führers des Demos« etwas eigenartig ausnimmt. In dieser Form scheint die Anekdote nicht wahr, weil man wohl kaum auf der Flucht in Todesangst zu zitieren pflegt. Demosthenes, nach dem Verlust der Schlacht angeklagt, wurde übrigens vom Volke freigesprochen und auch in der Folge zu hohen Ämtern berufen; wie auch der Auftrag, die Leichenrede für die Gefallenen der Schlacht zu halten, sehr ehrenvoll war. Plutarch (*Demosthenes*, 20) weiß wohl von der Flucht; den Ausspruch dagegen erwähnt er nicht. Dieser hat später eine weite Verbreitung erfahren, wie Belege bei Vergil (*Aeneis* II, 367), John Mennis *(Musarum Deliciae)* oder Samuel Butler (*Hudibras* III, 3) zeigen.

Wenn Plutarch (*Demosthenes*, 20) berichtet, Demosthenes hätte 342 von den Persern Geldsummen erhalten, so wäre darin nicht gleich eine Bestechung in ehrenrührigem Sinne zu finden: Persiens Politik operierte viel mit Geld; Pausanias (II, 33) aber leugnet ausdrücklich, daß Demosthenes persisches Geld empfangen habe, und gibt gute Gründe für seine Behauptung an. Die gehässige Auslegung stammt aus seines Gegners Aischines Rede gegen Ktesiphon, der 336 die Überreichung eines goldenen Kranzes an Demosthenes beim Volke beantragt hatte. Andererseits ist es unberechtigt, den Aischines einen Verräter zu nennen, weil er erkannt hatte, daß die griechischen Kleinstaaten, Athen eingeschlossen, ihre Rolle ausgespielt hatten und für sie Heil nur im Anschluß an das große Makedonien zu finden war.

König *Philipp von Makedonien* (359–336 v. Chr.) hatte bei der Belagerung von Methone (354 v. Chr.), von einem Pfeil getroffen, das rechte Auge verloren (Justinus VII, 6,14). Lukian *(Wie man Geschichte schreiben muß)* nennt als Schützen den Aster. Die Suda berichtet, dieser Aster von Amphipolis hätte vorher dem König seine Dienste angeboten, weil er sogar einen Vogel im Flug treffen könne. Philipp hätte darauf lachend geantwortet, er würde auf das Angebot zurückkommen, sobald er gegen die Stare zu Felde ziehen würde. Aster, zutiefst beleidigt, hätte in Methone eine Anstellung erhalten und bei der Belagerung mit einem Pfeil mit der Aufschrift *Dem König Philipp in sein rechtes Auge* wirklich das so bezeichnete Ziel getroffen. Philipp habe dann den Pfeil in die Stadt zurückschießen lassen, nachdem er hinaufgeschrieben hätte: *König Philipp wird, wenn er Methone erobert, den Aster hängen lassen* – und der König habe sein Wort ebenso gehalten wie der Scharfschütze.

Nach Plutarch (*Alexander*, 3) aber hatte Philipp das Auge viel früher verloren, nämlich, als er durch einen Türspalt beobachtet habe, wie Zeus in Gestalt einer Schlange in den Armen seiner Gemahlin Olympias gelegen habe.

Auch wenn wir den eben erwähnten göttlichen Ursprung auf sich beruhen lassen wollen, so bleibt doch noch eine Unzahl von mehr oder – meist – weniger gut verbürgten Anekdoten, die sich um den makedonischen König *Alexander den Großen* (356–323 v. Chr.) ranken, einen der ganz großen Herrscher der Antike.

Die Angabe, daß Alexander an dem Tag *geboren* wurde, an dem Herostratos den Dianentempel zu Ephesos anzündete, ist wohl aus der Neigung der Griechen abzuleiten, mehrere Begebenheiten auf einen Tag zu häufen. Genau nahmen sie es nicht immer damit. Herodot z. B. verlegt die Schlachten von Salamis und von Himera, wo Gelon die Karthager besiegte, auf denselben Tag, Diodor die von Thermopylai und Himera. Ebenso unzuverlässig ist der Bericht, König Philipp habe die Nachricht von der Geburt des Sohnes gleich nach seiner Eroberung der Stadt Potidaia (356 v. Chr.) zusammen mit zwei Botschaften erhalten, die einen olympischen Sieg und einen Sieg seines Feldherrn Parmenion über die illyrischen Dardaner betrafen (Plutarch, *Alexander*, 3). Aber beide Angaben *sprechen sagenhaft den Sinn des reichsten Heldenlebens und den großen Gedanken eines Zusammenhanges aus, wie ihn die Forschung nachzuweisen sich oft umsonst bemüht und öfter überhoben hat* (J. Gustav Droysen, *Geschichte des Hellenismus*, I/1, 2. Aufl., Gotha 1877, S. 90).

Auch der im Altertum berühmte *Brief Philipps an Aristoteles*, mit dem er diesem die Geburt des Sohnes anzeigt, ist eine Erfindung. Er steht bei Aulus Gellius (*Noctes Atticae* IX, 3), aber Aristoteles, *damals noch nicht dreißig Jahre alt, hatte noch nicht den Ruhm, den dieser Brief voraussetzt* (Droysen, *a.a.O.*, S. 92, Anm. 2).

Verworren erscheint auch der Bericht (Plutarch, *Alexander*, 6), wie Alexander zu seinem Lieblingspferd *Bukephalos* (d. h. Ochsenkopf) gekommen sein soll. Man bietet es König Philipp für 15 Talente zum Kauf an;

aber es erweist sich wegen seiner Wildheit als völlig unbrauchbar. Alexander bemerkt nun, daß es nur deshalb wild sei, weil es sich vor seinem eigenen Schatten fürchte, führt es daher gegen die Sonne und besteigt und zähmt es. Das Tier muß sich ganz offensichtlich nur einmal ad hoc vor seinem Schatten gefürchtet haben, denn weder beim Zurückleiten an diesem Tage noch jemals später zeigt es diese Furcht. Der Vater jedoch, so schließt Plutarch, soll vor Freude geweint und seines Sohnes Stirn geküßt haben mit den Worten: *Such dir ein Reich, mein Sohn, das deiner würdig ist, denn Makedonien ist für dich nicht groß genug!*

Später soll Alexander vom Isthmos nach *Delphi* gegangen sein, die Pythia um ein Orakel zu bitten. Weil es jedoch Winter und deshalb Apollon fern war, habe sie nicht weissagen wollen. Darauf habe er sie mit Gewalt zum Dreifuß geführt und sie, sich vergeblich sträubend, habe ausgerufen: *Knabe! Du bist unwiderstehlich* – was er gern als verheißungsvollen Orakelspruch deutet (Plutarch, *a.a.O.*, 14).

Wenig zu halten ist auch von einem Bericht des Plinius (XXXV, 10): *Apelles* habe in Ephesos für den König dessen Geliebte Pankaste malen sollen, sei aber von deren Schönheit so überwältigt gewesen, daß der König sie ihm geschenkt habe; wohl aber hat Apelles den König dort selbst für den Tempel gemalt, wie er einen Blitz in der Hand hält.

Unverwüstlich ist auch die Geschichte vom sprichwörtlich gewordenen *gordischen Knoten:* In Gordion befand sich ein Wagen, von dem das Orakel verkündet hatte, wer ihn von dem darüber befindlichen Joch frei mache, werde den Erdkreis beherrschen. Aristoteles erzählt nun, wie uns Plutarch (*a.a.O.*, 18) berichtet, Alexander habe aus der Deichsel den Spannagel an der Spitze herausgenommen, um den der Jochriemen herumgeschlagen war, und dann den Wagen ohne Mühe unter dem Joch hervorgezogen. Beliebter aber wurde die andere Lesart, die Plutarch ebenfalls berichtete. Danach bezog sich das Orakel auf die Lösung eines stark verschlungenen Knotens, den Alexander mit einem einzigen Schwerthieb durchschlug. Von den Soldaten seines Heeres wie von den späteren Anekdotenschreibern wurde diese »schneidigere« Lösung natürlich vorgezogen. Bei Diodor wird weder Gordion noch überhaupt ein vergleichbares Ereignis erwähnt; Curtius Rufus jedoch bringt die Geschichte (*Von den Taten Alexander des Großen* III, 2).

Durch ein *Bad im Kydnos*, einem klaren und hellen Bergstrom, der durch die Stadt Tarsos floß, nach anderen jedoch einfach aufgrund zu großer Anstrengungen, hatte Alexander sich eine schwere Krankheit zugezogen, die sein Arzt Philippos aus Arkananien durch die Verabreichung eines Trankes heilte. Vorher jedoch, erzählt Plutarch (a.a.O., 19), hatte der König einen Brief seines Generals Parmenion erhalten, der ihn vor Philippos warnte, der von Dareios bestochen worden sei und ihn vergiften wolle. Alexander *las den Brief und legte ihn, ohne ihn einem seiner Freunde zu zeigen, unter das Kopfkissen. Als nun zu der vorgesehenen Stunde Philippos mit den Vertrauten des Königs hereintrat und die Arzenei in einem Becher brachte, übergab er ihm den Brief und nahm selbst bereitwillig und ohne einen Argwohn zu verraten, die Arzenei in Empfang, so daß es ein wunderbares, der Bühne würdiges Schauspiel gab, wie der eine las, der andere trank . . .*

Diodor allerdings berichtet diese »bühnenwürdige« Szene nicht, obwohl er (XVII, 31) erwähnt, daß ein Arzt Philippos aus Arkananien den König durch einen Trank von einer schweren Krankheit befreit habe. Arrian (II, 4 u. 7 f.) bietet zwar die Fassung Plutarchs, bezweifelt jedoch die Echtheit des von Aristobulos erwähnten Briefes des Parmenion; nach Seneca (*De ira* II, 23) hat gar des Königs Mutter Olympias den Warnbrief geschrieben.

Nach der *Schlacht von Issos* (333 v. Chr.) gerieten des persischen Königs Dareios Mutter, Gemahlin und zwei Töchter in Alexanders Gefangenschaft. Überliefert wird, daß er sie ehrenvoll und ritterlich behandelte: ein dankbares Motiv für Rhetoren, Geschichtsschreiber und Historienmaler. Aber es scheinen Zweifel angebracht, ob Alexander die Gefangenen überhaupt gesehen hat. Plutarch (a.a.O., 22) zitiert aus einem Brief des Königs an Parmenion, in dem er schreibt: *Von mir wird man feststellen können, daß ich – geschweige daß ich die Frau des Dareios gesehen oder auch nur den Willen gehabt hätte, sie zu sehen – nicht einmal das Reden der Leute, die von ihrer Schönheit sprechen wollen, geduldet habe.* Mit diesem Brief allerdings wollte Alexander seine eigene Mäßigung rühmen, denn er hatte erfahren, daß die Makedonier Damon und Timotheos die Frauen einiger Söldner vergewaltigt hatten.

Diodor (XVII, 37 u. 114) wie Arrian (II, 12) berichten demgegenüber von einem Treffen Alexanders mit der Königinmutter, wenn letzterer auch mit Vorbehalt:

Die Sage fügt noch bei: Alexander habe selbst am folgenden Tage die Frauen in ihrem Zelte besucht, von keinem seiner Vertrauten, außer Hephästion begleitet, und Darius' Mutter, ungewiß, welcher von beiden der König sei, da beide gleich prachtvoll gekleidet gewesen, sei auf Hephästion, weil dieser vor ihren Augen größer von Ansehen war, zugegangen und habe ihm fußfällig gehuldigt. Als aber

Hephästion zurückgetreten sei und jemand aus ihrer Umgebung, auf Alexander hinzeigend, gesagt habe, der sei der König, habe sie, verlegen ob ihrem Mißgriff, sich zurückgezogen, Alexander jedoch ihr erklärt, sie habe sich nicht geirrt, denn auch Hephästion sei Alexander. Ich zeichne diese Erzählung auf weder als ausgemacht wahr, noch als durchaus unglaublich. Mag dies übrigens wirklich der Hergang der Sache gewesen sein, so lobe ich Alexander sowohl wegen seiner gefühlvollen Teilnahme an den Frauen, als auch wegen des Vertrauens und der Auszeichnung, womit er seinen Freund behandelte; oder mochten es ihm die Geschichtsschreiber auch nur zutrauen, also gehandelt und gesprochen zu haben, so lobe ich ihn auch schon deswegen.

In seinen *Jüdischen Altertümern* (XI, 8) berichtet Flavius Josephus ausführlich über einen Besuch Alexanders in Jerusalem, wo er von den Juden feierlich eingeholt worden sei, den Tempel besucht und Jehova Anbetung und Opfer dargebracht habe. Doch scheint er sich gewissermaßen selbst Lügen zu strafen, wenn er in seiner bald danach erschienenen Schrift *Gegen Apion* (II, 7) alle Fürstlichkeiten nennt, die das Heiligtum in Jerusalem besucht haben, ausgerechnet Alexander jedoch nicht aufführt.

Während Diodor (XVII, 52) und Arrian (III, 1) sachlich über die *Gründung der Stadt Alexandria* im Winter 332/31 durch Alexander berichten, erzählt Plutarch (*a.a.O.*, 26) eine stark ausgeschmückte Anekdote. Danach war die Stelle für die künftige Stadt bereits abgesteckt, als dem König im Traum ein Mann erschien, der ihm mit einem Vers Homers (*Odyssee* IV, 354) als geeigneteren Ort die der Nilmündung vorgelagerte Insel Pharos nennt. Dort sollen die Umrisse festgehalten werden; da keine weiße Kreide zur Hand war, nimmt man Mehl und zeichnet so die Umgrenzung. *Da stießen plötzlich vom Fluß und von dem See her Vögel, unermeßlich an Zahl und ganz verschieden nach Art und Größe, Wolken gleichend auf das Land nieder und ließen von dem Mehl auch nicht das mindeste übrig, so daß Alexander angesichts dieses Vorzeichens höchst bestürzt war.* Die Wahrsager aber waren um eine günstige Auslegung nicht verlegen – ein schlichtes vaticinium ex eventu, denn zu Lebzeiten Plutarchs (um 46 bis nach 120 n. Chr.) war Alexandria bereits eine blühende Weltstadt.

Am Vorabend der Entscheidungsschlacht bei *Gaugamela* und *Arbela* (331) riet Parmenion dem König, die Perser noch im Laufe der Nacht anzugreifen, worauf Alexander das berühmte Wort sprach: *Ich will den Sieg nicht stehlen.* So stellen es wenigstens Plutarch (*a.a.O.*, 31) und Arrian (III, 10, 1) dar, während Diodor (XVII, 56) lediglich erzählt, daß der König, nachdem er die Nacht durchwacht, am Morgen fest eingeschlummert sei und von seinen Freunden zur Schlacht habe geweckt werden müssen.

In Wort und Bild häufig geschildert worden ist die Zerstörung von Persepolis durch Alexander, so durch Curtius Rufus (V, 22 f.):

Während sein Feind und Widersacher gerade jetzt zu erneutem Kampf um die Krone rüstete, gab er sich, jüngst erst Sieger geworden und dabei von den Unterworfenen noch nicht als ihr Herr anerkannt, am hellen Tag Gelagen hin, an denen auch Frauen teilnahmen, freilich nicht solche, deren Ehre man nicht nahezutreten wagte, sondern Dirnen, die zügel- und schamlos mit den Soldaten verkehrten.

Eine von ihnen, Thais geheißen, behauptete, als sie bereits betrunken war, den größten Dank würde der König sich bei allen Griechen erwerben, wenn er Befehl gebe, die Königsburg der Perser niederzubrennen. Was hier eine trunkene Dirne Gewichtiges vorschlug, dem stimmten einige Gäste bei, die selbst schon vom Wein schwer waren. Nun zeigte auch der König mehr gierige Lust als Selbstbeherrschung: »Los, laßt uns Griechenland rächen und Brandfackeln in die Stadt schleudern!« Vom Wein erhitzt, sprangen die Trunkenen auf, eine Stadt zu verbrennen, die sie als Krieger verschont hatten. Die erste Fackel schleuderte der König selbst in den Palast, dann folgten seine Gäste, die Diener und die Dirnen. Zum größten Teil aus Zedernholz erbaut, fing der Palast schnell Feuer, und weithin verbreitete sich der Brand. Als das Heer das gewahrte, glaubte es an einen Zufall und eilte zur Hilfe herbei. Doch da sahen die Soldaten den König selbst, wie er immer noch brennende Fackeln schleuderte. Da ließen sie das Wasser stehen, das sie bereits mitgebracht hatten, und begannen nun ihrerseits noch trockenes Holz in die Glut zu werfen.

Solches Ende nahm die Königsburg des gesamten Orients... Scham befiel die Makedonen, daß diese herrliche Stadt von einem vor Trunkenheit rasenden König zerstört worden war. Darum gab man der Tat auch ein ernstes Gesicht und zwang sich zu glauben, sie hätte eben auf diese Weise zerstört werden müssen. Und auch Alexander soll, sobald erst der Rausch verflogen und die Besinnung zurückgekehrt war, Reue empfunden und erklärt haben, in Wirklichkeit wäre es für die Perser eine noch größere Bestrafung ihrer Taten in Griechenland gewesen, wenn sie gezwungen worden wären, ihn selbst auf dem Königsthron des Xerxes zu sehen.

Während Curtius Rufus und Plutarch (a.a.O., 38) die Zerstörung der Königsburg eher für eine Folge des Zufalls und der Trunkenheit halten, neigt Arrian (III, 18) mehr zu der Ansicht, daß dahinter eine politische Absicht steht, worin ihm heutige Historiker beipflichten: *Alexander d. Gr. ließ die Königsburg in Brand stecken, ein symbolisches Zeichen, daß die Achämenidenherrschaft ihr Ende gefunden habe (Der Kleine Pauly, Bd IV, Sp. 650).*

Ob Alexander den von den Verschwörern um den Statthalter Bessos tödlich verwundeten *Dareios* vor dessen Tod noch gesprochen hat, bleibt zweifelhaft. Justinus (XI, 15,6) läßt den Sterbenden durch den Dolmetscher eine lange, rührende Rede halten; nach Diodor (XVII, 73) und Arrian (III, 21) aber war Dareios bereits tot, als Alexander kam. Und Plutarch (a.a.O., 43) berichtet, daß Alexander den bei seiner Ankunft bereits verstorbenen Gegner in seinen Mantel hüllen läßt.

Auf seinen Feldzügen nach Innerasien soll Alexander auch mit einer der sagenhaften Amazonen zusammengetroffen sein. Plutarch (a.a.O., 46) erzählt, daß die meisten, so Kleitarchos, Polykleitos, Onesikritos, Antigenes und Istros dies berichten; Aristobulos, Chares, der Flügeladjutant, ferner Hekaitos von Eretria, Ptolemaios, Antikleides, Philon von Theben, Philippos von Theangela, Philippos von Chalkis und Duris von Samos dagegen *erklären, daß das eine Erfindung sei.* Offensichtlich ist viel über die Angelegenheit diskutiert worden, und eine Reihe nicht ganz salonfähiger Einzelheiten finden sich bei Diodor (XVII, 77) und Arrian. Entstanden ist diese Sage vielleicht aus der Tatsache, daß der Satrap Atropates aus Medien Alexander vor dessen Rückkehr nach Babylon hundert berittene und im Kriegsdienst ausgebildete Frauen zur Verfügung stellte.

Eine sehr beliebte Alexanderanekdote erzählt, wie nach einem anstrengenden Marsch in einer wasserarmen Gegend die selbst durstigen Soldaten ihrem Herrscher Wasser in einem Helm bringen, gerade genug für einen. Der König aber bemerkt die sehnsüchtigen Blicke seiner Leute und gießt den Inhalt des Helmes aus: *Wenn ich jetzt allein tränke, würden diese Männer den Mut verlieren! Angesichts dieser Enthaltsamkeit und dieser Seelengröße schrien die Reiter auf, er solle sie getrost weiter führen, und peitschten ihre Pferde; sie wären nicht müde, hätten keinen Durst und fühlten sich überhaupt nicht mehr als sterbliche Menschen, solange sie einen solchen König hätten.*

Nach Plutarch (a.a.O., 42), dem wir folgen, ereignete sich dieser Zwischenfall während der letzten Verfolgung des Dareios; Arrian (VI, 26) verlegt sie nach Gedrosien, Curtius Rufus (VII, 5, 10) in den Paropamisos (Hindukusch), während Polyän (IV, 3, 25) keine Lokalisierung gibt. Allein diese Widersprüche lassen die ganze Anekdote verdächtig und unwahrscheinlich erscheinen. Erfunden klingt auch die Anekdote, Alexander habe bei den Strapazen seines indischen Feldzuges ausgerufen: *O ihr Athener, wüßtet ihr doch, was für Gefahren ich mich aussetze, um bei euch in Ehren zu stehen!* Plutarch (a.a.O., 60) erwähnt sie nur als durch Onesikritos berichtet, dessen Wahrheitsliebe in keinem guten Rufe stand, und dem hier wohl die Tatsache vorschwebte, daß der König nach der Schlacht am Granikos (334) dreihundert erbeutete Schilde nach Athen als Weihgeschenk für die Pallas Athene gesandt hatte (Plutarch, a.a.O., 16).

Am Hyphasis kehrte Alexander 326 auf seiner wunderbaren Siegeslaufbahn endlich um. Natürlich mußte dieser Wendepunkt auch rhetorisch ausgeschmückt werden mit Dialogen zwischen dem König und seinen Begleitern. Sein Heer soll ihn zur Rückkehr gezwungen haben; wahrscheinlich aber besorgten das tropische Regengüsse (Droysen, *a.a.O.*, Bd II, S. 160). Eine bloße Flunkerei dürfte die Erzählung sein, Alexander habe bei den zwölf Altären, die er hier errichten ließ, gewaltig große Gerätschaften zurückgelassen, um den Glauben zu erregen, die Makedonen wären ein Riesengeschlecht gewesen (Diodor XVII, 95).

Zu der Angabe, Alexander hätte auf seiner Rückkehr durch Karmanien einen wilden, orgienhaften Triumphzug des Dionysos in Szene gesetzt, bemerkt schon Arrian (VII, 28), *daß weder Ptolemaios noch Aristobul noch irgendein anderer glaubwürdiger Schriftsteller davon berichten.* Trotzdem war dieser Dionysoszug schon im Altertum häufig Gegenstand der Anspielung.

Bald darauf starb Alexanders erprobter Freund Hephaistion. An einen heftigen Schmerz des Königs über den Verlust wollen wir gern glauben. Wenn uns aber Plutarch (*a.a.O.*, 72) erzählt, der König hätte aus Trauer den Arzt des Verstorbenen ans Kreuz schlagen, allen Pferden und Maultieren die Mähne und die Schwänze abschneiden; in den Städten die Zinnen von den Mauern brechen und die ganze Völkerschaft der Kassaier als Totenopfer für Hephaistion ausrotten lassen, – so scheint das nicht nur wenig übertrieben zu sein.

Während seines zweiten Aufenthaltes in Babylon empfing Alexander, nach Arrian (VII, 15) und anderen, Gesandte der Lukaner, der Bruttier und der Tyrrhener, die Geschenke überbrachten, während derselbe Geschichtsschreiber der Gesandten der Karthager, Iberer, Kelten, Äthiopier und Skythen nur als Sage gedenkt; ebenso bezweifelt er eine von zwei anderen berichtete Gesandtschaft der Römer. Kleitarchos dagegen erzählt von einer Gesandtschaft der Römer, und Plinius (III, 5) zitiert ihn kurz, ohne sie anzuzweifeln. Der Bericht Kleitarchs ist aber zu romanhaft: Alexander soll, nachdem ihm die Gesandten einen goldenen Krug überreicht hätten, die zukünftige Größe Roms vorhergesagt haben. Livius (IX, 18) weiß von keiner solchen Gesandtschaft, wie überhaupt kein Römer; auch in dem ausführlichen Verzeichnis der von Alexander empfangenen Gesandtschaften (Diodor XVII, 113) wird keine römische erwähnt. Eine Botschaft Alexanders an die Römer, nämlich eine Beschwerde über die Seeräuberei der Stadt Antium, erwähnt Strabon (V, 7).

Drohend düstere Vorzeichen kündigen endlich den Tod Alexanders an.

Er feiert ein letztes rauschendes Fest, ehe ihn die Kräfte verlassen. Seine Getreuen ziehen noch einmal an seinem Lager vorbei. *Er ließ die Freunde näher herantreten – denn auch die Stimme begann ihm schon zu versagen –, zog seinen Ring vom Finger und übergab ihn dem Perdikkas, mit dem Auftrage, seinen Leichnam zum Jupiter Ammon bringen zu lassen. Auf ihre Frage, wem er das Reich hinterlasse, erwiderte er:* »Dem Tüchtigsten.« *Doch sehe er schon voraus, daß sich um dieses Wettstreites willen große Leichenkämpfe für ihn vorbereiteten. Als Perdikkas aufs neue fragte, wann er wolle, daß ihm göttliche Ehren erwiesen würden, sagte er: dann, wenn sie selbst glücklich wären. Dies war das letzte Wort des Königs, und bald darauf verschied er* (Curtius Rufus X, 14).

Die letzten Worte großer Männer sind in aller Regel posthume Erfindungen. Das Tagebuch des Kleitarchos, der doch Augenzeuge des Todes seines Königs war und das Plutarch benutzt hat, weiß nichts von den Abschiedsworten Alexanders, die Curtius Rufus und Arrian (VII, 26) zitieren. Vielleicht haben die Umstehenden diese Worte aus den Lauten des Sterbenden herausgelesen. *Aber es ist auch möglich, daß das Wort, das sich nur schwer seinen trockenen, gesprungenen Lippen entrang,* »Herakles« *lautete – der Name seines einzigen Sohnes* (Kurt Weigall, *Alexander der Große*, Leipzig 1941, S. 440 f.).

Wie über sein Leben bildeten sich über seinen Tod, den wohl körperliche Erschöpfung und Neigung zur Trunksucht beschleunigten, früh Legenden (Der Kleine Pauly, Bd I, Sp. 248 f.). Bald schon kam das Gerücht auf, Aristoteles habe, um sich für die Ermordung seines Neffen, des Geschichtsschreibers und Philosophen Kallisthenes zu rächen, Alexander durch Gift töten lassen, das er seinem Freund Antipatros, dem Statthalter von Makedonien geschickt habe, der es wiederum seinem Sohn Kassandros, dem Mundschenken des Königs weitergegeben habe (Plutarch, *a.a.O.*, 76 nennt Aristoteles als Verdächtigen; Justin XII, 14 sieht in Antipatros den Urheber des Mordes). Das Gift sei eiskaltes Wasser aus dem Styx in Arkadien gewesen, das so scharf gewesen sei, das man es nur in einem Eselshuf habe aufbewahren können (vgl. dazu Alexander von Humboldt, *Kosmos*, Bd IV, Stuttgart–Augsburg 1858, S. 502 f.). Plutarch, der sich von diesem Gerücht ebenso distanziert wie Diodor (XVII, 117 f.) und Pausanias (VIII, 18), führt es auf einen gewissen Hagnothemis zurück, *der es seinerseits von dem König Antogonos gehört habe.*

Zu den Darstellungen der Geschichte Alexanders, die uns das Altertum überliefert hat, bemerkt Droysen (*a.a.O.*, Bd II, S. 375), daß keine ihrer Entstehungszeit nach über das Lebensende Caesars hinausgehe, was manche Ungereimtheit erklären kann. Lukian kritisiert diese Darstellungen, indem er in seiner Schrift *Wie man Geschichte schreiben muß* eine wohl auch unhistorische Anekdote erzählt. Danach habe Aristobulos, als er mit Alexander einmal auf dem Fluß Hydaspes gefahren sei, aus seinem Geschichtswerk vorgelesen, unter anderem auch, wie Alexander in einem Zweikampf mit König Poros dessen Elefanten mit einem Pfeilschuß erlegt habe. Darauf habe Alexander dem »Historiker« das Buch aus der Hand gerissen und ins Wasser geworfen mit der Bemerkung, er habe nicht übel Lust, den Verfasser seinem Werke nachzuschicken.

Mit Alexanders Tod zerfällt das Reich; aber seine Gestalt *stieg im Andenken der unmittelbaren Nachwelt zu übermenschlicher Größe empor* (Elisabeth Frenzel, *Stoffe der Weltliteratur*, 2. Aufl., Stuttgart 1963, S. 26), wobei Phantasie und Wirklichkeit eine untrennbare Verbindung eingehen. Und dieses großartige Erscheinungsbild hat die Kunst und Literatur des Orients wie des Abendlandes reich befruchtet.

Aber nicht nur aus der Welt der Politik und Kriegskunst, sondern auch aus dem Reich der griechischen Dichter und Denker sind zahlreiche Treppenwitze überliefert.

In die Wende von der Zeit mythenhafter Überlieferung über Einzelpersonen zur geschichtlichen Tradition fällt das Wirken der sogenannten *Sieben Weisen*, Staatsmänner und Philosophen des 7. und 6. Jahrhunderts, die sich durch ihre geistige Überlegenheit auszeichneten, die in geistreichen Sentenzen (Gnomen) ihren Ausdruck fand. Doch die überlieferten Gestalten wie ihre Aussprüche sind zu einem guten Teil Schöpfung des Treppenwitzes, denn zu ihren Lebzeiten kannte man sie noch nicht unter dieser Bezeichnung, und die zahlreichen weisen Sprüche hat man ihnen erst viel später, und dazu noch in oft widersprüchlicher Weise in den Mund gelegt. Nahegelegt scheint die Legendenbildung durch verschiedene Faktoren. So erzählt Pindar (*Olympien* 7,71) von den sieben Söhnen des Sonnengottes, *die die weisesten Gedanken unter den früheren Menschen empfingen.* Aber: *Vielleicht stecken sogar uralte orientalische Vorstellungen dahinter; jedenfalls werden schon anderthalb Jahrtausend vor Pindar am Ende der 11. Tafel des Gilgamesch-Epos Sieben Weise erwähnt, die die Fundamente der Mauer von Uruk gelegt haben sollen und die Sieben Rischis der alten Inder hatten Weisheit und Sangeskunst von den Göttern erhalten, um ihre Taten und ihre Macht zu preisen* (Bruno Snell, *Leben und Meinungen der Sieben Weisen*, 3. Aufl., München 1952, S. 15). Erinnert sei auch daran, daß Homer sowohl Agamemnon als auch Priamos für wichtige Entscheidungen einen Rat von je sieben besonders erfahrenen Männern zu Seite stellte, die »Gemeindegreise«, wie sie in Troja hießen (*Ilias*, 2,405 ff. und 3,146 ff.).

Nach Dikaiarch waren nur vier allgemein anerkannt: Thales von Milet, Bias aus Priene, Pittakos aus Mytilene und Solon aus Athen. Er nennt sechs weitere, aus denen man noch jeweils drei hinzunähme. Hermippos (3. Jh. v. Chr.) zählt in seiner Schrift *Über die Weisen* gar siebzehn auf, aus denen man je nach Neigung sieben aussuche (Bruno Snell, *a.a.O.*, S. 6/7). Genau sieben Weise werden zuerst erwähnt von Platon (*Protagoras*, 343A): Thales, Pittakos, Bias, Solon, Kleobulos von Lindos, Myson von Chen und endlich Chilon von Sparta. Er läßt sie zu einem Gastmahl zusammenkommen, und sie *weihten . . . als Erstlinge ihrer Weisheit dem Apollon für den Tempel zu Delphoi jene Inschriften, die ja in aller Munde sind: Erkenne dich selbst! und Alles mit Maß.* Aber *auch ihre Aussprüche sind umstritten, und die einzelnen werden verschiedenen zugesprochen* (Snell, *a.a.O.*, S. 8). Meist erfolgt die Zuweisung dieser Sentenzen zu bestimmten Autoren in folgender Weise: Thales: *Erkenne dich selbst;* Solon: *Nichts zu sehr;* Chilon: *Bürgschaft – schon ist Unheil da;* Pittakos: *Erkenne den passenden Augenblick;* Bias: *Die meisten sind schlecht;* Kleobulos: *Maß ist das Beste;* Periander: *Alles ist Übung.*

Quelle für Platon scheint ein älteres Volksbuch zu sein, an das er formal in seinem *Gastmahl* anknüpft, das wiederum Vorbild für zahllose weitere *Gastmähler* oder *Philosophengespräche* wurde, so auch für Plutarchs *Gastmahl der Sieben Weisen*, in dem die Philosophen am Hofe des Periandros zusammenkommen, der wegen seiner Staatsklugheit auch zu den Sieben Weisen zählt, als unerbittlicher Tyrann von Korinth jedoch von Platon durch Myson ersetzt wurde.

Daß die lebensklugen Sieben Weisen ihre Maximen zur Richtschnur des eigenen Lebens gemacht haben, soll die Erzählung vom *Goldenen Dreifuß* beweisen, die in verschiedenen Fassungen, meist jedoch nur als Inhaltsangabe, vorliegt. Sie gehören zum Teil allerdings schon der vorhellenistischen Zeit an, und eine ist schon Theophrast bekannt (Plutarch, *Solon* 4,7). Dieser Dreifuß der Sieben Weisen wurde den Wallfahrern an verschiedenen heiligen Orten Griechenlands gezeigt, so in Theben und wohl auch in Delphi. Er ist gewissermaßen das männliche Gegenstück zum Zankapfel, der der Schönsten gehören sollte und um den dann Hera, Athene und Aphrodite stritten. Nur mit dem entscheidenden Unterschied freilich, daß – standesgemäß – die Philosophen sich nicht in die Haare geraten. Die

Überlieferung berichtet, daß einst jonische Fischer statt Fischen einen goldenen Dreifuß mit einem Netz aus dem Meer fischten. Da sie sich nicht über das Eigentumsrecht an ihrem Fund einigen konnten, wandten sie sich an die delphische Pythia als Schiedsrichterin, damit sie entscheide, wem er gebühre. Sie gebot: *Dem Weisesten!* Daraufhin händigten die Fischer ihren Fund dem Thales aus. Dieser lehnte den Dreifuß aus Bescheidenheit ab und sandte ihn einem anderen der Sieben, und so machte die Gabe die Runde bei allen, bis sie endlich zu Solon kam, der sie Apollon als dem Allerweisesten weihte – offensichtlich eine ätiologische Legende, angetan, den Pilgern die Bedeutung eines Heiligtums vor Augen zu führen.

Herodot und Platon erwähnen die Erzählung noch nicht; wir finden sie erst in Diodors Fragmenten, bei Diogenes Laertios (*Leben und Meinungen berühmter Philosophen,* passim) und Plutarch (*Solon,* 4).

Von *Thales von Milet* (6. Jh. v. Chr.) berichtet Herodot (I, 74; vgl. Plinius II, 12), er habe die Sonnenfinsternis des 28. Mai 585, des Tages der Schlacht am Halys, vorausgesagt, allerdings nicht den genauen Tag, sondern nur das Jahr.

Platon (*Theaitetos* 173C – 174B; vgl. Diogenes Laertios I, 34) erzählt die Legende vom gänzlich weltfremden Stubengelehrten Thales, der bei nächtlicher Betrachtung der Sterne in einen Brunnen gefallen sei. Da habe er sich von einer Magd auslachen lassen müssen: *Du kannst nicht sehen, Thales, was dir vor Füßen liegt, und wähnst zu erkennen, was am Himmel ist!*

Gegen die angebliche Weltfremdheit spricht allerdings die Tatsache, daß Thales sonst als durchaus praktisch und welterfahren geschildert wird. Herodot (I, 75) berichtet, er habe dem Heer des Kroisos den Übergang über den Halys ermöglicht, indem er den Fluß umgeleitet habe. Und Aristoteles (*Politica* 1259 A 6) und Cicero (*De divinatione* I, 111) bieten die Geschichte, nach der Thales, um den Spott zu entkräften, daß sein Wissen nutzlos sei, sein Vorherwissen von einer guten Olivenernte nutzt, um in Oliven zu spekulieren.

Kaum eine andere Persönlichkeit des Altertums ist so entstellt geschildert worden wie die größte Lyrikerin der Antike, Sappho, denn *leider wird den meisten ... bei dem Namen Sappho ... nicht viel mehr einfallen als das unselige Schlagwort »Sapphische Liebe« ... Daran sind außer der Trägheit und Gedankenlosigkeit vieler Menschen vor allem auch die Vertreter der medizinischen Wissenschaft schuld, welche jene termini technici amor lesbicus und amor sapphicus oder* Tribadie *und* Sapphismus *zur Bezeich-*

nung der von ihnen beobachteten sexuellen Anomalien und Perversitäten noch ganz unbekümmert... gebrauchen... (Bernhard Steiner, *Sappho,* Jena 1907, S. 3).

Geboren um 630 v. Chr. in Eresos auf Lesbos, lebte Sappho bis auf eine politisch bedingte Emigration nach Sizilien (603–595) wie die meisten Adligen ihrer Zeit in der Hauptstadt Mytilene; sie war verheiratet mit Kerkylas und hatte eine Tochter Kleïs.

Nach ihrer Rückkehr aus Sizilien sammelte die Frühverwitwete in Mytilene einen Kreis junger Mädchen um sich, die sie bis zur Heirat auf ihre häuslichen und gesellschaftlichen Aufgaben vorbereitete. *Daß sich zwischen der reifen Frau und den Heranwachsenden leidenschaftliche Beziehungen nicht ohne sinnliche Komponente ergaben, ist nicht nur unter Griechen normal, dem frühen Hellas eigentümlich nur die Aufnahme dieses Empfindungsbereiches in feste Sitte, wodurch er einen Einschlag des Konventionellen erhielt. (Der Kleine Pauly,* Bd IV, Sp. 1547). Allerdings wurde ihr enges Verhältnis zu ihren Schülerinnen später, *in Unkenntnis der Voraussetzungen, als Perversion verstanden. So bemächtigte sich die Komödie der Gestalt: ihre Erfindungen gingen durch Chamaileon in die Biographie ein* (ebd., Sp. 1548).

Außer der »lesbischen« Liebe Sapphos überliefert die attische Komödie auch die Geschichte ihrer vergeblichen Liebe zu dem Schiffer Phaon. Nachdem dieser die alternde Frau verlassen und sich nach Sizilien begeben haben soll, sei sie ihm nachgereist. Sie sei jedoch nur bis zur Insel Leukas gekommen. Dort habe sie sich aus Verzweiflung von dem nach Westen ins Meer ragenden Leukadischen Felsen ins Meer gestürzt. Über Ovid (*Heroides,* 15) gelangte diese Erzählung in die europäische Literatur und hat eine Unzahl von literarischen und musikalischen Bearbeitungen erfahren (Frenzel, *Stoffe der Weltliteratur,* S. 563–565).

Von *Anakreon* aus Teos (um 580? – um 495 v. Chr.), dem Dichter des Weines und der Liebe, erzählt Plinius (*Naturalis historia),* er sei an einer Weinstraube erstickt – eine Anekdote von der Kategorie der Konsequenzmacherei.

Über den Philosophen *Pythagoras* von Samos (um 570–497/96 v. Chr.) sind durch seine Biographen, die Neuplatoniker Porphyrios (234–301/04 n. Chr.) und Iamblichos († 337 n. Chr.) zahllose und teilweise recht nebulose Nachrichten auf uns gekommen, was zweifellos dadurch begünstigt wurde, daß Pythagoras seine Lehren nicht schriftlich niederlegte, *vermut-*

lich um damit die Weitergabe seines Wissens an Unbefugte auszuschlie-ßen (Der Kleine Pauly, Bd IV, Sp. 1265). Dies aber erleichterte die Legen-denbildung.

Jedes Kind lernt in der Schule den nach Pythagoras benannten *mathe-matischen Lehrsatz,* wonach bei einem rechtwinkligen Dreieck der Flä-cheninhalt des Quadrates über der Hypotenuse gleich der Summe der Flächeninhalte der Quadrate über den Katheten ist. Aus Freude über diese Entdeckung soll Pythagoras den Göttern eine Hekatombe, ein Opfer von hundert Rindern dargebracht haben, was nach Diogenes Laertios (VIII, 12) der Mathematiker Apollodoros überliefert. Auch Vitruv (*De architectura* IX, Praef.) behauptet das gleiche, doch Cicero (*De natura deorum* III, 36) meldet Zweifel an, weil nach den pythagoreischen Ritualgesetzen blutige Opfer streng verboten waren. Porphyrios hat dementsprechend in seiner Biographie (Kap. 36) das blutige Opfer durch das eines aus Mehl geformten Ochsen ersetzt.

Pythagoras hatte übrigens auch gar keinen Anlaß, auf seine angebliche Entdeckung stolz zu sein, denn zum einen kannte man die mathematische Aussage des Satzes lange vor ihm, zum anderen fehlten ihm noch die zu einem Beweis für die Richtigkeit des Satzes notwendigen mathematischen Voraussetzungen.

Cicero (*Tusculanae disputationes* V, 3) gibt ein auch von Diogenes Laertios (VIII, 8) erwähntes Gespräch zwischen Pythagoras und dem Tyran-nen Leon von Phlius wieder. Der Fürst bewunderte den Geist und die Beredsamkeit seines Gastes und fragte ihn, auf welche Kunst er sich am besten verstehe. Darauf erwiderte Pythagoras: *Ich verstehe keine Kunst. Ich bin Philosoph.* Da Leon dieses Wort zum ersten Male hörte, wollte er wissen, was das sei; und Pythagoras gab folgende Erklärung dieses Begrif-fes: *Nur einige wenige gibt es, die alles übrige für nichts erachten und nur das Wesen der Dinge betrachten. Diese nennen sich Freund der Weisheit* (philosophoi), *denn weise ist nur die Gottheit selbst.*

Diogenes Laertios beruft sich hierfür auf Herakleides von Pontos (um 390–310 v. Chr.) und meint, dies sei der Ursprung des Wortes Philosophie. Wahrscheinlich ist der Kern dieser Überlieferung jedoch nur die Übertra-gung eines sokratisch-platonischen Gedankens auf Pythagoras, vielleicht eine poetische Fiktion, die Spätere als verbürgte Tatsache übernommen haben.

532/31 verließ Pythagoras die Heimat und zog nach Kroton, wo er eine ordensähnliche Gemeinschaft gründete. *Wie Timaios sagt, war er der erste, der den Satz verkündete, daß unter Freunden alles gemeinsam und*

daß Freundschaft Gleichheit sei. So legten denn seine Schüler ihr Vermö-
gen zu gemeinsamem Besitz zusammen. Fünf Jahre lang mußten sie
schweigen und ausschließlich den Lehrvorträgen folgen als Hörer und
ohne den Pythagoras zu Gesicht zu bekommen, bis sie sich hinreichend
bewährt hätten; von da ab gehörten sie zu seinem Hause und durften ihn
sehen (Diogenes Laertios VIII, 10).

Übertreibungen und Unsinnigkeiten dieser Art sind noch mehr überliefert. So soll jedem wegen Unwürdigkeit ausgestoßenen Mitglied dieser
Gemeinschaft doppelt soviel ausgezahlt worden sein, wie es eingebracht
hätte – was sicher zahllose Spekulanten angelockt hätte. Hippokrates von
Chios soll ausgeschlossen worden sein, weil er für erteilten Mathematik-
unterricht Geld angenommen habe; Pythagoras selbst soll (nach Iamblichos) nur einen Zuhörer für seine Vorträge über Mathematik gefunden
haben, den er dazu noch, damit er bliebe, habe bezahlen müssen.

Belustigend ist die Diskussion über das angebliche Verbot des Pythagoras, *Bohnen zu essen* – vielleicht recht sinnvoll bei gemeinsamer Nachtru-
he in Schlafsälen. Diogenes Laertios (VIII, 34) teilt wie die meisten Quellen
mit, Pythagoras habe den Genuß verboten und beruft sich dabei auf
Aristoteles, wo sich jedoch nichts Diesbezügliches findet; Iamblichos
verweist auf Hermippos. Ihnen widerspricht Aulus Gellius (*Noctes Atticae*
IV, 11) unter Bezug auf Aristoxenos, einen Schüler des Pythagoras, und
betont, Pythagoras habe im Gegenteil Bohnen besonders empfohlen. Was
danach von der Nachricht des Diogenes Laertios (VIII, 39) zu halten ist,
Pythagoras sei getötet worden, weil er auf der Flucht ein Bohnenfeld nicht
hatte niedertreten wollen, mag dahingestellt bleiben, zumal danach glaub-
haftere Lesarten über die Todesart folgen.

Auch das Pythagoras zugeschriebene *Autosepha* (ipse dixit; er hats
gesagt) scheint zweifelhaft. Cicero (*De natura deorum* I, 5) berichtet zwar
davon, und der Scholiast zu Vers 196 der *Wolken* des Aristophanes erwähnt
es; Diogenes Laertios (VIII, 46) jedoch, der gewöhnlich am Schluß seiner
Lebensbeschreibungen eine Übersicht über die »Gleichnamigen« gibt,
schreibt das Wort einem Pythagoras von Zakynthos zu.

Als Erkennungszeichen sollen die Pythagoräer das regelmäßige Stern-
fünfeck, auch *Pentalpha*, Pentagramm oder Drudenfuß genannt, getragen
haben, doch ist es zweifelhaft, ob Pythagoras die zur geometrischen Kon-
struktion eines solchen erforderliche Kenntnis des Goldenen Schnittes
bereits besessen hat. Ob auch Pythagoras schon von der *Harmonie der
Sphären* gesprochen hat, ist ungewiß. Später wird erzählt, er allein unter
allen Sterblichen habe die Harmonie der Sphären gehört.

81

Ausführlich schildert Diogenes Laertios (VIII, 4 f.) endlich, daß Pythagoras, gleichsam zum Beleg für seine Lehre von der *Seelenwanderung*, bereits in vielerlei Gestalt gelebt habe und weiterleben werde.

Die athenische Volksüberlieferung hat die drei großen Tragödiendichter auf je eigene Weise mit dem großen Sieg in der Schlacht bei Salamis in Verbindung gebracht: Aischylos habe in der Schlacht mitgekämpft, Sophokles sei Reigenführer beim Siegesfest gewesen und Euripides am Tage der Schlacht auf der Insel Salamis geboren worden.

Auch sonst rankt sich einiges Anekdotenhafte um die Tragöden. Den *Aischylos* (525/24–456/55 v. Chr.) soll ein Adler mit einer Schildkröte erschlagen haben, die er auf den kahlen Schädel des Dichters herabfallen ließ, weil er ihn für einen Stein hielt, an dem er den Panzer der Schildkröte aufbrechen wollte. Zur Erklärung dieser merkwürdigen Geschichte muß zunächst darauf hingewiesen werden, daß das griechische Wort *chelous* nicht nur Schildkröte (oder Schlange), sondern auch Leier bedeutet, vielleicht, weil dieses Instrument ursprünglich ein mit Saiten bespannter Schildkrötenpanzer war. *Im Stoschischen Kabinet zu Berlin befindet sich ein Karneol, wo Aeschylos unbekleidet auf einem Stein sitzt, aus einer Schale trinkend; über ihm schwebt der Adler, der eine Schildkröte, mit der Schale unterwärts in den Fängen hält. Möglich, daß eine Statue des Aeschylos zu Athen dasselbe Symbol des Adlers zeigte. Denn ein Symbol ist es; es ist die Apotheose des großen Tragikers. Der Adler trägt die Schildkröte, d. h. die Leier zum Himmel empor, während der Greis aus der Schale die Unsterblichkeit trinkt. Nicht eine vorhandene Geschichte ist im Kunstwerk abgebildet, sondern aus dem mißverstandenen Kunstwerk hat eine spätere Zeit ein Märchen abgeleitet* (Gottfried Kinkel, *Mosaik zur Kunstgeschichte*, Berlin 1876, S. 166).

Von *Sophokles* (um 497–um 406 v. Chr.) wird erzählt, daß Jophon, sein Sohn aus erster Ehe, sich durch die Bevorzugung seines Halbbruders Ariston benachteiligt fühlte, weshalb er die Entmündigung seines Vaters wegen Geistesschwäche beantragte. Der damals Achtzigjährige soll jedoch die Richter durch den Vortrag aus seinem *Oidipos auf Kolonos* überzeugt haben, daß er noch im Vollbesitz seiner geistigen Kräfte sei. So berichten Plutarch (*Ob ein Greis Staatsgeschäfte treiben soll*, 3), Cicero (*Cato Maior* VII, 22) und Apulejus (*Apologia*, 37), wobei sie in Einzelheiten voneinander abweichen. Aristophanes (*Frösche*, 76) und Valerius Maximus (VIII, 7) dagegen wissen nichts von diesem Zerwürfnis zwischen Vater und Sohn. Vielleicht ist die Anekdote nur erfunden worden, um die theatralische Szene vor Gericht zu begründen. Über die Ursache seines Todes gibt es drei verschiedene Versionen. Die einen behaupten, Sophokles sei aus Freude über einen Bühnenerfolg gestorben; andere sagen – ein mäßiger Witz – er hätte sich beim Vorlesen einer sehr langen Periode aus seiner *Antigone*, die keine Interpunktion zuließ, zu Tode gelesen; wieder andere führen den Tod auf den Genuß von Weintrauben zurück, die ihm sein Schauspieler Kallipides geschickt habe und an denen er erstickt sei.

Von *Euripides*, dem jüngsten im Dreigestirn der großen Tragödiendichter, 485/84 oder – nach anderen Quellen – 480 am Tag der Schlacht von Salamis geboren und 406 gestorben, wird überliefert, daß die Kenntnis seiner Werke die bei einem mißglückten Feldzug gegen Syrakus im Peloponnesischen Krieg in Gefangenschaft geratenen Athener vor der Sklaverei gerettet habe. Plutarch berichtet, die Heimkehrer hätten sich durch Rezitation der Verse des Euripides, die sie auswendig kannten, losgekauft und unterwegs dafür überall Speise und Trank erhalten.

Als Lysandros Athen niederbrennen und zur Viehweide machen wollte, habe im Kriegsrat einer den Chorgesang aus der *Elektra* vorgetragen. Das habe einen so großen Eindruck auf die Offiziere gemacht, daß sie aus Ehrerbietung vor dem großen Dichter Athen verschont hätten.

Die letzten Jahre seines Lebens verbrachte Euripides fern der Heimat am Hofe des Archelaos in Pella. Hier schrieb er unter anderem den *Archelaos* zur Verherrlichung seines Gastgebers. Das brachte ihm zahlreiche Gunstbezeugungen des Königs ein, aber auch den Neid seiner weniger erfolgreichen Kollegen: Sie hetzten Hunde auf ihn, unter deren Bissen er starb. Nach einer anderen Version jedoch sollen ihn rasende Weiber zerrissen haben.

Von *Empedokles von Agrigent* (um 483/82–um 423 v. Chr.), dem letzten großen Naturphilosophen, erzählt Diogenes Laertios (VIII, 69) unter Berufung auf einen Hippobotos, Empedokles habe sich in den Ätna gestürzt *in der Absicht, den über ihn verbreiteten Glauben, er sei zum Gott geworden, zu bestärken.* Allerdings sei ihm diese fingierte Himmelfahrt mißlungen, weil der Vulkan eine seiner ehernen Sandalen wieder herausgeschleudert habe. Aufgrund dieser Anekdote erscheint er später in Lukians *Totengesprächen* mit versengten Haaren und nur einem Schuh.

Der berühmteste Arzt des Altertums, *Hippokrates* aus Kos (460–um 370 v. Chr.), schon von Platon erwähnt (*Phaidros,* 270 C; *Protagoras,* 311 B), ist angeblich an den Hof des Perserkönigs Artaxerxes berufen worden, doch hat sich der darüber vorliegende Briefwechsel als spätere Fälschung erwiesen (Edouard Fournier, *L'Esprit dans l'histoire,* 4. Aufl., Paris 1882, S. 6). Uneigennützig soll er die prächtigen Geschenke des Königs mit großartiger Geste zurückgewiesen haben, eine Szene, die der französische Historienmaler Anne-Louis Girodet in einem Gemälde verherrlicht hat, das er 1816 der Pariser Medizinischen Fakultät widmete und das den Professoren nur ein mitleidiges Lächeln entlockt haben dürfte.

Ein dankbares Opfer zahlloser Anekdoten ist *Sokrates* (um 470–399 v. Chr.) geworden, was auch dadurch begünstigt wurde, daß er kein schriftliches Werk hinterlassen hat. Schon zu seinen Lebzeiten stark umstritten, ist er von Aristophanes in dessen *Wolken als die Karikatur des spitzfindigen und geldgierigen Sophisten auf die Bühne gebracht* worden (*Der Kleine Pauly,* Bd V, Sp. 249).

Äußerlich war er von einer geradezu faszinierenden Häßlichkeit. Platon vergleicht ihn einmal (*Menon,* 80 A) mit einem Zitterrochen, ein anderes Mal (*Gastmahl,* 215 A ff.; vgl. *Theaitetos,* 143 E ff.; ferner Xenophon, *Gastmahl* V, 5–7) mit einem Silen. Diese Häßlichkeit war der Anlaß zu der von Cicero erzählten Anekdote, nach der der Physiognomiker Zopyros, der Sokrates persönlich nicht kannte, erklärte, dieser Mann sei stumpfsinnig, dumm und dazu ein Schürzenjäger. Auf das schadenfrohe Gelächter der Zuhörer hin nahm Sokrates seinen Kritiker jedoch in Schutz und gestand, die ihm vorgehaltenen Mängel und Fehler seien ihm allerdings angeboren, doch habe er sie überwunden.

Auf einem Feldzug bei der Belagerung von Poteidaia (430/29) auf der Halbinsel Chalkis bewährte er sich als tapferer Kämpfer und soll seinem Zeltkameraden Alkibiades das Leben gerettet haben (Platon, *Gastmahl*). Fünf Jahre später, in der Schlacht von Delion, habe dafür Alkibiades den Sokrates gerettet (Plutarch, *Alkibiades,* 7). Worin die Rettung bestand, erfahren wir an anderer Stelle bei Plutarch *(Daimonion des Sokrates):* Sokrates habe sich mit Alkibiades und Laches rechtzeitig abgesetzt und sei nach Athen geflohen. Ferner soll Sokrates einen anderen seiner Schüler, Xenophon, in der Schlacht von Delion aufgefangen haben, als dieser vom Pferd stürzte· Eine etwas verdächtige Häufung gegenseitiger Rettungstaten von Meister und Schülern.

Platon (*Gastmahl,* 220 B f.) will von Alkibiades erfahren haben, Sokrates habe im Feldlager von Poteidaia einem Gedanken, der ihm eingefallen sei, nachgehangen und dabei volle vierundzwanzig Stunden starr und steif wie eine Bildsäule dagestanden – schon rein physiologisch ein Ding der Unmöglichkeit.

Daß er jedoch von großer Charakterfestigkeit und starkem Willen war, beweist sein aufrechtes Eintreten für die von ihm für richtig erkannte Haltung – bis zum Schierlingsbecher. Doch daß die Athener später seine Hinrichtung bereut und seine Ankläger ohne förmlichen Prozeß getötet (Diodor XIV, 37) oder ihm gar ein ehernes Standbild errichtet hätten, wird erst von späteren Schriftstellern behauptet und dürfte ebenso eine Erfindung sein wie die Legende, sein Hauptankläger und Feind Anytos sei in Herakleia gesteinigt worden. Solche Motive sind mit Sicherheit aus poetischer Gerechtigkeit entstanden.

Erwähnen müssen wir kurz des Sokrates Frau *Xanthippe, für die Nachwelt seit einer entsprechenden Erwähnung bei Xenophon (Gastmahl II, 10) der Inbegriff weiblicher Unverträglichkeit, in zahlreichen Anekdoten in dieser Rolle einem stets ebenso gleichmütigen wie schlagfertigen Sokrates gegenübergestellt (Der Kleine Pauly, Bd V, Sp. 1400).* Entgegen einer auf Aristoteles zurückgehenden Behauptung, daß Sokrates mit Xanthippe und Myrto, einer Tochter des Aristeides, in Bigamie gelebt habe, war Xanthippe die einzige Frau des Philosophen und Mutter seiner drei Kinder. Sie war wohl erheblich jünger als er, weil die jüngeren Söhne bei seinem Tode noch Kinder waren. Die zahllosen Anekdoten, die Ailianos (Varia historia XI, 12) Plutarch (Moralia 461 D) und Diogenes Laertios (II, 36 f.) über das Eheleben der beiden erzählen, dürften wohl nur erfunden sein, um den unerschütterlichen Gleichmut des Sokrates hervorzuheben.

Während des Peleponnesischen Krieges, als es den Megarern bei Todesstrafe verboten war, Athen zu betreten, ist *Eukleides* von Megara (um 480–380 v. Chr.), ein Schüler des Sokrates, täglich in der Abenddämmerung, als Frau verkleidet, in die Stadt geschlichen, um zu seinem Lehrer zu kommen; am anderen Morgen machte er sich dann wieder auf den 20 000 Schritt weiten Heimweg. So wenigstens erzählt, ein halbes Jahrtausend danach, Aulus Gellius (Noctes Atticae VII, 10) und beruft sich dabei auf Taurus, *einen zu seiner [des Gellius] Zeit noch ganz berühmten platonischen Weltweisen.* Dieser habe an diese Erzählung als Nutzanwendung die Bemerkung geknüpft, daß zu seiner Zeit die Philosophen, um zu lehren, selbst zu den Häusern der reichen jungen Leute gehen und warten müßten, bis ihre

Schüler ihren Rausch ausgeschlafen hätten: Es ist nicht ausgeschlossen, daß Taurus um des Kontrastes willen die nächtlichen Ausflüge des Eukleides erfunden hat.

Diogenes Laertios (II, 54 f.) erzählt, des Sokrates Schüler *Xenophon* (um 430 bis um 354 v. Chr.), sei gerade mit einem Opfer beschäftigt gewesen, als man ihm den Tod seines in der Schlacht von Mantinea gefallenen Sohnes Gryllos meldete. *Auf die Meldung... soll er den Kranz abgelegt, dann aber wieder aufgesetzt haben auf die Kunde, daß er als wahrer Held gestorben sei. Einige behaupten, er habe, ohne auch nur eine Träne zu vergießen, gesagt: »Ich wußte, daß er als Sterblicher von mir gezeugt ist.«*

Die Nachrichten über *Platon* (428/27–349/48) gehen auf das *Enkomion* (Gedenkrede) zurück, das sein Neffe und Nachfolger in der Akademie, Speusippos, hielt. Da es jedoch verloren ging, sind wir im wesentlichen auf Diogenes Laertios (3. Jh. n. Chr.) angewiesen, der die von vielen Legenden überrankte hellenistische Tradition überliefert und Platon das gesamte 3. Buch seines Werkes *Leben und Meinungen berühmter Philosophen* gewidmet hat.

Da Platons Geburtstag (Diogenes Laertios III, 2; Plutarch, *Symposiaka* VIII, 2) der siebte Tag des Monats Thargelion, das Geburtsfest des Apollon war, nennen ihn spätere Autoren, wie Apulejus und Olympiodoros, einen Sohn des Gottes. Daß er auch an seinem Geburtstage gestorben sei, weiß erst Seneca (*Epistulae morales* LVIII, 33).

Als kleines Kind legten ihn die Eltern, als sie dem Pan, den Nymphen und Apollon ein Opfer bringen wollten, auf dem Hymettos nieder. Da flogen Bienen heran und füllten seinen Mund mit Honig: ein glückhaftes Vorzeichen für die Süßigkeit seiner Rede (Olympiodoros). Dies ist ein altes, weitverbreitetes Motiv, das auch von Pindar auf dem Helikon berichtet wird (Pausanias IX, 23).

Nach Aristoxenos (bei Diogenes III, 8) hat Platon an den Schlachten von Delion und Korinth teilgenommen, obwohl er im Jahre 424 erst etwa drei Jahre alt war und sich zur Zeit der zweiten (393) im Ausland befand.

Über das erste Zusammentreffen berichtet Diogenes (III, 5), *Sokrates habe geträumt, er halte auf seinem Schoß das Junge von einem Schwan, das alsbald befiedert und flugkräftig geworden, in die Lüfte emporgestiegen sei mit schallenden Jubeltönen; und tags darauf sei ihm Platon vorgeführt worden; da habe er gesagt, dies sei der Vogel.*

Zum Beweis, daß Platon *mancherlei zu Papier gebracht, was Sokrates nie gesagt hat,* zitiert Diogenes Sokrates selbst (III, 35), der nach Vorlesung von Platons *Lysis* gesagt haben soll: *Beim Herakles, was der junge Mensch doch alles über mich zusammenlügt.*

Das Verhältnis der großen Philosophen untereinander ist verständlicherweise ein besonders beliebtes Thema gewesen. Diogenes soll einmal mit schmutzigen Füßen in Platons Wohnung gekommen sein und ausgerufen haben: *Ich trete auf die stolzen Teppiche des Platon,* worauf dieser gekontert habe: *Ja, aber mit größerem Stolz* (Diogenes Laertios VI, 26).

Seinen Schüler Aristoteles soll Platon mit einem Füllen verglichen haben, das, nachdem es sich satt getrunken, gegen seine Mutter ausgeschlagen habe (Ailianos, *Varia historia* III, 19; IV, 9; Diogenes Laertios V, 1,2).

Stark übertrieben wirkt die romanhaft ausgeschmückte Geschichte (Diogenes Laertios III, 18) vom Aufenthalt Platons am Hof des Tyrannen von Syrakus, der ihn nach einem heftigen Streit nach Aigina verkaufte, wo ihn der zufällig anwesende Annikeris aus Kyrene auslöste.

Kurz vor seinem Tode soll Platon erklärt haben, er danke den Göttern für vier Dinge: daß er als Mensch und nicht als Tier, als Mann und nicht als Frau, als Grieche und nicht als Barbar und endlich als Bürger Athens zur Zeit des Sokrates geboren worden sei. So berichten Lactantius (*Divinae institutiones* VII, 3,17) und Plutarch (*Marius,* 7), der allerdings die Frau ausläßt. Doch wird ein ähnliches Wort bereits Thales zugeschrieben (Diogenes Laertios I, 1,7): offensichtlich eine Wanderanekdote.

Kein der Geometrie Unkundiger darf hier eintreten hat nach Johannes Philiponos (um 600 n. Chr.) als Inschrift über der Tür der von Platon gegründeten Akademie in Athen gestanden. In seinem Kommentar zu des Aristoteles Schrift *De anima* heißt es: *Ein Pythagoräer aber ist Platon, vor dessen Schule geschrieben stand, kein der Geometrie Unkundiger möge hier eintreten.* Im 12. Jahrhundert schreibt dann Johannes Tzetzes (*Chiliaden,* VIII): *Vor seine eigene Tür hatte Platon geschrieben: Niemand, der nicht Geometrie betrieben hat, soll unter mein Dach treten, d. h. kein Ungerechter soll hier eintreten, denn Gerechtigkeit und Billigkeit bedeutet die Geometrie.*

Daß man vor der Dialektik Geometrie betreiben solle, ist eine von Platon im *Staat* und in den *Gesetzen* aufgestellte Lehre, aus der dann die angebliche Inschrift über der Akademie gemacht worden ist. Tzetzes' Erklärung erinnert an den Satz des Plutarch: *Gott betreibt immer Geometrie,* womit gemeint ist, daß Gott die Welt nach einer gleichverteilenden

Gerechtigkeit regiert; denn diese gleichverteilende Gerechtigkeit verhalte sich, nach Platons *Gesetzen* und des Aristoteles' *Ethik*, wie eine geometrische Proportion.

Vielleicht geht die Anekdote zurück auf Xenokrates (396/95–314 v. Chr.), den zweiten Nachfolger Platons in der Akademie. Dieser hat nach Diogenes Laertios (IV, 10) zu einem jungen Mann, der weder Musik noch Geometrie noch Astronomie studiert hatte, aber dennoch die Vorlesungen über Philosophie hören wollte, gesagt: *Ziehe deines Weges, denn du bist nicht im Besitze der Handhaben für die Philosophie.*

Aristoteles (384–322 v. Chr.) soll sich zu Chalkis in den Euripos gestürzt haben, in dessen unregelmäßigen Strömungen er vergeblich ein Gesetz hatte erforschen wollen, und zwar mit den Worten: *Fasse mich, da ich dich nicht fassen kann.* Diogenes Laertios, der zahlreiche, zum Teil unglaubliche Anekdoten über Aristoteles bringt, weiß jedoch nichts davon. Sie ist erst in christlicher Zeit aufgetaucht (Justinus Martyr, *Paraenet. ad Gentes*; Gregor von Nazianz, III).

Keine Gestalt der Philosophiegeschichte hat so viele Anekdoten und Legenden auf sich gezogen wie *Diogenes* von Synope, dessen Lebensdaten wir nicht kennen, von dem wir jedoch wissen, daß er in Athen den Antisthenes (um 455–360 v. Chr.) gehört hat. Sprichwörtlich geworden sind die Spottlust und die Bedürfnislosigkeit des Kynikers (von kyon = Hund) oder Zynikers. Zwar bringen zahlreiche Geschichtchen Diogenes mit Platon und anderen bedeutenden Zeitgenossen in Verbindung, doch wird er außer von Theophrast von keinem zeitgenössischen Autor erwähnt. Quelle für uns ist fast ausschließlich sein rund 550 Jahre jüngerer Namensvetter Diogenes von Laertios (VI, 20–81), daneben Plutarch, Dio Chrysosthomos, Epiktet und Maximos von Tyros.

Jedermann kennt das Bild vom »Diogenes in der Tonne«, doch war diese Tonne in Wirklichkeit eine kleine Hütte, die die Athener ironisch Tonne *(pithos)* nannten. Bei Tag soll er mit einer brennenden Laterne auf dem Markt umhergelaufen sein und auf Befragen geantwortet haben: *Ich suche Menschen* (Diogenes Laertios VI, 41). Nach Phaedrus geht dieser Ausspruch jedoch auf Aesop zurück. Fragwürdig ist auch die Geschichte vom gerupften Hahn, den Diogenes auf dem Markt als »*Menschen Platons*« feilgeboten habe, als Verhöhnung der platonischen Definition im *Politikos*, wonach der Mensch ein *zweifüßiges Tier ohne Federn* ist.

Die berühmte Anekdote von der angeblichen Begegnung mit Alexander dem Großen finden wir schon bei Cicero (*Tusculanae disputationes* V, 92; vgl. Diogenes Laertios VI, 32 u. 38). Als er sich eines Tages vor seiner Hütte sonnte, trat Alexander zu ihm und sprach: *Fordere, was du wünschest,* worauf Diogenes antwortete: *Geh mir aus der Sonne.* Beeindruckt sprach darauf der Herrscher: *Wenn ich nicht Alexander wäre, wünschte ich, Diogenes zu sein.*

Herennios Philon aus Byblos (um 50–nach 138), ein griechischer Grammatiker und Historiker, ist der Verfasser einer *Phönikischen Geschichte,* von der er behauptet, sie gründe sich auf den phönikischen Autor *Sanchuniathon,* der vor der Zeit des Trojanischen Krieges gelebt habe. Er habe dessen Original entdeckt und übersetzt. Das neun Bücher umfassende Werk, das sich wohl lediglich auf hellenistische Quellen stützt, ist nur in Bruchstükken erhalten, die der Bischof und Kirchenhistoriker Eusebius (um 260–um 340) mit anderen Auszügen aus verlorenen Schriften in seine *Praeparatio evangelica* aufgenommen hat, als Beweisstücke für seine These von der Verwerflichkeit der heidnischen Wissenschaft.

Das Werk war wie sein Autor und seine angebliche Quelle fast völlig in Vergessenheit geraten, als plötzlich, im Jahre 1836, der Lehrer Friedrich Wagenfeld (1810–1846) aus Brinkum bei Bremen die gelehrte Welt mit der Nachricht überraschte, er besitze eine vollständige Abschrift des verloren geglaubten Werkes von Herennios Philon, die ein portugiesischer Oberst Pereira im Kloster Santa Maria de Marinao in der Provinz Entre Duero e Minho entdeckt habe. Zunächst veröffentlichte Wagenfeld einen Auszug des wiedergefundenen »Originals« (Hannover 1836). Obwohl der Altphilologe Georg Friedrich Grotefend, dem die erste Entzifferung der Keilschrift gelungen war, also ein Fachgelehrter von Rang und Ansehen, in seinem Vorwort die Echtheit der Handschrift angezweifelt hatte, gab Wagenfeld den gesamten griechischen Text mit einer lateinischen Übersetzung heraus (Bremen 1837), dem im gleichen Jahr eine deutsche Übersetzung in Lübeck folgte. Aber ein angeblicher Brief des portugiesischen Oberst Pereira, der das verräterische Wasserzeichen einer Osnabrücker Papierfabrik aufwies, ließ den Schwindel auffliegen: der »portugiesische Oberst« war eine Tarnfigur, hinter der sich der Urheber dieser Fälschung verbarg; der sprachkundige Wagenfeld hatte in seinen Mußestunden das Geschichtswerk des Sanchuniathon selber verfaßt!

Der berühmte Sophist und Satiriker *Lukianos* aus Samosata in Kommagene (um 120–180) sei, so berichtet die Suda, von wütenden Hunden zerrissen worden, weil er über das Christentum gespottet habe. Die Geschichte, die sonst nirgendwo überliefert wird, ist zweifellos erfunden, vielleicht in Anlehnung an die Bemerkung Lukians über das Lebensende des Peregrinus Proteus, er, Lukian, wäre bei dessen Selbstverbrennung (165 n. Chr. in Olympia) beinahe von den *Kynikern* (kyon = Hund) zerrissen worden.

Im Jahr 257 brachen Heruler und Goten mit ihren Schiffen aus dem Schwarzen Meer durch die Dardanellen, verheerten und plünderten die Küstenstädte der Ägäis und gelangten schließlich nach Athen.

Dabei soll sich nach Zonaras (XII, 26) ein Vorfall ereignet haben, *welcher, auch wenn er erfunden ist, das Verhältniß der Gothen zur attischen Cultur treffend bezeichnet* (Ferdinand Gregorovius, *Geschichte der Stadt Athen im Mittelalter*, Bd I, Stuttgart 1889, S. 18). Die Plünderer waren gerade dabei, eine zusammengeschleppte Bibliothek, die für sie wertlos war, zu verbrennen, als ein alter Hauptmann ungewollt die Bücherschätze vor der Vernichtung rettete. Er rief ihnen nämlich zu, *sie sollten solche unnütze Dinge den Athenern lassen, denn die Beschäftigung mit Büchern mache diese unkriegerisch und für die Gothen ungefährlich.* Das leuchtete den Räubern ein, und sie sahen von ihrem Zerstörungswerk ab.

Glimpflicher lief das nächste Treffen der Athener mit den Goten ab. Bei ihrem Einbruch in Griechenland unter Alarich erreichten sie 395 Athen.

Alarich forderte die Stadt zur Übergabe auf. Mit einem hohen Geldbetrag erkauften die Athener die Schonung ihres Lebens und ihres Eigentums. Es wurde ferner vereinbart, daß nur der Gotenkönig und sein Gefolge die Stadt betreten durften, während seine Scharen vor den Toren lagerten. Er wurde mit allen Ehren empfangen und speiste mit den angesehensten Männern.

Wie läßt sich diese Milde gegenüber einer wehrlosen Stadt erklären, derer sich die an Zahl weit überlegenen Barbaren ohne sonderliche Mühe bemächtigen konnten? Der griechische Geschichtsschreiber Zosimos (V, 6) behauptet, Alarich seien bei seinem Umritt um die Akropolis der Heros Achill und die bewaffnete Athena Promachos erschienen. Da habe er, von solchen Visionen erschreckt, mit der erlauchten Stadt einen Vertrag geschlossen und sie friedlich betreten (Gregorovius, *a.a.O.*, S. 39). In Wahrheit dürfte Alarich die Stadt verschont und sich zu einem schnellen Aufbruch entschlossen haben, weil er den Anmarsch der oströmischen

Truppen unter Rufinus und eine gleichzeitige Landung der von Konstantinopel auslaufenden Flotte befürchtete.

Ein Gegenstück zu dieser Legende ist die, nach der die Heiligen Petrus
und Paulus Attila erschienen sein sollen, als er im Begriff war, gegen Rom
zu ziehen (Gregorovius, *a.a.O.*, S. 37 f.).

Römer

Die Phantasie ist wie aller Poesie so auch aller Historie Anfang. Dieses
Wort Theodor Mommsens, das die Wechselbeziehungen zwischen Geschichte und Dichtung umreißt, beschreibt treffend die Anfänge des Imperium Romanum, das ein Jahrtausend hindurch das Schicksal des Abendlandes bestimmt hat: sie verlieren sich in mythologischer Ferne.

Die Überlieferung berichtet, daß nach der Zerstörung Trojas Aeneas auf
Geheiß seiner Mutter Aphrodite die brennende Stadt verläßt und über das
Meer fährt, eine neue Heimat zu suchen. Nach langer Irrfahrt landet er
schließlich an der Küste von Latium, dessen König Latinus ihm die Hand
seiner Tochter Lavinia und den Platz zur Gründung einer Stadt anbietet. Er
tötet im Zweikampf den Mitbewerber Turnus und gründet die Stadt
Lavinium. Sein Sohn Julus gründet über dem Albaner See die Stadt Alba
Longa, die Mutterstadt Roms. Aus des Julus' Geschlecht endlich stammen
die Zwillingsbrüder Romulus und Remus, die Gründer Roms.

Doch ist diese älteste Überlieferung nicht einheitlich, da Aeneas teils
als Vater, teils als Großvater des Romulus benannt wird (*Der Kleine Pauly*,
Bd IV, Sp. 1455). Allmählich jedoch bildet sich dann eine jüngere »klassische« Überlieferung heraus: König Numitor von Alba Longa wird von
seinem Bruder Amulius vom Thron verstoßen und seine Tochter Rea Silvia
(oder Ilia) als Vestalin zum Tempeldienst gezwungen, damit sie kinderlos
bleibt. Doch Mars zeugt mit Rea Silvia die Zwillinge Romulus und Remus,
die von Amulius auf dem reißenden Tiber in einem Trog ausgesetzt
werden. Dieser bleibt an der Stelle, an der später Rom erbaut wurde, an
einem Feigenbaum hängen. Eine Wölfin säugt die Zwillinge, bis der Hirte
Faustulus sie findet und als Hirten aufzieht. Später töten die beiden König
Amulius und setzen ihren Großvater Numitor wieder in seine Rechte ein.

Ehe sie eine Stadt gründen, holen sie Vogelzeichen (Auspizien) ein, um
zu erforschen, nach wem sie genannt werden soll. Romulus gewinnt, die
Neugründung wird Rom genannt.

*Daß diese Tradition in der Gestalt, wie sie vorliegt, in dem Volke selbst
entstanden sei, läßt sich nicht behaupten. Überall findet man die Spuren*

gelehrter griechischer Arbeit. Die Sage, welche die latinischen Penaten mit den troischen vereinigt, setzt die Kenntniß nicht allein der homerischen Gedichte, sondern auch der weit ausgesponnenen Poeme über die Rückkehr voraus. Wenn man dann an den Fall von Troja selbst in chronologischer Hinsicht anknüpft, so ist dabei der Einfluß der alexandrinischen Gelehrsamkeit maßgebend gewesen. Ferner aber: die ausführliche Sage von Romulus wäre ohne die Erzählung Herodots über Herkunft und Jugend des Cyrus schwerlich jemals zustande gekommen... Den Zusammenhang der Ereignisse bei der Verjagung der Könige kann man nicht lesen, ohne an die Geschichte von Athen erinnert zu werden: Servius wird zu einer Art von Solon; Tarquinius Superbus und seine Söhne erinnern an Pisistratus und Hipparch... So bemerkt man auch bei den folgenden Ereignissen mancherlei Anklänge, die keine unwillkürlichen sein können, z. B. bei Marcius Coriolanus, dessen Flucht zu den Volskern eine Nachbildung der Flucht des Themistokles zum König der Molosser ist (Leopold von Ranke, Weltgeschichte, Bd I–V, Leipzig 1881–86, Bd II/1, S. 76 f.; vgl. auch Herbert Hunger, Lexikon der griechischen und römischen Mythologie, Reinbek 1979, S. 366).

Auch die weiteren Nachrichten über die Frühzeit Roms sind sagenhaft. Als Romulus seine Gründung auf dem Palatin mit einer Mauer umgibt, springt Remus spottend darüber hinweg, worauf ihn Romulus erschlägt (Livius I, 3 ff.; Ennius, Annalen I u. ö.). Weil es an Bewohnern fehlt, gewährt Romulus Vertriebenen und Landflüchtigen Asyl (Livius I, 8; Dionysios von Halikarnassos, Römische Altertumskunde II, 15; Plutarch, Romulus IX u. ö.). Da es vor allem an Frauen fehlt, lädt Romulus die Nachbarstädte zu einem Fest ein. Als zahlreiche Sabiner mit ihren Frauen und Töchtern erscheinen, überfallen die Römer während des Festes ihre Gäste und rauben die Frauen. Die Sabiner wollen sich rächen und ziehen bald unter Führung ihres Königs Titus Tatius gegen Rom. Doch ehe es zum Kampf kommt, werfen sich die Sabinerinnen vermittelnd zwischen beide Parteien. Es kommt zur Versöhnung, die Sabiner erhalten Bürgerrecht in Rom, Titus Tatius wird Mitregent des Romulus (Hunger, a.a.O., S. 366).

Nach dem Tode des Mitregenten herrscht Romulus wieder allein und wird schließlich am Ende seines Lebens in einem feurigen Wagen in den Himmel entrückt und als Quirinus göttlich verehrt.

Wenn man die gesamte frühe Überlieferung zur Gründung Roms betrachtet, wird man Plutarch (Romulus, VIII) zustimmen, der im Hinblick auf Diokles von Peparethos schreibt: Manchen ist das Dramatische und nach Erdichtung Klingende daran verdächtig. Man sollte aber nicht so

93

mißtrauisch sein, wo man doch sieht, was für Gedichte das Schicksal zur Wirklichkeit werden läßt, und die Geschichte Roms überdenkt, daß es doch nicht zu der gegenwärtigen Machtfülle emporgestiegen wäre, wenn es nicht einen göttlichen, mit großen und wunderbaren Vorgängen verbundenen Ursprung gehabt hätte.

Unsere Hauptquellen für die ältere römische Geschichte sind Titus Livius *(Ab urbe condita)*, Dionysios von Halikarnassos *(Romaike archaiologia)* sowie Plutarch mit einigen seiner Lebensbeschreibungen. Aber daß, was die Verläßlichkeit angeht, Vorsicht geboten ist, mag neben dem obigen Plutarchzitat eine Stelle aus dem Vorwort von Livius verdeutlichen: *Jene mehr im Schmucke der dichterischen Erzählung als durch unverfälschte Denkmale der Geschichte auf uns gekommenen Angaben von Umständen, die sich längere Zeit oder zunächst vor Erbauung der Stadt ereignet haben sollen, denke ich ebensowenig zu bekräftigen wie zu widerlegen. Man hält es der alten Welt zugute, wenn sie durch die in die Begebenheiten der Menschen eingemischten Erzählungen von Göttern die Urgeschichte der Staaten ehrwürdiger zu machen sucht.*

Eine weitere Schwierigkeit für den Historiker deutet er an anderer Stelle (VIII, 40) an: *Verfälscht wurde die Geschichte meiner Meinung nach durch die Lobreden auf Verstorbene und durch die unrichtigen Unterschriften der Ahnenbilder, insofern sich jede Familie den Ruhm hoher Taten und Ämter durch Unwahrheiten zueignete, denen niemand nachspüren kann.*

Als *Gründungsdatum Roms* gilt nach der Berechnung von Varro der 21. April 753, doch beweisen Ausgrabungsfunde eine durchgehende Besiedlung des Palatin sicher vom 9., wahrscheinlich sogar vom 10. vorchristlichen Jahrhundert bis heute.

Die Dichter nennen Rom gern die *Siebenhügelstadt* (Roma septicollis), doch dürfte dafür eher der Symbolgehalt der Zahl sieben als die topographische Gegebenheit verantwortlich sein. Das alte »palatinische« Rom bestand nicht aus sieben Hügeln, sondern aus sieben Ringen. Und auch das spätere »servianische« Rom, von der Mauer umgeben, die angeblich König Servius Tullius erbaut hat, dürfte noch nicht die legendären sieben Hügel umschlossen haben. Theodor Mommsen (*Römische Geschichte*, Bd I, 14. Aufl., Berlin 1933, S. 107 f.) sagt dazu:

Als ›Siebenhügelstadt‹ hat das servianische Rom sich nicht betrachtet, sondern es bezeichnet dieser Name in guter Zeit ausschließlich das

94

engere, palatinische Alt-Rom. Erst in der Zeit des Verfalles, wo das auch in der Kaiserzeit beständig beibehaltene und mit großer Vorliebe gefeierte ›Fest der sieben Berge‹ fälschlich als allgemeines Stadtfest zu gelten anfing, haben unwissende Skribenten die sieben Berge in dem Rom ihrer Zeit gesucht und dann auch gefunden. Den Ansatz zu diesem Mißverständnis findet man bereits in den griechischen Rätselreden Ciceros ad Att. 6,5,2; aber die älteste Quelle, welche in der Tat 7 Berge (montes) Roms aufzählt, ist die Stadtbeschreibung aus der Zeit Konstantins des Großen. Sie nennt als solche Palatin, Aventin, Caelius, Esquilin, Tarpeius, Vaticanus und Janiculus, – wo also der Quirinal und Viminal, offenbar als colles, fehlen und dafür zwei ›montes‹ vom rechten Tiberufer mit hineingezogen sind. Andere, noch spätere und ganz verwirrte Listen geben Servius (zur Aen. 6,783), die Berner Scholien zu Vergils Georgiken 2,535 und Lydus de mens. S. 118 ed. Bekker. Die uns geläufigen 7 Berge Palatin, Aventin, Caelius, Esquilin, Viminal, Quirinal, Capitol kennt kein alter Schriftsteller.

Gehäuft finden sich in der frühen römischen Geschichte von Tapferkeit, Selbstverleugnung und Vaterlandsliebe geradezu strotzende Lesebuchanekdoten, wie die von den Horatiern und Curatiern, von Horatius Cocles oder Mucius Scaevola.

Unter dem dritten König, Tullus Hostilius, standen Römer und Sabiner sich wieder einmal im Kampf gegenüber. Um ein allgemeines Gemetzel zu verhindern, kamen sie überein, die Götter entscheiden zu lassen, welchem Volk künftig die Oberherrschaft gebühren sollte. Drei Freiwillige von jeder Seite sollten zum Kampf vor der Front beider Heere antreten. Auf seiten der Sabiner meldeten sich die *drei Curatier*, auf römischer Seite die *drei Horatier*. Beide Gruppen waren je Drillinge, wobei Dionysios von Halikarnassos, nicht jedoch Livius, die Mütter der sechs zudem noch Schwestern sein läßt.

Der spannende Kampf schien zugunsten der Curatier auszugehen, die bereits zwei ihrer Vettern erschlagen hatten. Dann aber gelang es dem letzten der drei Horatier, seine drei Gegner niederzustrecken. Die Heimfahrt des Helden wurde zu einem Triumphzug; doch stand ihm die schwerste Prüfung noch bevor. Seine Schwester nämlich war die Verlobte eines der gefallenen Curatier, ihr Bruder also der Mörder ihres Liebsten. Als sie ihm deshalb Vorwürfe machte, empfand er das als Hochverrat, zückte sein Schwert und durchbohrte die eigene Schwester. *Geh' hin mit deiner unzeitigen Liebe zu deinem Bräutigam, wenn du noch der Brüder, der*

Toten wie der Lebenden, wenn du des Vaterlandes vergißt. So geh' es jeder Römerin, die den Feind betrauern wird! So Livius (I, 26), der die Geschichte in epischer Breite erzählt. Der nun vom gefeierten Helden zum Schwestermörder Gewordene wird vor Gericht gestellt, doch freigesprochen, *mehr aus Bewunderung seiner Tapferkeit als wegen der Gerechtigkeit seiner Sache.*

Die Erzählung ist bis in die Einzelheiten einer Geschichte nachgebildet, die der im fünften nachchristlichen Jahrhundert lebende Johannes Stobaios in seinem *Florilegium*, einer Kompilation aus annähernd fünfhundert griechischen Schriftstellern, deren Werke verloren sind, mitteilt. Bei ihm handelt es sich um den Hegemoniestreit zwischen zwei arkadischen Städten. Livius scheint diese Geschichte, vielleicht durch Dionysios von Halikarnassos, bekannt gewesen zu sein (vgl. Wilhelm Soltau, *Livius' Geschichtswerk, seine Komposition und seine Quellen*, Leipzig 1897, S. 184 ff.); und er hat sie auf römische Gegebenheiten übertragen.

Es läßt sich generell feststellen, daß die Römer sehr stark aus griechischen Quellen geschöpft haben. Die Erzählung, wie *Sextus Tarquinius*, der Sohn des letzten Königs, sich zum Schein auspeitschen läßt, nach Gabii flieht, dort Diktator wird; wie dann der Vater mit dem um weiteren Rat bittenden Boten in den Garten geht, dessen Bericht schweigend anhört und die höchsten Mohnblumen mit dem Stab abschlägt, mit dem Befehl, zu melden, wie er aufgenommen worden sei (Livius I, 53); sie steht ähnlich schon bei Herodot (V, 92): Thrasybulos, der Tyrann von Milet, führt den Boten des Periandros von Korinth durch ein Getreidefeld und reißt jeweils die höchsten Ähren aus. Aristoteles (*Politik* III, 8, 3–6; vgl. V, 8, 7) erzählt die Geschichte wohl zu Recht umgekehrt.

Wie zuvor Publius Horatius, hat in den Anfängen der Republik ein weiteres Mitglied seines Geschlechtes, *Horatius Cocles*, Rom gerettet. Um wieder auf den Thron zu gelangen, hatten sich die gestürzten Tarquinier mit dem stammverwandten Etruskerkönig Porsenna verbündet und marschierten mit einem großen Heer gegen das schwach befestigte Rom. Schon hatten die Feinde den auf dem rechten Tiberufer gelegenen Hügel Ianiculum eingenommen und zogen auf die Brücke zu. Da trat Horatius ihnen allein entgegen und hielt sie so lange in Schach, bis die Römer die Brücke abgebrochen hatten. Dann sprang er, den Flußgott anflehend, in den Fluß und erreichte, unverletzt durch den gegnerischen Geschoßhagel, glücklich das rettende Ufer, *nach einer kühnen Tat, die bei der Nachwelt mehr*

96

Ruhm als Glauben finden sollte (Livius II, 10). Nach Polybios (VI, 55) ist der wackere Held allerdings ertrunken.

Die Wirklichkeit ist viel prosaischer gewesen: Nach Tacitus (*Historien* III, 4,92) hat sich die Stadt damals Porsenna ergeben, der ihr einen Friedensvertrag aufgezwungen, der einem Morgenthauplan gleichkommt. Die Römer mußten sich verpflichten, künftig Eisen nur noch zur Herstellung von Ackergeräten, nicht mehr jedoch von Waffen zu verwenden. Plinius, der 79 v. Chr. beim Ausbruch des Vesuvs ums Leben kam, will dieses Friedensdiktat noch im Original gelesen haben (*Naturalis historia* XXXIV,14).

In diesem Zusammenhang fällt auf, daß die Wiedereinsetzung der Tarquinier, die doch angeblich Ziel des Krieges war, mit keinem Wort erwähnt wird. *Der große Krieg mit Etrurien, der übrigens wohl nur durch chronologische Verwirrung in den römischen Jahrbüchern so nahe an die Vertreibung der Tarquinier gerückt ist, kann nicht als eine Intervention Etruriens zu Gunsten eines in Rom beeinträchtigten Landsmanns angesehen werden* (Mommsen, a.a.O., I, S.246).

Da die Römer Porsenna im Feld nicht besiegen konnten, versuchten sie, ihn durch Mord zu liquidieren. Zu diesem Zweck schlich sich mit Einwilligung des Senats Gaius Mucius Cordus ins feindliche Lager. Er traf dort ein, als gerade Löhnungsappell war. In dem Gedränge hielt Mucius den Zahlmeister wegen seiner prächtigen Uniform für den König und erstach ihn. Überwältigt, wurde er vor Porsenna gebracht. Doch statt um Gnade zu bitten, beharrte er auf seinem Vorhaben, das nun andere für ihn ausführen würden. Porsenna befahl ihm, seine rechte Hand ins Feuer zu halten, um ihm Gelegenheit zu geben, seinen Mut durch die Tat zu beweisen. Ohne eine Äußerung des Schmerzes von sich zu geben, erträgt Mucius die furchtbare Qual. Bewegt durch soviel Standhaftigkeit schenkt der König ihm das Leben und schickt ihn nach Rom zurück. Der Verlust der rechten Hand trägt dem Helden den Ehrennamen *Scaevola* ein (griechisch *skaiolas* = Linkshänder).

Livius (II, 12) oder seine Quelle begeht aber auch hier ein Plagiat, nämlich an dem griechischen Agatharkides von Samos (*Persica*, IV; vgl. Stobaios, *Florilegium* VII, 62); Dionysios von Halikarnassos (V, 27–31) erwähnt die Anekdote nicht.

Verwunderlich ist, daß derselbe Senat, der eben noch die Ermordung Porsennas gebilligt hatte, sich ihm gegenüber bald danach wesentlich entgegenkommender verhält. Im Lager des Etruskerkönigs befanden sich junge vornehme Römerinnen als Geiseln. Eine von ihnen, *Cloelia*, floh auf einem Pferd und schwamm über den Tiber in die Heimatstadt. Porsenna verlangte ihre Auslieferung und drohte im Weigerungsfall mit Sanktionen. Darauf schickte der Senat Cloelia zu den Etruskern zurück. Der ritterliche König schenkte der mutigen Cloelia die Freiheit und gestattete ihr, eine Anzahl weiterer Geiseln mitzunehmen. Heimgekehrt, ehrte sie der Senat mit einem Reiterdenkmal an der Via Sacra (Livius II, 13).

Umgekehrt jedoch ist es richtig. Das Denkmal geht der Anekdote voraus. Als später niemand mehr wußte, wen es darstellte, entstand im Volk die Geschichte der tapferen Cloelia.

Als leuchtendes Beispiel für die Genügsamkeit und Bescheidenheit der alten Römer stellt Livius (II, 16) den um das Vaterland hochverdienten Feldherrn und Staatsmann *Publius Severus* dar, der dreimal Konsul und doch bei seinem Tode so arm gewesen sei, daß er auf öffentliche Kosten hätte begraben werden müssen.

In Wirklichkeit wurde er durch ein Staatsbegräbnis geehrt, dessen Kosten – nach alter Sitte eine besondere Ehrenbezeugung – durch eine öffentliche Sammlung gedeckt wurden. Aber unter den üppigen Ranken des Sagengeflechts läßt sich hier wie an vielen anderen Stellen eine innere historische Wahrheit erkennen, denn *das Wesentliche, der Kern der Tradition, ist doch durch und durch römisch und unentbehrlich zum Verständniß der römischen Geschichte, die wieder in der Weltgeschichte unter allen Nationalgeschichten die bedeutendste Stelle einnimmt* (Ranke, *Weltgeschichte*, II/2, S. 77 f.).

Um die auf den Heiligen Berg ausgewanderte Plebs zur Rückkehr nach Rom und zu aktiver Arbeit für das Gemeinwohl aufzufordern, soll *Menenius Agrippa* 494 v. Chr. die Fabel vom Magen und den Gliedern erzählt haben (Livius II, 32).

Aber diese Geschichte ist orientalischer Herkunft und viel älter; vielleicht ist sie in alexandrinischer Zeit auf die römische Geschichte übertragen worden.

Für die Eroberung der Stadt Corioli, die er nach hartem Kampf den Volskern entrissen hatte, erhielt der siegreiche Feldherr Gnaeus Marcius nach Livius (II, 33) den Beinamen *Coriolanus*, obwohl er an anderer Stelle (XXX, 44) selbst schreibt, Scipio habe als erster einen Beinamen für einen Sieg verliehen bekommen.

Dieser Coriolan war ein stolzer Patrizier und daher ein grimmiger Feind der Plebejer, die der regierenden Aristokratie einschneidende Mitspracherechte abgetrotzt hatten. Als infolge einer Mißernte Mehl und Brot knapp wurden, ließ der Senat in ganz Italien Getreidevorräte aufkaufen. Coriolan wollte die Abgabe an das Volk nur unter der Bedingung gestatten, daß die Plebs die ihr unter Druck eingeräumten Rechte zurückgab. Darauf aber wollten die Plebejer nicht eingehen. Es kam zu einem Volksaufstand. Die erbitterte Menge drohte, den hochmütigen Patrizier zu lynchen. Unter dem Druck der öffentlichen Meinung mußte das Gericht ihn auf Lebenszeit aus Rom verbannen. Der Besieger der Volsker bat seinen ehemaligen Gegner Attius Tullus um Asyl. Um Rache für die ihm widerfahrene Kränkung zu nehmen, hetzte Coriolan die Volsker zum Krieg gegen Rom auf. Mit einem starken Heer belagerte er seine Vaterstadt. Nachdem alle Versuche, ihn zum Abzug zu bewegen, gescheitert waren, gelang es seiner Mutter Veturia, die sich mit seiner Frau Volumnia und ihren beiden Söhnen in das feindliche Lager begeben hatte, das steinerne Herz des Sohnes zu erweichen. Coriolan umarmte und küßte Mutter und Frau: *Rom hast du gerettet, deinen Sohn aber für immer verloren.* Worauf Coriolan die Belagerung aufhob und mit den Volskern abzog. Dabei soll er ums Leben gekommen sein. Nach einer anderen Quelle (Fabius), die Livius (II, 40) erwähnt, ist er aber erst im hohen Alter gestorben.

Noch weniger glaubhaft ist die von Livius (II, 50) berichtete Ausrottung des gesamten Geschlechtes der *Fabier*, die, 300 Mann stark, durch eine Kriegslist der Vejenter aus ihrer befestigten Stellung herausgelockt und bis auf den letzten Mann niedergemacht wurden (477 v. Chr.); nur ein einziger Knabe sei übrig geblieben und habe das Geschlecht fortgepflanzt. Schon Dionysios von Halikarnassos (IX, 19,20) kommt diese Geschichte verdächtig vor, denn er wundert sich, daß 300 erwachsene Männer nur einen einzigen Sohn hinterlassen haben sollen, dessen Nachkomme der später so berühmte Fabius Cunctator geworden ist.

Eine zweite Frage drängt sich unwillkürlich auf: Warum hat der mit seinem Heer in der Nähe stehende Konsul Lucius Aemilius nicht in den Kampf eingegriffen und den in einen Hinterhalt geratenen Fabiern beigestanden?

Verdächtig klingt auch die erbauliche Geschichte von *Lucius Quinctus Cincinnatus*, der nach Livius (III, 26 ff.) einmal, nach Dionysios von Halikarnassos (X, 17 u. 24) sogar zweimal bei seiner Wahl zum Konsul (460

v. Chr.) und bei der zum Diktator (458 v. Chr.), nach Cicero endlich nur einmal, doch zu seiner zweiten Diktatur (439 v. Chr.) direkt vom Pflug weggeholt wird, um Rom – erfolgreich – zu retten. Ranke meint zum Wahrheitsgehalt der Erzählung (*Weltgeschichte*, Bd II/1, S. 61): *Historisch bewährt ist sie wohl überhaupt nicht, aber aus der römischen Geschichte könnte man sie doch nicht etwa verweisen. Sie ist charakteristisch für den Unterschied der Lebenszustände, welche aus der Beschäftigung mit dem einfachen Landbau, dem sich auch noch die Patrizier widmeten, und dem Übergang aus demselben zu der höchsten politischen Würde entspringt.*

Nicht klar durchschaubar in manchem ist die Geschichte der sogenannten *Decemviri* (Zehnmänner), die Rom als erste geschriebene Gesetze geben sollten. Livius (III, 31) und Dionysios von Halikarnassos (X, 51f., 54) berichten, daß die Römer 454 v. Chr. eine dreiköpfige Delegation nach Athen schickten, um die griechische Rechtsprechung zu studieren und, von Livius besonders erwähnt, die solonischen Gesetze abzuschreiben. Nach deren Rückkehr werden dann 451 unter Aufhebung aller anderen Behörden die Decemviri, zu denen auch die drei Gesandten gehören, ernannt, die schriftlichen Gesetze zu entwerfen. Diese werden in zehn Bronzetafeln eingegraben und zur allgemeinen Kenntnisnahme ausgestellt. Im folgenden Jahre wird erneut ein zehnköpfiges Kollegium gewählt, das zwei weitere Tafeln verfaßt.

In dieses zweite Kollegium, das durch Willküraktе gekennzeichnet ist, wird auch *Appius Claudius* gewählt, der bereits dem ersten angehört hatte. Er verliebt sich in die schöne *Verginia* und veranlaßt, um sie so für sich gewinnen zu können, seinen Klienten Marcus Claudius, *sie als seine Sklavin zu beanspruchen, da sie nicht die legitime Tochter des Vergilius sei. Der Fall wurde unter Vorsitz des Appius vor Gericht entschieden, nachdem der beim Heer stehende Vergilius zurückgerufen worden war. Obwohl er seine Vaterschaft nachwies, sprach Appius Verginia seinem Clienten zu, worauf sie der Vater erstach, um ihre Ehre zu retten* (Der Kleine Pauly, Bd V, Sp. 1201).

Es kommt zum Aufstand gegen die Decemviri, die zurücktreten und durch zehn Volkstribune ersetzt werden. Als erster wird Vergilius gewählt, der nun seinerseits Appius anklagt, worauf dieser sich das Leben nimmt.

Die ganze Geschichte hat sich erst im Laufe von Jahrhunderten zu dieser Form entwickelt und spiegelt einmal den griechischen Einfluß auf die römische Gesetzgebung, zum anderen auch den Kampf zwischen Patriziern und Plebejern wider.

100

Der Mangel an Originalität und eigener produktiver Erfindungsgabe macht sich auch in der Geschichte von *Marcus Furius Camillus* deutlich bemerkbar. Der römische Bericht von der Eroberung der Etruskerstadt Veji ist offensichtlich der *Ilias* nachgebildet: Wie Troja, so wird auch Veji zehn Jahre lang belagert. Hier wie dort wird von außen ein Stollen nach einem Tempel gegraben, was ohne genaue topographische Kenntnis und Hilfe des den Römern noch unbekannten Kompasses kaum möglich ist. Daß Camillus in dem Augenblick, wo der Priester am Altar der Juno ein Opfer darbringt, an der Spitze seiner Krieger aus der Versenkung emporsteigt und die bestürzte Gemeinde überwältigt, ist zweifellos ein Theatereffekt, der zwar die Zuschauer, nicht aber den Historiker beeindruckt.

Selbst dem so leicht- und wundergläubigen Livius ist das zuviel (V, 21): *Aber bei so alten Begebenheiten möchte ich mich begnügen, das für wahr anzusehen, was wahrscheinlich ist. Dieses, mehr geeignet zur Schaustellung auf der Bühne, welche an Wundern Freude hat, als Glauben zu erregen, ist nicht der Mühe wert weder zu bekräftigen noch zu widerlegen.*

Wahrscheinlich ist die volkreiche Stadt, die die mit der Abwehr des Galliereinfalls festgehaltenen Etruskergemeinden ihrem Schicksal überlassen mußten, durch Aushungerung zur Übergabe gezwungen worden (396 v.Chr.). *Bei der Belagerung von Veji erscheint die römische Überlieferung noch einmal in ihrer dichterischen und zugleich gelehrten Färbung; sie sieht darin eine Art von trojanischem Krieg* (Ranke, *Weltgeschichte,* Bd II/1, S. 84).

Von Camillus wird noch eine weitere Großtat überliefert, die seinen Edelmut und seine Ritterlichkeit in hellstem Licht erstrahlen lassen.

Als er *Falerii* belagerte, soll ein Lehrer der Stadt seine Schüler, die Söhne der vornehmsten Familien waren, in das römische Lager in das Zelt des Camillus geführt haben. *Da fügt er zu der verbrecherischen Tat noch eine verbrecherische Rede hinzu: er habe Falerii den Römern in die Hände gegeben, insofern er die Kinder, deren Eltern dort an der Spitze des Staats ständen, in seine Gewalt gegeben habe* (Livius IV, 27).

Empört über einen solch schnöden Verrat habe Camillus den Lehrer entkleiden und ihm die Hände auf den Rücken binden lassen, dann den Schülern Ruten gegeben und ihnen befohlen, ihren Schulmeister in die Stadt zurückzutreiben. Gerührt von solcher Großherzigkeit des Feindes, sollen darauf die Falisker sich den Römern unterworfen haben (393 v. Chr.; Livius V, 26–27; Dionysios von Halikarnassos XIII, 1 f.).

Wahrscheinlicher aber ist, daß die Römer Falerii nicht bezwingen

101

konnten, denn siebenunddreißig Jahre später traten die Falisker im Bund mit Tarquini den Römern als offene Feinde entgegen; nicht wie Rebellen, sondern als unabhängiges Volk. Neid, Mißgunst und Verleumdung ließen die Siegeslorbeeren des Eroberers von Veji und Falerii bald welken. Adlige und Bürger beschuldigten Camillus, er habe sich gesetzwidrig an der Beute von Veji bereichert, und man bezichtigte ihn der Hoffart und Gotteslästerung, weil er mit einem Schimmelgespann als Triumphator zum Kapitol gefahren war – eine Ehrung, auf die nur der Göttervater Jupiter und die Göttermutter Juno Anspruch hatten. Sein Ankläger Lucius Apulejus bereitete einen großen Schauprozeß vor, der mit der schmachvollen Verurteilung des Beschuldigten enden mußte.

Doch Camillus ersparte dem verblendeten Volk die Schande der eigenen Entehrung und ging freiwillig ins Exil nach dem benachbarten Ardea. *Er nahm Abschied von Frau und Sohn und ging schweigend aus dem Hause bis zum Tor. Dort stand er still, und rückwärts gewandt und die Hände zum Kapitol emporgehoben, betete er zu den Göttern: wenn er nicht mit Recht, sondern durch den Frevelmut und Neid des Volkes mit Schimpf und Schande vertrieben werde, so möchten die Römer es bald bereuen und allen Menschen offenbar werden, daß sie ihn brauchten und Camillus herbeisehnten* (Plutarch, *Camillus*, 12).

Eine ergreifende Szene, die den Pinsel des Malers geradezu herausfordert. Doch leider ist auch sie nicht original, sondern nur eine auf römische Zustände übertragene Anleihe aus der *Ilias* (I, 338 f.), wo der wegen der Rückgabe der Briseis, seiner Kriegsbeute wie Geliebten, grollende Achill sich von der weiteren Teilnahme am Kampf um Troja zurückzieht, bis die bedrängten Achaier selbst ihn zurückrufen werden. *Wie sich die Bilder gleichen* – das ist schon Plutarch aufgefallen.

Nur allzubald sollten die Römer ihr an Camillus begangenes Unrecht bereuen. Aus dem Norden brachen die Kelten unter Brennus, dem Fürsten der Senonen, in Italien ein. Sie belagerten Chiusi und zogen auf Rom zu. An der *Allia* (heute Fossio di Bettina), die 16 km oberhalb von Rom in den Tiber mündet, kam es zur Schlacht, in der die Römer eine vernichtende Niederlage erlitten (Livius V, 37 ff.; Plutarch, *Camillus*, 18 ff.). Dies geschah am 18. Juli 387, der als der sprichwörtliche *dies ater* (schwarzer Tag) der römischen Geschichte (Aulus Gellius, *Noctes Atticae* V, 17) gilt.

Die römische Bevölkerung floh vor den anrückenden Feinden; nur einige ehrwürdige Greise, Priester und ehemalige Konsuln, weigerten sich, die Stadt zu verlassen; *sie legten ihre heiligen und kostbaren Gewänder an, richteten mit dem Oberpriester Fabius als Vorsprecher Gebete an die Götter, mit denen sie sich für das Vaterland dem Dämon weihten, setzten sich in ihrem Schmuck auf dem Markt in ihre elfenbeinernen Sessel und erwarteten so ihr Schicksal* (Plutarch, Camillus, 21).

So saßen sie noch, als drei Tage nach der Schlacht Brennus mit seinem Heer in die Stadt einzog. *Die Gallier staunten über diese seltsame Erscheinung, zögerten lange Zeit, sie zu berühren und an sie heranzugehen, als ob es höhere Wesen wären, und wußten nicht recht, was tun. Als aber endlich einer von ihnen sich getraute, an Manius Papirius heranzutreten, die Hand ausstreckte, ihn sanft am Kinn berührte und an seinem langen Bart herunterfuhr, da gab ihm Papirius mit seinem Stock einen heftigen Schlag auf den Kopf, der Barbar aber zog sein Schwert und tötete ihn* (ebd., 22).

Darauf erschlugen die Barbaren alle – manche Quellen nennen achtzig – Greise, plünderten die Stadt und setzten sie in Brand.

Als die Vorräte in der Stadt zur Neige gingen, teilte Brennus seine Truppen auf. Ein Teil unter seiner Führung belagerte das nicht eroberte Kapitol, ein anderer Teil zog plündernd und requirierend auf das Land. Dabei gelangten sie auch nach Ardea, wo ja Camillus in der Verbannung lebte. Er sammelte die wehrfähige Jugend der Stadt, überfiel nachts das Lager der Gallier und machte die teils schlafenden, teils trunkenen Gallier nieder.

Damit begann der Wiederaufstieg des Camillus, der auf die Nachricht von diesem Sieg vom auf dem Kapitol eingeschlossenen Senat zum Diktator ernannt wurde.

Der Bote, Pontius Cominius, hatte bei seinem Gang durch die feindliche Besatzung auf das Kapitol Spuren hinterlassen, die die Gallier bemerkten. Als sie in der folgenden Nacht auf dem selben Wege das Kapitol stürmen wollten und bereits *im Begriffe waren, die Mauerkrone zu erklimmen und die Wächter im Schlaf zu überfallen,* bemerkten die schlecht gehaltenen und deshalb hungrigen heiligen Gänse der Juno die Feinde und weckten durch ihr Geschnatter die Wächter, die so den Angriff abwehren konnten (Plutarch, *Camillus,* 27).

Hunger und Seuche ließen nach siebenmonatiger Belagerung die Besatzer in einen Vergleich einwilligen, nach dem sie gegen tausend Pfund Gold die Stadt räumen wollten. *Als der Vertrag beschworen und das Gold gebracht war, machten sich die Kelten zuerst heimlich auf unredliche Weise an der Waage zu schaffen, dann zogen sie ganz offen daran und suchten den Ausschlag zu verfälschen, und als die Römer sich darüber*

103

entrüsteten, schnallte Brennus wie zum Spott und Hohn Schwert und Wehrgehenk ab und legte beides zu den Gewichten, und als Sulpicius fragte: »*Was soll das?*« *antwortete er:* »*Was sonst als: Wehe den Besiegten!*« (Vae Victis!; Plutarch, *Camillus*, 28).

Bühnengerecht erschien in diesem Augenblick Camillus mit seinem Heer auf der Szene. *Er nahm das Gold von der Waage und übergab es den Liktoren, und den Kelten befahl er, Waage und Gewichte zu nehmen und abzuziehen, mit den Worten, es sei bei den Römern alter Brauch, mit dem Eisen, nicht mit Gold, das Vaterland zu retten* (Plutarch, *Camillus*, 29).

Brennus geriet zwar *in große Wut* und es kam zu einem kleinen Scharmützel, doch dann räumte er Rom und zog sich in sein Lager zurück. *Tags darauf kam es zu einer heftigen, hartnäckigen Schlacht, in der Camillus die Gallier unter vielem Blutvergießen schlug und ihr Lager eroberte. Von den Fliehenden wurde ein Teil sofort bei der Verfolgung erschlagen, und die meisten, die sich zerstreuten, fielen den Einwohnern der umliegenden Dörfer und Städte, die gegen sie auszogen, zum Opfer* (ebd.) So weit Plutarch, der die Geschichte in Übereinstimmung mit Livius berichtet. Aber das ganze Auftreten des Camillus und der letztliche Sieg über Brennus dürften aus dem Verlangen entstanden sein, die doppelte Schmach der Niederlage an der Allia und der Besetzung Roms durch die Barbaren vergessen zu machen. Die Kelten zogen in Wirklichkeit ab, weil die Veneter das von ihnen besetzte Land in der Poebene angriffen.

Ein Held wie Camillus ist *Marcus Curtius*. Als sich im Jahre 362 v. Chr. auf dem Forum ein tiefer Spalt bildete, bedeutete das Orakel, er werde sich erst wieder schließen, wenn Rom das Kostbarste, das es besäße, hineinwerfe. *Curtius deutete dies auf den Mut des Kriegers und stürzte sich bewaffnet auf seinem Pferd in den Spalt. Sein Opfertod hatte Erfolg (Der Kleine Pauly, Bd I, Sp. 1348).* Die von Livius (VII, 6,1–6) mitgeteilte Sage ist wohl als nachträgliche Deutung des *lacus Curtius* oder *lacus Lurtius*, einer Grube für Opfergaben, entstanden; im übrigen scheint sie einer phrygischen Sage nachgebildet zu sein (Plutarch, *Parall.*, V).

Nach dem oben geschilderten Abzug der Kelten fielen Aequer, Volsker und Latiner unter der Führung des Diktators von Fidenae, Livius Postumius, in römisches Gebiet ein. Nach Plutarch (*Camillus*,33; vgl. *Romulus*, 27; ferner Macrobius, *Saturnalia* I, 11) gibt es über diesen Krieg des Jahres 361 v. Chr. zwei Überlieferungen, von denen uns die sagenhafte interessiert. Danach forderten die Latiner von den Römern *freie Jungfrauen und Frau-*

en, angeblich, um die Völker durch Heiraten wieder miteinander zu verbinden, wahrscheinlich aber, um so an Geiseln heranzukommen. Die Römer schwankten, was sie tun sollten. Da bot eine Sklavin namens *Tutula* (oder Philotis) an, sie wolle mit anderen hübschen und als Freie verkleideten Sklavinnen zu den Latinern gehen und die Angelegenheit auf ihre Weise regeln. Man stimmte zu; Tutula zog mit ihren aufgeputzten Begleiterinnen ins Lager der Latiner, wo auf ihre Anregung hin ein großes Gelage veranstaltet wurde. Nachts nahmen die Römerinnen den Latinern die Waffen weg, Tutula gab von einem wilden Feigenbaum ein Fackelzeichen, worauf die Römer das Lager überfielen und ihre Gegner niedermetzelten. Zum Dank wurden Tutula und ihre Begleiterinnen freigelassen.

Die Erzählung ist entstanden, um den Ursprung des Frauenfestes *Nonae Caprotinae* (oder Capratinae; zu capra = Ziege, Bock; *Caprotina* auch Beiname der Juno) am 7. Juli zu erklären, bei dem die Sklavinnen eine besondere Rolle spielten und bei einem Festschmaus unter einem Feigenbaum die Milch des Feigenbaumes verwendet wurde (*Der Kleine Pauly*, Bd I, Sp. 1046).

Im Jahr 361 v. Chr. spielt auch die von Livius (VII, 10) erzählte Geschichte, nach der Titus Manlius einem gallischen Krieger, den er im Zweikampf besiegt hatte, eine goldene Halskette (torquis) abgenommen und für diese Tat den Beinamen *Torquatus* erhalten hat. Polybios weiß nichts davon; wahrscheinlich ist sie im nachhinein zu dem Beinamen ersonnen worden.

Nachdem die Römer ihre Kräfte mit Etruskern, Latinern, Kelten und Samniten gemessen hatten und allmählich den größten Teil der italienischen Halbinsel beherrschten, schickten sie sich an, die blühenden griechischen Kolonien Unteritaliens zu unterwerfen und stießen dabei auf ihren bisher stärksten Gegner, König *Pyrrhos von Epirus*.

Pyrrhos war von der von den Römern bedrohten Stadt Tarent um Hilfe angerufen worden und setzte im Jahre 280 v. Chr. mit einem Heer von zwanzigtausend Mann Fußvolk, dreitausend Reitern, zweitausend Bogenschützen, fünfhundert Schleudern und zwanzig Elefanten nach Italien über (Plutarch, *Pyrrhos*, 15).

Bevor er sich zum Kampf mit den Römern entschloß, befragte er das Zeusorakel in Dodona nach seinen Erfolgsaussichten. Die Antwort: *Aio te, Aeacida, Romanos vincere posse*, zu übersetzen entweder: Ich verkünde dir, Nachkomme des Aiakides, *daß du die Römer besiegen kannst* oder aber: *daß die Römer siegen können*. Schon Cicero (*De divinatione* II, 56)

105

hat zu Recht die Geschichtlichkeit dieses zweideutigen und von Ennius dem in Delphi dem Kroisos erteilten Spruch nachgebildeten Orakelspruches bezweifelt. Dion Cassius teilt in einem Fragment mit, das Orakel in Dodona habe Pyrrhos für den Fall, daß er nach Italien übersetze, geantwortet: *Romaious nikesein* = dann werde ein *Römersieg* erfolgen.

Der folgende Krieg hat eine stattliche Anzahl von Treppenwitzen hervorgebracht. Nachdem Pyrrhos den Römern unter Führung des Konsuls Publius Valerius Laevinius in der Schlacht von Herakleia 480 eine schwere Niederlage beigebracht hatte, bot er ihnen einen Friedensvertrag an, weil er nicht sicher war, ob er sie entscheidend schlagen könne (Plutarch, *Pyrrhos*, 18). Als Unterhändler schickte er seinen Vertrauten Kineas, der *im Senat seine Vorschläge mit vielen gewinnenden und freundlichen Worten vortrug,* unter anderem, *die in der Schlacht gefangenen Männer ohne Lösegeld freizugeben* und *seine Hilfe bei der Eroberung Italiens.* Fast hatte er die Senatsmitglieder für sich gewonnen, als der erblindete ehemalige Zensor (312) und Konsul (307 und 296) *Appius Claudius* eine flammende Rede hielt (Plutarch, *Pyrrhos*,19; vgl. Cicero, *Cato maior de senectute* XIX, 5,13), die dazu führte, daß Kineas unverrichteter Dinge gehen mußte.

Der Gefangenen wegen schickten nun die Römer eine Gesandschaft zu Pyrrhos, *an ihrer Spitze Gaius Fabricius, der . . . bei den Römern in hohem Ansehen stand als wackerer und kriegserfahrener, aber sehr armer Mann* (Plutarch, *Pyrrhos*, 20). Pyrrhos versuchte ihn zunächst mit einem Goldgeschenk für sich zu gewinnen, und als das nicht half, am nächsten Tage dadurch, daß er ihn mit einem furchterregend trompetenden Elefanten – Fabricius hatte noch nie ein solches Tier gesehen – schrecken wollte. *Aber Fabricius wandte sich nur ruhig um und sagte lächelnd zu Pyrrhos:* »*Weder hat mich gestern das Geld erschüttert, noch tut es heute das Tier.*«

Als dieser unerschütterliche edle Mann, der Pyrrhos furchtlos seine Meinung sagte, dann *den Oberbefehl übernommen hatte, kam ein Mann zu ihm ins Lager und brachte ihm einen Brief, den der Arzt des Königs geschrieben hatte und in dem er sich erbot, Pyrrhos durch Gift zu beseitigen, wenn ihm von den Römern eine Belohnung dafür versprochen würde, daß er den Krieg ohne Gefahr für sie beendete. Fabricius, empört über die Niedertracht des Menschen,* warnte Pyrrhos in einem Brief sogleich vor seinem Arzt, worauf der König, tief beeindruckt, *zum Entgelt die Gefangenen ohne Lösegeld* schickt.

Mit so erneuerten Kräften zogen die Römer in ihre nächste Schlacht gegen Pyrrhos, die 279 v. Chr. bei Ausculum stattfand. Wiederum siegte Pyrrhos, aber unter so großen Verlusten, daß er ausrief: *Wenn wir noch eine*

Schlacht über die Römer gewinnen, werden wir ganz und gar verloren sein – worauf das geflügelte, aber in antiker Zeit noch nicht belegte Wort vom *Pyrrhossieg* zurückgeht (Plutarch, *Pyrrhos*, 21; vgl. Diodor XXII, 6,2). *Mit solchen Soldaten,* soll sich der König nach Zonaras geäußert haben, *wäre die Welt mein, und sie gehörte den Römern, wenn ich ihr Feldherr wäre.* Aber auch das dürfte eine spätere Erfindung sein.

Nach wechselvollen Geschicken kehrte Pyrrhos, 275 v. Chr. bei Benevent von den Römern geschlagen (Plutarch, *Pyrrhos*, 25) nach Epeiros zurück. 272 fiel er bei dem vergeblichen Versuch, Argos zu besetzen, während eines Straßenkampfes (*ebd.*, 34).

Über das Ringen zwischen Rom und Karthago sind wir nur einseitig durch römische Quellen unterrichtet. Und da der Sieger immer im Recht ist, werden der *fides Punica*, der punischen Niederträchtigkeit, alle Schlechtigkeit und Verbrechen nachgesagt. Hätten die Karthager gesiegt, würden sie umgekehrt das gleiche von der *fides Romana* behauptet haben.

Der römische Konsul *Marcus Atilius Regulus* geriet 255 v. Chr. nach der Niederlage bei Tunes in karthagische Gefangenschaft (Polybios I, 31-34 u. ö.). Im Jahre 250 wurde er *nach Rom entsandt, um über den Austausch von Gefangenen und – nach einigen Autoren – einen Friedensschluß zu verhandeln. Obwohl Regulus sich verpflichtet hatte, für den Fall eines Scheiterns seiner Mission nach Karthago zurückzukehren, sprach er im Senat gegen die karthagischen Vorschläge und wurde nach seiner Rückkehr in Karthago unter Martern getötet (Der Kleine Pauly, Bd IV, Sp. 1468).*

Die weiteren Nachrichten über das Schicksal des Regulus gehen weit auseinander (Cicero, *De officiis* III, 99 f.; *De finibus* V, 82 u. ö.; Cassius Dio bei Zonaras VIII, 15). Während Polybios ihn nach der Gefangennahme nicht mehr erwähnt, berichtet Diodor (XXIV, 12), daß seine Witwe sich auf grausamste Weise an zwei in Rom gehaltenen karthagischen Geiseln gerächt habe. Dies findet sich auch bei Aulus Gellius (*Noctes Atticae* VII, 4; nach C. Sempronius Tudianus), der auch erzählt, Regulus wäre durch Schlafentzug getötet worden und habe vor dem Senat behauptet, die Karthager hätten ihm ein schleichendes Gift beigebracht. Cicero läßt Regulus erklären, ein Austausch sei gegen das Staatsinteresse. Bei Livius fehlt das entsprechende 18. Buch; doch wissen wir aufgrund der in der Kaiserzeit angefertigten Auszüge (Periochae), daß er Regulus als kompromißlos hart gegen Karthago geschildert hat. Es spricht viel dafür, daß die letzteren »patriotischen« Versionen entstanden sind, um die brutale Folterung der karthagischen Geiseln zu verdrängen.

Als Sohn des karthagischen Flottenkommandanten Hamilkar Barkas wurde *Hannibal* (247/46-183 v. Chr.) von frühester Jugend an mit dem Waffenhandwerk vertraut gemacht und zugleich zum Feinde Roms erzogen. Ehe er 237 den Vater auf den Kriegszug nach Spanien begleiten durfte, mußte der noch nicht Zehnjährige knieend am Baalaltar den Römern ewige Feindschaft schwören.

Wir finden diese von Historienmalern geliebte und oft dargestellte Szene zuerst bei Polybios (III, 11,5). Danach hat Hannibal selbst sie dem syrischen König Antiochos III. erzählt, als er an dessen Hof als Flüchtling weilte. Livius (XXI, 1,4) läßt Hannibal schwören, er werde, sobald er dazu in der Lage sei, ein Feind des römischen Volkes werden; Appian (*Iberica, 9*) hingegen bezeichnet die Geschichte als erfunden. *Aber: das ist keine von den schlecht verbürgten Anekdoten und Zierarten der Geschichte; sondern der Gewährsmann für die Erzählung ist Hannibal selbst,* stellt der quellenkundige Biograph Gottlob Egelhaaf fest (*Hannibal,* Stuttgart 1922, S. 8.). *Als die römischen Gesandten ihn nämlich durch eine betont ehrerbietige Behandlung beim König verdächtig zu machen suchten, habe er den Hergang berichtet, um allen Verdacht zu zerstreuen und Antiochos das Zutrauen einzuflößen, daß, solange er etwas den Römern Nachteiliges plane, er an ihm den ehrlichsten Mitarbeiter haben werde* (ebd., S. 9).

Nachdem Hannibal die Römer in zahlreichen Schlachten besiegt hatte, begann sich 212 das Kriegsglück zu wenden. Zwar marschierte Hannibal, um die Römer zum Abbruch der Belagerung Capuas zu zwingen, 211 auf Rom zu (*Hannibal ante portas;* Cicero, *Philippica* I, 11), doch nach der Eroberung Tarents durch die Römer 209 und Niederlage und Tod seines Bruders Hasdrubal 207 bei Sena Gallica wurde er 203 von Karthago zurückgerufen und, bis dahin unbesiegt, 202 bei Zama von Publius Cornelius Scipio entscheidend geschlagen (Polybios XV, 9 ff.; Livius XXX, 32 ff.). Am Vorabend der Schlacht, so berichtet Ennius in seinen *Annales,* sei Hannibal, der Sieger von Cannae, in Scipios Hauptquartier erschienen und habe seinen Gegner um Frieden gebeten. Aber Scipios Bedingungen sind so hart und unannehmbar, daß dann doch der Kriegsgott Mars entscheiden muß, wem der Lorbeer des Siegers gebührt.

Ennius, der zum Freundeskreise Scipios zählte und diese dramatische Szene aus dessen Mund gehört haben könnte, schildert jedoch als einziger diese Begebenheit, von der kein anderer Geschichtsschreiber weiß.

Kein Zweifel, daß, wie Konrad Lehmann [Jahrbuch für klassische Philologie, Bd 153, S. 573] dargetan hat, diese Zusammenkunft ein Phantasiegemälde des Ennius ist. Nichts lag in jenem Augenblick dem Hanni-

108

bal ferner, als die Römer um Frieden anzugehen, und Scipios Seele war
mit ganz anderen Vorstellungen als unbedingter erhabener Siegesgewiß-
heit erfüllt. Drei punische Spione, die in seinem Lager ergriffen wurden,
soll er nicht bestraft, sondern sie in stolzem Selbstbewußtsein, nachdem
ihnen alles gezeigt war, zu Hannibal entlassen haben. Die Erzählung ist
fast wörtlich von Ennius aus Herodots Perserkriegen entnommen, von
ihm in die römische Tradition, so auch zu Polybius und in den festen
Bestand der Geschichtsschreibung übergegangen. Wir erkennen, wie vor-
sichtig wir die Darstellung der Quellen betrachten müssen. Vielmehr aus
dem Charakter der Sachlage als aus diesen freien Gestaltungen der
Phantasie müssen wir die Maßstäbe unseres Urteils zu gewinnen suchen.
Weder Scipio noch Hannibal werden dabei verlieren. Es ist dasselbe, was
wir schon bei den Perserkriegen beobachten konnten: Das Heldentum der
Griechen ist für das wahre Verständnis nicht geringer geworden, weil wir
die Zahlen der Perserheere so stark reduziert haben. Legende und Poesie
malen darum noch nicht falsch, weil sie mit anderen Farben malen als die
Historie. Sie reden nur eine Sprache, und es handelt sich darum, aus
dieser richtig ins Historische zu übersetzen (Hans Delbrück, *Geschichte*
der Kriegskunst, Bd I, Berlin 1908, S. 396).

Marcus Porcius Cato (234–149 v. Chr.) soll nach Aulus Gellius (*Noctes*
Atticae I, 23) und Macrobius (*Saturnalia* I, 6) in seiner Rede *vor den*
Soldaten gegen Alba die Anekdote von *Papirius Praetextatus* erzählt
haben, die einem Lustspiel entnommen sein könnte. Danach habe der
Senator Papirius altem Herkommen gemäß einmal seinen noch minderjährigen Sohn in die Ratsversammlung mitgenommen. Da eine wichtige
Angelegenheit in dieser Sitzung nicht erledigt werden konnte, wurde allen
Anwesenden strengstes Stillschweigen auferlegt. Die neugierige Mutter
aber habe den Knaben so lange gequält, bis er ihr erzählt habe, es sei
darüber beraten worden, ob in Zukunft der Mann zwei Frauen oder die Frau
zwei Männer heiraten dürfe. Sofort erzählte sie diese aufregende Neuigkeit
ihren nicht minder neugierigen und klatschsüchtigen Freundinnen. Die
rotteten sich zusammen, und als der Senat wieder zusammentrat, stürmte
ein Haufen aufgelöster Frauen herein und beschwor unter Tränen die
überraschten Senatoren, sie möchten doch lieber gestatten, daß eine Frau
zwei Männer als daß ein Mann zwei Frauen nehmen dürfe. Die eifersüchtigen Frauen beruhigten sich erst, als der junge Papirius den Irrtum aufklär-
te. Um solchen Szenen vorzubeugen, verbot der Senat daraufhin die Anwesenheit minderjähriger Söhne bei den Sitzungen, ausgenommen jedoch die

des jungen Papirius, der durch seinen Fürwitz diesen Sturm im Wasserglas heraufbeschworen hatte.

Vermutlich ist die Schnurre, die Polybios (II, 20) als *Barbierstubengeschwätz* bezeichnet, entstanden, um den Beinamen Praetextatus (abgeleitet von der *toga praetexta,* der Knabentoga), der ursprünglich ein Spottname gewesen sein mag, zu erklären.

Auf *Gaius Marius* (158/57–86 v. Chr.) soll in seiner Jugend, als er einmal unter einem Baum schlief, ein Adlernest mit sieben Jungen gefallen sein, was man auf die sieben Konsulate gedeutet hat, die er später innegehabt hat. Schon Plutarch (*Marius,* 36) kam die Geschichte verdächtig vor, weil Adlerweibchen gar nicht so viele Eier legen. Es handelt sich auch hier wieder einmal um ein typisches vaticinium ex eventu.

Der als Feinschmecker sprichwörtlich gewordene *Lucius Licinius Lucullus* (117–56 v. Chr.) soll im Jahre 74 v. Chr. die *Kirsche* aus der im Pontius gelegenen Stadt Kerasos nach Italien gebracht haben (Plinius, *Naturalis historia* XV, 25,102; Athenaios II, 50). Da aber verschiedene Kirschenarten schon viel früher im ganzen Mittelmeergebiet verbreitet waren, kann es sich allenfalls um eine besondere Sorte gehandelt haben. Im übrigen heißt die Kirsche nicht nach der Stadt, sondern die Stadt ist umgekehrt nach ihrem Reichtum an Kirschenplantagen benannt worden, wie schon Eusthatios in seinem Kommentar zur *Ilias* (II, 853) erkannt hat.

Von *Gaius Julius Caesar* (100–44 v. Chr.) erzählen seine Biographen Plutarch und Sueton eine Reihe sehr verdächtiger Geschichten, die kritiklos nachgeschrieben wurden, obwohl sie keineswegs glaubwürdig sind.

So erzählt Plutarch (*Caesar,* 38), Caesar habe, als Sklave verkleidet, versucht, trotz widriger Winde von Apollonia über das von feindlichen Schiffen wimmelnde Meer in einem kleinen Nachen nach Brindisi zu fahren. Der Steuermann suchte vergebens gegen die in die Aoosmündung brandenden Meereswogen anzukämpfen. *Als Caesar dies bemerkte, gab er sich zu erkennen, faßte den erschrockenen Steuermann bei der Hand und sagte: »Vorwärts, mein Freund, wag's und fürchte nichts! Du fährst Caesar in deinem Boot, und Caesars Glück fährt mit!«* Doch alle Mühe war umsonst, die bereits halblecke Barke mußte gegen Caesars Willen umkehren, weil sie nicht gegen die Brandung ankommen konnte.

Florus (IV, 2) und Cassius Dio (XLI, 46) allerdings fassen sich kürzer: *Du trägst den Caesar.* Die Fassung Plutarchs jedoch wird geflügelt und unter anderem von Franz von Gaudy in seinen *Kaiser-Liedern* (Leipzig 1835, S. 116 Schluß des Gedichtes *Krasnoe*) verwendet, wo der Dichter Napoleons Rückzug aus Moskau 1812 schildert:

Also bebt Miloradowitsch vor der Heldenschar zurück, –
Denn das halbzerschellte Fahrzeug trägt ja Caesar'n und sein Glück.

Bei der Landung in Alexandria 48 v. Chr. soll Caesar, wie Plutarch (*Caesar*, 49), Cassius Dio und Sueton (*Caesar*, 64) übereinstimmend berichten, in voller Rüstung vom Schiff gesprungen und an Land geschwommen sein. Um den feindlichen Pfeilen zu entgehen, sei er dabei von Zeit zu Zeit untergetaucht, habe aber in der ausgestreckten Hand seine Papiere so über Wasser gehalten, daß sie nicht naß wurden – eine nur schwer vorstellbare akrobatische Leistung. Freilich berichtet auch Luíz Vaz de Camões von sich, daß er, das Manuskript seiner *Lusiaden* (1572) in der Hand haltend, bei einem Schiffbruch schwimmend das Ufer erreicht habe.

Bei den Kämpfen um *Alexandria* wurde, als Caesar die Hafenanlagen in Brand steckte, auch die berühmte, 400000 Manuskripte umfassende *Bibliothek* vernichtet, die die Ptolemäer 298 v. Chr. gegründet hatten. Marcus Antonius versuchte später, etwas von dem Schaden wieder gut zu machen, indem er Kleopatra die Bibliothek des Königs Attalos von Pergamon schenkte.

Aber auch diese neue Bibliothek wurde 390 n. Chr. bei der Christianisierung Alexandrias zerstört. Was dabei dem Wüten des von dem fanatischen Bischof Theophilos aufgehetzten christlichen Pöbels entkam, wurde kurz darauf im Anschluß an die Ermordung der »heidnischen« Philosophin Hypatia – ihr geschändeter Leichnam wurde in der Kirche zerstückelt – restlos vernichtet.

Spätere Chronisten versuchten diese Kulturschande auf den arabischen Feldherrn Amru abzuwälzen, der im Jahre 642 Alexandria eroberte. Nach der Einnahme habe Amru die Bibliothek seinem Freund Johannes Philiponus schenken wollen (der damals schon tot war). Auf seine diesbezügliche Anfrage habe jedoch der Kalif Omar erklärt, wenn der Inhalt der Bücher mit dem Koran übereinstimme, seien sie nutzlos; wenn nicht, seien sie schädlich und daher zu vernichten. Darauf seien sechs Monate lang die 4000 Bäder mit den Büchern der Bibliothek geheizt worden.

Die Unglaubwürdigkeit dieser Überlieferung steht außer Zweifel. *Die Mythe der Verbrennung der alexandrinischen Bibliothek (das sechsmo-*

111

natliche Heizen von 4000 Badstuben) durch Amru beruht auf dem al-
leinigen Zeugniß von zwei Schriftstellern, welche 580 Jahre später lebten,
als die Begebenheit sich soll zugetragen haben (Alexander von Humboldt,
Kosmos, Bd II, Stuttgart–Augsburg 1847, S. 251).

Und Leopold von Ranke bemerkt (*Weltgeschichte,* Bd V/1, S. 152 f.): *Die*
Bewohner von Alexandrien erwiesen, sagt der Bischof [Johannes] von Nikiu
[um 686], dem arabischen Emir alle Ehrerbietung... *Amru ließ sich die*
Auflage zahlen, die man ihm versprochen hatte; aber er nahm nichts von
den Gütern der Kirche; aller räuberischen Gewaltsamkeiten enthielt er
sich. So damals, wie nachher.

Man sieht wohl, wie wenig die Erzählung von der Verbrennung der alexandrinischen Bibliothek zu diesem thatsächlichen Verhältniß paßt. Ich sehe darin Nichts, als einen Reflex des späteren Erfolges, daß die römisch-griechische Literatur in den Hintergrund trat, die arabische dagegen die Oberhand bekam.

Auch Caesars letzte Worte *Et tu, mi fili Brute – Auch du, mein Sohn Brutus* scheinen nicht zweifelsfrei verbürgt zu sein. Sueton (*Caesar,* 82) berichtet, Caesar habe beim Stich ein einziges Mal geseufzt, aber kein Wort gesprochen. Allerdings fügt er hinzu, daß nach anderen Quellen Caesar dem auf ihn eindringenden Brutus auf griechisch zugerufen habe: *Auch du gehörst zu jenen? Auch du, mein Kind?* Cassius Dio (XLIV, 19) endlich erzählt, Caesar habe in der Menge der ihn Bedrängenden weder sprechen noch etwas tun können, sondern habe sich verhüllt und so den Tod erlitten. *Das ist am sichersten verbürgt. Doch damals sagten schon einige, daß er zum Brutus, der heftig auf ihn losstieß, sprach: Auch du, mein Kind?*

Einer der Mörder Caesars, *Gaius Cassius,* soll sich mit dem selben Dolch, mit dem er auf Caesar eingestochen habe, das Leben genommen haben. So erzählt Plutarch in seiner Lebensbeschreibung des Ermordeten (Kap. 69), doch scheint er diesen Akt der ausgleichenden Gerechtigkeit in den Biographien des Antonius (Kap. 22) und Brutus (Kap. 43) vergessen zu haben, denn hier stirbt Cassius weniger effektvoll; er läßt sich von seinem Freigelassenen Pindaros mit einem Schwert enthaupten. Daß einige der Mörder Caesars sich mit den Dolchen, die sie bei dem Attentat benutzt hatten, selbst umbrachten, schreibt übrigens auch Sueton.

Porcia, die Frau des Brutus, soll durch das Verschlucken glühender Kohlen Selbstmord begangen haben (Plutarch, *Brutus,* 53); Martial setzt an die Stellen der Kohlen Asche.

Eine der schillerndsten Erscheinungen der Geschichte ist ohne Zweifel *Kleopatra* (69–30 v. Chr.), Tochter des ägyptischen Königs Ptolemäus XII., Geliebte Caesars, Geliebte und Frau Marc Antons. Während sie in der augusteischen Geschichtsschreibung und Dichtung noch im Schatten des Siegers Octavian steht und *in den Gedichten des Horaz und Ovid und in Vergils Darstellung der Schlacht bei Actium die Größe der Königin unverzerrt deutlich wird, erscheint Kleopatra bei Properz, Lucan, Plinius d. Ä. und vor allem bei Plutarch schon als eine männerumgarnende, heuchlerische und ehrgeizige Buhlerin* (Elisabeth Frenzel, *Stoffe der Weltliteratur*, S. 361 f.). Charakterisierungen wie die durch Plinius (IX, 35,119) als *Dirnenkönigin* oder durch Horaz (*Carmina* I, 37,21) als *fatale monstrum* haben bis in unser Jahrhundert ihr Bild bestimmt und als Grundlage für zahllose dichterische Darstellungen gedient.

Die hochgebildete, zielbewußte Frau war sicher exzentrisch. Sie soll mit Marcus Antonius gewettet haben, sie werde bei einer einzigen Mahlzeit die kaum vorstellbar hohe Summe von zehn Millionen Sesterzien verzehren. Dann habe sie eine ihrer beiden kostbarsten Perlen in Essig aufgelöst und getrunken. Als sie sich dann angeschickt habe, die zweite folgen zu lassen, soll der zum Schiedsrichter bestellte Lucius Plancus, einer der Generale des Antonius, ihr in den Arm gefallen sein und den Antonius für besiegt erklärt haben. Dieser Ausspruch wurde dann später, wie Plinius (IX, 35) hinzusetzt, als böses Omen angesehen, *nachdem sich das Schicksal des Antonius erfüllt hatte*. Selbst wenn man die naturwissenschaftliche Schwierigkeit, Perlen in Essig aufzulösen, beiseite läßt, reicht auch das weitere der Geschichte, sie als im nachhinein als erfunden anzusehen, den Charakter der *femme fatale* zu zeichnen, die Marc Anton ins Verderben gestürzt hat.

Dazu paßt ein weiteres Omen. In der Schlacht von Actium am 2. September 31 v. Chr., die des Antonius Niederlage gegen Octavianus besiegelt, soll ein kleiner Fisch, Echineis (Schiffhalter) genannt, wie es der Volksglaube für möglich hielt, das Schiff Marc Antons aufgehalten haben (Plinius XXXII, 1,2 ff.).

Außergewöhnlich wie Kleopatras Leben war auch ihr Tod. Nach dem durch sie verursachten Selbstmord Marc Antons machte sie ihrem Leben am 12. August 30 selbst ein Ende, wahrscheinlich mit Hilfe eines Boten, der ihr einen Korb mit Obst gebracht hatte, unter dem wohl eine Schlange lag. *Man sagt, die Schildviper sei mit jenen Feigen gebracht worden, unter ihnen und den darauf gelegten Blättern versteckt; denn so – damit, ohne daß sie es wüßte, das Tier sie anfiele – habe Kleopatra es angeordnet; als sie aber einige Feigen wegnahm und es sah, habe sie gesagt:* »*Da ist es ja!*«, *den Arm entblößt und zum Biß hingehalten. Andere sagen, die Schlange sei in einem Wasserkrug verschlossen gehalten worden, und Kleopatra habe sie mit einer goldenen Spindel solange gelockt und gereizt, bis sie hervorschnellte und sie in den Arm biß. Doch die Wahrheit weiß niemand. Es wurde nämlich auch erzählt, sie habe ein Gift in einer hohlen Haarspange bei sich getragen und diese Spange im Haar verborgen. Doch zeigte sich kein Fleck an ihrem Körper noch sonst ein Zeichen einer Vergiftung. Auch wurde das Tier nicht drinnen im Zimmer gesehen, doch behaupteten einige, sie hätten Kriechspuren von ihm am Meer gesehen, nach dem das Zimmer die Aussicht hatte und wo Fenster waren. Manche sagen endlich, am Arme Kleopatras seien zwei feine, kaum zu bemerkende Einstiche zu sehen gewesen. Daran scheint auch Caesar geglaubt zu haben, denn im Triumph wurde ein Bild der Kleopatra selbst und der an ihr haftenden Schildviper einhergetragen. So soll sich also das zugetragen haben* (Plutarch, Antonius, 86).

Kaiser *Augustus* (63 v. Chr.–14. n. Chr.) soll nach Sueton (*Augustus*, 23), als er die Nachricht von der *Niederlage des Varus im Teutoburger Wald* (9 n. Chr.) erhalten hatte, zutiefst getroffen gewesen sein. Er ließ *Rom durch Wachen besetzen, damit kein Aufruhr entstehe,* und versprach bei einer Wende zum Besseren feierlich große Spiele zu Ehren von Juppiter Optimus Maximus. *Er soll so niedergeschlagen gewesen sein, daß er sich einige Monate lang Bart- und Haupthaar habe wachsen lassen und bisweilen den Kopf gegen die Türe gerannt und gerufen habe:* »*Quinctilius Varus, gib mir meine Legionen wieder!*« [Vare, redde legiones]; *und jedes Jahr soll er den Tag dieser Niederlage in Trauer und Niedergeschlagenheit begangen haben* (Sueton, Augustus, 23). Ob die Geschichte sich tatsächlich so abgespielt hat? *Schade,* bemerkt Ranke (*Weltgeschichte,* Bd III/2, S. 330), *daß sich diese sprichwörtlich gewordene Anekdote in der Gesellschaft so augenscheinlicher Übertreibungen findet.*

Ein Holzschnitt aus dem 17. Jahrhundert zeigt den Kaiser, wie er mit der Stirn gegen den Türpfosten rennt, so daß ihm die Krone vom Kopf fällt. Auch Viktor von Scheffel hat in seinem bekannten Studentenlied *Als die Römer frech geworden* (Str. 11) die Szene plastisch ausgemalt. Augustus speist mit seinem Hofstaat, als die verhängnisvolle Kunde eintrifft:

Erst blieb ihm vor jähem Schrecken
ein Stück Pfau im Halse stecken,
dann geriet er außer sich
und schrie: »Varus, Fluch auf dich,
redde legiones!«

Auf dem Sterbebett *verlangte er nach einem Spiegel, ließ sich die Haare kämmen und die herabhängenden Wangen heben und forschte die zu ihm eingelassenen Freunde aus, ob sie fänden, daß er die Komödie des Lebens bis zum Ende gut gespielt habe,* erzählt Sueton (*Augustus*, 99). Dann habe er noch die auf der Bühne übliche Schlußformel hinzugefügt:

> *Wenn es gut*
> *Gefallen euch, gewähret Beifall diesem Spiel,*
> *Und dankend laßt uns alle nun nach Hause gehn!*

Denkt man sich das Zimmer eines gefährlich Erkrankten auf der Einsamkeit einer Reise, meint Ranke dazu (*Weltgeschichte,* Bd III/2, S. 332) *so ist es doch kaum glaublich, daß der sterbende Mann den Ton eines Schauspielers nach glücklich vollendetem Spiel angenommen hat. Wohl aber sehr möglich, daß es anderen so vorkam, als habe Augustus das Ziel seiner Thätigkeit glücklich zu Ende geführt. Das ganze Leben des Augustus erschien ihnen wie ein Schauspiel, das nun zu Ende gekommen sei; es bliebe nichts übrig, als Beifall zu klatschen. Es hat nichts zu bedeuten, daß Dio, der hier überhaupt die ungünstigen Nachrichten überbietet, an diese Scene geglaubt hat. Mir scheint sie aus derselben Quelle zu stammen, wie jener Anblick Alexanders und der Ptolemäer; nicht wahr, aber sehr gut erfunden.* (Hier wird auf die Geschichte angespielt, daß Augustus, nachdem er die Leiche Alexanders betrachtet hatte, es abgelehnt haben soll, die Gräber der Ptolemäer zu besuchen, *er wolle Könige sehen, nicht Tote*).

Nachfolger des Augustus wurde sein Stiefsohn *Tiberius Claudius Nero* (47 v. Chr. – 37 n. Chr.), als Kaiser *Tiberius Caesar Augustus.* Über ihn und die späteren Kaiser aus Caesars Geschlecht haben Tacitus, Sueton und andere Historiker wahre Schauergemälde von Grausamkeit und Verworfenheit überliefert. Wieviel die ohnmächtige Wut der aus dem Sattel gehobenen römischen Adelsfamilien und Senatoren, wieviel boshafter und unkontrollierbarer Hofklatsch dazu beigetragen haben, wieviel die Absicht, nach dem Erlöschen der Julischen Dynastie den nachfolgenden Herrschern zu schmeicheln, läßt sich kaum mehr entscheiden.

Kein Tyrann, finster und grausam wie dieser, bestieg seit Tiberius den Thron. Mit diesem Satz beginnt Louis-Sébastien Mercier (1740–1814) sein *Tableau du règne de Philippe II,* das Schiller für seine Charakteristik des Spanierkönigs in *Don Carlos* benutzt hat. Wir wissen heute, daß weder der Nachfolger Karls V. noch der des Augustus solche blutrünstigen Unmenschen gewesen sind, als die sie uns die Schriftsteller geschildert haben. Vor allem trifft dieses Zerrbild nicht auf Tiberius zu. Um ihn *sine ira et studio* zu würdigen, bedurfte es erst der unanfechtbaren Autorität eines Ranke: *In einer Büste des Tiberius, die man für die schönste von allen erklärt die von einem Imperator auf uns gekommen* [im Vatikanischen Museum], *ist nichts wahrzunehmen, was Blutdurst oder Heuchelei verriethe, wohl aber athmet sie ein Bewußtsein eingeborener Kraft und der höchsten Würde, strenger Größe mit einem Zug von Verachtung der Gegner, die er für überwältigt zu halten scheint ... Die straffe Haltung des Nackens erinnert an die Bildnisse des Jupiter. Die Erscheinung des Tiberius war überhaupt gebieterisch. Selten brach er sein Schweigen ... Tiberius hatte sich schon in seinen Feldzügen daran gewöhnt, auf Niemand zu hören, sondern nur seinem eigenen Willen zu folgen, wenn derselbe auch mit der allgemeinen Meinung in Widerspruch gerieth. So trat er denn auch im Besitz der höchsten Gewalt auf, die ihm zu Theil geworden war. Verschlossenheit bis zum Augenblick, wo er handelte, war ihm Natur, was ihm dann den Vorwurf der Heuchelei und Verstecktheit zuzog ... In seinem Selbst sah er zugleich den Eckstein des gesamten Staatsgebäudes; zu dem persönlichen Motiv der Selbsterhaltung fügte er das andere hinzu, daß das Wohl des Ganzen auf derselben beruhe. Über den unterworfenen Erdkreis, den er vor neuen Verwirrungen schützte, hielt er doch zugleich das gezückte Schwert in der Hand, mit welchem er jede Regung der Opposition rücksichtslos und grausam, aber in gesetzlichen Formen niederschlug, vielleicht eine Nothwendigkeit, die aber nicht allein Erstaunen, sondern selbst Grauen erweckt, und doch niemals ohne Gefahr ist ... Wie man auch über Kaiser Tiberius urtheilen möge – er hat eine große welthistorische Mission erfüllt ... Ein großer Mann war er nicht, aber ein geborener Herrscher* (Weltgeschichte, Bd III/1, S. 77 f., 83).

Das negative Bild, das von Tiberius entstand, geht vor allem auf Tacitus zurück, nach dessen *Annalen* (VI, 50) der Herrscher ermordet wurde. Sueton (*Tiberius,* 73) drückt sich vorsichtiger aus: *Einige glauben, daß ihm Gaius (Caligula) ein langsam wirkendes, zehrendes Gift gegeben habe; andere wieder, man habe ihm, trotz seines Begehrens, während eines zufälligen Nachlassens des Fiebers die Nahrung verweigert; wieder ande-*

re, er sei mit einem Kissen erstickt worden, als er den Ring, den man während einer Ohnmacht abgezogen hatte, wieder verlangte.

Gaius Julius Caesar Germanicus (12–41 n. Chr.), der Sohn des Germanicus und der Vipsania Agrippina, wurde im Jahre 37 Nachfolger des Tiberius.

Mitten im Lager geboren, beim Vater im Felde erzogen,
War dies für alle bereits Omen der künftigen Macht.

Diese bald nach der Thronbesteigung verbreiteten Verse, nach denen er im Feldlager der Armee geboren und aufgewachsen, erklären, warum er bei den Soldaten wegen seiner von Kind an getragenen Soldatenkleidung *Caligula* (Stiefelchen) genannt wurde. Sueton (*Caligula*, 8) hingegen behauptet, daß er nach den offiziellen Urkunden in Anzio geboren sei.

Zunächst maßvoll, entwickelte er sich nach schwerer Erkrankung im Oktober 37 zum durch den in der Familie mehrfach belegten Caesarenwahnsinn in einen jedes Maß vermissen lassenden grausamen und willkürlichen Despoten. Er vergötterte sich selbst und glaubte sich keinem Rechenschaft schuldig: *Denke immer daran, daß mir alles erlaubt ist und gegen alle* antwortete er einmal seiner Großmutter Antonia (Sueton, *Caligula*, 29); und gern zitierte er aus der Tragödie *Atreus* des Accius: *Mögen sie hassen, wenn sie nur fürchten* (*Oderint, dum metuant;* ebd., 30).

Fast möchte man annehmen, daß die zeitgenössischen Autoren, wie Tacitus, Sueton und Cassius Dio, übertreiben, aber ihre Berichte werden von anderen bestätigt. So berichtet der jüdische Schriftsteller Philo, der mit einer Delegation aus Alexandria vergeblich die Aufhebung der Verordnung, ein Kaiserbild in der Synagoge aufzustellen, zu erreichen suchte (*Die Gesandtschaft an Caligula*, 14 = *Werke*, hrsg. v. Leopold Cohn u. a., Bd VII, Berlin 1964, S. 179): *... er hatte seine bisherige Lebensweise, die zu Lebzeiten des Tiberius strenger und darum gesünder war, jetzt mit einem Leben in Ausschweifung vertauscht: Schwere Getränke, schwer verdauliche Delikatessen, unersättliche Gier, mochte auch der Bauch voll sein, heiße Bäder zu ungewöhnlicher Stunde, künstliches Erbrechen, und sofort wieder Saufereien, begleitet von Schlemmerein, Unzucht mit Knaben und Weibern und was sonst noch, Seele und Leib und beider innere Bindungen zerstörend, über ihn vereint Macht ergriff.*

Ein anderer Zeitgenosse, Seneca, erzählt (*Über den Zorn* 5,20) in Übereinstimmung mit Cassius Dio (LIX, 28), der Wahnsinnige habe sogar

Juppiter herausgefordert: *Töte mich doch, sonst werde ich dich umbringen!* Und während eines Gewitters erwiderte er die Blitze, indem er mit einem Katapult Steine gegen die Wolken schleudern ließ und das Grollen des Donners durch ein dumpfes Brummen seiner Stimme nachahmte.

Um seinen großen Ahnherrn Caesar zu imitieren, unternahm er ebenfalls je einen »Feldzug« nach Germanien und Britannien, die, obwohl Realität, doch auch Treppenwitze waren.

Im Oktober 39 zog er gegen Germanien, wobei der Feldzug vor allem darin bestand, daß er einmal den Germanen seiner Leibwache, ein anderes Mal Schülern befahl, sich im Wald zu verstecken, sie fangen ließ und dann ein großes Siegesfest veranstaltete (Sueton, *Caligula*, 44 f.).

Im folgenden Jahr marschierte er in Richtung Britannien, kam allerdings nur bis zum Ärmelkanal. *Plötzlich befahl er, Muscheln zusammenzulesen und Helme und Kleider damit zu füllen, indem er ausrief: »Das ist die Kriegsbeute aus dem Ozean, die wir dem Kapitol und Palatin schulden«* (Sueton, *Caligula*, 46).

Es bedeutete eine Erlösung für Staat und Volk, als Caligula am 24. Januar 41 einem Attentat der Praetorianergarde und des Freigelassenen Callistus zum Opfer fiel.

Gegen die Absicht des Senats, der die Republik wiederherstellen wollte, riefen die Praetorianer als Nachfolger des Caligula *Titus Gaius Nero Germanicus* zum Imperator aus, Kaiser *Claudius* (10 v. Chr.–53 n. Chr.). Von Kindheit an kränkelnd, geh- und sprachbehindert, stets zurückgesetzt, konnte er sich eigentlich nie Hoffnung machen, Nachfolger seines Onkels Caligula zu werden. *Erschreckt durch die Nachricht von dessen Ermordung, schlich er sich auf eine Terrasse und verbarg sich dort hinter den Vorhängen. Ein zufällig herumrennender Soldat sah seine Füße, wollte wissen, wer das sei, erkannte ihn, zog ihn aus seinem Versteck, und als sich Claudius vor ihm auf die Knie warf, begrüßte er ihn als Kaiser* (Sueton, *Claudius*, 10).

Allgemein hielt man sehr wenig von ihm; nach Cassius Dio galt er als geistesschwach, ja geradezu blödsinnig; und das karikaturistische Bild, das Seneca in seiner Satire *Apocolocynthosis* (= Verkürbissung) von ihm malt, hat in Verbindung mit anderen Quellen zu einem vernichtenden Urteil über Claudius geführt.

Aber diese Charakterisierung ist einseitig und falsch: *Claudius hatte die Eigenschaften eines Gelehrten; von Jugend auf war er mit wissenschaftlichen Arbeiten beschäftigt gewesen. Er hat ein grammatisches*

Werk, um die lateinische Orthographie zu berichtigen, herausgegeben, das nach seiner Erhebung doppelte Beachtung fand. Den größten Wert legte er auf die Verbindung des Griechischen und des Lateinischen ... Eigentlich war er Historiker von Fach; er hat Geschichten der Etrusker und der Karthager geschrieben ... Es ist wahrhaft zu bedauern, daß sie verloren gegangen sind: denn was in einer fragmentarisch erhaltenen Rede des Claudius über die Etrusker vorkommt, ist fast wichtiger, als was wir bei Livius ... darüber lesen ... Seinem durch umfassende Studien genährten Geiste entspricht es, wenn er sich auch in den Geschäften fleißig und methodisch erwies ... Mit unermüdlicher Beharrlichkeit wohnte er den Gerichtssitzungen bei, nicht jedoch, ohne die Selbständigkeit zu bewahren, die dem Princeps zukam: er hielt sich für berechtigt, von den Buchstaben der Gesetze abzuweichen, sobald sie der natürlichen Billigkeit widersprachen* (Ranke, *Weltgeschichte*, Bd III/1, S. 98 f.).

Die gute Regierung des Claudius geriet nur durch sein Verhältnis zu den Frauen in die Katastrophe (Der Kleine Pauly, Bd I, Sp. 1217). Zunächst war es Valeria Messalina, *die man nur nennen braucht, um die abscheulichsten Ausschweifungen einer Frau zu charakterisieren* (Ranke, a.a.O., S. 101), nach deren Hinrichtung Agrippina, die ihn am 13. Oktober 54 vergiftete, um ihren Sohn Nero an die Macht zu bringen.

Der bekannteste und volkstümlichste, wenn auch sicher nicht der beliebteste römische Kaiser ist ohne Zweifel Lucius Domitius Ahenobarbus *Nero* Claudius Caesar Augustus Germanicus (37–68 n. Chr.) gewesen, der Sohn des Gnaeus Domitius Ahenobarbus und der Julia Agrippina der Jüngeren.

Aufgrund der Schilderungen seiner ungezählten Greueltaten durch Tacitus, Cassius Dio und Sueton ist er *als Inbegriff eines grausamen und entarteten Tyrannen in das Gedächtnis der Menschheit eingegangen und hat zahllose Dichtungen inspiriert; die Zahl der Dramatisierungen allein beträgt etwa hundert* (Frenzel, *Stoffe der Weltliteratur*, S. 462).

Auf den Thron erhoben wurde er nach der Ermordung seines Stiefvaters Claudius am 13. Oktober 54 durch seine Mutter Agrippina, die mit dem Prätorianerpräfekt Burrus und Neros Erzieher Seneca die Zügel der Macht fest in den Händen hielt. Allerdings kam es schon sehr bald zu Konflikten zwischen Mutter und Sohn, die sich verschärften, als Nero, der seit 53 mit des Claudius Tochter Octavia verheiratet war, ein Verhältnis mit Claudia Acte begann. Als sie ihm darauf mit den möglichen Ansprüchen seines Halbbruders Britannicus drohte, raffte diesen während eines Gastmahls ein plötzlicher Tod hinweg. Für Tacitus (*Annalen* XIII, 16) besteht kein Zweifel, daß Nero seinen Halbbruder in raffinierter Weise hat vergiften lassen, worin er sich auch durch die Tatsache bestätigt fühlt, daß dessen sterbliche Überreste noch in derselben Nacht verbrannt und bestattet werden. Das sei nur möglich gewesen, weil alles genau vorhergeplant gewesen sei (*Annalen* XIII, 17).

Doch meldet Ranke (*Weltgeschichte*, Bd III/1, S. 112) gewisse Zweifel an: *Ich wiederhole die Summe der taciteischen Erzählung, obwohl nicht ohne Bedenken. Denn der Sachverhalt der Vergiftung tritt doch selbst bei ihm nicht in voller Verständlichkeit hervor, und noch andere Traditionen gab es über das gemischte Gift, das wohl auch nicht als Trank, sondern als eine Speise bezeichnet wird ... Und wie ließe sich denken, was doch auch glaubwürdig überliefert ist, daß der junge Titus, der spätere Kaiser, der ebenfalls von dem vergifteten Trunke genossen, erkrankt, aber eben mit einer Erkrankung davongekommen sei. Alles athmet Hörensagen und Gerücht ... Es könnte scheinen, als hätte die Auffassung, welche der unvergleichlich schönen und hinreißenden Darstellung des Tacitus zu Grunde liegt, erst Platz greifen können, als auch deren [Agrippinas] Schicksal entschieden war. Das einzige unbezweifelte Faktum ist, daß Britannicus einem frühen Tode erlag, den man seinem Schwager Nero zuschrieb.*

Das Verhältnis zu seiner Mutter verschlechterte sich weiter, als er nun in den Bann der Poppaea Sabina gerät (Tacitus, *Annalen* XIII, 45, 1 ff.). Als sie den die Bevölkerung empörenden Skandal beenden will, läßt Nero sie im Jahre 59 auf brutale Weise durch seinen Flottenkommandanten Anicetus umbringen (Tacitus, *Annalen* XIV, 3–8; Sueton, *Nero* XXXIV, 2 ff.; Cassius Dio LXI, 12 f.).

Kein anderes Ereignis jedoch hat sich so unauslöschlich mit Neros Namen verbunden wie der *Brand Roms* am 18./19. Juli 64, über den Tacitus ausführlich berichtet (*Annalen* XV, 38): *Das Feuer brach an der Seite des Zirkus Maximus aus, die an den Palatin und Cälius anstößt. Dort in den Läden und Werkstätten, wo sich Waren befanden, die dem Feuer leicht Nahrung bieten, entstand das Feuer, breitete sich sofort aus und ergriff, vom Winde begünstigt, den Zirkus seiner ganzen Länge nach. Denn es lagen ja keine mit festen Schutzmauern umgebenen Paläste dazwischen, keine von Mauern umschlossenen Tempel, überhaupt nichts, wodurch dem Feuer Einhalt geboten worden wäre. Mit rasender Geschwindigkeit ergriff der Brand nun zuerst die Senke (zwischen dem Cälius und Palatin), stieg dann zu den hochgelegenen Stadtteilen (beson-*

120

ders am Esquilin) empor und richtete wieder in den Niederungen Verheerungen an.

Alle Löschversuche schlugen fehl, weil der Brand zu rasche Fortschritte machte und ihm die Stadt mit ihren engen winkligen Straßen und riesigen Häuserreihen – so war ja das alte Rom gebaut – schutzlos preisgegeben war.

Tacitus läßt jedoch offen, wer an diesem Unglück schuld war, *von dem man nicht weiß, ob es auf einen Zufall zurückzuführen ist oder durch die Heimtücke des Princeps veranlaßt wurde. Er führt Indizien dafür an: Niemand aber wagte zu löschen, da es viele gab, die das unter Drohungen verhinderten. Andere warfen Feuerbrände und riefen, sie täten das auf Befehl, wobei es dahingestellt bleiben muß, ob sie nur ungestraft plündern wollten, oder ob wirklich eine höhere Weisung vorlag.*

Nero hatte sich nach Tacitus (*Annalen,* 39) bei Ausbruch des Brandes in Antium aufgehalten und war erst nach Rom gekommen, als das Feuer bereits auf den Bezirk des Kaiserpalastes übergegriffen hatte, der bald darauf ein Opfer der Flammen wurde. *Um die Not des obdachlosen geflüchteten Volkes zu lindern, überließ ihm Nero das Marsfeld und die Bauten Agrippas; er öffnete ihm sogar seine eigenen Parkanlagen und ließ Notunterkünfte zur Aufnahme der vielen Notleidenden erstellen. Aus Ostia und den Nachbarorten wurden Lebensmittel herangeschafft, der Preis für das Getreide auf drei Sesterzien (je Scheffel) herabgesetzt.*

So menschenfreundlich diese Maßnahmen waren, verfehlten sie doch ihre Wirkung. Denn es hatte sich das Gerücht verbreitet, Nero sei gerade zu der Zeit, als die Stadt brannte, in seiner Hofbühne aufgetreten und habe die Zerstörung Trojas besungen, indem er (in seiner Phantasie) in dem jetzigen Brand ein Bild jenes schrecklichen Ereignisses der Vorzeit erblickte.

Bei Sueton (*Nero,* 38) und Cassius Dio (LXII, 18) jedoch ist aus diesem »Gerücht« bereits eine Tatsache geworden. Sueton erzählt: *Als einmal jemand in einer Unterhaltung den griechischen Vers zitierte:* »*Bei meinem Tod, da geh die Erd' in Flammen auf!*« *sagte Nero:* »*Nein, noch solange ich lebe!*« *und setzte diesen Wunsch auch wirklich in die Tat um.*

Seither steht Nero so vor unserem geistigen Auge, wie er im Tragödenschmuck auf das von ihm in Brand gesteckte Rom hinunterblickt, sich an der Pracht dieses Anblicks weidet und Laute schlagend den Untergang Trojas besingt.

In dieser Form ist das ganze nur schwer vorstellbar. *Dennoch hat die Erzählung allgemeinen Glauben gefunden, Nero selbst habe den Brand angestiftet. Auch daran ist kein wahres Wort, was man erzählt hat, sein Auge habe sich an den hin- und herwogenden Fluthen des Feuers geweidet; er habe dabei in seinem Tragödenschmuck den Untergang Trojas besungen. Bei Tacitus, dem wir eine ausführliche Erzählung hierüber verdanken, erscheint das als ein bloßes Gerücht, das er selbst nicht annimmt. Aber von allem Antheil an den Verwüstungen des Brandes wird man Nero doch nicht gradehin freisprechen können. Ein solcher wird von glaubwürdigen Zeitgenossen behauptet; und aus Tacitus erfahren wir, daß bei dem Wiederausbrechen des Feuers, und zwar in den Besitzungen des intimsten Freundes des Nero [Tigellinus], die Meinung sich gebildet habe, er wünsche auf diese Weise mehr Platz für Neubauten zu gewinnen. Was jene Sage anbelangt, so ist sie eben das Produkt der in dem Moment selbst entstehenden Mythenbildung, welche ein bedeutendes Ereignis unter dem Gesichtspunkt auffaßt, der den vorwaltenden persönlichen Gefühlen entspricht. Man dachte so schlecht von Nero, daß man für das Gute, was er tat, kein Auge mehr hatte, das Böse aber in einer Legende zusammenfaßte, welche zugleich den Widerwillen gegen seine Liebhabereien ausdrückt* (Ranke, Weltgeschichte, Bd III/1, S. 118 f.).

Der Verdacht, Nero habe den Brand veranlaßt, *um ein neues Rom zu bauen, das nach ihm benannt werden sollte, hielt sich hartnäckig* (Tacitus, Annalen XV, 40).

Um nun dem Gerede den Boden zu entziehen, schob er die Schuld auf andere und ließ sie unter raffiniert ausgeklügelten Martern strafen. Es waren das jene ob ihrer Abscheulichkeit verhaßten Menschen, die das Volk Christen nannte (Tacitus, Annalen XV, 44).

Tacitus spricht von einer »riesigen Anzahl« von Christen, die in die Felle wilder Tiere gesteckt und von Hunden zerrissen, oder die ans Kreuz geschlagen wurden, *um nach Eintritt der Dunkelheit angezündet zu werden und als Fackeln zu dienen.* Dennoch kann man noch nicht von einer systematischen Christenverfolgung sprechen, von der auch bei keinem zeitgenössischen Autor die Rede ist. Das ist die Erfindung späterer Jahrhunderte, die die Zahl der Hingerichteten maßlos übertrieben hat (z. B. Henryk Sienkiewicz, *Quo Vadis*), veranlaßt nicht zuletzt durch das negative Bild Neros. Vielleicht hat das auch Tacitus in seiner Aussage beeinflußt; er berichtet aber auch, daß die Römer Mitleid mit den Christen hatten, *denn sie fanden den Tod nicht um des allgemeinen Besten willen, sondern um die Grausamkeit eines einzelnen zu befriedigen.*

Zwar gelang es Nero noch, im Jahre 65 die Verschwörung des Gaius Calpurnius Piso niederzuschlagen und für ein Jahr als Sänger, Schauspieler und Wagenlenker auf Tournee nach Griechenland zu gehen; doch als sich 68 in Gallien Vindex, in Spanien Galba erhoben und als die Praetorianer sich lossagten, floh er aus Rom. Zum Staatsfeind erklärt, setzte er am 9. Juni 68 mit Hilfe seines Sekretärs Epaphroditus durch einen Dolchstoß seinem Leben ein Ende. Vorher hatte er allerdings noch ein Grab nach seinen Maßen ausheben und alles zu seinem Begräbnis vorbereiten lassen, wobei er unter Tränen sprach (Sueton, *Nero*, 49): *Was für ein Künstler geht mit mir zugrunde!*

Trotz – oder wegen? – seiner abstoßenden Bösartigkeit hat Nero die Menschen über seinen Tod hinaus fasziniert. An seinem Todestag schmückten seine Anhänger das Grab mit Blumen und Kränzen. Auf der Rednerbühne wurde sein Bild aufgestellt, Flugblätter wurden verteilt, die seine bevorstehende Rückkehr und Rache ankündigten. Es hieß, der Kaiser sei nicht gestorben, sondern in den Osten geflüchtet, zum König Tiridates, der einst in Rom Nero als dem verkündeten Erlöserkönig gehuldigt hatte. Bereits ein Jahr nach seinem Tod trat ein ihm ähnlich sehender Sklave als wiedererstandener Nero auf und fand in Kleinasien und Griechenland zahlreiche Anhänger (Tacitus, *Historien* II, 8.9). Und zwanzig Jahre später gab sich ein Asiate, Terentius Maximus, als Nero aus; die Parther erkannten ihn an und ließen sich erst nach langem Zögern zur Auslieferung an die Römer bewegen (Sueton, *Nero*, 57). Noch im 11. Jahrhundert glaubten die Römer, Neros Schatten gehe auf dem Monte Pincio um. Um ihn zu bannen, sei dort die Kirche Santa Maria del Popolo erbaut worden (Victor Duruy, *Geschichte des römischen Kaiserreichs...*, Bd I, Leipzig 1885, S. 768).

Eine kleine Zumutung und damit teilweise drollig sind die Geschichten, die der jüdische Geschichtsschreiber *Flavius Josephus* in seinem *Jüdischen Krieg* über das Ende des jüdischen Reichs und die Zerstörung Jerusalems (August/September 70) zum besten gibt. Bei der Belagerung von Jotapata durch *Vespasian* möchte er gerne durchbrennen, aber die belagerten Juden hindern ihn daran; als die Römer schließlich stürmen, verkriecht er sich mit 39 anderen in einen Brunnen. Vespasian, so erzählt Josephus, will ihn durchaus bei sich haben und schickt mehrere Parlamentäre, die ihn von oben herab einladen; aber die miteingesperrten Juden drohen, ihn im Fall eines solchen Verrats zu töten und verlangen, daß er mit ihnen freiwillig sterbe. Darauf hält er ihnen einen Vortrag gegen den Selbstmord und schlägt vor, sie sollten sich alle gegenseitig paarweise töten und die Reihenfolge durch das Los bestimmen. Dies wird angenommen: die Juden erstechen sich gegenseitig paarweise, bis er mit dem letzten der 39 übrigbleibt, mit dem er sich freundschaftlicherweise abfindet, heiler Haut zusammen aus dem Brunnen zu klettern. Der letzte Abgesandte des Vespasian soll diese wunderliche Szene von oben mit angesehen haben. Vor Vespasian geführt, prophezeit er (so flunkert er weiter), daß dieser Kaiser werden würde; diese Prophezeihung leidet an allen Anzeichen eines unverschämten Humbugs.

Bei der Belagerung Jerusalems durch *Titus* endlich, die er ganz theatralisch schildert, spielt er dann, nach seinem Berichte, die in seiner Lage sehr wunderliche Rolle des »ehrlichen Maklers«, indem er die Juden in der belagerten Stadt mehrmals zugunsten der Römer apostrophiert; er schildert den Triumphzug Vespasians, als ob ihn die Juden gar nichts angingen, und tritt dann als kaiserlich-römischer Presse-Jude in die Dienste des Bezwingers seines Vaterlandes. Wie sich Josephus nach diesen Leistungen darüber beschweren konnte (*Gegen Apion* I, 10), *daß schlechte Menschen sein Geschichtswerk ein Schulbuch für Kinder genannt haben,* ist schwer erklärlich.

Mit den Kaisern Vespasian und Titus behauptet Josephus zwar auf sehr gutem Reporter-Fuße gestanden zu haben; sonst aber war *Titus* (39-81) als Eroberer Jerusalems den Juden natürlich tödlich verhaßt. Er soll, ihren Gott schmähend, behauptet haben, dieser wäre nur mächtig auf dem Wasser und hätte deshalb den Pharao ersäufen können; wenn er wirklich stark wäre, hätte er den Kaiser von Jerusalem bekriegt. Da habe eine Stimme vom Himmel gerufen: *Schändlicher Mensch! Ich habe ein kleines Geschöpf, das dich bekriegen wird.* Nachdem Titus gelandet war, sei dann eine Mücke ihm in die Nase gekrochen und habe sieben Jahre hindurch Löcher in sein Gehirn gefressen. Als sein Schädel später geöffnet worden, sei die Mücke so groß gewesen wie eine Taube; ihr Mund sei aus Kupfer und ihre Krallen aus Eisen gewesen (Isaac D'Israeli, *Curiosities of Literature,* London 1866, S. 48). Was die Juden über die Bestrafung des Kaisers in der Hölle anführen, ist nicht salonfähig, ja nicht einmal stammtischfähig.

Aulus Gellius (um 130–nach 170) schwindelt zwar nicht so viel wie Josephus, hat aber auch seine schwachen Stunden. So erzählt er in seinen *Noctes Atticae,* daß er nach seiner Rückkehr von Griechenland nach Italien bei der Landung in Brundisium einige Bündel alter Scharteken von griechischen Büchern zum Verkauf habe aufliegen sehen, *voll von Wundern und Märchen und unerhörten, unglaublichen Geschichten, deren Verfasser oft Schriftsteller von nicht geringem Ansehen gewesen, z. B.*

124

Aristeas von Prokonnesos, Isigonos von Nikaea, Ktesias, Onesikritos, Polystephanos und Hegesias. Da sie unwahrscheinlich billig sind, kauft er die meisten und gibt nun eine Anzahl leider größtenteils läppischer Wundererzählungen zum besten. Was sich Gellius aus seinen Schätzen notiert haben will, ist dem siebenten Buch von Plinius' *Naturgeschichte* entnommen, wo die betreffenden Autoren alle genannt werden. Übrigens erwähnt Gellius, daß er im siebenten Buch des Plinius eine der Angaben wieder (!) gelesen habe.

Nach der Reichsteilung durch Honorius und Arcadius im Jahre 395 zerfiel das römische Imperium allmählich.

Die germanischen Verbündeten gründeten eigene Reiche, so die Westgoten in Südgallien und Spanien 418, die Wandalen in Afrika 429 oder die Burgunder an der Rhône 443.

Die Stadt Rom blieb in diesen Wirren nicht von Eroberung und Plünderung verschont. Im August 410 umlagerten die Westgoten alle Tore der ewigen Stadt. *Alarich* hatte sein Hauptquartier auf dem Hügel über dem Salarischen Tor aufgeschlagen. Diesmal bestimmte keine Göttervision den Gotenkönig zum Abzug und zur Milde. Er schnitt die unglückliche Stadt von jeder Zufuhr ab, um sie auszuhungern.

Rom fiel ohne Zweifel durch Verrat, behauptet Ferdinand Gregorovius (*Geschichte der Stadt Rom im Mittelalter,* Bd I, 2. Aufl., Stuttgart 1865, S. 141). Die Goten waren arianische Christen, die Verbindung mit ihren Glaubensbrüdern in der belagerten Stadt unterhielten. Wie die Kapitulation zustande gekommen ist, darüber erzählt der byzantinische Geschichtsschreiber Prokopios höchst unwahrscheinliche Anekdoten, die in Ermanglung zuverlässiger Berichte auf mündliche Volksüberlieferung zurückgehen. So soll Alarich den Senatoren zum Zeichen seiner Verehrung und Hochachtung 300 edle gotische Jünglinge geschenkt haben, mit dem Auftrag, zur festgelegten Zeit die Wachen der Porta Salaria niederzuhauen und das Tor den eindringenden Goten zu öffnen, während Alarich scheinbar die Belagerung aufheben und mit seinen Scharen abziehen wollte. Diese Geschichte erinnert nur allzu sehr an das trojanische Pferd, mit dem die Achaier sich Zutritt zu der belagerten Stadt des Priamos erzwangen, eine gelungene Kriegslist, die Homer in der *Ilias* besungen hat. Nach einem anderen, ebenso unglaubwürdigen Bericht soll die angesehene und reiche Witwe Faltonia Proba aus Verzweiflung über die Not des Volkes die Goten eingelassen haben.

Der historische Kern dieser Sage ist die Tatsache, daß die einflußreiche und resolute Frau Alarich bewogen hat, das Leben der Römer und die Kirchen zu schonen.

Am Abend des 24. August drangen die Goten durch das Salarische Tor in die Stadt ein. Drei Tage überließ Alarich seinen beutelüsternen Barbaren Rom zur Plünderung.

Fünfundvierzig Jahre nach dieser ersten Brandschatzung erfolgte eine zweite, die weniger glimpflich verlief. Aus Nordafrika kommend, wo sie eine neue Heimat gefunden hatten, besetzte *Geiserich* mit seinen Wandalen am 2. Juni 455 ohne Schwertstreich Rom. Selbst der französische Historiker E. F. Gautier, der die Wandalen und ihren König in jeder Hinsicht in Schutz nimmt, muß in seiner Biographie Geiserichs (*Geiserich. König der Wandalen. Die Zerstörung einer Legende*, Frankfurt 1935, S. 6 f.) zugeben: *Die beiden Wochen, die Geiserich im Juni 455 mit seinen Wandalen und seinen Mauren in Rom verbringt, waren ausschließlich damit ausgefüllt, die Stadt gewissenhaft, planmäßig und von Grund aus zu plündern. Geiserich raffte alles zusammen, was Alarich vergessen haben mochte und was an Schätzen etwa inzwischen wieder ersetzt worden war... Selbst das Dach des Tempels [des Jupiter Capitolinus] wurde zum Teil mitgeschleppt, weil es vergoldet war; die Statuen aus dem Kapitol wurden auf die Schiffe verladen... die Weihgefäße aus dem Tempel des Salomo, die Titus einst nach der Einnahme von Jerusalem nach Rom gebracht hatte, wurden nun die Beute der Wandalen.*

Noch drastischer schildert Gregorovius (a.a.O., S. 200 f.) an Hand der zeitgenössischen Quellen diesen Sacco di Roma: *Indem sich die Vandalen vor allem auf das Palatium, den Sitz der Kaiser, stürzten,... raubten sie dies mit solcher Gier aus, daß sie selbst von den kupfernen Geschirren nichts übrig ließen... Was die Gothen verschont oder was die Römer seither ersetzt hatten, in Palästen, Kirchen und öffentlichen Gebäuden, fand nun seine Räuber...*

Hätten wir übrigens auch keine bestimmte Nachricht von dem Charakter der vandalischen Plünderung (und es ist sehr wenig, was uns die späteren Schriftsteller mitteilen), so würde uns der zum Sprichwort gewordene Ausdruck »Vandalismus« überzeugen, daß sie gründlich genug war (ebd., S. 207).

Der Ausdruck Wandalismus wurde im übrigen erst viel später durch Henri Grégoire, Bischof von Blois (1750–1831) geflügelt (vgl. Georg Büchmann, *Geflügelte Worte*, 33. Aufl., bearbeitet von Winfried Hofmann, Berlin 1981, S. 328).

126

Aber es waren nicht nur die Westgoten und Wandalen, die wie vorher bereits Konstantin, die Schätze der Stadt Rom geraubt oder vernichtet haben. Auch die Römer selbst beteiligten sich in einem solchen Umfang daran, daß Theoderich der Große (um 456–526) sich beklagte, *daß der Schmuck Rom's in so entarteter Zeit nicht mehr dem Schutze des Schönheitsgefühls, sondern dem der Straßenwächter müsse anvertraut werden. Diese Vigiles waren angehalten, die Straßen bei Nacht zu durchstreifen, um die Räuber von Bildsäulen, welche man nicht mehr, wie zu Verres' Zeit, nach dem Werte der Kunst, sondern nach dem des Metalles schätzte, abzuschrecken oder fest zu nehmen, und man fand einen Trost darin, daß die ehernen Statuen durch ihren Klang das Brecheisen des Diebes selber zu verraten im Stande seien* (Gregorovius, a.a.O., S. 276 f.)

Gregorovius führt als Beleg für diesen letzten Satz ein Zitat aus Cassiodor (*Variae* VII, 13) an, wo es heißt: *Denn die Bildsäulen sind nicht gänzlich stumm, weil sie doch durch ihren Glockenklang die Wächter warnen, so bald sie von den Schlägen der Diebe getroffen werden.* Daraus entstand die Legende, daß die auf dem Kapitol aus den verschiedenen Provinzen stammenden Statuen mit Glocken läuteten, sobald in den entsprechenden Provinzen ein Aufstand ausgebrochen sei.

Aber den Verlust kostbarer Kunstschätze durch die Bewohner Roms selbst hat man später im eigenen Lande verdrängt, und *der Nationalhaß der Italiener hat die Stadt Rom ... an dem Andenken der Gothen zu rächen gesucht, indem sie die Zertrümmerung der schönsten Denkmäler des Altertums ihren Namen als ewigen Schandfleck anhefteten* (Gregorovius, a.a.O., S. 150).

An den letzten Kämpfen um Rom war auch *Belisar* (um 505–565) beteiligt, der Feldherr des oströmischen Kaisers Justinian I. 536 hatte er die Stadt erobert und sie 537/38 gegen die zahlenmäßig überlegenen Goten verteidigt. Er kämpfte 527 und 542 gegen die Perser, schlug 532 mit Narses den Nika-Aufstand nieder und vernichtete 533/34 Gelimers Wandalenreich in Nordafrika. Verheiratet mit der durch ihre Freundschaft mit der Kaiserin Theodora sehr einflußreichen Antonia, wurde er in die Intrigen am kaiserlichen Hofe hineingezogen und fiel mehrfach beim Kaiser in Ungnade.

Aber mit dieser Lebensgeschichte, die im wesentlichen auf Prokopios aus Kaisareia zurückgeht, der von 527–40 als Sekretär und juristischer Berater in Belisars Stab wirkte, gab sich die Legende nicht zufrieden. Rund sechshundert Jahre später schildert Johannes Tzetzes die ergreifende Mär vom blinden und bettelnden Belisar, der auf Befehl Justinians geblendet und, seines Vermögens beraubt, auf einem Platz in Byzanz hätte betteln müssen. Noch viele Jahrhunderte zeigte man in Konstantinopel das angebliche Gefängnis Belisars, aus dem er einen Beutel an einem Bindfaden herabgelassen und gefleht habe: *Gebt einen Pfennig dem Belisar, den das Glück erhoben, der Neid geblendet hat!*

Über griechische Vermittlung gelangte die Erzählung zur Zeit der Renaissance nach Italien, wurde für wahr gehalten und beeinflußte so das Bild Belisars, der zum *Symbol der Unbeständigkeit des Glückes und...ein Exemplum für die Eitelkeit irdischer Größe* wurde (Frenzel, *Stoffe der Weltliteratur*, S. 72).

Eine antike Marmorgruppe im Museo Borghese in Rom galt lange als Darstellung des von einer Frau geleiteten blinden Bettlers Belisar, bis Johann Joachim Winckelmann in dem angeblich oströmischen Feldherrn Kaiser Augustus und in seiner Gefährtin die allegorische Figur der Nemesis erkannte. Anthonis van Dyck, dem niederländischen Hofmaler des Stuartkönigs Karl I., verdanken wir ein eindrucksvolles Gemälde des greisen Belisars, das dem französischen Schriftsteller Jean-François Marmontel (1723–1799) als Anregung zu seinem empfindsamen Roman *Bélisaire* (1766) gab, durch den das Thema erneut verbreitet wurde.

Deutsche

Wenn wir auch, im strengeren Sinne, erst seit 911, dem Jahr der Wahl Konrads I. zum König, von einer deutschen Geschichte sprechen können, so seien doch einige Personen und Begebenheiten hier mit einbezogen, die in unserem Bewußtsein Teil dieser Geschichte sind.

Da ist als erstes die *Schlacht im Teutoburger Wald* zu nennen, deren Bedeutung darin liegt, *daß das Land bis zur Elbe hin nicht zu einem Gebiet provinzialrömischer Verwaltung und Gesittung wird, sondern daß die dort ansässigen Stämme als freie Germanen weiterleben* (Ernst Wahle, in: Bruno Gebhardt, *Handbuch der deutschen Geschichte*, 9. Aufl., hrsg. v. Herbert Grundmann, Bd I, 2. Nachdruck, Stuttgart 1981, S. 74).

Im Jahre 7 n. Chr. war Publius Quinctilius Varus von Kaiser Augustus nach Germanien gesandt worden, um dort eine Zivilverwaltung aufzubauen (Tacitus, *Annalen* I, 59,4 f.; Cassius Dio LVI, 18,3). Seine Vorgehensweise führte zu Unruhen und schließlich zur Verschwörung der Cherusker, Brukterer, Chatten und Marser unter der Führung des Arminius. Unter dem Vorwand, ein Aufstand müsse niedergeschlagen werden, lockten sie Varus im Jahre 9 n. Chr. aus seinem Sommerlager an der Weser (bei Hameln) weiter in das rechtsrheinische Gebiet (Cassius Dio LXVI, 18–22) oder in den Teutoburger Wald (Tacitus, *Annalen* I, 60 f.). Hier erlitten die Römer eine vernichtende Niederlage; drei Legionen, drei Reiterschwadronen und sechs Auxiliarkohorten wurden vernichtet, Varus verübte Selbstmord (Velleius Paterculus II, 119,3).

Bis heute weiß man allerdings nicht, ob die Schlacht im Teutoburger Wald wirklich dort stattgefunden hat. Der von Tacitus als Saltus Teutoburgiensis bezeichnete Schlachtort soll irgendwo im Bereich von Ems oder Lippe liegen. Seit Melanchthon hat man ihn im Osning vermutet, was dann im 17. Jahrhundert den Paderborner Bischof Ferdinand von Fürstenberg (1626–1683) dazu führte, diese Gegend Teutoburger Wald zu nennen.

Es scheint zweifelhaft, ob die zahllosen Lokalisierungsversuche je von Erfolg gekrönt sein werden. Denn die damals nur schnell aufgeworfenen Verschanzungen sind mit Sicherheit von der Natur bald eingeebnet worden, und etwaige römerzeitliche Funde können von einem anderen Marschlager stammen (Wahle, *a.a.O.*, S. 75, Anm. 4).

Auf der Grotenburg unweit Detmold erhebt sich das mächtige, 1838–75 von Ernst von Bandel errichtete Hermannsdenkmal, das den hünenhaften Sieger der Schlacht zeigt, wie er sein riesiges Schwert gen Himmel reckt. *Er war zweifelsohne der Befreier Germaniens, und zwar ein Mann, der das römische Volk nicht, wie andere Könige und Heerführer es taten, in seinen ersten Anfängen, sondern auf der Höhe seiner Macht anzugreifen wagte. War er auch in der einzelnen Schlacht nicht immer erfolgreich, so hat er doch nie einen ganzen Krieg verloren* (Tacitus, *Annalen* II, 88). Geboren um 17 v. Chr., kam *Arminius* wohl 8 v. Chr. nach Rom, wurde auf dem Palatium erzogen, diente später im römischen Heer als Tribun, erhielt für seine Verdienste das römische Bürgerrecht und wurde geadelt. Dann aber wurde er, vor allem durch die Politik des Varus, zum erbitterten Gegner der Römer.

Sein Handeln war, sicher aus römischer Sicht, Verrat. Der Cheruskerfürst Segestes teilte auch diese Ansicht, er warnte am Vorabend der Schlacht den Varus und bat, mit den anderen germanischen Führern in Ketten gelegt zu werden (Velleius Paterculus II, 118,4; Tacitus, *Annalen* I, 55.58; Florus II, 30.33; Cassius Dio LVI, 19,3).

Bei Segestes trat freilich noch ein persönliches Motiv hinzu, das ihn zum Feind des Arminius machte. Dieser hatte ihm seine Tochter *Thusnelda* entführt, obwohl sie mit einem anderen verlobt war (Tacitus, *Annalen* I, 55,3; 58).

Dadurch kämpfte Arminius nicht allein gegen die Römer, sondern auch gegen Segestes, der in seiner Treue gegenüber den Römern allerdings nicht allein stand. Im Jahre 15 schloß Arminius Segestes in seiner Burg ein, doch wurde dieser von den römischen Truppen unter Germanicus befreit.

Dabei fiel ihm die schwangere Thusnelda in die Hände (Tacitus, *Annalen* I, 57). *Sie zeigte mehr des Gatten als ihres Vaters Geist: Ohne sich durch Tränen zu erniedrigen, ohne auch nur ein Wort der Bitte vorzubringen, stand sie da, die Hände unter der Brust zusammengepreßt, niederblickend auf ihren gesegneten Leib.*

Thusnelda wird nach Rom gebracht und soll dort mit dem inzwischen geborenen Sohn Thumelius, ihrem Bruder Segimundus und anderen Gefangenen im Triumphzug des Germanicus im Jahre 17 mitgeführt worden sein (Strabon V, 291 f.). Auf dem berühmten Gemälde von Pilotys in der Pinakothek in München schreitet Thusnelda stolz aufgerichtet neben ihrem mit Stricken gefesselten Bruder einher, voller Verachtung für die neugierig sich herandrängenden Zuschauer.

Aber es scheinen Zweifel an der Geschichtlichkeit dieser Überlieferung angebracht, die aus einer Vermengung der Berichte von Strabon und Tacitus (*Annalen* II, 40) entstanden zu sein scheint. Tacitus berichtet nur: *Beutestücke, Gefangene und Abbildungen der Berge, Flüsse und Schlachten wurden im Triumphzug zur Schau gebracht.* Es ist schwer vorstellbar, daß Tacitus die Namen so wichtiger Personen nicht aufgeführt hätte, wenn sie ihm bekannt gewesen wären. Strabon erwähnt noch, daß Segestes selbst, der bei den Römern in Ehren gehalten wurde, den Triumphzug mit angesehen habe, in dem diejenigen, die ihm am nächsten standen, als Gefangene mitgeführt wurden. Außer Strabon weiß kein griechischer oder römischer Schriftsteller von diesen Einzelheiten. Woher hat er sie? Augenzeuge kann er chronologischer Bedenken wegen nicht gewesen sein; die griechischen Annalen erwähnen Arminius und seine Geschichte nicht; es bleibt also allenfalls mündliche Überlieferung, auf die er sich mitunter stützt (II, 5, 11).

Den Arminius brachte, abgesehen von der ihm angeborenen Heftigkeit, der Gedanke an die geraubte Gattin und daran, daß sie, die ein Kind von ihm unter dem Herzen trug, in Knechtschaft dahinschmachtete, zum Rasen (Tacitus, *Annalen* I, 59). Er kämpft erbittert weiter gegen die Römer und nach der Abberufung des Germanicus im Jahre 17 gegen den römerfreundlichen Markomannenfürsten Marbod, den er zum Rückzug nach Böhmen zwingt (*ebd.* II, 44–46). Da er nun angeblich nach der Königsherrschaft strebte, hatte er plötzlich *den Freiheitssinn seiner Landsleute gegen sich. Mit Waffengewalt angegriffen, kämpfte er mit wechselndem Glück und fiel schließlich der Heimtücke seiner Verwandten zum Opfer* (*ebd.* II, 88).

Es konnte nicht ausbleiben, daß ein Mann wie Arminius zum Symbol des Freiheitskampfes wurde, der sein Volk gegen fremde Unterdrücker zum Sieg führt, was gleichzeitig mancher nationalistischen Verzeichnung Vorschub geleistet hat (vgl. zum Weiterleben in der Literatur Frenzel, *Stoffe der Weltliteratur*, S. 53–56).

Über den Sohn des Arminius und der Thusnelda, *Thumelius*, lesen wir bei Tacitus (*Annalen* I, 58): *Die Gattin des Arminius gebar ein Kind männlichen Geschlechts. Der Knabe wurde in Ravenna erzogen; wie nochmals das Schicksal mit ihm bitteren Spott getrieben, werde ich zu gegebener Zeit berichten.*

Da Tacitus, der weder Mutter noch Kind mit Namen nennt, Thumelius später nicht näher erwähnt, konnte sich der Treppenwitz seiner um so leichter annehmen. Danach wurde er in der berühmten Fechterschule von Ravenna zum Gladiator ausgebildet.

So schildert ihn der österreichische Dramatiker Friedrich Halm (Pseudonym für Eligius Franz Joseph Reichsfreiherr von Münch-Bellinghausen; 1806–71), der Generalintendant der Wiener Hoftheater war. Er hatte sich mit einer Anzahl von Dramen vorwiegend geschichtlichen Inhalts bereits einen Namen gemacht, als das Burgtheater 1854 das Schauspiel *Der Fechter von Ravenna* ohne Nennung des Verfassers zur Aufführung brachte. Gleich nach der Premiere meldete sich ein bisher unbekannter Autor als Verfasser des anonymen Werks; es war der oberbayerische Volksschullehrer Franz Bacherl, der kurz zuvor dem Burgtheater ein Stück mit dem Titel *Die Cherusker in Rom* eingereicht hatte (gedruckt Nördlingen 1856). Nun erst bekannte sich Halm als alleiniger Autor des *Fechters*. Gleichzeitig erklärte er, von dem Werk Bacherls vorher keine Kenntnis gehabt zu haben. In dem folgenden Plagiatstreit obsiegte der Hofrat und erste Kustos der kaiserlichen Hofbibliothek, der als Angehöriger der Gesellschaft wie als erbliches Mitglied des österreichischen Herrenhauses allerdings auch a priori die besseren Aussichten besaß.

Durch Halm erfuhr der Thumeliusstoff seine endgültige Fassung: *Zum Gladiator und zu sklavischer Sinnesart erzogen, hat Thumelius kein Verständnis für die Erwartungen, die seine Landsleute und seine Mutter in ihn setzen. Thusnelda tötet ihn und dann sich selbst* (Frenzel, *Stoffe der Weltliteratur*, S. 622).

Aus der Zeit der Christianisierung wird von dem Friesenherzog *Radbod* (†719) erzählt, wie Wulfram, der Bischof von Sens und Abt von Fontanelle, ihn taufen wollte, nachdem er bereits den Sohn bekehrt hatte. Schon stand Radbod mit einem Bein im Taufbecken, als er plötzlich Wulfram fragte, wohin denn seine Vorgänger, die als Heiden gestorbenen Friesenherzöge, gekommen seien, in den christlichen Himmel oder in die Hölle. Auf die Antwort des Bischofs, daß sie als Ungetaufte unzweifelhaft der Hölle anheim gefallen seien, zog Radbod den Fuß zurück mit der Erklärung, daß er die Gesellschaft seiner Vorfahren nicht missen könne und deshalb auf den christlichen Himmel in der Gesellschaft wenigen Gesindels verzichte (Friedrich Wilhelm Rettberg, *Kirchengeschichte Deutschland's*, Bd II, Göttingen 1848, S. 514 ff.).

Die einzige Quelle für die Geschichte ist Jordanes (*Geschichte der*

132

Goten), dessen Werk im wesentlichen ein Auszug aus Cassiodors gleichnamigem Werk ist. Im übrigen erzählt bereits Cassius Dio eine sehr ähnliche Begebenheit mit dem Dacierkönig Debecalus aus Kaiser Trajans Zeit.

Kein mittelalterlicher Herrscher hat Sage, Dichtung und bildende Kunst so stark beeinflußt wie *Karl der Große* (742–814), dessen historische Erscheinung überdeckt wird von einem üppig wuchernden Kranz von Legenden.

Das beginnt mit Karls Geburt, begünstigt durch den Umstand, daß sein Vertrauter und erster Biograph Einhard Geburt, Kindheit und Jugend bewußt ausklammert: *Ich halte es für sinnlos, von Karls Geburt, Kindheit und Jugendzeit zu erzählen, da bisher noch nie davon berichtet wurde und heute auch niemand mehr lebt, der Auskunft darüber geben könnte. Daher habe ich mich entschlossen, das Unbekannte wegzulassen und sofort dazu überzugehen, seine Persönlichkeit, Taten und andere Begebnisse seines Lebens zu schildern und zu beschreiben (Das Leben Karls des Großen, 4).*

Karl wurde am 2. April 742 geboren. Da sein Vater, Pippin der Jüngere, zu dieser Zeit in Bayern gegen Herzog Odilo kämpfte, verlegt die Überlieferung die Geburt Karls dorthin. So schreibt der bayerische Geschichtsschreiber Aventin (1477–1534) in seiner 1523 in Regensburg abgeschlossenen Chronik: *Kaiser Karl ist geborn worden als man zelet nach Christi gepurt sibenhundert und zwaiundvierzig jar zu Karlsperg auf dem schlos am Wirmsê, drei meil oberhalb Münichen (wie dan die inwoner des noch sagen, auch bezeugt ain ganz puech, vom kaiser Karl beschriben, zu Weihenstefen im closter auf dem perg bei Freising noch vorhanden), alda diser zeit künig Pipin, sein vater, hof hielt...* (Johannes Turmair's genannt Aventinus Bayerische Chronik, hrsg. v. Matthias Lexer, 2 Bde, München 1882–1886, Bd II/1, S. 117).

Mit zahlreichen Märchenmotiven angereichert ist die *Älteste Sage über die Geburt und Jugend Karls des Großen*, die J. Christian Freiherr von Aretin, »kurbaierischer General-Landes-Direktions-Rath«, veröffentlicht und kommentiert hat (München 1803).

Danach will ein König von Britaa oder Kärling Pippin seine Tochter zur Frau geben und sendet ihm ein Bild von ihr zu. Pippin möchte sie heiraten und schickt seinen Hofmeister, sie holen zu lassen. Dieser böse rote Ritter jedoch schiebt Pippin seine eigene Tochter unter und befiehlt zwei Knechten, die echte

Braut zu töten und zum Beweis ihre Zunge zu bringen. Die beiden töten stattdessen einen kleinen Hund, die Prinzessin geht zu einem Köhler und darauf zu einem Müller, für den sie aus ihrem Material Borten aus Gold und Silber stickt.

Nach sieben Jahren verirrt sich Pippin auf der Jagd in diese Gegend, und sein Sterndeuter sagt ihm voraus, daß er die kommende Nacht bei seiner Ehefrau schlafen und ein *Degenkind*, einen männlichen Erben zeugen werde. Der Müller bietet dem König zuerst seine beiden eigenen Töchter an, die als die nicht Richtigen erkannt werden und wohnt endlich der Prinzessin bei. Sie erzählt ihm ihre Geschichte und zeigt ihm als Zeichen einen Ring. Pippin gelobt und gebietet Schweigen.

Frau Percht, wie die Prinzessin genannt wird, gebiert nun ihren Sohn Karolum, der als Sohn des Müllers getauft wird. Pippin wird benachrichtigt, ist jedoch auf verschiedenen, Jahre dauernden Kriegszügen. Karl selbst hält sich für den Sohn des Müllers, wird später Page eines Edelmannes, kommt an den Hof Pippins und wird – endlich – als Sohn erkannt.

Der Herausgeber vermutet, daß es sich bei dieser Erzählung um die Übersetzung oder Nachdichtung eines französischen Originals aus dem 13. Jahrhundert handle (*a.a.O.*, S. 125).

Sie stellt eine der etwa zwanzig Fassungen der Berta-Sage dar, die entstehen konnten, weil nach den überlieferten Daten Karl *vor der Eheschließung Pippins mit Karls Mutter Berta geboren sein müßte* (Frenzel, *Stoffe der Weltliteratur*, S. 82). Diese Sage findet sich auch im *Karlmeinet*, einer um 1320 entstandenen Kompilation von sechs verschiedenen Epen nach niederländischen und französischen Quellen. Den Titel erhielt das Werk nach dem ersten Teil, *Carolus Magnitus* (der junge Karl der Große). Daneben enthält es die Geschichten von der Werbung um die heidnische Königstochter Galie(na), von Morant und Galie mit dem Motiv der unschuldig verleumdeten Ehefrau, von Roland und der Schlacht bei Roncevaux, vom Ritter Elegast sowie eine Zusammenstellung der Feldzüge Karls und einen Bericht über Karls Tod, letztere nach dem *Speculum historiale* des Vincenz von Beauvais.

Viel Anekdotisches ist zweifelsohne Grund gelegt in den auf Veranlassung Karls des Dicken entstandenen *Gesta Caroli Magni*, die Notker I. Balbulus (d. h. »Stammler«) als Monachus Sangallensis 883 schrieb, sowie vor allem in der von Kaiser Friedrich I. Barbarossa in Auftrag gegebenen *Vita Caroli Magni* (1165/66), die man fälschlicherweise dem Erzbischof von Reims, Jean Turpin, zugeschrieben hat. In diese Lebensbeschreibung ist unter anderem die Schilderung des Benedikt von Sankt Andreas auf dem Mons Soracte (um 968) eingegangen, nach der Karl nach Jerusalem und

Konstantinopel gezogen ist und Reliquien für Aachen erworben hat (vgl. Frenzel, *a.a.O.*, S.345).

Diese Vita berichtet auch von der Einsetzung der zwölf Paladine, deren bekanntester, *Roland*, der Held des schon um 1100 in Nordfrankreich entstandenen Rolandsliedes ist. Dem Epos liegt ein historisches Ereignis zugrunde. Im Jahre 778 war Karl gegen den Omaijadenemir von Cordoba zu Felde gezogen. Zwar gelang es ihm, Pamplona zu erobern, dagegen mußte er die Belagerung von Saragossa abbrechen und den Rückzug antreten. Dabei wurde die Nachhut des Frankenheeres beim Pyrenäenübergang am 15. August im Engpaß von Roncevaux (Roncevalles) von den – christlichen – Basken überfallen und vernichtet.

Bei dem Überfall fielen der königliche Truchseß Ekkehard, Pfalzgraf Anselm, Markgraf Roland von Bretagne und noch viele andere (Einhard, *Das Leben Karls des Großen, 9*). Das ist die einzige historische Erwähnung Rolands, der im Epos zum Neffen Karls wird. Die Niederlage ist nur durch Verrat möglich, die Gegner werden zu heidnischen Sarazenen, die der Held mit seinem Schwert Durendal, mit dem er einen Marmorblock durchschlagen konnte, zu Hunderten erschlägt. Gegen eine mehrfache Übermacht aber fallen Tausende von Christen, und aus falschem Stolz stößt Roland zu spät in sein Horn Olifant, um Karl herbeizurufen.

Stärker als im Rolandslied steht Karl selbst im Mittelpunkt der Sagen, die an die Kriege gegen die Sachsen, Dänen und Italiener anknüpfen oder – unhistorisch –, oft um Verrat angereicherte Vasallenkämpfe schildern (vgl. Frenzel, *a.a.O.*, S.345 f.).

Breiten Raum nehmen neben den Sagen um Geburt und Jugend solche aus seinem und seiner Angehörigen Privatleben ein. Karl war viermal verheiratet (mit Desiderata [?], Hildegard, Fastrada, Liutgard) und hatte sechs Konkubinen (Himmeltrud, Madelgard, Gerswinda, Regina, Adelind und eine namentlich nicht Bekannte). Einhards Hinweise auf die Verhältnisse *und das in Walahfrid Strabos Visio Wettini (um 830) festgehaltene Bild von dem im Fegefeuer für seine Sinnlichkeit gepeinigten Kaiser ergaben Anknüpfungspunkte für Sagen, die den Kaiser als einen vom Liebesdämon Befallenen darstellen. So erzählt die nordische Karlamagnussaga von einem verbrecherischen Verhältnis Karls zu seiner Schwester, dessen Frucht Roland ist; auf Gottes Befehl verheiratet Karl die Schwester (Gille, nach anderen Fassungen Berta) an Milon. Der deutsche Karlmeinet berichtet von der Liebe Karls zu einer toten Frau; ein Bischof entfernt aus dem Munde der Toten einen Zauberstein, und als er sich daraufhin Karls Zuneigung ausgesetzt sieht, wirft er den Stein in eine*

Quelle bei Aachen, die von da an Karls Lieblingsaufenthalt wird. Diese Zauberepisode wurde von Petrarca in einer Epistel, von R. Southey in *einer Romanze (1797) gestaltet; von Niklas Vogt in die* Rheinischen Geschichten und Sagen *(1817) aufgenommen und an Karls Gemahlin Fastrada geknüpft, wurde sie zum Thema deutscher Balladen des 19. Jahrhunderts (F.* Schlegel, Frankenberg bei Aachen 1807; *W.* Müller, Die Sage vom Frankenberger See bei Aachen 1818; *K.* Simrock, Der Schwanenring 1836; *H.* Lingg, Fastradas Ring 1885); *in G. Hauptmanns Drama um Karls des Großen Altersliebe zu dem verderbten Sachsenmädchen Gersuind* (Kaiser Karls Geisel, 1908) *hat sie einen späten Nachklang gefunden. An Karls Ehefrauen – Galiena, Hildegard und Sibylle –, denen Karl als strenger Tugendrichter gegenübertritt, knüpfen sich Ehebruchsgeschichten: an Galiena die von* Morant und Galie, *an die beiden anderen solche unter ihren Namen. Hildegard wird von Karls Bruder Taland umworben. Als sie ihn abweist und einsperren läßt, beschuldigt er sie bei Karls Rückkehr eines ehebrecherischen Lebenswandels. Sie wird verstoßen, geht nach Rom und wird dort eine wundertätige Nonne; unerkannt heilt sie den von Aussatz befallenen Taland, erbittet Karls Gnade für ihn und stirbt als eine Art Heilige* (Frenzel, a.a.O., S. 347).

Auch um Karls Töchter bildeten sich bald Legenden. *Obwohl sie sehr schöne Mädchen waren und er sie über alles liebte, erlaubte er seltsamerweise keiner von ihnen zu heiraten, weder einen Mann aus dem eigenen noch aus einem fremden Volk. Er behielt sie vielmehr alle bis zu seinem Tode bei sich und behauptete, ohne ihre Gesellschaft nicht leben zu können. Und so glücklich er sonst war, durch sie erfuhr er doch die Tücke des Schicksals. Daß er von den Gerüchten über ihre Unkeuschheit und dem Gerede über sie gehört hatte, ließ er sich allerdings nicht anmerken* (Einhard, *Das Leben Karls des Großen,* 19).

Der letzte Satz Einhards deutet diskret darauf hin, daß sich die Töchter in ihrem Verhalten zum anderen Geschlecht ganz offensichtlich am Vater orientiert haben. Bekannt und Literaturgut geworden ist das Verhältnis von Karls Tochter Berta zu Einhards Freund Angilbert. Angilberts Name wurde jedoch später durch den bekannteren des Eginhard (= Einhard) und Bertas Name durch den von Einhards Frau Emma ersetzt. Schon im *Chronicon Laurishamense* gegen Ende des 12. Jahrhunderts lesen wir dann die Fassung, die auch in die *Deutschen Sagen* der Brüder Grimm (Bd II, Nr. 457) eingegangen ist: Als Eginhard nach dem ersten nächtlichen Gang in die Kammer des Mädchens am Morgen zurückkehren will, sieht er, daß es geschneit hat und seine Spuren ihn verraten würden. Darauf nimmt Emma ihn auf ihre Schultern und trägt ihn über den Hof. Der Kaiser beobachtet die zwei, die zur Strafe heiraten müssen (vgl. Frenzel *a.a.O.*, S. 143–45).

Wie bei vielen Großen der Geschichte künden auch bei Karl Vorzeichen den kommenden Tod an (Einhard, *Das Leben Karls des Großen*, 32): *In den letzten drei Jahren seines Lebens gab es sehr viele Sonnen- und Mondfinsternisse...; der Säulengang zwischen der Kirche und dem Palast... stürzte... plötzlich völlig ein... Während seines letzten Feldzuges in Sachsen gegen den Dänenkönig Gottfried sah Karl auf einmal einen mächtigen Feuerstrahl mit hellem Schein von links über den klaren Himmel blitzen... und alle wunderten sich, was das Zeichen bedeuten solle, da stürzte plötzlich sein Reitpferd kopfüber und warf ihn so heftig zur Erde, daß die Spange seines Umhangs zerbrach und der Schwertgurt zerriß... Hinzu kam, daß der Palast in Aachen häufig erschüttert wurde... Auch hatte der Blitz in die Kirche eingeschlagen, in der er später begraben wurde, und die vergoldete Kugel, die die Spitze des Daches zierte, war zerschmettert und auf das danebenliegende Haus des Bischofs geworfen worden. In derselben Kirche befand sich auf dem Wandstreifen, der im Inneren zwischen den oberen und den unteren Bögen verlief, eine Inschrift in roten Buchstaben. Darauf stand, wer die Kirche erbaut hatte. Die letzten Wörter waren KAROLUS PRINCEPS. In seinem Todesjahre, mehrere Monate bevor er starb, bemerkten einige Leute, daß die Buchstaben des Wortes PRINCEPS so ausgelöscht waren, daß man sie nicht mehr lesen konnte. Karl aber hielt nichts von diesen Vorzeichen; jedenfalls tat er so, als ob sie ihn nichts angingen.*

Nicht so häufig wie für Friedrich I. Barbarossa ist für Karl den Großen die Sage von der einstigen Wiederkehr überliefert: *Karl ruht wartend im Desenberge oder bei Herstelle, im Gudensberg in Hessen oder auch im Untersberg bei Salzburg* (Frenzel, *a.a.O.*, S. 348).

Dürers Gemälde, das Karl im Krönungsornat und im Schmuck eines an Friedrich Barbarossa erinnernden, auf die Brust herabwallenden Vollbarts darstellt, ist von der Historienmalerei des 19. Jahrhunderts übernommen worden (Rethel, Kaulbach u. a.), entspricht aber keineswegs der Wirklichkeit. Wir besitzen drei zeitgenössische Porträts Karls des Großen, darunter ein Mosaikbild im Lateran und die aus dem Metzer Domschatz stammende Bronzestatuette, die sich heute im Musée Carnavalet in Paris befindet. Auf allen dreien trägt Karl nur einen herabhängenden Schnurrbart, den bereits die fränkischen Merowinger den Galliern nachgeahmt hatten.

Karl starb, fast 72, am 28. Januar 814 morgens um neun Uhr und wurde (nach dem Bericht des Erzbischofs Thegan von Trier in dessen *Leben*

Ludwigs des Frommen, VII) noch am gleichen Tag in der von ihm erbauten Kapelle in Aachen beigesetzt, obwohl er 769 die Abteikirche von Saint-Denis bei Paris als Grabstätte bestimmt hatte, wo sein Vater und die früheren Karolinger und Merowinger ihre Ruhestätte gefunden hatten.

Über die Art seines Begräbnisses und ob sein Leichnam vor der Grablegung einbalsamiert wurde (was wegen der Kürze der Zeit wohl kaum durchführbar war) berichten weder Thegan noch Einhard.

Als Kaiser Otto III. im Jahr 1000 das Grab Karls in Aachen öffnen ließ, soll der guterhaltene Leichnam auf einem goldenen Thron gesessen haben. Das erzählt das etwa dreißig Jahre später im Kloster Novalese bei Susa niedergeschriebene *Chronikon Novaliciense* (III, 33; danach Brüder Grimm, *Deutsche Sagen,* Bd II, Nr. 481). Danach sollen zwei Bischöfe und der Graf Otto von Comello bei der Graböffnung zugegen gewesen sein. Der Graf berichtet, sie hätten Karl wie lebend auf einem Sessel thronend gefunden, auf dem Haupt eine goldene Krone, das Zepter in den Händen, die mit Handschuhen bedeckt waren. Otto bekleidete ihn mit weißen Gewändern, beschnitt die durch Eintrocknen der Haut hervorgetretenen Nägel und ergänzte ein fehlendes Stück an der Nasenspitze durch Gold. Aus dem Munde des Toten nahm er einen Zahn mit, dann wurde die Gruft wieder geschlossen. Die Szene vom in seinem Grabe thronenden Herrscher ist im Bild festgehalten worden unter anderem durch Kaulbach in seinem Gemälde im Germanischen Nationalmuseum in Nürnberg und von Rethel in Aachen.

Weitere Einzelheiten weiß Ademar von Chabannes († um 1035) in seiner Geschichte der Franken zu berichten. Danach sei die Leiche Karls »aromatisiert« (d. h. einbalsamiert) und in einer Wölbung des Grabmals auf einem goldenen Sessel beigesetzt worden, umgürtet mit goldenem Schwert, auf den Knien ein goldenes Evangelium, dazu Zepter und goldener Schild, ein Geschenk Leos III.

Obwohl diese Berichte nur wenige Jahrzehnte nach der Graböffnung niedergeschrieben und mehrere Augenzeugen benannt wurden, ist ihre Glaubwürdigkeit mit Recht angezweifelt worden. Die Anhäufung der vielen Grabbeigaben aus reinem Gold erweckt Mißtrauen. Es ist das Verdienst des Historikers Theodor Lindner, die Haltlosigkeit dieser Überlieferung aufgedeckt zu haben (*Die Fabel von der Bestattung Karls des Großen,* Aachen 1893). Die Totenbestattung in sitzender Stellung war den Germanen unbekannt, nur byzantinische Erzbischöfe wurden auf diese Weise begraben. Alle Merowinger, Karolinger und die späteren Kapetinger wurden in horizontaler Lage bestattet.

Auch Karls Leiche wurde auf die gleiche Art zur letzten Ruhe gebettet. Von einer Einbalsamierung kann keine Rede sein, denn die Grablegung fand laut Einhard noch am Todestag des Kaisers statt, ganz abgesehen davon, daß wohl weder die mit dieser Kunst vertrauten Ärzte noch die hierfür erforderlichen Mittel vorhanden waren.

Zwischen die Päpste Leo IV. († 855) und Benedikt III. († 858) wird meist die sogenannte *Päpstin Johanna,* auch Frau Jutte genannt, datiert. Die erste Erwähnung der Sage finden wir 1261 bei Stefan de Bourbon, doch wird sie erst allgemein verbreitet durch die Chronik des Martin von Toppau († 1278), die in fünf Volkssprachen übersetzt, zum beliebtesten Geschichtsbuch des Mittelalters wurde. Danach war Johanna in Mainz geboren, wurde von einem Liebhaber nach Athen entführt, wo sie studierte; darauf sei sie, als Mann verkleidet, in Rom Lehrer und schließlich, für zwei Jahre und sieben Monate, Papst geworden. Entlarvt wurde sie, als sie, durch einen *familiarem* geschwängert, während einer Prozession zwischen dem Kolosseum und der Kirche des hl. Klemens, ein Kind gebar, worauf sie von der empörten Menge auf der Stelle getötet worden sei.

Wichtig ist, daß als Vater des Kindes häufig der Teufel angegeben wird, wodurch das Frevelhafte der Amtsanmaßung Johannas unterstrichen wird. Auch wird berichtet, daß sie, vor die Wahl zwischen irdischer Schande und ewiger Verdammung gestellt, die erstere gewählt habe. Die Sage wurde im 15. und 16. Jahrhundert für historische Wahrheit gehalten und ist erst durch die Forschungen von A. Bianchi-Giovini (1865) und I. v. Döllinger (Papstfabeln des Mittelalters, 1890) als Fabelei erkannt worden (Frenzel, *Stoffe der Weltliteratur,* S. 495).

> *Herr Heinrich sitzt am Vogelherd*
> *recht froh und wohlgemut.*

Fröhlich und zuversichtlich sieht er dem Tag und einem guten Fang entgegen, als plötzlich der Staub aufwirbelt und eine Reiterschar heransprengt, die ihm, *des Sachsenlandes Stern,* als neuem Kaiser huldigt.

So kennen wir alle die an Cincinnatus erinnernde Anekdote durch das von Carl Loewe vertonte Gedicht von Johann Nepomuk Vogl aus dem Jahre 1835. Sie ist zum ersten Mal belegt bei dem Anfang des 13. Jahrhunderts verstorbenen Gottfried von Viterbo, der nach Scheffer-Boichhorsts Worten *die ganze Weltgeschichte auf dem poetischen Hackbrett verarbeitete,* während sich bei seinem Zeitgenossen Saxo Grammaticus zum ersten Mal der Beiname *auceps* (Vogelfänger) findet.

Eine sehr poetische Szene. *Doch handelt es sich dabei um eine reine Sage, und wir meinen, es wäre an der Zeit, daß der Beiname* [der Finkler] *auch aus der populären Geschichtsliteratur und den Schulbüchern verschwände. Die Sage ist ein wertvolles Volksgut, die Geschichte indes nicht minder, und man soll beides auseinanderhalten* (Robert Holtzmann, *Geschichte der sächsischen Kaiserzeit*, München 1941, S. 8).

Ganz so ahnungslos und überrascht über die ihm zugefallene Königskrone kann der erste deutsche König aus dem Geschlecht der Liudolfinger (911–936) im übrigen nicht gewesen sein. Bereits nach dem Tod des letzten Karolingers, Ludwig des Kindes (†911), hatten die in Forchheim versammelten Reichsstände Heinrichs Vater, Herzog Otto, als Nachfolger bestimmt, der aber im Hinblick auf sein hohes Alter diese Würde und Bürde abgelehnt hatte. Man hatte sich dann für Herzog Konrad von Franken entschieden, der die Wahl annahm. Als Konrad auf den Tod erkrankte (†23. Dezember 918), empfahl er seinem Bruder Eberhard und den übrigen Fürsten als Anwärter für die Nachfolge Ottos Sohn, Herzog Heinrich, ja er forderte Eberhard sogar auf, Heinrich die Reichsinsignien zu überbringen.

Um die Ehre, Schauplatz dieser angeblich historischen Begebenheit gewesen zu sein, streiten sich vier *Finkenherde,* der von Dinklar bei Hildesheim, der bei Quedlinburg, der aus dem Harz unweit Blankenburg und der südlich von Herzberg.

Von Kaiser *Otto I., dem Großen* (936–73), wird berichtet, er habe 947 ganz Dänemark erobert und sei in Jütland bis an den Limfjord gelangt, in dessen Wogen er seinen Speer weit hinausschleuderte, um nach alter Sitte damit das Meer als Grenze seines Reiches zu bezeichnen, was die germanische Mythologie übrigens auch vom Gottvater Odin erzählt. Der betreffende Teil des Meeres heißt noch der *Ottensund* und eine Uferstelle der Halbinsel Thyt gegenüber der *Ottensand.* Nach Wilhelm von Giesebrecht (*Geschichte der deutschen Kaiserzeit*, Bd I, 4. Aufl., Braunschweig 1872, S. 299 und 816) meldet jedoch nur eine sagenhafte Kunde aus späterer Zeit von diesem Kriegszug. Dennoch ist der speerschleudernde Kaiser gern von Malern verherrlicht worden. Eine ähnliche Geschichte erzählt Diodor (XVII, 17) von Alexander dem Großen (beim Übersetzen über den Hellespont wirft der König vom Schiff aus seinen Speer, daß er in der Erde stecken bleibt) und Varro (*De lingua latina*) von Romulus, der seinen Speer vom Aventin über die Teiche nach dem Palatin wirft. Vielleicht haben diese Erzählungen als Vorbild gedient.

Falsch verstanden wird oft der Begriff *Heiliges Römisches Reich Deutscher Nation*, Titel des 1806 aufgelösten Deutschen Reiches. Otto hat zwar *in Rom wenige Tage nach seiner Kaiserkrönung ausdrücklich bekundet, daß er sein Kaisertum als Erinnerung und Fortsetzung der karolingischen Tradition verstand* (Josef Fleckenstein, in: Gebhardts *Handbuch der deutschen Geschichte*, Bd I, S. 250), doch wurde der Name *Romanum Imperium* nur langsam üblich und 1034 zum ersten Mal unter Konrad II. erwähnt. *Sacrum Imperium* finden wir erst seit 1157 in Urkunden Friedrichs I. Seit 1254 ist die Verbindung *Sacrum Romanum Imperium* bezeugt. Der Zusatz *Deutscher Nation* taucht erst im 15. Jahrhundert auf und bezeichnete einschränkend die deutschen Teile des Reichsgebietes ohne Burgund und Italien. Erst die Staatslehrer des 17. Jahrhunderts, wie Limnaeus 1629, machen dann den Begriff zum Ausdruck eines nationalen Anspruchs, den er für viele bis heute behielt (Karl Zeumer, *Heiliges römisches Reich deutscher Nation*, Weimar 1910).

Der sogenannte *Mäuseturm* auf einer Insel mitten im Rhein bei Bingen hat ursprünglich Mautturm geheißen nach dem alten Wort Maut für Zoll. Als man später dieses Wort nicht mehr verstand, wurde es volksetymologisch zum Mäuseturm umgeformt. Daran knüpfte sich dann eine von Erzbischof Hatto I. von Mainz (891–913), nach anderen von Erzbischof Hatto II. (968–70) erzählte Sage (Brüder Grimm, *Deutsche Sagen*, Bd I, Nr. 242). Zur Zeit einer großen Hungersnot, als *die Menschen aus Not Katzen und Hunde aßen und doch viele Leute Hungers starben*, lebte Bischof Hatto, der, als Hungernde sich Brot mit Gewalt verschafften, alle Armen und Bedürftigen in einer Scheune zusammenrufen ließ unter dem Vorwand, sie zu speisen. *Und wie sie in die Scheune gegangen waren, schloß er die Türe zu, steckte mit Feuer an und verbrannte die Scheune samt den armen Leuten, jung und alt, Mann und Weib. Als nun die Menschen unter den Flammen wimmerten und jammerten, rief Bischof Hatto: »Hört, hört, wie die Mäuse pfeifen!« Allein Gott der Herr plagte ihn bald, daß die Mäuse Tag und Nacht über ihn liefen und an ihm fraßen, und vermochte mit aller seiner Gewalt nicht wider sie behalten und bewahren. Da wußte er endlich keinen andern Rat, als er ließ einen Turm bei Bingen mitten im Rhein bauen, der noch heutigentags zu sehen ist, und meinte sich darin zu fristen, aber die Mäuse schwammen durch den Strom heran, erklommen den Turm und fraßen den Bischof lebendig auf.*
Die erstmals 1290 durch Siegfried von Meißen in dieser Form überlieferte Sage ist eine alte, in Mittel- und Nordeuropa weit verbreitete Wander-

anekdote, die in Bingen lokalisiert werden konnte, nachdem aus dem Maut- ein Mäuseturm geworden war (Felix Liebrecht, *Zur Volkskunde*, Heilbronn 1879, S. 1–16).

Ein Diakonus Adalbert von Bamberg verfaßte um 1146, veranlaßt durch die Kanonisation des Kaisers, eine Lebensbeschreibung *Heinrichs II.* (1002–1024). Darin flocht er das bekannte Motiv der Feuerprobe ein, die *Kunigundens Keuschheit* beweisen soll. In Verdacht geraten, untreu gewesen zu sein, geht sie unbeschadet über sieben glühende Eisenschare (Grimm, *Deutsche Sagen*, Bd II, Nr. 482).

Ludwig der Springer (1042–1123), seit 1076 Landgraf von Thüringen und 1123 als Mönch des von ihm 1085 gegründeten Klosters Reinhartsbrunn gestorben, soll sich in die Pfalzgräfin Adelheid von Sachsen, Gemahlin Friedrichs III. von Goseck, verliebt und ihren Gatten getötet haben (1085). Deshalb soll er auf dem Schloß Giebichenstein bei Halle eingesperrt worden sein, sich jedoch mit einem kühnen Sprung aus einem Fenster in die Saale gerettet haben (Grimm, *Deutsche Sagen*, Bd II, Nr. 554). Freilich weiß kein zeitgenössischer Chronist etwas von diesem kühnen Sprung; denn der Springer verdankt seinen Namen lediglich der Unwissenheit Chroniken schreibender Mönche. Er wurde ein salischerGraf genannt, weil sein Geschlecht den salischen Franken entstammte. Ein späterer Chronist, dem die Bedeutung des Wortes *salicus* unbekannt war, machte daraus *saliens*, den »Springer.« Der erste Chronist, der die Geschichte bietet, ist der »Erfurter Anonymus«, der 350 Jahre später als Ludwig lebte und vielleicht mit Nicolaus de Siegen identisch ist.

Sprichwörtlich geworden ist Heinrichs IV. (1050–1106) Gang nach *Canossa*, der lange Zeit als Inbegriff der Demütigung galt, nicht zuletzt bedingt durch Lamperts von Hersfeld *Annalen*, in denen er berichtet, *Heinrich habe drei Tage und drei Nächte barfuß in der Winterkälte vor der Burg Canossa gestanden, ehe Gregor VII. den Büßer einließ* (Frenzel, *Stoffe der Weltliteratur*, S. 248).
Inzwischen, nach langer und kontroverser Diskussion der Historiker, wird das Geschehen nüchterner und differenzierter gesehen. *Die Frage, ob Canossa eine Niederlage oder ein Erfolg Heinrichs IV. war, ist immer wieder diskutiert worden. Hatte die ältere Forschung, vor allem unter dem Eindruck der tendenziösen Darstellung Lamperts von Hersfeld, in den Ereignissen von Canossa eine tiefe Demütigung für Heinrich gesehen,*

so hat man später vor allem den taktischen Erfolg des Königs betont und manchmal geradezu von einem Sieg Heinrichs gesprochen. Zweifellos bedeutete die Absolution des Königs für diesen im Augenblick einen diplomatischen Erfolg. Es war ihm gelungen, eine Vereinigung Gregors mit den innerdeutschen Königsgegnern zu verhindern. Die Reise des Papstes nach Deutschland wurde verschoben und mußte schließlich ganz aufgegeben werden. Der König hatte seine Handlungsfreiheit wiedergewonnen (Karl Jordan, in Gebhardts Handbuch der deutschen Geschichte, Bd I, S. 341).

Im 11. Jahrhundert dürfte die *Habsburg* erbaut worden sein, im jetzigen Kanton Aargau, auf dem Wülpelsberg bei Windisch, dem römischen Vindonissa.

Eine schöne Aargauer Sage, die Karl Simrock und Johann Gabriel Seidl in Verse gebracht haben, erzählt, der Bischof von Straßburg und sein Bruder seien aus Rom gekommen. Im Aargau habe der Bruder gejagt und dabei seinen Habicht verloren. Wo er ihn nach langem Suchen wiedergefunden, habe er eine Feste gebaut. So sei die Habsburg, d. h. die Habichtsburg, entstanden.

> Der Bischof Werner gab das Geld,
> Graf Radbod hat sie hingestellt,
> Klein aber fest,
> Die Habichtsburg, das Felsennest.

Als aber der kirchliche Bruder die Burg besuchte, fand er trotz des Geldes, das er zum Bau hergegeben, keine schützenden Mauern. Da bot der Erbauer über Nacht das Volk auf, das er mit des Bruders Gut gewonnen hatte, Herren, Ritter, Knechte, die alle sich auf der Burg lagerten. Auf sie hinweisend, sprach er am nächsten Morgen zum überraschten Bruder: *Das sind meine Mauern, die ich gebaut habe.* Die nicht sehr originelle Erzählung entbehrt aber der historischen Wahrheit. Eine Urkunde von 1027, in der sich Bischof Werner I. von Straßburg († 1096) »Gründer« der Habsburg nennt, ist unecht. Mit Sicherheit kann man nur sagen, daß sich Werners Sohn Otto († 1111) zuerst »Graf von Habsburg« nannte (R. Reissenberger im Feuilleton der *Wiener Zeitung* vom 17. Februar 1886).

Die Anekdote von den aus tapferen Männern bestehenden Mauern, die u. a. beim Schloß Neuenburg über Freyburg an der Unstrut zwischen Friedrich Rotbart und seinem Schwager, dem Landgrafen Ludwig, wiederkehrt, steht übrigens schon bei Plutarch (*Lakonische Denksprüche, Agesilaos* 19): *Ein anderer fragte ihn* [Agesilaos], *warum Sparta ohne Mauern sei; da zeigte er auf die bewaffneten Bürger mit den Worten:* »*Das sind Lakedaimons Mauern.*«

Nach Konrads III. Wahl zum deutschen König im Jahre 1138, die gegen die Partei der Welfen in Sachsen und Bayern erfolgte, kam es bald zu kriegerischen Auseinandersetzungen zwischen »Welfen« und »Waiblingern« (nach der hohenstaufischen Burg Waiblingen). Daß beim siegreichen Kampf Konrads gegen den Bayern Welf VI. um die Stadt Weinsberg im Dezember 1140 zum ersten Mal der Schlachtruf *Hie Welf – Hie Waibling* erschollen sei, läßt sich nicht nachweisen.

Hingegen gilt eine andere Überlieferung, die Justinus Kerner und Gottfried August Bürger zum Gegenstand bekannter Balladen gemacht und Historienmaler als dankbares Motiv verwertet haben, nach langen, oft erbitterten Auseinandersetzungen als *durchaus glaubwürdig* (Karl Jordan, in Gebhardts *Handbuch der deutschen Geschichte,* Bd I, S. 376). Es ist die Geschichte der treuen *Weiber von Weinsberg.* Als Konrad die Burg Weinsberg belagerte und zur Übergabe zwang, bewilligte er den eingeschlossenen Frauen freien Abzug und gestattete ihnen, ihre wertvollste Habe, so weit sie sie auf dem Rücken tragen könnten, mitzunehmen. Die Männer dagegen, die sich auf Gnade und Ungnade ergeben hatten, sollten als Rebellen wider Kaiser und Reich hingerichtet werden. Die klugen Frauen überlisteten den Kaiser, indem sie als ihre wertvollste Habe ihre Männer auf dem Rücken aus der Burg trugen. Das war zwar in gewisser Weise eine Umgehung des Abkommens, aber Konrad nahm sein einmal gegebenes Wort nicht zurück: *Ein Kaiserwort soll man nicht drehn noch deuten* (vgl. Karl Weller, *Die neuere Forschung über die Geschichte von den treuen Weinsberger Weibern.* In: *Zeitschrift für württembergische Landesgeschichte* IV [1940], S. 1–17).

Im Dogenpalast von Venedig sind zwei Gemälde aus dem Leben Friedrichs I. *Barbarossa* (1152–1190) zu sehen. Auf dem ersten von Tintoretto wird seine Niederlage in einer Seeschlacht bei Pirano und die Gefangennahme des kaiserlichen Prinzen Otto gezeigt; ein Ereignis, das nie stattgefunden hat.

Das zweite Gemälde, von Federigo Zuccaro, zeigt seine Demütigung beim Friedensschluß von Venedig durch Papst Alexander III., der seinen Fuß auf des Kaisers Nacken setzt. In Wirklichkeit hat der Kaiser dem Papst der Sitte gemäß den Fuß geküßt; *dieser richtete ihn wieder auf, gab ihm den Friedenskuß und erteilte ihm den Segen* (Karl Jordan, a.a.O., S. 405).

Am 10. Juni 1190 fand Barbarossa, der im Mai 1189 mit einem großen Heer von Regensburg aus zum Kreuzzug in das Heilige Land aufgebrochen war, den Tod, als er, überhitzt, im kalten Wasser des Flusses Saleph badete. Der von vielen lange kaum für glaubhaft gehaltene Tod in einem fremden Land und die große Beliebtheit des neben Karl dem Großen volkstümlichsten deutschen Herrschers des Mittelalters ließen die Überlieferung aufkommen, der Kaiser sei gar nicht gestorben, sondern nur in einen hohlen Berg entrückt worden. Dort sitzt er schlafend an einem Tisch, durch den sein langer roter Bart hindurchgewachsen ist. Wenn die Zeit erfüllt ist und die Raben nicht mehr um den Berg fliegen, wird er erwachen und die Macht und Herrlichkeit des Deutschen Reiches wiederherstellen.

Ursprünglich war die Sage von Entrückung und Wiederkehr an Barbarossas Enkel Friedrich II. (1212–1250) geknüpft und wurde zum ersten Male 1421 von Johannes Rothe mit dem *Kyffhäuser* in Verbindung gebracht. Doch da die Erinnerung an Friedrich II., der nur dreimal deutschen Boden betreten und im übrigen sein ganzes Leben auf Sizilien zugebracht hat, im Volke bald völlig entschwunden war, wurde die Überlieferung im 16. Jahrhundert, zum ersten Mal im *Volksbuch von Friedrich Barbarossa* von 1519, auf den volkstümlicheren Barbarossa übertragen (Frenzel, *Stoffe der Weltliteratur*, S. 189–192).

Seitdem wurde die Vorstellung vom Kaiser Barbarossa im Kyffhäuser allmählich Allgemeingut und fand ihren bekanntesten Ausdruck in Friedrich Rückerts Gedicht *Barbarossa* von 1817.

Für erfüllt hielt man im vorigen Jahrhundert Barbarossas Zeit, als Wilhelm I. nach der Niederlage Frankreichs 1871 das Deutsche Reich erneut gründete.

Heinrich der Löwe († 1195), 1142–1180 Herzog von Sachsen und 1156–1180 Herzog von Bayern, ließ sich schon zu seinen Lebzeiten gern mit seinem Beinamen benennen. Auf die Kirche des am 20. Oktober 1189 von ihm zerstörten Bardowick ließ er die berühmte Inschrift setzen: *Vestigium leonis* – Fußspur des Löwen.

Auf dem Domplatz zu Braunschweig befindet sich das eherne Standbild eines Löwen aus dem 12. Jahrhundert. Dieser *Löwe von Braunschweig ist ... ein symbolisches Denkmal, das den Fürsten selber bezeichnet. Da*

145

aber Heinrich wirklich am heiligen Grab gewesen, knüpft das Volksbuch
an den großen Helden die sonst in der Geschichte vom edlen Möringer
und anderweit vorkommende Sage von der siebenjährigen Abwesenheit
des Eheherrn im Morgenlande an... Unter den Abenteuern im Morgen-
lande aber wird der Kampf mit einem Drachen erzählt, aus dessen
Umschlingung er den dankbaren Löwen gerettet. Dieser letzte Zug nun
knüpft sich ganz unzweifelhaft an das Löwenbild zu Braunschweig an, der
symbolische Löwe erhielt im Volksgemüth Fleisch und Blut, denn das
Volksbuch schließt mit der Erzählung, daß nach dem Tode Heinrich's der
Löwe auf seinem Grabe gestorben und bei dem Dome abgebildet worden
sei (G. Kinkel, *Mosaik zur Kunstgeschichte*, Berlin 1876, S. 212 f.).

Am Nordportal des Doms zu Braunschweig noch vorhandene streifen-
artige Vertiefungen im Stein sollen der Sage nach von dem treuen Löwen
aus Trauer über den Tod seines Herrn mit seinen Tatzen eingekratzt
worden sein.

Ähnliche Vertiefungen, Ritz- oder Kratzspuren, die man gelegentlich
auf Rechtsbräuche zurückgeführt hat, finden sich an zahlreichen Orten, so
am Westportal der alten Stadtkirche zu Schlitz in Oberhessen, an der
Stadtkirche zu Friedberg in Hessen oder am Westportal der Servatiuskirche
in Duderstadt.

Daß am Hof des kunstfreudigen Landgrafen Hermanns I. von Thüringen
(1190–1217) Walther von der Vogelweide, Wolfram von Eschenbach, Her-
bort von Fritzlar, Albrecht von Halberstadt und viele andere Künstler sich
aufgehalten haben, ist historisch. Der *Sängerkrieg* jedoch, der 1207 zwischen Walther, Wolfram, Reinmar von Zweter und Heinrich von Ofterdin-
gen stattgefunden haben soll, ist die Erfindung zweier unbekannter Autoren, die um 1260 ihren *Kriec von Vartburc* verfaßten. Lebendig geblieben
ist die Überlieferung bis heute durch Richard Wagners *Tannhäuser* von
1845, dem Moritz von Schwind in seiner bildlichen Darstellung im Sänger-
saal der Wartburg folgt.

Die hübsche Erzählung, *Walther von der Vogelweide* (✝ um 1230) habe in
seinem Testament bestimmt, daß man auf seinem Grabstein den Vögeln
Weizenkörner und zu trinken gebe und daß dies auch wirklich in Würzburg
im Kreuzgang des Neumünsters geschehen sei (von Longfellow in Verse
gesetzt, die Justinus Kerner verdeutscht hat), ist wohl nur zu seinem
Beinamen im nachhinein erfunden worden. 1843 ist Walther an der Außen-
seite des romanischen Chors der Neumünsterkirche eine neue Denkplatte

errichtet worden, mit einer lateinischen und einer deutschen Inschrift, letztere von König Ludwig I. von Bayern; oben eine Schale, aus der Vögel Körner picken.

Ob jedoch Walther jemals in der Bischofsstadt, wo 1323 eine *Curia dicta zu der vogelwaide* erwähnt wird, seinen Wohnsitz genommen, ob er da gestorben ist, weiß niemand. Erst etwa 120 Jahre nach seinem Tod wird der Ort seines Todes zum ersten Male bezeichnet. Ein Kapitular am Stift Neumünster ist es, der die erste Nachricht bringt. Michael de Leone, der angesehene Protonotar der Würzburger Bischöfe, ein gelehrter und um die Würzburger Lokalgeschichte hochverdienter Mann († 1355), hat in zwei Schriften, die beide bis 1354 reichen, einen lateinischen Vers überliefert, der auf Walthers Grabstein im Kreuzgang des Neumünsters zu Würzburg einstmals eingemeißelt gestanden hätte. Die lateinische Grabschrift beginnt in deutscher Übersetzung: *Walther, der du bei Lebzeiten Weide der Vögel* (von der Vogelweide) *gewesen bist,* stellt also nur eine Übersetzung des Beinamens dar; vom Füttern der Vögel erwähnt die Grabschrift nichts. In der anderen Handschrift wird berichtet, Walther wäre in dem »Grashofe« des Neumünsters begraben gewesen. Man sieht, Michael de Leone hatte zweierlei Traditionen vor sich, wußte selbst die Grabstätte nicht genau, und was er darüber hörte, paßte nicht zusammen. Erst ein Würzburger Chronist des 16. oder 17. Jahrhunderts will wissen, daß Walther im Garten des Neumünsters unter einem Baum bestattet und daß über das Grab ein Stein mit vier Vertiefungen gelegt sei, in welchem nach Walthers Testament den Vögeln Futter gestreut werden sollte. Er will ferner im Kreuzgang auf einem zweiten Grabstein die schon erwähnte lateinische Inschrift gelesen haben (vgl. Feuilleton der *Frankfurter Zeitung* vom 17. April 1883 und Ignaz Gropp, *Lebensbeschreibung deren Heiligen Kilian, Bischoffens...,* Würzburg 1738, S. 207).

Bei der ganzen Überlieferung handelt es sich ganz augenscheinlich um eine ätiologische Erzählung im Hinblick auf den Beinamen des Dichters; aber *überall, wo im Mittelalter in der Nähe von Herrensitzen und Klöstern Vögel für die Falken-, Habicht- und Sperberbeize gehegt und gefüttert wurden, gab es »Vogelweiden«* (Karl Kurt Klein, *Zur Spruchdichtung und Heimatfrage Walthers von der Vogelweide,* Innsbruck 1952, S. 91). So kann es nicht verwundern, daß zahlreiche deutschsprachige Landschaften beanspruchten, Heimat Walthers zu sein, von Franken bis nach Böhmen, von der Schweiz über Bayern und Österreich bis tief nach Ungarn, wobei vieles für eine Herkunft aus der Bozner Gegend spricht, wo es einen Vogelweidhof auf dem Layener Ried oberhalb von Waidbruck gibt.

147

Durch Johann Karl August Musäus im besonderen verbreitet und populär geworden ist die Sage vom *Grafen von Gleichen,* der, seine Gemahlin zu Hause zurücklassend, im Jahre 1227 den Landgrafen von Thüringen auf einem Kreuzzug begleitete und dabei in sarazenische Gefangenschaft geriet. Befreit durch Prinzessin Malechsala, die Tochter des Sultans, habe er diese, obwohl seine Frau noch lebte, kraft einer Dispens Papst Gregors IX. geheiratet, worauf die drei Gatten in harmonischer Ehe noch viele Jahre lang zusammengelebt hätten. Selbst das breite Ehebett des Grafen und seiner beiden Frauen wurde noch lange gezeigt, bis es 1813 durch die Franzosen verbrannt wurde.

Die Veranlassung zu der Sage hat ein Grabstein im Dom von Erfurt gegeben, auf dem ein Ritter mit zwei weiblichen Gestalten abgebildet ist, von denen eine einen eigentümlichen, kronenartig gezierten Kopfputz trägt. Später, im 17. Jahrhundert, wurden noch andere Reliquien der »Türkin« gezeigt. Die Erzählung ist eine Wanderanekdote, die in ähnlicher Form auch erzählt wird von anderen Kreuzrittern, so von den Herren von Jagow auf Aulosen in der Altmark, von den Brömser von Rüdesheim, von Hermann von dem Borne, Wittig von Jordan, von drei thüringischen Rittern – Ernst von Oppurg, einem Ritter von Gera und einem Schenken von Vargula –, endlich auch von Gilion de Trasigny im Hennegau (vgl. *Histoire de Gilion de Trasignyes et de dame Marie sa femme,* hrsg. von O. L. B. Wolff, Leipzig 1839). Nie hat man trotz intensiver Bemühung das Breve finden können, mit dem der Papst die Erlaubnis erteilt haben soll; ebenso fehlt jeder Hinweis, daß ein Graf von Gleichen den erwähnten Kreuzzug mitgemacht hat (Ignaz Döllinger, *Die Papstfabeln des Mittelalters,* München 1863, S. 34). Wahrscheinlich stellt das Monument in Erfurt einen Grafen – der Name ist unbekannt – dar, der zwei Frauen nacheinander gehabt hat, die beide zusammen dargestellt wurden.

Die erste kurze Mitteilung von der Doppelehe findet sich im *Memorial, was Herr M. Bucerus bei Dr. M. Luthern und M. Philipp Melanchthon ausrichten soll und im Falle, da sie es für gut ansehen, danach weiter am Churfürsten von Sachsen zu bringen. Datum Melsungen Sonntag post Catharinae 1539.*

Landgraf Philipp von Hessen war es, der mit diesem *Memorial* unter Berufung auf das Beispiel des Grafen von Gleichen von Luther und Melanchthon die Dispenz für eine zweite Ehe zu erhalten sucht, die er später auch erlangt hat (zum literarischen Weiterleben der Geschichte vgl. Frenzel, *Stoffe der Weltliteratur,* S. 206–209).

148

Als Papst Gregor IX. am Palmsonntag 1239 den Kaiser *Friedrich II.* zum zweitenmal in den Bann tat, soll er erklärt haben: *Dieser König der Pestilenz behauptet, die ganze Welt sei von drei Betrügern, Moses, Christus und Mohammed, getäuscht worden, deren zwei in Ehren, der dritte aber am Holz hangend gestorben sei.* Nach anderen hat der Philosoph Averroës († 1198) ähnliches gesagt.

Die Behauptung, Averroes oder Kaiser Friedrich II. oder irgend ein andrer verwegener Freigeist habe Mohammed, Christus und Moses die »drei Betrüger« genannt, erscheint im Mittelalter in der Regel als falsche Denunziation und als ein Mittel, Personen von freier Richtung verhaßt und verdächtig zu machen. Später machte man ein Buch über die drei Betrüger De tribus impostoribus *zum Gegenstande dieser Fabel, und eine große Reihe freisinniger Männer (s. das Verzeichnis derselben bei Genthe,* De impostura religionum, Leipz. 1833, S. 10 u. f., *sowie bei Renan, Averroès, p. 235) wurde beschuldigt, ein Buch verfaßt zu haben, das gar nicht existierte, bis endlich der Eifer, mit welchem die Frage der Existenz desselben erörtert wurde, die literarische Industrie veranlaßte, solche Schriften, die dann schwach genug ausfielen, nachträglich zu fabrizieren. Näheres s. bei Genthe, a.a.O.* (Friedrich Albert Lange, *Geschichte des Materialismus und Kritik seiner Bedeutung in der Gegenwart,* Bd I, 9. Aufl., Leipzig 1914, S. 210, Anm. 22).

Eine der anziehendsten Erscheinungen in der Geschichte ist *König Enzio,* ein illegitimer Sohn Friedrichs II., dessen eigentlicher Name Heinrich, abgekürzt Heinz, war. Seine Mutter war vielleicht eine Deutsche von geringer Herkunft. Enzios Geburt fällt in das Jahr 1200, so daß er 1238 bei seiner Vermählung mit Adelasia, der verwitweten Herrin des sardinischen Judikates Torre, im 18. Jahr stand. Damals nahm er den Titel *König von Torre und Gallura,* 1243 den eines *Königs von Sardinien* an. Dagegen hat er sich niemals auch *König von Korsika* genannt, wie die Bolognesen später in seiner Grabschrift angaben. Enzio soll seine Gemahlin schlecht behandelt haben, doch sind die Angaben darüber unzuverlässig. Am 26. Mai 1249 wurde Enzio von den Bolognesen bei Fossalta in der Nähe von Modena mit seiner ganzen Leibwache, 400 Rittern und 1200 Mann zu Fuß, gefangengenommen. Über dieses für die damalige Zeit wichtige Ereignis ist auch viel geflunkert worden. Der Kaiser tat alles, was er konnte, um den Sohn zu befreien, doch seine Drohungen fruchteten nichts. Eine Fabel ist es, daß er für die Auslieferung so viel Silber geboten habe, wie zu einem Ring vom Umfang der Stadtmauer nötig sei, obwohl dies eine erneuerte Grabinschrift Enzios behauptet. Als der Kaiser am 13. Dezember 1250 in den Armen seines anderen Sohnes Manfred zu Fiorentino starb, war es mit Enzios Glück zu Ende. Keiner seiner Halbbrüder kümmerte sich um ihn, so daß er 22 Jahre im Gefängnis vertrauerte, bis ihn am 14. März 1272 der Tod erlöste. Seine Haft war streng, entsprechend dem Wert, den ein solcher Gefangener für die Stadt haben mußte, aber nicht grausam. Allbekannt ist die Erzählung von Enzios Versuch, sich zu befreien.

Als zu Enzio die Kunde von Conradins Untergange gedrungen, habe er einen Fluchtversuch beabsichtigt. Es gelang ihm, einige Freunde, deren Namen verschieden überliefert werden, für seinen Plan zu gewinnen; diese bestachen einen Weinküfer Filippo, daß er Enzio des Nachts in einem Fasse aus dem Gefängnis heraustrüge. Durch eine seiner blonden Locken, welche zum Fasse heraushing, wurde er verraten und wieder ins Gefängnis zurückgebracht. Filippo traf die Todesstrafe, ein Freund entrann durch Flucht. Seitdem wurde Enzio strenger bewacht (Hermann Blasius, *König Enzio*, Breslau 1884, S. 137).

Gleichzeitige Berichterstatter, besonders Salimbene, dessen Chronik 1287 endet, erwähnen diese Begebenheit nicht. Sie soll 1268 stattgefunden haben.

Den Verstorbenen begruben die Bolognesen mit königlichen Ehren und errichteten ihm ein noch heute erhaltenes Denkmal. Das Geschlecht der Ventivoglio, das bis 1506 Bologna beherrschte, soll von einem Sohn des Enzio abstammen, den ihm eine Bolognesin (Lucia da Viadagola) am 4. Mai 1252 geboren hätte. Weil Enzio als Deutscher kein Italienisch verstand, als nur *ben ti voglio* (ich will dir wohl), habe man den Knaben später so genannt. Das Geschlecht bestand aber schon im 12. Jahrhundert, und Enzio, der in italienischer Sprache gedichtet hat, soll kein Italienisch gekonnt haben? Poggio Bracciolini († 1459) gilt als Erfinder dieser Abstammung, mit der er den Ventivogli schmeicheln wollte.

Am 29. Oktober 1268 wurde der letzte Hohenstaufe, *Konradin*, auf Befehl Karls von Anjou auf der Piazza del Mercato zu Neapel enthauptet und dort verscharrt. Erst 1470 wurde er in Santa Maria del Carmine beigesetzt und 1847 durch ein von dem damaligen bayerischen Kronprinzen Maximilan (II.) gestiftetes Denkmal Thorwaldsens und Th. Schöpfs verherrlicht. Auf einem Bild von J. H. W. Tischbein (im Museum zu Gotha) wird dargestellt, wie er beim Schachspiel die Nachricht seines Todesurteils empfängt.

Er soll das Bluturtheil ruhig aufgenommen haben, indem er mit seinem Leidensgenossen Friedrich von Baden Schach spielte. Das aller-

150

dings sehr anziehende Bild ist aber nicht historisch... Das »Schach« des romantischen Jünglings ist eben nur romantisch (Antonius van der Linde, *Geschichte und Litteratur des Schachspiels*, Bd II, Berlin 1874, S. 45, Anm. 8. – Dort auch erwähnt ähnliche Fälle wie der des Stoikers Julius Canus [Seneca, *Epistulae morales*, 106] oder der des Kurfürsten Johann Friedrich von Sachsen).

Das gleiche trifft auch auf die zahlreichen anderen Anekdoten zu, die sich um den Tod des jungen Herrschers rankten (vgl. Karl Hampe, *Geschichte Konradins von Hohenstaufen*, 3. Aufl., Leipzig 1942, S. 321, A. 2).

Sein Ende – »davon noch allen diutschen vürsten eiset« [eisen = schrecken], *dichtete der zeitgenössische Meißner – war ein erschütternder Ausklang der Stauferzeit* (Herbert Grundmann, in Gebhardts *Handbuch der deutschen Geschichte*, Bd I, S. 475; vgl. auch Frenzel, *Stoffe der Weltliteratur*, S. 370 f.).

In Loosduinen bei Den Haag soll eine *Gräfin Margareta von Henneberg* 1270 oder 1276 durch Gottes Gnade hintereinander glücklich von 365 Kindlein entbunden worden sein, die vom Bischof Guido – die Knäblein sämtlich Hänschen, die Mädchen Lieschen – getauft wurden, deren Seelchen sämtlich bei Gott sind, deren Körperchen aber *sub hoc saxo requiescunt* (unter diesem Stein ruhen). Ihr Taufbecken zeigt man in Loosduinen noch vor. Aber dieses »Mirakel von Loosduinen« ist aus einem faulen Witz entstanden. *Die hohe dame wurde nämlich innerhalb der gastlichen mauern des klosters am vorlezten tage des jares von zwillingen genesen, und ein wizbold notierte, daß die gnädige frau soviele kinder bekommen habe, wie tage im jare* (Antonius van der Linde, *Gutenberg*, Stuttgart 1878, S. 350, Anm.).

Auf den Tag genau, den 26. Juni, den Tag der hl. Johannes und Paulus des Jahres 1284, bestimmen die Chroniken den Auszug von 130 Kindern aus Hameln. Als die Stadt, so die spätere Überlieferung, von Ratten gewimmelt habe, soll sich ein buntgekleideter Fremder erboten haben, sie gegen Zahlung einer Geldsumme von der Plage zu befreien. Er habe die Ratten durch seine Pfeife verlockt, ihm zu folgen, so daß sie alle im Fluß ertranken. Darauf aber vom Magistrat unter einem leeren Vorwand um den versprochenen Lohn gebracht, habe er aus Rache, gleichfalls mit seiner Pfeife, sämtliche Kinder der Stadt an sich gelockt und sei mit ihnen im Kalvarienberg verschwunden.

Es besteht kein Zweifel, daß der Sage vom *Rattenfänger von Hameln* ein historischer Kern zugrunde liegt, aber wodurch der *exodus Hamelensis*, der *uthgang user kinder* veranlaßt wurde, ist bis heute umstritten. Er wird zum ersten Mal erwähnt in einer Lüneburger Handschrift aus der Zeit von 1430–1450. Zunächst hat man als Ursprung der Sage den Untergang der waffenfähigen Jugend Hamelns gegen den Bischof von Minden in der Schlacht von Sedemünde (28. Juli 1259) angenommen. Später hat man an Werbung für einen Kinderkreuzzug, Veitstanz, Kindersterben, Naturkatastrophe oder Ritualmord gedacht. In jüngerer Zeit hat man geglaubt, sie auf eine Abwanderung nach Pommern zurückführen zu können oder auf einen Auszug junger Kolonisten der Stadt, die damals durch Werber des Bischofs von Olmütz für die Besiedlung Mährens angeworben wurden (Hans Dobbertin, *Quellensammlung zur Hamelner Rattenfängersage*, Göttingen 1970).

Die sagenhafte Gestalt des Meisterschützen Wilhelm Tell aus Bürglen ist von Volksdichtung und chronikalischer Überlieferung so frühzeitig und einprägsam zum Inbegriff des Freiheitskampfes der Schweizer gegen die habsburgische Herrschaft gemacht worden, daß sie trotz der bald einsetzenden historischen Kritik ... für das Volksbewußtsein eine nahezu historische Realität besaß (Frenzel, *Stoffe der Weltliteratur*, S. 614).

Jedermann kennt die einprägsame Geschichte vom Jäger Wilhelm Tell aus dem Urner Dorf Bürglen, der vom habsburgischen Landvogt Geßler, als er sich weigert, einem als Zeichen der Amtshoheit auf einer Stange aufgehängten Hut seine Reverenz zu erweisen, gezwungen wird, einen Apfel vom Kopf des eigenen Sohnes zu schießen. Tell gelingt der Schuß, doch tötet er wenig später den Tyrannen in der Hohlen Gasse bei Küßnacht und gibt damit das Signal zur Erhebung der drei Waldstätten Uri, Schwyz und Unterwalden.

Bei uns wurde der Stoff zum Allgemeingut durch Schillers *Wilhelm Tell* von 1804, der die Bühnenwirksamkeit des Stoffes schnell erkannte. *Und wenn er ein dramatischer Anfänger gewesen wäre*, bemerkt sein Biograph Emil Palleske (*Schillers Leben und Werke*, Bd II, 13. Aufl., Stuttgart 1891, S. 376), *er hätte erkennen müssen, daß hier ein dramatischer Stoff fast künstlerisch gruppiert ihm entgegenkam.*

Der Jäger, der gezwungen wird, auf sein Kind zu schießen, ist eine alte mythische Gestalt, die wir aus der altnordischen *Thidrekssaga* (Egill, Eigil), aus der dänischen Sage von *Palnatoki* bei Saxo Grammaticus (Toko) oder der schottischen als *William Cloudesby* kennen. Das älteste Denkmal der Tellsage ist das neun Strophen umfassende *Tellenlied* des 14. Jahrhunderts. Erst das *Weiße Buch von Sarnen* von 1470 verknüpft die Geschichte Tells mit der vom Rütlischwur. Quellen für Schiller wurden Aegidius Tschudi († 1572) mit seinem 1570 geschriebenen und 1734–1736 in Basel erschienenen *Chronicon Helveticum* sowie Johannes Müller (1752–1809) mit seinen *Geschichten Schweizerischer Eidgenossenschaft* (1780–1788).

Auch die historische Kritik, vor allem durch die *Geschichte der eidgenössischen Bünde* (1845–1882) des Luzerner Geschichtsschreibers Josef Eutych Kopp (1793–1866), konnte den Siegeszug der Tellsage nicht aufhalten. 1895 errichtete man Wilhelm Tell in Altorf ein prächtiges Denkmal, am Vierwaldstättersee zeigt man noch die Tellplatte, wo er, das Boot mit dem Landvogt zurückstoßend, ans Ufer gesprungen sein soll; zu Bürglen kann man die Kapelle sehen, an der sein Wohnhaus gestanden hat; und in der 1338 erbauten Tellskapelle am östlichen Ufer des Urner Sees halten vier Fresken von E. Stückelberg (1877–1893) die Erinnerung an den legendären Sprung Tells fest.

Doch ist die gesamte Überlieferung von Tell, Geßler und dem Rütlischwur unhistorisch; *weder 1308 noch 1291, wohin neuere Forscher diese Ereignisse verlegen wollen, ist dergleichen bezeugt; trotz aller Bemühungen haben sich Tell und Geßler nicht als historische Gestalten erweisen lassen* (Herbert Grundmann, in Gebhardts *Handbuch der deutschen Geschichte,* Bd I, S. 491).

Eine andere Pfeilsage knüpft sich an die *Schlacht bei Morgarten* (15. November 1315). Ein Pfeil, von Heinrich von Hünenberg abgeschossen, fliegt vom Ufer des Zugersees über den Turm und die Letzimauer des Dorfes Arth und meldet den dahinter aufgestellten Schwyzertruppen, daß der anrückende Herzog Leopold nicht hier, sondern bei Morgarten ins Land einbrechen würde. Hünenbergs Pfeil soll seit 1740 im Landesarchiv zu Schwyz aufbewahrt gewesen und während der französischen Landesbesetzung verloren gegangen sein. Daß dies nur eine Sage ist, erhellt unzweifelhaft aus dem Chronisten Vitoduranus, dem Zeitgenossen der Schlacht bei Morgarten (E. L. Rochholz, *Tell und Geßler in Sage und Geschichte,* Heilbronn 1877, S. 28, Anm.).

Den Dichter *Frauenlob* (eigentlich Heinrich von Meißen; † 1318) sollen, weil er in seinem Streitgespräch mit Regenbogen das Wort »Frau« gegen »Weib« zu Ehren gebracht habe, nach seinem Tode die Frauen und Jungfrauen von Mainz in feierlichem Zuge nach dem Dom getragen, ihm dort

Wein in sein Grab gegossen und es mit Blumen bestreut haben. Doch dürfte es sich dabei um eine nachträgliche Erfindung handeln, denn in keiner einzigen zeitgenössischen Chronik ist irgend etwas davon zu finden. Daß das Begräbnis auf seinem Gedenkstein in Straßburg dargestellt ist (wiedergegeben bei J. J. Görres, *Altdeutsche Volks- und Meisterlieder*, Frankfurt 1817) beweist natürlich nichts. Erst zu Anfang des 16. Jahrhunderts erscheint die Erzählung als Einschiebsel in der Chronik des Albert von Straßburg (Matthias von Neuenburg). Wohl trägt der Dichter seinen Namen, *weil er das Lob Unser Lieben Frauen, der Muttergottes, gesungen hat, in seinem Marienleich vor 1290* (Karl Bertau, in: *Deutsche Vierteljahrsschrift* ... 40 [1966] S. 316). Dagegen läßt ihn die Geschichte nicht als Gründer der ersten Mainzer Singschule gelten; vielmehr scheint er lediglich eine Vereinigung von Sängern unter bestimmten Formen gegründet zu haben (vgl. J. H. Hennes, *Die Erzbischöfe von Mainz*, 3. Aufl., Mainz 1879).

Geflügelt wurden die Verse

> Jedem (Mann) ein Ei,
> Dem frommen Schweppermann zwei,

die König Ludwig IV., dem Bayern, nach der für ihn siegreichen Schlacht bei Mühldorf am 28. September 1322 in den Mund gelegt werden (Wolfgang Menzels *Geschichte der Deutschen bis auf die neuesten Tage*, 4. Ausg. in 1 Bd, Stuttgart und Tübingen 1843, S. 439), wobei man behauptet, hauptsächlich die Tapferkeit des Nürnberger Feldhauptmanns *Sifrid Schweppermann* (oder Seyfried Schwepfermann) habe die Schlacht entschieden.

Dargestellt wird die kühne Tat auf einem Gemälde von A. W. Küfner von 1791 und auf einem Sockelrelief von 1905 am Denkmal des Bayern von Ferdinand von Miller. Aber: *Sämmtliche gleichzeitige Chronisten, die bald mehr bald weniger ausführlich die Schlacht bei Mühldorf beschreiben, erwähnen der angeblichen Theilnahme Sifrid des Schwepffermanns an derselben mit keinem Worte; sie wissen weder von seiner ruhmreichen Oberleitung während der Schlacht noch von der dem alten Helden durch König Ludwig widerfahrenen Auszeichnung nach dem glücklichen Ausgange derselben zu berichten. Selbst da, wo sich die ungesuchteste Gelegenheit bot, lobpreisend des Ritters Sifrid und seiner um Ludwig des Baiern Königskrone so hochverdienten Thaten zu gedenken, begegnet das auffallendste Schweigen.* (H. Pfannenschmid, in: *Forschungen zur deutschen Geschichte* III [Göttingen 1863], S. 84).

154

Auf dem einfachen Grabstein im Kloster Kastl bei Deinschwang befinden sich nur die Zahl 1337 (Todesjahr) und neun Hufeisen in weißem Andreaskreuz im blauen Schild; auf dem Ende des 18. Jahrhunderts durch den Grafen Maximilian von Törring-Seefeld gestifteten Marmordenkmal aber prangen die »historischen« zwei Eier, was auf eine Wappensage hindeutet.

In derselben Schlacht wurde Ludwigs Gegner, *Friedrich der Schöne* von Österreich, gefangen genommen. Nach zweieinhalbjähriger Haft auf der Burg Trausnitz in der Oberpfalz wird er entlassen, als er sich bereit erklärte, *auf die Krone zu verzichten, alles Reichsgut auszuliefern und Ludwig gegen jedermann, auch den Papst, zu unterstützen* (Herbert Grundmann, in Gebhardts *Handbuch der deutschen Geschichte*, Bd I, S. 526). Das Abkommen, die sogenannte *Trausnitzer Sühne*, sollte jedoch nur in Kraft treten, wenn Friedrichs Brüder ihre Zustimmung gäben. Da Herzog Leopold sich widersetzte, kehrte Friedrich wirklich nach zwei Monaten in sein Gefängnis zurück.

Die Dichtung hat aus der Rückkehr eine dramatische Rührszene gemacht, die Schiller in seinem Gedicht *Deutsche Treue* und Hans Müller in einem 1916 mit viel Beifall bedachten dreiaktigen Schauspiel verherrlicht haben. Die Fürsten teilen Tisch und Bett, wollen sogar (1325) die Gewalten teilen, wogegen jedoch die Kurfürsten protestieren.

»Wahrlich! So ists! Es ist wirklich! Man hat mirs geschrieben.«
Rief der Pontifex aus, als er die Kunde vernahm.

> Gehüllt in weiße Wittwentracht,
> Im weißen Nonnenschleier,
> So schreitet sie um Mitternacht
> Durch Burg und Schloß-Gemäuer,
> Die bleichen Händ' ins Kreuz gelegt
> auf flachem Busen, unbewegt
> den Blick gesenkt zur Erde
> mit starrer Leichgeberde –

Mit Gruseln erregender Realistik hat in diesen Versen der romantische Dichter Christian Graf zu Stolberg 1814 die legendäre *Weiße Frau* geschildert, den Hausgeist der Hohenzollern, der allen Angehörigen des preußischen Königshauses bevorstehendes Unglück oder den nahen Tod verkünden sollte (*Die weiße Frau. Ein Gedicht in sieben Balladen.* In: *Ges. Werke der Brüder Christian und Friedrich Leopold Grafen zu Stolberg*, Bd V,

155

Hamburg 1821, S. 211–293, Zit. S. 276). Zahllose Belege bekunden, daß nicht nur die Betroffenen selbst, sondern auch deren Umgebung, Kammerherren, Hofprediger, Diener oder Wachtposten beteuert haben, diese unheildräuende Spukgestalt mit eigenen Augen gesehen zu haben, wie sie plötzlich vor ihnen stand oder geräuschlos durch hellerleuchtete Gänge und Treppen ebenso plötzlich verschwand.

Freilich darf nicht verwundern, daß eine Reihe der übernatürlichen Erscheinungen sich recht natürlich haben erklären lassen (vgl. zum Folgenden Martin Wähler, *Die Weiße Frau. Vom Glauben des Volkes an den lebenden Leichnam*, Erfurt 1931).

Zum ersten Mal hören wir von der Erscheinung der Weißen Frau im Jahre 1486 nach dem Tode des brandenburgischen Kurfürsten Albrecht Achilles. Und zwar zeigt sie sich jeweils dann im alten Schloß zu Bayreuth, wenn es die Damen und Herren der Hofhaltung nach auswärts drängte. Auf der Plassenburg trieb die Weiße Frau seit 1488 in den düsteren Gängen und Gewölben ihr Unwesen. Sobald es dunkel wurde, wagte keiner mehr, sich sehen zu lassen. Alle Diener flüchteten in ihre Kammern – und konnten so eine Hofdame, Fräulein von Rosenau, nicht erkennen, die es verstand, unter der Maske der Weißen Frau, bestimmte Zimmer zu betreten, ohne gesehen zu werden.

Erst 1540 ließ sich die Weiße Frau erneut auf der Plassenburg sehen. Der damalige Schloßherr, Markgraf Albrecht Alkibiades, war jedoch ein unerschrockener Krieger, der keine Gespensterfurcht kannte. Er wollte der Sache auf den Grund gehen und verbarg sich nachts im großen Fürstensaal. Als mit dem Schlag der Mitternachtsstunde die Tür sich öffnete und eine verhüllte Gestalt eintrat, sprang er aus seinem Versteck hervor, packte die sich heftig sträubende Erscheinung und stürzte sie die steile zum Hof führende Wendeltreppe hinab. Als auf seinen Ruf Diener mit Lichtern erschienen, fanden sie einen Toten. Es war der Kanzler Christoph Straß, der sich das Genick gebrochen hatte.

Danach scheint die Weiße Frau die Stätte ihres Wirkens ins Berliner Hohenzollernschloß verlegt zu haben. Im Jahre 1598 will man sie acht Tage vor dem Tode des Kurfürsten Johann Georg gesehen haben. Dieser hatte die Geliebte seines Vaters, Anna Sydow, nach dessen Tod entgegen seinem Versprechen in die Festung nach Spandau schaffen lassen; und zur Strafe für diesen Wortbruch, glaubte man, sei sie als Weiße Frau erschienen. 1625 erkundigte sich der Prinz Joachim Sigismund, der Sohn des brandenburgischen Kurfürsten Johann Sigismund, kurz vor seinem Tode, ob man die Weiße Frau gesehen habe. Kurz vor ihrem Tode im Jahre 1667 sah Luise Henriette, die Gemahlin des Großen Kurfürsten, zusammen mit ihren Kammerfrauen die Weiße Frau an ihrem Schreibtisch sitzen, wie auch der Hofprediger Brunsenius sie genau ein Jahr vor dem Tod des Großen Kurfürsten gesehen haben will.

Nicht zufällig fehlen die Belege für die Zeit des nüchternen Soldatenkönigs Friedrich Wilhelms I. und seines aufgeklärten Sohnes, Friedrichs des Großen. Wohl gab es unter dem ersteren wieder ein als Weiße Frau verkleidetes Gespenst, das die langen Kerls des Königs ergriffen und das sich als Küchenjunge entpuppte. Er hatte die Rolle auf Geheiß des Generals und Ministers von Grumbkow gespielt, der so gehofft hatte, einigen Liebesaffären auf die Spur kommen zu können. Statt dessen wurde der Junge dazu verurteilt, drei Tage auf dem hölzernen Pferd zu sitzen.

In der Franzosenzeit zeigte sich das offensichtlich national empfindende Hohenzollerngespenst im Neuen Schloß in Bayreuth. Dabei traf es neben vielen anderen besonders den Divisionskommandeur der schweren Kavallerie des 8. Armeekorps, General d'Espagne. Als er 1809 dort übernachtete, wurden seine Ordonnanzoffiziere nach Mitternacht durch ein fürchterliches Geschrei in das Zimmer des Generals gelockt, der unter der umgestürzten Bettstatt lag und erzählte, das wie eine Dame auf einem Bild im Schlosse schwarz-weiß gekleidete Gespenst habe gedroht, ihn zu erwürgen. Als Napoleon am 14. Mai 1812 auf seinem Zug nach Rußland in Bayreuth abstieg, hatte er schon vorher von Aschaffenburg aus einen Kurier mit dem ausdrücklichen Befehl vorausgeschickt, er wolle nicht in den Zimmern wohnen, in denen die Weiße Frau zu erscheinen pflegte. Nach einer unruhig verbrachten Nacht habe der Kaiser dann, wie Graf Münster berichtet, nur *Ce maudit château!* (Dieses verwünschte Schloß) gemurmelt.

In den Jahren bis 1822 erschien die Weiße Frau noch mehrfach. Dann jedoch starb der Schloßkastellan Schlüter, ein preußisch gesinnter und den Franzosen abholder Mann, in dessen Nachlaß man ein langes weißes Frauenkleid, einen pelzverbrämten Mantel und einen großen schwarzen Schleier fand.

Starke Beachtung hat die Erscheinung der Weißen Frau gefunden, die Prinz Louis Ferdinand, wie sein Adjutant, Graf Carl von Nostiz in seiner Selbstbiographie berichtet, am Vorabend der Schlacht am 10. Oktober 1806 bei Saalfeld, in der er den Tod fand, im Schloß zu Rudolstadt gesehen hat. Doch auch später noch läßt sich die große Anzahl weiterer Belege für das angebliche Erscheinen der Weißen Frau in der Hohenzollernfamilie fortführen bis zum Tode Kaiser Wilhelms I. im Jahre 1888.

Wie ist es nun zur Bildung der Sage von der Weißen Frau gekommen? Der älteste Hinweis findet sich in der 1552 niedergeschriebenen und 1682 in Sulzbach gedruckten *Chronologia Monasterium Germaniae praecipuorum* (S. 133 f.) des Kasper Bruschius. Dabei bemerkt der Verfasser bei der Aufzählung der Äbtissinnen des Klosters *Coeli corona germanice Himmelskron* (deutsch zuerst bei Johann Wolfgang Rentsch, *Brandenburgischer Ceder-Hain,,* Bareut 1682, S. 318 f.): *Es ruhen in dem Tempel dieses Klosters auch zwei Kindlein, ein Knabe und ein Mädchen, von dem orlamündischen Grafen und dessen Gemahlin, einer meranischen Herzogin, von ihrer eigenen Mutter, die auf der Plassenburg wohnte, vor ungefähr zweihundert Jahren, kaum zwei Jahre alt, auf grausame und jämmerliche Weise ermordet. Diese Mutter nämlich war Witwe geworden und verliebte sich, lüstern und geil, wie sie war, und wegen ihrer Schönheit weit und breit gerühmt, in einen gewissen Albrecht, den jungen und kräftigen Burggrafen von Nürnberg, Sohn des Grafen Friedrich von Zollern, der ihre Liebe mit gleicher Heftigkeit erwiderte. Dieser Albrecht soll etliche Male geäußert haben, er wäre geneigt, die plassenburgische Witwe zu heiraten, wenn ihm nicht vier Augen im Wege ständen; und als diese Äußerung der von heißer Liebe entbrannten Frau zu Ohren kam, tötete sie alsbald in ihrem Liebeswahn mit eigener Hand ihre Kinder, indem sie ihnen eine Nadel in den Kopf stieß, damit diese mütterliche Untat nicht so leicht erkannt werde und sie desto leichter die Meinung verbreiten könnte, die Kinder seien von einer Krankheit plötzlich dahin gerafft worden.* Und Buschius fährt fort, er habe *diese unschuldigen Märtyrer* mit eigenen Augen gesehen und mit seinen Händen betastet.

Die Sage, die in etwas anderer Form auch bei den Brüdern Grimm steht (*Deutsche Sagen*, Bd II, Nr. 585) erzählt die Geschichte weiter: *Der Burggraf, der mit den vier Augen seine Eltern gemeint hatte, die zu dieser Verbindung schwerlich ihre Einwilligung gegeben haben würden, wandte sich von ihr. Die getäuschte Gräfin unternahm, von ihrem Gewissen gepeinigt, eine Pilgerfahrt nach Rom und erlangte vom Papste gegen das Versprechen, ein Kloster zu stiften und sich selbst dem klösterlichen Leben zu weihen, Vergebung. Darauf rutschte sie, zur Buße für ihr Verbrechen, auf den Knieen von der Plassenburg nach dem Tale von Berneck, wo sie das Kloster Himmelskron* [falsch statt: Himmelsthron] *stiftete, dem sie reiche Schenkungen zuwandte. Sie trat selbst als Nonne ein und starb hier als Äbtissin* (Wähler, a.a.O., S. 8).

Wenn Bruschius und nach ihm Johann Löer in seiner *Himmelcronischen Closter-Beschreibung in alten Teutschen Reimen* von 1559 auch den

Namen der Kindsmörderin nicht nennen, so scheinen sie dennoch an Graf Ottos von Orlamünde Frau Beatrix, die Tochter des Herzogs von Meran gedacht zu haben. Denn der dritte Zeuge, Enoch Widmann, der in seinem zwischen 1592 und 1612 verfaßten *Chronicon oder historische Beschreibung… (der Stadt Hof)* ebenfalls von den zwei toten Kindlein, die man in Himmelskron zeigt, berichtet, wendet sich gegen diese Auffassung. Beatrix könne nicht die gemeinte Frau sein, denn sie wäre seine Großtante und zur Zeit des Mordes bereits über sechzig Jahre gewesen, und der junge Burggraf hätte sich schwerlich in sie verliebt.

In den folgenden Jahrhunderten ist viel über die Identität dieser Frau gerätselt worden, und als einzige geschichtliche Persönlichkeit, die in Frage kam, blieb schließlich die Gräfin Kunigunde, die Gemahlin Ottos II. von Orlamünde-Plassenburg, Tochter des Landgrafen Heinrich von Leuchtenberg und der Elisabeth von Meran. Ihre Ehe, 1321 geschlossen, blieb jedoch kinderlos; und nach dem Tode ihres Mannes trat Kunigunde in das von ihr gestiftete Zisterzienserinnenkloster Himmelsthron in Nürnberg ein, das 1348 nach Gründlach verlegt wurde, wo sie 1381 Äbtissin wurde und 1385 starb.

Kunigundes Grabstein, der sie im weißen Habit zeigt, steht in der Kirche des Klosters Himmelsthron. Im Zisterzienserinnenkloster Himmelskron hingegen kann man einen Grabstein sehen, auf dem die Figur eines jungen Ritters abgebildet ist; eine Inschrift besagt, daß Otto von Orlamünde und zwei seiner Söhne daselbst begraben seien und 1280 am Tag der Unschuldigen Kinder (28. Dezember) das Kloster gestiftet hätten. Diesen Grabstein hielt man für den des angeblichen Liebhabers Kunigundens, Albrecht. Außerdem steht dort ein weiterer Grabstein, den zwei Kindergestalten zieren. In ihm glaubte man einen Kindergrabstein zu erkennen, während sich später herausstellte, daß er das Denkmal der 1529 gestorbenen Äbtissin Ottilia Schenck von Siemau war, bei dem zwei Genien oder Putten das Wappen halten. Da Inschrift und Wappen fehlten, konnte man leicht an ein Kindergrab glauben.

Um sich Klarheit zu verschaffen, ließ Markgraf Christian Ernst 1701 das Grab öffnen, das jedoch nur Reste eines Erwachsenenkiefers und von Frauenkleidern enthielt. Wohl aber fand er die Reste zweier Kinderleichen in einer Truhe mit Reliquien. Was also Bruschius im 16. Jahrhundert gesehen hatte, waren nicht die Opfer des angeblichen Kindermordes der Gräfin Kunigunde, sondern zwei angebliche Leichen des bethlehemitischen Kindermordes, die wohl die Stifter dem von ihnen gestifteten Kloster als Reliquien geschenkt hatten.

Da beide Klöster nicht allzu weit auseinanderliegen, stellte man auch gedanklich eine Verbindung her zwischen den Gräbern der Weißen Frau in Himmelsthron – deren Grab man eine Zeitlang auch in Himmelskron vermutete –, dem ihres angeblichen Liebhabers Albrecht und dem der angeblichen beiden Kinder. In Verbindung mit dem uralten und weit verbreiteten Volksglauben an den wiederkehrenden Toten konnte sich dann die Sage von der Gräfin von Orlamünde-Plassenburg bilden, die zur Strafe als Weiße Frau an die Stätte ihrer Bluttat zurückkehrt.

Kaum eine Sage hat eine so nachhaltige Wirkung und weite Verbreitung gefunden wie die von der Weißen Frau. Sie begegnet uns sehr häufig in der volkstümlichen Überlieferung, so in *Des Knaben Wunderhorn* von Achim von Arnim und Clemens Brentano wie in den *Deutschen Sagen* der Brüder Grimm und ebenso in zahllosen Romanen, Dramen und Balladen, namentlich des 18. und 19. Jahrhunderts.

Der Beiname des Dänenkönigs *Waldemars IV., Atterdag,* (1340–1375), des grimmigsten und gefährlichsten Widersachers der Hanse, wird verschieden erklärt. Nach den einen soll er ihn erhalten haben, weil es seine Gewohnheit war, die Erledigung mißliebiger Angelegenheiten *auf den anderen Tag* zu verschieben, nach anderen, weil er seinem Volk einen *anderen Tag* versprochen hatte, nämlich eine bessere Zukunft. Diese Deutung ist durchaus möglich, denn sie entspricht der gleichzeitigen politischen Lage Dänemarks. Waldemar hatte ein schlimmes Erbe übernommen. Bei seinem Regierungsantritt war das Reich auf die Insel Seeland und den nördlichsten Zipfel von Jütland zusammengeschrumpft – die Krongüter waren verkauft oder verpfändet, die Kassen leer. Zwanzig Jahre später hatte der tatkräftige, kluge und verschlagene König durch Kriege und geschickte Verhandlungen die verlorenen Provinzen zurückgewonnen, die mächtige Adelsopposition zerschlagen und Dänemark wieder zu einem nach innen und außen gefestigten Staat gemacht. Die Eroberung und Plünderung der reichen Stadt Wisby auf Gotland brachte ihn in Konflikt mit der Hanse, die durch seinen Raubzug reiche Niederlassungen und Kontore verloren hatte. Daraufhin brachen 77 Städte, darunter Lübeck, Hamburg, Bremen und Kiel, die wirtschaftlichen Beziehungen zu Dänemark ab und vereinbarten am 1. August 1361 mit Holstein und Schleswig gemeinsam Krieg gegen Waldemar. Mit einer Flotte von 48 Kriegsschiffen belagerten sie im Sommer 1362 die Festung Helsingborg, die die Einfahrt in den Sund deckte. Der König soll dazu gesagt haben:

Seven und seventig Hense –
seven und seventig Gense.
Bieten mi nich de Gense,
frag' ich en Schiet nach de Hense.

Diese Antwort ist aber unverbürgt (Karl Lohmeyer, *Geschichte von Ost-
und Westpreußen*, 1. Abt., 2. Aufl., Gotha 1881, S. 241).

Von *Arnold* (Erni) *Winkelried* wird erzählt, er habe in der Schlacht von
Sempach am 9. Juli 1386, als die Ritter in Reih und Glied gegen die
Schweizer andrängten, eine Menge der entgegengehaltenen Lanzen mit
seinen Armen umfaßt und in seine Brust gedrückt mit den Worten:
Kommt, Kinder, ich will euch eine Gasse machen. Dadurch entstand eine
Lücke im feindlichen Lanzenwall, die Schweizer konnten darin einbrechen
und die Schlacht gegen Leopold III. von Österreich gewinnen.
Wenn die Erzählung auch erst Jahrzehnte nach dem Ereignis auftaucht
und nach langer Skepsis heute als glaubhaft gilt (R. Durrer, in: *Historisch-
biographisches Lexikon der Schweiz* VII [1934]), so scheint das darauf
zurückgehende geflügelte Wort *Der Freiheit eine Gasse* dennoch unhistorisch zu sein.

In das Kapitel der Übertreibung von Heereszahlen gehört die Angabe, daß
die Polenarmee am 15. Juli 1410 bei Tannenberg zwischen 100 000 und
5 100 000 Mann stark gewesen sei (*Scriptores rerum Prussicarum* III, Leipzig 1866, S. 405 und 411), während tatsächlich nur 20 000 Polen und
Litauer über 15 000 Mann des Ordensheeres unter Ulrich von Jungingen
gesiegt haben.

Fragt man, wie die *Hohenzollern nach Norddeutschland* gekommen sind,
so ist die gewöhnliche Auskunft, Kaiser Sigmund (1410–1437) habe die
Mark Brandenburg am 8. Juli 1411 für 100 000 Goldgulden an den Burggrafen Friedrich VI. von Nürnberg verpfändet. Da der Kaiser die Schuld nie
abtragen konnte, sei die Mark schließlich wie ein verfallenes Pfand in das
Eigentum der Hohenzollern übergegangen. In Wahrheit überließ der Kaiser
dem Burggrafen die Mark aus Dankbarkeit für seine ausgezeichneten
Dienste. Jener Vorbehalt der Rückgabe gegen eine gewisse, 1415 auf
400 000 Gulden erhöhte Summe wurde lediglich der Form wegen aufgenommen, um Wenzel, des Königs Bruder, zu beruhigen. Wenzel war im Jahr
1400 als deutscher König abgesetzt worden, war aber König von Böhmen
geblieben.

Da aber jede thatkräftige Regierung in den Marken mit der Einlösung der verpfändeten landesherrlichen Güter und Rechte – wohl neun Zehntel aller landesherrlichen Einkünfte waren damals verpfändet oder verkauft – beginnen, also sehr erhebliche Aufwendungen machen mußte, so verstand es sich von selbst, daß der Widerruf geknüpft wurde an einen wenigstens teilweisen Ersatz der gemachten Geldaufwendungen... Sigmund schob dadurch etwaigen Gelüsten Wenzels, die Mark zurückzubegehren, einen festen Riegel vor, dachte aber weder, was man früher behauptete, an einen Verkauf, noch was selbst jetzt zuweilen behauptet wird, an eine Verpfändung der Mark (Ernst Berner, *Geschichte des Preußischen Staates*, 2. Aufl., Bonn 1896, S. 39 f.).

In Naumburg ziehen die Kinder jährlich am 28. Juli auf die Vogelwiese hinaus, um das Kirschenfest zu begehen. Ihr Festruf heißt das *Husrufen* und das Schlagwort: *Viktoria, Hussitenkrieg!* Bekannt wurde die Erzählung durch August von Kotzebue, der 1801 dem Kirschfest auf einer Besuchsreise beiwohnte. Sein Schauspiel *Die Hussiten vor Naumburg im Jahr 1432*, dessen Chöre Carl Maria von Weber vertont hat, wurde 1803 zuerst in Naumburg aufgeführt. Aber erst 1832 entstand das gleichnamige Volkslied, das der Referendar Karl Friedrich Seyferth aus Langensalza gedichtet hat.

Die Hussiten sind niemals vor Naumburg gewesen, haben nie die Stadt belagert, sind demnach nie durch Fürbitte von Kindern zum Abzug bewogen worden. Sie haben 1432 nur einen Raubzug in die Mark Brandenburg (Bernau) unternommen. Die Zerstörung Tauchas (1433) ist aber wieder Legende.

Somit dürfte das Kirschfest seinen Ursprung irgendeiner anderen Errettung vor einem grimmigen Feind zu verdanken haben. Man muß die Friedensfeier von 1650, die vermutlich an die glücklich abgewiesene Belagerung Naumburgs durch den schwedischen General Hans Christoph von Königsmarck (1642) erinnert, wahrscheinlich für die Ausschmückung, die bald lawinenartig anschwoll, verantwortlich machen. Ähnliche Verschmelzungen der Erinnerung an gefährliche Ereignisse des Dreißigjährigen Krieges mit älteren Schulfesten sind in Dinkelsbühl (*Kinderzeche* von 1632) und Schleusingen (*Isolanis Kroaten*, 1634), vielleicht auch für Freiberg in Sachsen, Kamenz, Mühlhausen, Pegau, Zofingen und andere Orte zu beobachten.

162

Eine andere Erfindung ist die der *Ziska-Trommel*. Nach Ziskas Tod (11. Oktober 1424) verbreitete sich ein seltsames Märchen. Ziska selbst sollte Vorkehrungen getroffen haben, um nach seinem Tod unter den Seinen zu weilen und sie ferner zum Sieg führen zu können. Es hieß, er habe auf die Frage, wo er bestattet sein wolle, geantwortet, man solle seinen Leichnam den Tieren des Feldes hinwerfen, aus der Haut aber eine Trommel anfertigen, bei deren Schall die Hussiten in die Schlacht ziehen sollten. Sobald die Trommel ertöne, würden die Feinde die Flucht ergreifen.

Die Nachricht findet sich schon bei Aeneas Sylvius. Abgesehen von der späteren »Verbesserung« der Sage durch Hormayr (1833): Ziska habe nur befohlen, die Tierhaut, die er stets unter seinem Panzerhemd getragen habe, zur Herstellung einer Trommel zu benutzen, wollen wir erwähnen, daß sich schon früh Zweifel an der Sage regten. Trotzdem hat man an das Dasein der Trommel geglaubt. Die *Spenersche Zeitung* vom 24. Oktober 1743 meldete, daß *vor einigen Tagen* zwei sehr merkwürdige Altertümer aus der Grafschaft Glatz nach Berlin gebracht wurden, wovon eins die Ziskatrommel war, die 1429, als Prokop Glatz belagerte, in die Hände der Belagerten gefallen sei. Auch in der Korrespondenz zwischen König Friedrich dem Großen und Voltaire (16. November und 4. Dezember 1743) wird die Trommel, allerdings etwas ironisch, erwähnt. Was aus ihr geworden ist, weiß man nicht. Die im November 1910 verbreitete und zunächst geglaubte Nachricht von der Auffindung des Grabes Ziskas und seines Schädels in der Peter- und Paulskirche in Czaslau stellte sich bald als eine böswillige Irreführung heraus: der »alte« Buchdeckel mit einer »lateinischen Inschrift«, die auf die Knochenreste in einer Nische verwies, stammte von einem modernen böhmischen Steuerbüchlein.

Zu den letzten romantischen Ritterfehden gehört der *sächsische Prinzenraub*. Im Verlauf einer Fehde war *Kunz von Kaufungen* im Dienste Friedrichs des Sanftmütigen von Sachsen in Gefangenschaft geraten. Für seine Freilassung hatte er dreitausend Goldgulden zahlen müssen. Als der Kurfürst ihm die Erstattung des Lösegeldes abschlug, da er ihn anderweitig entschädigt habe, sandte ihm Kunz den Fehdebrief. Im Bunde mit den Rittern v. Mosen und v. Schönfeld drang er in der Nacht zum 8. Juli 1455 in das Schloß zu Altenburg ein und raubte die im Kindesalter stehenden Söhne des Fürsten, die Prinzen Ernst und Albrecht, um ein Pfand in die Hand zu bekommen. Auf getrennten Wegen suchten die Entführer nach Böhmen zu gelangen, wo Kunz das Schloß Eisenberg besaß. Während einer

Rast kurz vor der Grenze erregte der kleine Trupp den Verdacht des Köhlers Georg Schmidt. Mit Hilfe seiner Knechte überwältigte er den Ritter Kunz und seinen Begleiter und befreite den Prinzen Albrecht. Mosen und Schönfeld ließen den Prinzen Ernst frei, nachdem ihnen Straffreiheit zugesichert worden war. Kaufungen wurde am 14. Juli in Freiberg enthauptet.

Mit dem Prinzenraub ist unausrottbar die Legende verknüpft, der Köhler Schmidt *habe dem Kurfürsten und dem ganzen Hofgesinde immer und immer wieder erzählen müssen, wie bei der Befreiung der Prinzen sich alles zugetragen. Und da er dabei stets die Äußerung gethan, daß er Kuntz von Kaufungen mit seinem Schürbaume weidlich »getrillt« habe, so wäre ihm, wie* [Johannes] *Vulpius berichtet, von den Höflingen, wie aber Spätere* [z. B. Galletti in seiner Geschichte Thüringens, 1784, S. 224] *zu melden wissen, unmittelbar vom Kurfürsten der Name »Triller« beigelegt worden, und dieser hätte mit der Zeit den eigentlichen Familiennamen, Schmidt, ganz verdrängt... Doch: Zunächst findet sich, daß die ganze Literatur über den Prinzenraub und die Familie Triller bis zum Jahre 1699, in welchem Vulpius sein Buch »Altenburgs ansehnliche Hoheit« herausgab, von der angeblichen Äußerung des Köhlers nichts, gar nichts enthält. Erst in dem genannten Buche, also fast zwei und einhalb Jahrhundert nach dem Prinzenraube, wird sie aufgetischt... und zwar ohne daß irgend welche Quelle dabei genannt würde* (Ernst Koch, *Triller-Sagen,* Bd I, Meiningen 1884, S. 40 f.). Die Familie Triller stammt also nicht vom Retter der Prinzen ab (vgl. E. Koch, *Die Stiftung Kaspar Tryllers vom 29. September 1617 und der Stammbaum der Tryller,* Meiningen 1889).

Nach den Berichten zeitgenössischer Schweizer soll das Heer *Karls des Kühnen* von Burgund am 1. März 1476 bei Grandson 100 000–120 000 Mann betragen haben, für Murten (22. Juni 1476) wird sogar das Dreifache angegeben. Tatsächlich aber hatte Karl für die erste Schlacht nur 7000, für die zweite 25 000 Mann zur Verfügung, während die Schweizer beträchtlich stärker (18 000 und 27 000) waren. Natürlich stehen die Verlustzahlen in demselben Verhältnis von Sage und Wirklichkeit; bei Grandson sollen 7000 Burgunder gefallen sein – es waren aber nur 300.

Die anmutige Erzählung, wie Kaiser *Maximilian I.* (1493–1519) sich *auf der Martinswand* bei Zirl unweit Innsbrucks verirrt und dann gerettet wird, ist durch Gedichte von Heinrich Joseph von Collin (*Kaiser Max auf der Martinswand in Tyrol;* 1812) und Anastasius Grün (*Willkommen,*

Tirolerherzen, die ihr so bieder schlagt) sowie durch bildliche Darstellungen (u. a. von Leopold Bode) bekannt geworden.

Sie dürfte zurückgehen auf das 20. Abenteuer des *Teuerdank*, einer unter des Kaisers Mitverfasserschaft entstandenen allegorischen Versdichtung, die sein Kaplan Melchior Pfinzing aus Nürnberg redigierte und 1517 herausgab, und in deren Mittelpunkt Maximilians Brautwerbung um Maria von Burgund steht (vgl. Karl Kirchlehner, *Über Maximilian als Jäger...*, Wien 1885). Zwei allegorische Personen, Fürwittig – Maxens eigener jugendlicher Übermut – und Unfalo – das Unglück – haben sich verschworen, Teuerdank, d. i. Maximilian, bei seinen Jagden zu Schaden zu bringen und verleiten ihn, in der Nähe von Innsbruck eine gefährliche Kletterpartie zu unternehmen; sämtliche Damen des Gefolges sollen zuschauen *(Es mag das gantz Frawenzimmer zusehn)*. Maximilian erlegt mit seinem *Schafft* den aufgetriebenen Gemsbock, kann aber dann nicht weiter, bis ihm der begleitende Jäger den Schaft wiederholt, worauf beide die *Wand* (die Martinswand wird noch nicht genannt) hinabklettern und von den Damen jubelnd empfangen werden.

Die erste Erweiterung der Erzählung findet sich in Sebastian Francks *Germaniae Chronicon* von 1538, wo es heißt, man hätte dem Kaiser, als er auf der Martinswand in Gefahr war, das Sakrament gezeigt, weshalb ihm Gott *durch sein freudig Gemüt und seine Geschicklichkeit* herabgeholfen habe. Im Jahre 1574 beschrieb ein gewisser Pighius, der einen deutschen Prinzen auf einer Studienreise begleitete, die Martinswand. Bei ihm ist die Sage bereits voll ausgebildet: Zwei Tage und zwei Nächte hat Maximilian schon in seiner verzweifelten Lage zugebracht, und es scheint keine Aussicht mehr auf Rettung zu bestehen; auf seinen Wunsch wird ihm das Allerheiligste gezeigt. Nachdem er endlich alle Hoffnung aufgegeben hat, erscheint plötzlich ein junger Mann, der, ungeheure Felsblöcke auf die Seite räumend, sich einen Weg zu ihm bahnt und ihn befreit. In der den Kaiser nach seiner glücklichen Rückkehr jubelnd empfangenen Menge verliert sich der Retter und kann trotz aller Bemühungen nicht gefunden werden. So nimmt man an, daß es ein Schutzengel gewesen ist; und Maximilian läßt selbst das erwähnte Kruzifix anbringen.

Der geheimnisvolle Retter dürfte wohl niemand anderer gewesen sein als der im *Teuerdank* als Begleiter erwähnte Jäger und vermutlich derselbe Oswald Zypper, dem der Kaiser 1503 eine Pension aussetzte. Verschiedene Adelsfamilien (Hollauer von Hohenstein; von Oheimb) wollen von diesem Jäger abstammen. Die dem Kaiser angeblich gezeigte Monstranz wurde der berühmten Ambraser Sammlung einverleibt.

Die Heroisierung der Schwarzen Schar und ihres Führers, des fränkischen Ritters *Florian Geyer*, geht auf die erstmalig in Stuttgart 1814–44 erschienene und seitdem mehrfach aufgelegte *Allgemeine Geschichte des großen Bauernkrieges* des württembergischen Pfarrers Balthasar Friedrich Wilhelm Zimmermann (1807–1878) zurück. Dieser – er war einer der radikalsten Abgeordneten des Frankfurter Parlaments von 1848 – ist der Begründer einer völlig unhistorischen Geyerlegende, die seitdem hartnäckig die volkstümliche Geschichtsbetrachtung beherrscht. Auch Gerhart Hauptmanns Drama *Florian Geyer* entspricht ebensowenig wie Goethes *Götz von Berlingen* der geschichtlichen Wahrheit. Seit April 1525 stand Geyer im Bauernlager, nicht als Oberst eines eigenen Haufens *(Schwarze Schar)*, sondern nur als Mitglied des Bauernrates. Als solcher führte er die Verhandlungen mit Fürsten und Städten, mit der Absicht, einen Vergleich zwischen den Aufständischen und dem Markgrafen Kasimir von Ansbach herbeizuführen. Er war ein wohlhabender Edelmann, der nicht aus Raublust oder Not, vielmehr aus Idealismus und innerer Überzeugung die berechtigten Interessen der Bauern vertrat. *Gleich den Bauern fand er in der Heiligen Schrift und in Luthers Lehre die Begründung für sein politisches Wollen. Aber daß auch er keine überragende Persönlichkeit, keine wirklich schöpferische Führergestalt gewesen ist, zeigt sich schon darin, daß er sich das fränkische Bauernprogramm zu eigen machte, ohne es auszubauen und fortzubilden. Florian Geyer war ein von der Zeit Getriebener, kein Treiber der Zeit* (Günter Franz, *Der deutsche Bauernkrieg*, München 1933, S. 194).

Geyer hat weder, wie Zimmermann schreibt, an dem Kampf der Bauern in den Ruinen seines Schlosses Ingolstadt teilgenommen, noch ist er, dem dortigen Massaker entronnen, mit dem Schwert in der Hand auf dem Spetich bei Schwäbisch-Hall gefallen. Er befand sich um diese Zeit nicht in Würzburg, von wo aus er mit seiner legendären Schwarzen Schar todesmutig den nach dem Sieg bei Königshofen auf Würzburg anrückenden Heer des Truchseß (»Bauernjörg«) entgegengezogen sein soll, sondern hielt sich in Rothenburg ob der Tauber auf, um mit Markgraf Kasimir Verhandlungen anzuknüpfen. Als der Rat ihn dort auswies, suchte er Zuflucht in dem festen Schloß Rimpar des Wilhelm von Grumbach, mit dessen Schwester Barbara er verlobt war. Auf dem Wege dorthin ist er *am 9. Juni* [1525] *erstochen worden auf dem Felde bei Rimpar*, wie die Eisenhardtsche Chronik meldet. Das gleiche berichtet sein Zeitgenosse, der Würzburger Stadtschreiber Martin Cronthal, in seinem Tagebuch. Ein dritter Beleg befindet sich im Bamberger Staatsarchiv in einem an die Räte in Ansbach gerichteten Schreiben, an dessen Rand Markgraf Kasimir in flüchtigen, kaum leserlichen Zügen eigenhändig vermerkt hat: ...*nachts ist Florian Geyer durch Wilhelm von Grumppachs Knecht erstochen worden.* Der Brief ist datiert *Würzburg, Sambstags nach Pfingsten anno 25* (= 10. Juni 1525). Ob Grumbach seinen künftigen Schwager ermorden ließ, um sich durch diese Tat bei den Fürsten in Gunst zu setzen, wie ein zeitgenössisches Volkslied behauptet, ist nicht erwiesen. Vielleicht wollte Grumbach den Ritter vor grausamer Hinrichtung bewahren, falls er in die Hände des Markgrafen gefallen wäre, vielleicht legte Grumbachs Knecht auch aus eigenem Antrieb Hand an Florian, um den Toten zu berauben. Nach der lange lebendigen Volkssage soll noch heute im Gramschatzer Wald an der Stelle, wo einst ihr Verlobter ermordet wurde, nachts die unglückliche Braut umgehen.

Die Redensart *Doa danzt Bornholm hen* (vgl. John Brinckman, *Kaspar-Ohm un Ick*, Kap. 12: *Szü, Jonge, dor danzt Bornholm hen!*) geht auf eine Sage zurück, die daran anknüpft, daß Lübeck den ihm 1525 von Dänemark übertragenen Pfandbesitz der Insel Bornholm 51 Jahre später wieder abtreten mußte (*National-Zeitung* vom 12. August 1881):
Ein eitler Lübecker Bürgermeister, Johann Wittenborg, geizte, während er als Gesandter in Kopenhagen weilte, nach der Ehre, mit der Königin tanzen zu dürfen und erreichte dies gegen die Verpflichtung, im Namen Lübeck's Bornholm an Dänemark zurückzugeben. Die Lübecker aber ließen ihn diesen Verrat mit dem Tode büßen und fügten zugleich ihrem Ratssilberzeuge einen Becher mit der Inschrift hinzu: »Doa danzt Bornholm hen«, aus welchem dann alljährlich bei offener Tafel die Bürgermeister, ihnen selbst zur Warnung, trinken mußten.
Aus der hansischen Geschichte wissen wir freilich, daß Wittenborg schon fast zwei Jahrhunderte früher als Feldherr des ersten unglücklichen Krieges gegen Waldemar Atterdag hingerichtet wurde; es wird die Sage daher unberechtigt den Tod dieses unglücklichen Mannes mit der weiteren, ihr entstellt überlieferten Thatsache verbunden haben, daß Lübeck Ratssilbergeschirr besaß, welches mit dem Pfandbesitz von Bornholm, aber wiederum in ganz anderer Weise, in Beziehung stand. 1538 nämlich hatten die Lübecker einen auf Bornholm gegen ihre Herrschaft ausgebrochenen Aufstand unterdrückt und mit schwerer Geldbuße geahndet. Aus dem Ertrage der letzteren hatte der Bürgermeister Jochim Gerken das Silberzeug anfertigen lassen, von dessen uns erhaltenen Inschriften die eine lautete:

Bornholm heft mi ghegeven
Lübeck der guden stadt;
Wer'trw bestendig bleven
Heddet nen noet gehad.

Dieses Silberzeug überreichte Jochim Gerken 1540 einem ehrbaren sitzenden Rate, damit derselbe solche Kleinodien hinfort der Stadt zu Ehren gebrauche, sowie auch zu ewigem Gedächtnis daran, daß die von Lübeck das Land Bornholm in Besitz gehabt haben, annoch besitzen und darüber die Herrschaft führen.

Der von Byron so schön besungene *Gefangene von Chillon (My hair is grey, but not with years...)* hieß eigentlich Franz Bonivard. Byron benutzte einen regnerischen Nachmittag, den berühmten Kerker zu besuchen, wo Bonivard vier Jahre lang (1532-1536) vom Herzog von Savoyen gefangengehalten wurde, nachdem er schon vorher zwei Jahre in milderer Haft gewesen war. Am 29. März 1536 wurde Schloß Chillon von den vereinigten Genfern und Bernern erstürmt und Bonivard befreit. Die mitgefangenen Brüder hat Byron dazu erfunden, um die Sache dramatischer gestalten zu können. Daß sich Bonivard nach seiner Freilassung bis zu seinem Tod noch viermal verheiratet hat, außerdem noch wegen liederlichen Lebenswandels einmal vor den Genfer Rat zitiert und zum Kirchenbesuch zweimal in der Woche verurteilt wurde, erwähnt Byron natürlich nicht.

Ein »historisches« Gemälde von Hans Makart († 1884) erregte 1879 Aufsehen: *Karls V. Einzug in Antwerpen*. Zu jeder Seite des Kaisers schreiten zwei nackte Mädchen, ohne daß sie selbst oder sonst jemand auf dem Bilde sich besonders darüber zu wundern scheinen. Veranlaßt war Makart zu der Anbringung der Nackten durch eine Notiz in Albrecht Dürers Reisetagebuch, der 1520 in Antwerpen dem Einzug beigewohnt hatte. Dieser erzählte später (1526) Melanchthon, auf einem großen Triumphbogen hätten weibliche Gestalten in unverhüllter Schönheit gethront. Die Stelle aus *Albrecht Durer in de Nederlanden*, herausgegeben von Frederic Verachter (Antwerpen 1840) lautet in deutscher Übertragung:
Auch habe ich einen Stüver gegeben für einen gedruckten Einzug zu Antwerpen, worin beschrieben wird, wie der König auf eine prächtige Weise empfangen ist. Da waren die Tore schön geschmückt mit Schauspielen (kamerspelen), großer Freude und schönen Jungfrauen, wie ich sie selten gesehen habe. Ich habe einen Gulden zum Zehrgeld gewechselt.
Dazu Fußnote Verachters: *Gemeint ist Cornelii Graphaei Gratulatio Caro-*

li V. Imperatoris 1520, Antwerpiae, apud Joan. Croccium. Diese Mädchen
waren die schönsten der Stadt Antwerpen, beinahe ganz nackt und nur
mit einer dunne gaze kleeding *bedeckt.*

Das war damals eine Ehre für die Mädchen, wie heute das weißgeklei-
dete Jungfrauentum. Was bei dem Bild auf Makarts eigene Rechnung
kommt, ist danach leicht zu ermessen.

Ein anderes bekanntes »historisches« Gemälde von Karl Becker (in der
Berliner Nationalgalerie) stellt dar, wie Kaiser Karl V. von dem reichen
Kaufmann *Anton Fugger* in Augsburg empfangen wird. Da der Kaiser, wie
berichtet wird, über Kälte klagt, brennt im Kamin ein Feuer (angeblich aus
Sandelholz). Fugger wirft die Schuldverschreibung des Kaisers über das
zum Zug nach Tunis vorgestreckte Geld ins Feuer, während seine schöne
Tochter dem hohen Herrn einen Pokal kredenzt. Doch in keiner einzigen
zeitgenössischen Geschichtsquelle findet sich eine Andeutung jener Erzählung. Nur das ist Tatsache, daß die Fugger bis 1650 auf ihre Forderungen
an die Habsburger mindestens acht Millionen Gulden verloren haben, was
schließlich den Bankrott des Hauses Fugger herbeiführen mußte. *Von den*
hohen Gewinnen der ersten Jahrzehnte müssen die großen Verluste der
Verfallsperiode abgerechnet werden. Dann erkennt man, daß jene zum
großen Teile Risikoprämien waren, und der Durchschnittsertrag einer
hundertjährigen, höchst intensiven Arbeitsleistung wird sich dann als ein
recht bescheidener Lohn erweisen. Was den Fuggern schließlich übrig
blieb, war ansehnlicher Grundbesitz, der aber belastet war mit schweren
Schulden und den hohen Ansprüchen einer an fürstlichen Luxus gewöhn-
ten Grafenfamilie, ein Grundbesitz, der überdies wenig ertragreich war
und erst durch neue Anstrengungen späterer Generationen wieder relativ
erheblichen wirtschaftlichen Wert erlangt hat (Richard Ehrenberg, *Große*
Vermögen, ihre Entstehung und ihre Bedeutung, I. Band: Die Fugger –
Rothschild – Krupp, 3. Aufl., Jena 1925, S. 30).
Die ihm [Anton Fugger] durch die Tradition zugeschriebene stolze Ver-
brennung kaiserlicher Schuldbriefe hat auf die überlieferte Art jedenfalls
nicht stattgefunden, war vielmehr nach der ältesten Version, die ich
auftreiben konnte, nur ein geschickter Theatercoup, um kaiserliche Geld-
ansprüche glimpflich abzuwehren. Jakob [1487–1525] hatte dies oft genug
ganz offen getan, Anton wagte es selbst nicht mehr in den kritischen
letzten Regierungsjahren Karls V., ließ sich vielmehr immer tiefer in
Geschäfte verstricken, die längst schon weit gefährlicher geworden waren,
als ihren Erträgen entsprach (ebd., S. 26). Denn um die ständig wachsenden

Forderungen der Habsburger zur Finanzierung ihrer Kriege befriedigen zu können, reichte das flüssige Vermögen des Hauses Fugger bei weitem nicht aus. Sie waren daher gezwungen, Anleihen aufzunehmen, die sie hoch verzinsen mußten. Der Kaiser verpfändete ihnen zwar Bergwerke und Ländereien, verlieh ihnen Adelstitel, Steuer- und Zollermäßigungen und andere Rechtsame, aber diese heruntergewirtschafteten Betriebe und Ländereien erforderten zunächst beträchtliche Investitionen. Diese Aufwendungen rissen beträchtliche Lücken in das Barvermögen des Hauses, das schon seine ganze Kraft einsetzen mußte, um dem Zinsendienst für die eigene Verschuldung nachzukommen.

Der Kamin wurde noch 1893 zu Augsburg im Hotel »Drei Mohren« gezeigt, das bis Anfang des vorigen Jahrhunderts im Besitz der Fugger war. Er stammt aber sicher nicht aus der Zeit Karls V., sondern ist ein Jahrhundert jünger. Im übrigen fehlt der Geschichte das Verdienst der Ursprünglichkeit. Richard Whittington soll König Heinrich V. (1413–1422) ein Fest gegeben und dabei Schuldverschreibungen im Betrag von 60 000 Pfund Sterling in einem Feuer von Zimt verbrannt haben.

Als Karl V. 1547 Wittenberg eingenommen hatte, soll er auf die Aufforderung, die Leiche Martin Luthers an den Galgen hängen zu lassen, dies mit den Worten abgelehnt haben: *Ich führe Krieg gegen die Lebenden und nicht gegen die Toten.* Ein sehr schönes, in der Lutherhalle daselbst befindliches Bild stellt diese Szene dar.

Die Erzählung stammt nach William Stirling (*Das Klosterleben Karls V.*, Leipzig 1853) aus Christian Juncker, *Vita Dr. Martini Lutheri...*, Frankfurt–Leipzig 1699, S. 219, der seinerseits Johannes Sleidanus (*Commentar. de statu religionis et rei publicae...*, Straßburg 1555, lib. XIX) als Autorität angibt. Allein Luthers bester Freund, Johann Bugenhagen, und der gewissenhafte Chronist Menz erwähnen den Ausspruch nicht. Er steht übrigens fast wörtlich bei Diodor (Fragment bei Konstantinos VII. Porphyrogennetos, *Über Sentenzen*). Der Karthager Hamilkar Barkas erwidert dort den Herolden des Gaius Fundulus (243 v. Chr.), die um die Erlaubnis zur Bestattung ihrer Toten bitten: Er gestatte das Begraben, indem er Krieg mit den Lebenden führe; mit den Toten sei er ausgesöhnt. Ähnlich Hannibal, dem Mago den Leichnam des Sempronius Blaesus schickt, worauf die Truppen diesen zerhauen und die Stücke verstreuen wollen; aber Hannibal erklärt, man dürfe nicht Rache nehmen an einem Körper, der nicht mehr fühle (Fragment Diodors: *Von Tugenden und Lastern*).

Religiöse Toleranz war jedoch für den Kaiser wie für die ganze damalige

Zeit noch etwas nicht Vorstellbares. Nach Jean-Antoine Llorente (*Histoire de l'inquisition d'Espagne...*, Bd II, Paris 1817, S. 157) ist Karl vielmehr bis zuletzt überzeugt gewesen, daß man die Ketzer verbrennen müsse, und er hat bedauert, daß er Luther gemäß dem versprochenen freien Geleit aus Worms habe entkommen lassen (Stirling, *Das Klosterleben Kaiser Karls V.*, S. 218 f.). Auf dem Bronzestandbild von Livolsi aus Susa, das man dem Kaiser 1630 auf der Piazza Bologni zu Palermo errichtet hat, wird er als *Purgator* (Reiniger) gefeiert, der der siebenköpfigen *Lutherica Hydra* den Garaus gemacht habe.

Der im Jahr 1552 erfolgte Übergang der deutschen freien Reichsstadt *Metz an Frankreich* wird kurzweg auf eine verräterische Tat der protestantischen deutschen Fürsten, besonders des Herzogs Moritz von Sachsen, und der Metzer lutherischen Familie de Heu zurückgeführt. Man beruft sich dabei auf den am 15. Januar 1552 zu Chambord zwischen Heinrich II. von Frankreich und der protestantischen Liga geschlossenen Vertrag. Bei näherer Beleuchtung sieht jedoch die Sache wesentlich anders aus. Seit den Zeiten Karls des Kühnen, wo das Stadtgebiet von Metz den Schauplatz heftiger Kämpfe in seinem Krieg gegen den Herzog von Lothringen abgab, ohne daß das Reich die Stadt Metz vor diesen Greueltaten schützte, war der Reichsgedanke bei den Bürgern der Stadt im Erlöschen. Sie schlossen sich mehr dem nahen Frankreich an, dessen Sprache ihnen geläufiger war als die deutsche. Auch war die unmittelbare Verbindung mit dem Reich seit 1542 unterbrochen, als das Herzogtum Lothringen, dessen Gebiet die Stadt Metz völlig umgab, sich vom Deutschen Reich löste. Die Könige von Frankreich ihrerseits hatten schon lange versucht, mit Gewalt oder mit Hilfe französisch gesinnter Bischöfe die Reichsstädte in ihre Gewalt zu bekommen. Als ihnen nun auch das burgundische Reich, dessen Erbe ein deutscher Kaiser war, ein Hindernis bei ihren Annexionsgelüsten wurde, während Metz, eingeschlossen zwischen Burgund und den Niederlanden, zu einer Brücke zwischen diesen Staaten wurde, derer sich Karl V. gern bemächtigt hätte, da wurde es für Frankreich zur politischen Notwendigkeit, sich Lothringen anzueignen. Den willkommenen Anlaß bot der Streit zwischen dem Kaiser und den protestantischen Fürsten. Diese suchten das Kriegsheer des Kaisers zu zersplittern. Am empfindlichsten glaubten sie den Kaiser treffen zu können, wenn sie die Reichsstädte, mit denen Karl V. seine Hausmacht zu erweitern gedachte, fremder Obhut anvertrauten. Sie rechneten damit, daß der Kaiser mit großer Truppenmacht die Städte wieder an sich ziehen werde. Daher wurde ihrerseits mit König Heinrich ein Abkommen getroffen, das diesen ermächtigte, sofort die von alters her dem Reich zugehörigen Städte nichtdeutscher Zunge zu besetzen und sie als Stellvertreter des Reiches, vorbehaltlich der Rechte des Reiches, zu besetzen, was dann auch in Metz, Toul und Verdun ohne Widerstand der Einwohner geschah. Eine Schuld der deutschen Fürsten, die Hilfe des französischen Kaisers erkauft zu haben, läßt sich aus diesem Verhalten kaum ableiten. Die protestantischen Fürsten erreichten mit ihrem Plan den gewünschten Erfolg. Karl V. eilte auf die Kunde von der Einnahme von Metz durch die Franzosen mit großer Heeresmacht herbei, und sie selbst brauchten deshalb vorläufig nichts von ihm zu fürchten.

Das Regiment hatten in Metz die alten Paraigen-Familien, von denen die Baudoche und Gournay dem katholischen, die de Heu dem protestantischen Glauben angehörten. Um die religiöse Vorherrschaft bestand zwischen ihnen ein erbitterter Streit, und es hielten daher die einen zum Kaiser, die anderen zur Liga. Mehrfach versuchten die de Heu, Metz in den Schmalkaldischen Bund aufnehmen zu lassen, und betonten dabei, daß, falls Metz vom Bund im Stich gelassen würde, man sich nicht wundern dürfe, wenn es in fremde Hände geriete. Damit aber war die Macht der Burgunder gemeint, wie aus einem Bericht des von Kaiser Karl nach Metz entsandten Legaten Boisot hervorgeht. Auf dem Metzer Bischofsstuhl saß damals der Kardinal Robert de Lenoncourt, der sich als Bischof die beherrschende Stellung in der Stadt zurückerobern wollte. Zur Erreichung dieses Zweckes verband er sich mit der protestantischen Familie de Heu. Anfang März 1552 muß das Vorgehen Frankreichs gegen Metz dort bekannt geworden sein. Die katholische Partei sandte sofort dem Kaiser Nachricht nach Diedenhofen mit der Bitte um Garnison. Robert de Heu suchte bei Graf Mansfeld um Besetzung nach; ja, Jean de Heu wollte selbst vier Fähnlein Infanterie und Kavallerie in die Stadt führen, um diese gegen Heinrich von Frankreich zu verteidigen.

Diese Tatsachen ergeben, daß keine Partei im Einverständnis mit Frankreich handelte. In Deutschland verhallten die Hilferufe der freien Reichsstadt ungehört. Die Metzer Bürgerschaft selbst, im Bruderzwist liegend, war zur Verteidigung nicht fähig, und so wurde Metz am 10. April 1552 ohne Widerstand übergeben. Das Reich tat nichts zur Wiedergewinnung von Metz, nur Karl V. rüstete, und zwar vergeblich.

Über den Eintritt Karls V. in das Kloster San Geronimo de Yuste (nach dem Flüßchen Yuste genannt; 1556) erzählt Jacques-Auguste de Thou (*Historia sui temporis*, Paris 1604–1608; lib. XVII), er habe beim Aussteigen nieder-

172

gekniet und ausgerufen: *Ich grüße dich, o gemeinsame Mutter; nackt kam ich aus dem Mutterschoß, um die Schätze der Erde zu empfangen; nackt kehre ich jetzt zum Busen der Allmutter zurück.* (Fassung von Palladas von Alexandria [4./5. Jh.]: *Nackt beschritt ich die Welt; nackt unter der Erde verschwind' ich. Seh' ich das Ende so nackt – wozu vergebens mich mühn?*) Sein Sekretär macht in seinen Briefen auch nicht die leiseste Anspielung, die diese Anekdote rechtfertigen könnte (Stirling, *a.a.O.*, S. 24). Der Schotte William Robertson (*The History of the Reign of the Emperor Charles V....*; 3 Bde, London 1769; dt. Braunschweig 1770 u. ö.) hat die Fabeln verbreitet, die über den Klosteraufenthalt Karls V. erzählt werden. Angesichts der zahlreichen, aber nicht gleichgehenden Uhren soll er den Versuch bereut haben, alle seine Untertanen zu einer Religion zwingen zu wollen. Im Nachlaß des Kaisers waren nur die vier oder fünf Uhren verzeichnet, für die er laut Famianus Strada (*De bello belgico...*, Amsterdam 1648, Bd I, S. 13) allerdings eine unleugbare Vorliebe gehabt hat. In der *Geschichte des deutschen Volkes* von Eduard Duller (Leipzig 1840) wird der kaiserliche »Eremit« – der dennoch stets der genußliebende Aristokrat geblieben ist – sogar mit Pendeluhren abgebildet: ein drolliger Anachronismus, da die Pendeluhr erst 1657 von Salomon Coster in Den Haag erfunden wurde.

Karl hat nie ein Mönchsgewand getragen, wie auf den Gemälden von Tizian und Alfred Arago, auch nicht im eigentlichen Kloster gewohnt, sondern in einem daneben für ihn besonders errichteten Gebäude. Sein Gefolge bestand nicht nur aus zwölf Personen, wie Robertson behauptet, sondern aus mehr als fünfzig.

Über das Begräbnis des Kaisers zu seinen Lebzeiten (31. August 1558), worüber Robertson berichtet, wollen wir diesen in deutscher Übersetzung hören: *Die Kapelle war schwarz ausgeschlagen, und der Glanz von Hunderten von Wachslichtern genügte kaum, die Dunkelheit zu zerstreuen. Die Mönche in ihren Klosterkleidern und des Kaisers ganzes Gefolge in tiefer Trauer versammelten sich um einen mächtigen, gleichfalls mit Schwarz behangenen Katafalk, der in der Mitte der Kapelle errichtet worden war. Die bei einem Begräbnis üblichen Gebete wurden dann verrichtet und vom traurigen Wehklagen der Mönche begleitet, die für die abgeschiedene Seele flehten, daß sie in den Wohnplatz der Seligen eingelassen werden möge. Die bekümmerten Begleiter wurden durch die Darstellung des Todes ihres Gebieters zu Tränen bewegt, oder sie waren gerührt, vielleicht auch nur aus Mitleid über diese bedauerliche Entfaltung von Schwäche. Karl, in einen dunklen Mantel gehüllt, mit einer brennenden Kerze in der Hand, stand mitten unter seinem Gefolge als Zuschauer seiner eigenen Obsequien, und die wehmütige Zeremonie schloß damit, daß der Kaiser die Kerze in die Hände der Priester gab als Zeichen dafür, daß er seine Seele dem Allmächtigen zurückgebe.*

Spätere Schriftsteller legen den Kaiser bei dieser Zeremonie sogar schon in seinen Sarg und lassen ihn von da aus mitsingen. Graf Victor Duhamel (*Histoire constitutionelle de la monarchie espagnole...*, 2 Bde, Paris 1845) geht noch weiter. Nach ihm ließ man den Kaiser in seinem Sarg allein in der Kirche. Er hätte sich dann nach einer Weile in seinem Totenlaken erhoben und sich zu den Füßen des Altars hingeworfen. Ein furchtbares Fieber wäre die Folge gewesen, und am nächsten Tag wäre er in seiner Zelle gestorben.

Allein weder des Kaisers Majordomus noch sein Sekretär und sein Leibarzt, die in ihren Briefen ausführlich über sein religiöses Leben berichten, besonders, wenn es um seine Gesundheit ging, sprechen von der ungewöhnlichen Zeremonie am 31. August; obwohl sie doch anführen, *daß er am 15. August zur Kirche getragen wurde und dort das Sakrament sitzend empfing.*

Karl V. litt seit acht Jahren an Gicht und anderen Beschwerden, hielt aber zum Leidwesen seiner Ärzte nie Diät. In dem sehr heißen Sommer 1558 speiste der Kaiser in der glühenden Sonnenhitze auf der Veranda und schlief bei offenem Fenster. Die Sumpfniederung der Yuste war eine Brutstätte der Malariamücken, die die Krankheit auch auf den Kaiser übertrugen. Von Fieberanfällen geschüttelt, mußte er also in die Kirche getragen werden. Robertson hat diese einfache Szene zu frivolem Totentanz ausgemalt, obwohl eine solche Aufbahrung bei Lebzeiten als Gotteslästerung durch Konzilsbeschluß ausdrücklich verboten war. Das Bewußtsein verließ ihn nicht bis an sein Ende. In der zweiten Morgenstunde des 21. September 1558 verschied er. *Der Augenblick ist gekommen,* waren seine letzten Worte, wobei er auf das Sterbekreuz deutete und *Jesus!* rief. Das schöne Gedicht Platens *Der Pilgrim von St. Just*

> Nacht ist's und Stürme sausen für und für,
> hispan'sche Mönche, schließt mir auf die Tür

enthält somit fast ebenso viele Irrtümer wie Verszeilen. Aber es ist das Vorrecht des Dichters, den Lauf der Geschichte zu korrigieren und nach den Gesetzen der Ästhetik zum Stimmungsbild umzugestalten. Der Dynamik der Kontrastwirkung wird sich der Leser von Platens Gedicht kaum entziehen können. Indem der Dichter mit seinen Mitteln die tragische Diskrepanz, die Karls Leben durchzieht, sinnbildhaft herausstellt, bringt er uns diesen problematischen Charakter menschlich näher.

Karl V. wurde in der Klosterkirche im Hauptaltar beigesetzt, später aber in den von seinem Sohn Philipp II. erbauten Escorial überführt, wo er die Reihe der hier bestatteten spanischen Habsburger und Bourbonen eröffnet. Kloster, Kirche und Palast in San Yuste wurden in den Kämpfen gegen die Franzosen 1809 großenteils zerstört.

Auch der Reformator der Astronomie, *Nikolaus Kopernikus* (Coppernicus, Koppernigk; 1473–1543), ist ebensowenig wie andere Größen ohne Verschönerung durch den Treppenwitz der Weltgeschichte davongekommen.

Pfarrer Hein zu Allenstein veröffentlichte 1798 im 7. Jahrgang des *Preußischen Archivs* einen Aufsatz und erzählt dort: *In meiner jetzigen Wohnstube über dem Kamin schrieb einst Kopernikus mit eigener Hand folgendes Symbolum:*

> *Non parem Pauli gratiam requiro,*
> *Veniam Petri neque posco, sed quam*
> *In crucis ligno dederas latroni,*
> *Sedulus oro.*

(Nicht fordere ich eine Gunst, wie sie Paulus zuteil ward, noch die Verzeihung, die Petrus erhielt, sondern flehe nur um die Gnade, die du einst am Kreuzesstamm dem Schächer gespendet hast.)

Allerdings fügt Hein gleich hinzu, daß schon sein Amtsvorgänger das Symbolum, da es fast ganz erloschen war, erneuern ließ, und zu seiner Zeit seien nur noch die vier Löcher in der Mauer erkennbar gewesen, an der einst Kopernikus jene Schrift mit ebensovielen Nägeln befestigt habe.

Die erwähnte sapphische Strophe ist kein Denkspruch des Kopernikus, noch weniger, wie man bis in die neueste Zeit hinein geglaubt hat, von ihm selbst gedichtet worden. Sie ist mit ihm erst in Beziehung gebracht worden, als ein jüngerer Landsmann, Dr. Pyrnesius, sie zur Unterschrift für ein Bild von Kopernikus wählte, das er der Pfarrkirche St. Johann in Thorn stiftete. Sie ist vielfach abgedruckt und übersetzt worden, indem man sie besonders gern als eine Grabschrift ausgab, die Kopernikus sich selbst, von Reue über sein wissenschaftliches Vorgehen erfaßt, gedichtet habe. Das Gedicht, dem diese Verse entnommen sind, eine vierunddreißig Strophen lange Ode, hat Aenaes Sylvius Piccolomini, der spätere Papst Pius II., im Jahr 1441 verfaßt.

Dann wird noch die Todesstunde des großen Astronomen (24. Mai 1543) dramatisiert. Pierre Gassendi (*Nicolai Copernici vita*, angehängt seiner Lebensbeschreibung des Tycho [*Tychonis Brahei vita*], Hagae-Comitum 1655, S. 320) erzählt, daß er auf dem Sterbebett den ersten Abzug seines die Astronomie reformierenden Werkes *De Revolutionibus orbium coelestium* empfangen habe und wenige Stunden darauf verschieden sei. In Wirklichkeit ist er, weniger bühnengerecht, mehrere Tage später gestorben (Alexander von Humboldt, *Kosmos*, Bd II, Stuttgart–Augsburg 1847, S. 344).

Die Ehe der Augsburger Patriziertochter *Philippine Welser* (1521–1580) mit dem Erzherzog Ferdinand von Österreich, dem Sohn Kaiser Ferdinands I., ist lange Zeit ein dankbarer Stoff für Literaten und Maler gewesen. Die der Wahrheit deutlich widersprechende Tradition geht auf den zeitgenössischen französischen Geschichtsschreiber Jacque A. de Thou (Thuanus; 1553–1617) zurück und wird später durch Johann David Köhler (*Historische Münzbelustigungen*, Nürnberg 1729–1750), Johann Georg Keyssler (*Neueste Reise durch Teutschland...*, 2 Bde, Hannover 1740 f.) und Joseph von Hormayr (1781–1848) weiter ausgeschmückt.

Philippine war die Tochter von Franz Welser, dem Bruder des reichen Kaufherrn Bartholomäus Welser, des Konkurrenten der Fugger und Lehnsherrn von Venezuela. Erzherzog Ferdinand soll sie zum ersten Mal nach der Schlacht bei Mühlberg beim feierlichen Einzug Karls V. in Augsburg am Erker ihres Vaterhauses gesehen und sich auf der Stelle in die blonde Kaufmannstochter verliebt haben.

Diese effektvolle Szene ist leider zu schön, um wahr zu sein, denn in Wirklichkeit ist Ferdinand damals gar nicht in Augsburg gewesen. Erst 1551 kam er im Gefolge seines königlichen Vaters nach Augsburg und mag bei dieser Gelegenheit auch Philippine gesehen und gesprochen haben, wahrscheinlich aber nur ganz kurz im Rahmen einer konventionellen Huldigung der Augsburger Patriziertöchter. Engere Beziehungen zwischen beiden dürften sich wohl erst 1556 angebahnt haben, als Philippine in Bresnic in Böhmen bei ihrer Tante Katharina zu Besuch weilte. Diese war seit 1551 Witwe des aus Schlesien stammenden Ritters Georg von Loxan, der mit dem Erzherzog bekannt war. Jedenfalls hat diese Tante ihre bereits dreißigjährige Nichte mit dem damaligen Statthalter von Böhmen zusammengebracht. Schon im Januar 1557 hat Johann von Cavaleris, der Beichtvater der Erzherzogs, die beiden in aller Heimlichkeit getraut. So sorgfältig das Geheimnis dieser Eheschließung auch von den Beteiligten und den Zeugen gewahrt wurde, so erhielt doch spätestens 1559 Kaiser Ferdinand durch Vermittlung des Grafen Franz Thun Kenntnis von der Ehe seines Sohnes. Der Kaiser fand sich mit der Mesalliance, die er nicht mehr rückgängig machen konnte, notgedrungen ab, obwohl er zuerst *zum allerhöchsten entsetzt und bekümmert* war. Durch Urkunde vom 1. August 1559 gewährte der Kaiser zwar volle Verzeihung für das Geschehene, verpflichtete aber beide Gatten zur Geheimhaltung der Ehe *auf ewige Zeiten* gegen jedermann. *Von einem herzbewegenden Fußfalle Philippinens in Verkleidung als Pilgerin, vor dem Kaiser, umgeben von ihren Kindern, wie blühende Phantasie in Dichtkunst und Malerei* [so auf dem Gemälde von Josef Anton Mahlknecht (1827–1869), im Innsbrucker Museum] *solchen darzustellen weiß, ist nirgends auch nur die geringste Andeutung zu finden, ja, alle Anzeichen sprechen dafür, daß der Kaiser die Gemahlin des Erzherzogs, obwohl diese zeitweise selbst in Prag weilte, doch nie gesprochen hat ... Es ist nicht überflüssig, hier auch zu erwähnen, daß es am Kaiserhofe Audienzen an Personen, die nicht dem Hofe angehörten, überhaupt nicht gab. Solche wurden erst unter Josef II. [1780–1790] eingeführt. Der Träger der Krone Karls des Großen schien viel zu erhaben, als daß ein Untertan des Reiches es gewagt hätte, sich mit ihm persönlich in Verkehr zu setzen* (Wendelin Boeheim, *Philippine Welser. Eine Schilderung ihres Lebens und ihres Charakters*, Innsbruck 1894, S. 14).

Philippine ist am 24. April 1580 in Schloß Ambras gestorben, wahrscheinlich an den Folgen eines Magen- und Darmleidens. Da die Kranke nach dem damaligen Brauch mit Aderlässen und Klistieren behandelt wurde, hat sich die Legende dieses Tatbestandes bemächtigt. Angeblich soll Philippine im Bad durch Öffnen der Pulsader ermordet worden sein. Als Täter werden von den einen die Tiroler Stände, von den andern die Jesuiten beschuldigt.

Wir wüßten (zitiert Boeheim, *a.a.O.*, S. 40 D. Schönherr, *Philippine Welser's Ermordung durch Karl Stein in Berlin*. In: *Bote für Tirol und Vorarlberg* 1880, Nr. 70) *nun am ganzen Hofe Ferdinands und außer demselben niemanden zu bezeichnen, der auch nur das geringste Interesse gehabt haben könnte, Philippine ... zu ermorden, da weder die Politik, noch das soziale Leben ihren Tod wünschenswerth gefunden haben könnte ...* Und Boeheim schließt: *Und in der Badestube zu Ambras soll das ruchlose Werk geschehen sein! Hat man denn bei Dichtung dieser Fabel nicht erwogen, daß diese Stube ebenerdig im Hofe, gerade gegenüber der Eingangspforte in das Schloß und neben der Kapelle, somit an dem allerungünstigsten Punkte für derlei gräuliche Unternehmen gelegen ist? Unmöglich wäre die Missethat vor dem zahlreichen Hausgesinde zu verbergen gewesen, und ein schriller Schrei des Entsetzens und des Jammers hätte wenige Stunden darauf im ganzen Innthal die Luft durchzittert.*

Der Ausdruck *verbalhornen* geht zurück auf den Lübecker Johann Balhorn (Ballhorn; 1528–1603), weil er von einer Fibel eine »verbesserte« Auflage herausgegebenen habe, bei der die Verbesserung darin bestanden haben soll, daß er dem auf der letzten Seite der Fibel üblichen Hahn die Sporen nahm und neben ihn ein paar Eier legte. Das ist aber nicht wahr. Balhorn ist unschuldig durch einen mißverstandenen Witz Karl Arnold Kortums in schlechten Ruf gekommen. In der *Jobsiade* (1784; 29, 9 f.) heißt es:

> Was betrifft die zugefügten Buchstaben,
> So stehn selbige schon in ältern Ausgaben;
> Wenigstens fft, sp und sch
> Dienen als Varianten da.
>
> Es scheint zwar sich weniger zu schicken,
> Bei dem Hahn ein Ei auszudrücken,
> Doch braucht drum das Ei vom Hahn
> Eben nicht zu werden weggetan.

Also haben sich die Doppelbuchstaben (ff, tt, ss) als Varianten schon in älteren Abc-Büchern gefunden; hingegen wird das Hinlegen eines Eies zum Hahn aus anderen Gründen, aber als ein neuer Gedanke Jobsens verteidigt.

Jeder kennt den Beinamen, der den ersten Oranier, der sich aus dem Pagen und Günstling Kaiser Karls V. zum erbittertsten Feind seines Sohnes, König Philipps II. von Spanien, entwickelt hat, von den übrigen, ebenfalls *Wilhelm* getauften Gliedern jenes Fürstenhauses unterscheidet: er heißt *der Schweiger.* Und doch paßt keine Bezeichnung auf diesen ruhig heiteren, offenherzigen und mitteilsamen Edelmann so schlecht wie gerade diese. Tatsächlich haben ihn die Zeitgenossen nicht so genannt, den *Vater* die Holländer, den *Schlauen* die Spanier (so zuerst 1574 in einer anonymen Flugschrift, im Gegensatz zu den Grafen Hoorne und Egmont, die Alba ins Netz gegangen waren). Anscheinend trägt lediglich ein Mißverständnis die

178

Schuld, daß das Werk Emanuel van Meterens daraus den *Schweiger* gemacht hat. Hieraus ist es in Famianus Stradas Werk (*De bello belgico*...,
Amsterdam 1648) und alle späteren Geschichtsbücher (*le Taciturne* bei
Louis-Prosper Garchard, *the Silent* bei John Lothrop Motley) eingegangen.

In den Jahren 1609–1614 stand der *Jülisch-clevische Erbfolgestreit* nicht
nur im Mittelpunkt der brandenburgischen Politik, sondern bestimmte
sogar die gesamte Reichspolitik. Seinetwegen drohte wiederholt der große
Religionskrieg lange vor 1618 auszubrechen. Die beiden Lager der Union
und der Liga prallten schon damals hart aufeinander. Nun hing mit der
jülischen Erbfolge unter anderem die Frage der Vermählung der ältesten
Tochter des Kurfürsten Johann Sigismund von Brandenburg, *Anna Sophie*
(1598–1659), mit dem Herzog Friedrich Ulrich von Braunschweig insofern
eng zusammen, als das Erbanfallrecht des welfischen Hauses an den
jülisch-clevischen Landen im Vordergrund stand. Ehe es aber dahin kam,
war die Verlobung der Markgräfin mit Wolfgang Wilhelm von Pfalz-Neuburg geplant gewesen. Der Pfalzgraf hatte im Januar 1610 den Plan zunächst gefaßt und ihn dann aufgegeben. Darauf hatte Brandenburg ihn im
Juli 1611 wiederaufgenommen. Da aber letzteres wenig geneigt war, dem
Freier das begehrte »Voraus« als Mitgift zu gewähren, trat der Neuburger
im Juli 1612 zurück. Das geschah ohne Plötzlichkeit und entscheidende
Trennung.

Anders die landesübliche Darstellung. Danach soll man bei einem
Gelage im Düsseldorfer Schloß wegen des Mitgiftverlangens in heftigen
Streit geraten sein, wobei der Neuburger schließlich eine schallende Ohrfeige bekommen habe. Die Folge dieser »Düsseldorfer Ohrfeige« sei der
Übertritt Wolfgang Wilhelms zum römisch-katholischen Glauben (19. Juli
1613) und zur Liga gewesen, während sich der Kurfürst von Brandenburg
durch Annahme des reformierten Bekenntnisses die Hilfe der Union gesichert habe. Man gab den Düsseldorfer Vorfall sogar bildlich wieder: die
erregten Zecher springen vom Tisch auf, Stühle fallen um, und der Zoller
holt zum mächtigen Schlag aus. Die Entwicklung dieser Sage schildert, bis
auf die ursprünglichen Quellen zurückgehend, Otto Kolshorn im 27. Band
des vom Düsseldorfer Geschichtsverein herausgegebenen *Düsseldorfer
Jahrbuchs* (Düsseldorf 1915, S. 1–144).

Von der Nachwelt ist die Tat des Kurfürsten *Johann Sigismund von
Brandenburg* (1608–1619), der nach seinem Übertritt zum reformierten
Bekenntnis den Untertanen die freie Ausübung ihres Luthertums weiterge-

währt, in allen Tonarten gepriesen worden. Man hat hierin eine weltgeschichtliche Leistung des Hohenzollerntums erblickt, das durch so frühzeitige Aufnahme und Verwirklichung des Gedankens der religiösen Toleranz schon damals die geistige Führung in Deutschland übernommen habe. Aber die Handlung des Kurfürsten war nicht auf dem Grund geistiger Freiheit erwachsen, sondern es war sein Wille gewesen, nach dem Vorgang anderer Fürsten, wie vor allem des Pfälzers, seinen Untertanen mit allen Mitteln das reformierte Bekenntnis aufzuzwingen. Wegen des einmütigen Widerstandes der Brandenburger, die sich von den ererbten Reformen ihrer Kirchlichkeit nichts nehmen lassen wollten, gelangten diese Ansätze nicht zum Ziel. Es ist in keiner Weise als ein Verdienst des Fürsten anzusprechen, wenn er in einem berühmten Edikt auf den Zwang der religiösen Dinge gegenüber seinen Untertanen verzichtete. Denn das *jus reformandi* galt ja nur für die Anhänger der Augsburger Konfession, und sein eigener Übertritt bedeutete bereits einen Bruch des Religionsfriedens. Die Versuche in der Pfalz und in Brandenburg, die Untertanen zum reformierten Bekenntnis zu zwingen, waren nichts als Gewaltakte, die jeder reichsrechtlichen Grundlage entbehrten und vom Reich und den übrigen Ständen nur tatsächlich geduldet wurden. Auf der Basis dieser unsicheren Position und weil er Rücksicht nehmen mußte auf Sachsen, Preußen und seine eigenen Landstände, bequemte sich Kurfürst Johann Sigismund zur ausdrücklichen Duldung des ihm im Grunde höchst unsympathischen Luthertums (Ulrich Stutz, in: *Sitzungsberichte der Preußischen Akademie der Wissenschaften*, Philos.-histor. Klasse 1922). Er war überhaupt in jenen Jahren alles andere als ein kühner Neuerer, sondern schwerfällig und gebrochen. So ist es dahin gekommen, daß sich in Berlin die älteren Formen des lutherischen Kirchentums erhalten haben. Das Nebeneinander zweier Konfessionen in einem Lande führte dann allerdings mit Notwendigkeit später zu dem staatlichen Gebot der Toleranz, die aber ein Kind der Aufklärung, nicht der Reformation ist. Das reformierte Bekenntnis blieb in Brandenburg eine Hof- und Beamtenreligion und vermochte im Volk wenig Wurzel zu schlagen.

Der *Ursprung des Dreißigjährigen Krieges* wird auf den Tag angesetzt, an dem die Böhmen unter Führung des Grafen H. M. v. Thurn die kaiserlichen Statthalter, die Grafen G. v. Martinitz und W. v. Slawata und den Geheimschreiber Magister Philipp Fabricius vom Sitzungssaal auf dem Hradschin in Prag aus dem Fenster warfen, wobei jedoch alle drei mit dem Leben davonkamen, da sie auf einen Misthaufen fielen (23. Mai 1618). Das ist historisch. Daß aber Fabricius dabei auf die andern gefallen sei und sie deshalb beim Aufstehen um Entschuldigung gebeten habe, ist unhistorisch. Der Treppenwitz der Weltgeschichte liebt etwas Frivolität beim Beginn wichtiger Ereignisse. Wenig bekanntgeworden ist die 1894 erfolgte Feststellung des Benediktiners Laurenz Winters, daß die andere unmittelbare Veranlassung des Dreißigjährigen Krieges, die Sperrung der protestantischen Kirche zu Braunau durch den Abt Selander von Braunau, ins Reich der Fabel zu verweisen ist.

Verbreitet ist die selbstverständlich durch ein Denkmal verewigte Sage vom Bürgermeister *Deimling* und den vierhundert Bürgern von Pforzheim, durch deren Heldentod in der Schlacht bei Wimpfen (6. Mai 1622) Markgraf Georg Friedrich von Baden-Durlach der Gefangennahme durch Tilly entgangen sein soll. Untersuchungen haben jedoch ergeben: erstens, daß Berthold Deimling 1622 gar nicht Bürgermeister in Pforzheim war; zweitens, daß die vierhundert Pforzheimer weder die Garde noch das »weiße Regiment« bildeten, von dem ein ungenannter Augenzeuge der Schlacht am 11. Mai erzählt, es hätte sich gewehrt *bis zum letzten Mann*, wovon jedoch zwei andere zeitgenössische Berichte nichts erwähnen; drittens, daß der Kommandeur des »weißen Regiments« ein Oberst Helmstätter war; und viertens, daß die vierhundert Pforzheimer nicht alle in der Schlacht gefallen sind, obwohl Erich Ludwig Posselts Schrift *Dem Vaterlandstod der vier hundert Bürger von Pforzheim* (Karlsruhe 1788) die angeblich Gefallenen namentlich aufführt; Wilhelm Vogels Schauspiel *Markgraf Georg Friedrich* (Karlsruhe 1810) zählt in der Vorrede über achtzig auf.

Berthold Deimling ist keineswegs auf dem Schlachtfeld geblieben, da laut Taufbüchern der Stadt ihm am 19. November 1622, 24. November 1627, 1. April 1629, 26. August 1631 und 20. Februar 1635 Kinder geboren wurden, während er selbst 1634/35 an der Pest gestorben ist. Ferner zeigen die Geburtslisten keinen Rückgang der Geburten in den nächstfolgenden Jahren, was bei einer Kleinstadt nach dem Verlust von vierhundert waffenfähigen Bürgern unwahrscheinlich wäre (vgl. D. Coste, in: *Historische Zeitschrift* 32 [München 1874] und M. Gmelin, in: *Zeitschrift für die Geschichte des Oberrheins* 1880).

Dem Grafen *Tilly* ist bei der Einnahme Magdeburgs (20. Mai 1631) ein boshafter Ausspruch in den Mund gelegt worden, der durch Schiller populär wurde. Als ihn Offiziere aufforderten, der Plünderung und Zerstörung

Einhalt zu gebieten, soll er geantwortet haben: *Kommt in einer Stunde wieder, ich will mich eines weiteren besinnen. Der Soldat muß etwas haben für seine Arbeiten und Gefahren.* Es lag gar nicht in Tillys Interesse, die Stadt zu zerstören, die ihm in guter Verfassung der beste Stützpunkt für weitere Operationen sein konnte (vgl. den Verlust, den Napoleon I. 1812 durch den Brand Moskaus erlitten hat). Er hat, als er durch die mit Leichen bedeckten Straßen ritt, Brot an die hungernden Menschen austeilen lassen und die gefangenen Soldaten ausgescholten, daß sie die Stadt so schlecht verteidigt hätten. Andererseits ist zu betonen, daß nach damaligem Kriegsbrauch den Soldaten das Recht einer dreitätigen Plünderung zustand; Gustav II. Adolf mußte sogar das protestantische Frankfurt/Oder nach der Erstürmung seinen Schweden preisgeben.

Schiller selbst hat sich über seine Geschichtsschreibung am 10. Dezember 1788 in einem Brief an Caroline von Beulwitz (spätere von Wolzogen) offen ausgesprochen: *Ich werde immer eine schlechte Quelle für einen künftigen Geschichtsforscher sein, der das Unglück hat, sich an mich zu wenden. Die Geschichte ist überhaupt nur ein Magazin für meine Phantasie, und die Gegenstände müssen sich gefallen lassen, was sie unter meinen Händen werden.*

Gustav II. Adolf war Politiker genug, sich so zu stellen, als glaubte er, Tilly habe die Brandstiftung angeordnet, ohne daß er dies jemals ausdrücklich behauptete.

Vieles im Leben wie im Handeln von *Albrecht von Wallenstein* (1583–1634) gibt den Historikern bis heute Rätsel auf. Historisch ist die Antwort, die er den Gesandten der Hansestädte gab, die ihm verschlugen, er möge die Belagerung von Stralsund gegen Zahlung von 80000 Talern aufheben: *Es wäre ihm nicht ums Geld zu thun; er müsse die Stadt haben; wenn sie in ihrer Bestialität verharre, müsse er sie mit Gewalt zwingen. Er hätte es dem [Hans von] Arnim übergeben. Das wäre ein guter Mann, auch ein Deutscher, kein Welscher, auch ein Märker, kein Katholischer, sondern lutheranisch. Mit dem müßten sie handeln* (Gustav Droysen, *Gustav Adolf*, Bd I, Leipzig 1869, S. 320 f.).

Die Bemerkung dagegen, *Stralsund* (von dem er später, 24. Juli 1628, abziehen mußte) *müsse herunter und wenn es mit Ketten an den Himmel gebunden wäre*, ist nach Leopold von Ranke (*Geschichte Wallensteins*, Leipzig 1869, S. 124) nicht genügend beglaubigt, doch findet sich dieser Ausspruch in Flugschriften. Wenig sicher sind auch die drei zugespitzten Antworten der Stralsunder Gesandten auf seine Forderungen: erstens die

Stadt zu übergeben: *dat do wi nich*, zweitens eine Kontribution zu zahlen: *dat hewwe wi nich*, und drittens, als ihm darauf einige *unwillige Ausdrük-ke* entfahren: *dat sin wi nich*.

Die Ansicht, der schwedische König *Gustav II. Adolf* (1611–1632) sei der »Retter Deutschlands« und des Protestantismus gewesen und deshalb herübergekommen, um diesen zu schützen, hat Gustav Droysen in seinem Werk *Gustav Adolf* (2 Bände, Leipzig 1869 f.) auf ihr richtiges Maß zurückgeführt. Gustav Adolfs Beweggründe waren in erster Linie politischer Natur. Er erstrebte die Ostsee als schwedisches Binnenmeer zu beherrschen, und später (nach Breitenfeld), das evangelische Deutschland sicher in seiner Hand zu behalten. Aber es heißt *den Charakter der Zeit und des Königs völlig verkennen, wenn man die Mitwirkung seines Glaubenseifers in Abrede stellt*, so formulierte Felix Stieve den der Wahrheit wohl am nächsten kommenden, vermittelnden Standpunkt. Dafür spricht auch der archivalische Fund, den der Zerbster Archivrat Hermann Wäschke (*Zeitschrift des Vereins für Kirchengeschichte der Provinz Sachsen* I [Magdeburg 1908], S. 53–78, Zit. S. 77) veröffentlicht hat. Es handelt sich dabei um Auszüge aus dem im Anhaltinischen Staatsarchiv befindlichen Tagebuch des Fürsten Christian II. von Anhalt-Bernburg. Darin ist die Tischrede enthalten, die der Schwedenkönig unmittelbar nach dem Breitenfelder Sieg in Halle am 17. September 1631 gehalten hat. Nach Christians Aufzeichnungen hat sich Gustav Adolf über seine letzten Beweggründe so vernehmen lassen: *Er dankte Gott für solche herrliche Victoria und wünschte, dass sie dem Evangelischen Wesen möchte zum besten gereichen, weil er keinen andern Vorteil noch einige Ambition hierin hegte, als die Ehre Gottes, die Erhaltung der Evangelischen Religion, die Beförderung des Friedens im Reich und die Erhaltung der deutschen Freiheit, unser aller Libertät und Wohlstand unsrer Lande, wenn wir uns nur selber helfen und ihm die Sache übergeben wollten. Er begehre nicht einer Hand breit Landes darvon und wollte, dass es der Teufel (Gott behüte uns!) holen müsste, wo das Geringste davon ihm an seinem Wamms ankleben sollte. Pectus percutiebat* [Er schlug sich auf die Brust]. *Er hätte Lande und Leute genug, könnte darin ein vierhundert Meilen Weges reisen aneinander. So wäre er auch ein König, den Gott genugsam mit Vermögen gesegnet, bedürfte keiner mehrere Königreiche und liesse sich gar wohl genügen. Wollte gern sterben, wenn er nur seine Intention zu Gottes Ehren erhalten.*

Den Tod Gustav Adolfs in der Schlacht bei Lützen (6. November 1632) hat Schiller romanhaft ausgeschmückt, um schließlich selbst zu verwerfen, daß der König durch eine Kugel des Prinzen Franz Albert von Lauenburg gefallen sei, der, durch seine Mutter Marie von Braunschweig mit dem Haus Wasa verwandt, in Schweden jederzeit freundliche Aufnahme gefunden hatte. Als Jüngling soll ihm der König einmal eine Ohrfeige gegeben, diese Ungehörigkeit jedoch sofort bereut und, soviel er konnte, wieder gutgemacht haben. Die Ohrfeige sei aber doch der Grund zu einer unversöhnlichen Feindschaft des Herzogs geworden. Dieser trat später in kaiserliche Dienste und in Verbindung mit Wallenstein, erschien aber in Nürnberg bei Gustav Adolf.

Bald darauf kommt es bei Lützen zur Schlacht, in welcher Franz Albert dem Monarchen wie ein böser Dämon beständig zur Seite bleibt und erst, nachdem der König schon gefallen ist, von ihm scheidet. Mitten unter den Kugeln der Feinde bleibt er unverletzt, weil er eine grüne Binde, die Farben der Kaiserlichen, um den Leib trägt. Er ist der erste, der dem Herzog von Friedland, seinem Freunde, den Fall des Königs hinterbringt. Er vertauscht gleich nach dieser Schlacht die schwedischen Dienste mit den sächsischen, und bei der Ermordung Wallensteins als ein Mitschuldiger dieses Generals eingezogen, entgeht er nur durch Abschwörung seines Glaubens dem Schwerte des Nachrichters. Endlich erscheint er aufs neue als Befehlshaber einer kaiserlichen Armee in Schlesien und stirbt vor Schweidnitz an empfangenen Wunden (Schiller, *Geschichte des dreißigjährigen Kriegs*, Buch III).

Seine Quellen für diese Erzählung, die ohne die novellenhafte, auf einem bloßen *wie man sagt* beruhende Ohrfeige am Anfang ziemlich unverständlich ist, gibt Schiller nicht an, gesteht jedoch, daß sich Gustav Adolf stets *wie der gemeinste Soldat in seinem Heer, sich der Gefahr bloßstellte,* und verwirft den geäußerten Verdacht schließlich, um *die Würde der menschlichen Natur durch keine moralische Beschuldigung zu entehren.* Dieser empfindsame Grund ist nicht stichhaltig. Das Übertreten aus dem Dienst des einen Kriegführenden in den des anderen war im Dreißigjährigen Krieg an der Tagesordnung. Genaues wissen wir über des Königs Ende nicht: weder die Zahl seiner Wunden, noch die Zeit, den Moment der Schlacht, da er fiel, noch die näheren Umstände seines Falls. Der ganze Tag war trüb und neblig. Die Märchen über den Tod des Königs stammen aus einem (vielleicht untergeschobenen) Bericht von Hastendorf anno 1633 den 16. Juni: *Derselbe, zum Teil sogar in holprigen Versen abgefaßt, ist eine grausame Lügengeschichte, die der gute Herr vielleicht so lange und so oft erzählt hatte, bis er sie selber glaubte. Der Verfasser will fünfzig Schritt von Gustav Adolf am Boden gelegen und gesehen haben, wie der König erschossen worden, von einem Verräter, das sag ich dir...*

Wie Lauenburg das böse, so verkörpert der *Page Leubelfing* das gute Prinzip (G.v. Murr, in: *Journal zur Kunstgeschichte und zur allgemeinen Litteratur* IV [Nürnberg 1777] und in: *Beyträge zur Geschichte des dreißigjährigen Krieges* [Nürnberg 1790]). Nach dem *Bericht und Aussag* erzählt der Vater des Helden, sein Sohn, August von Leubelfing, hätte an der Seite des Königs an der Schlacht von Lützen teilgenommen, doch in *Deroselben Dienst ist er nicht gewest;* von daher ist die geläufige Bezeichnung Page unrichtig.

Davon, daß der junge Leubelfing als letzter beim Tode des Königs zugegen gewesen sei, steht kein Wort in dem eigentlichen Bericht. Das weiß vielmehr erst der Vater. Als Gustav Adolf niedergestürzt war, sei sein Sohn *zugerennt, von seinem Pferde abgestiegen, solches dem König praesentiert, mit Vermelden, ob Ihro Majestät auf seinen Klepper wollen sitzen, es sei besser, er sterbe, als Ihro Majestät. Da haben Sie Ihme beede Hände dargebotten, meinem Sohn aber unmöglich gewest, Ihro Majestät allein zu erheben, gestalt dann dieselbe Ihnen selbst nicht mehr helfen können, unterdessen nun des Feindes Kürassier solches sehend, sind sie darauf zugeritten und wissen wollen, wer dieser sey, aber weder der König noch mein Sohn es sagen wollen, hat Ihrer Majestät einer das Pistol angesetzt und denselbe durch den Kopf geschossen.* Darauf erst, also mit dem Schuß durch den Kopf, sagt er: *Ich bin der König in Schweden selbst gewest* und stirbt.

Die Geschichte ist ganz offensichtlich vom Vater erfunden, um seinen früh gefallenen Sohn noch nach dessen Tod zu verherrlichen. Das ist um so wahrscheinlicher, als Name oder Person Augusts von Leubelfing in keinem der älteren, unmittelbar nach der Schlacht geschriebenen Berichte auch nur erwähnt wird. Jedem geläufig ist der Stoff aus Conrad Ferdinand Meyers Novelle *Gustav Adolfs Page,* in der der Held zu allem Überfluß auch noch zum verkleideten Mädchen wird, das dem König aus Liebe folgt.

In den bösen Zeiten des ausgehenden Dreißigjährigen Krieges, zwischen 1641 und 1653, hat im Fürstentum Oels der Unhold Melchior Hedloff, genannt *Melchior der Schütz,* 251 Personen, meist Soldaten, ermordet und in einem Fall, nach seinem eignen Geständnis vom 5. Januar 1654, *daß er desto beherzter werden könnte,* das Herz der noch ungeborenen Leibesfrucht einer Ermordeten *roh gefressen.* Aus diesem einen Fall von Aberglauben eines gefürchteten Mörders machte die Fama später ganze Menschenfresserbanden. Und so war es schließlich kein Wunder, daß in William Piersons verbreiteter *Preußischer Geschichte* von der 2. Auflage (Berlin 1871) an folgende Schilderung Platz fand (Bd I, S. 114): *Der Hunger trieb an manchen Orten sogar zur Menschenfresserei. In Schlesien gingen ganze Banden von Bauern auf Menschenjagd; ein Führer derselben, genannt Melchior der Schütz, soll mit eigener Hand 500 Menschen, meist Soldaten, erlegt und mit seinen Genossen verzehrt haben. Wie in Schlesien so ging es in den meisten deutschen Landen zu.* Das Verdienst, Übertreibungen Piersons urkundlich widerlegt zu haben, gebührt Otto Meinardus (*Schlesische Geschichtsblätter* 1916, S. 49–56).

Gleichwohl lassen sich Fälle von Kannibalismus nachweisen, vor allem im Oberelsaß und am Mittelrhein, deren von Freund und Feind ausgeplünderte, demoralisierte Bevölkerung in barbarische Sitten zurückfiel. So berichtet Gustav Droysen (*Bernhard von Weimar*, Bd II, Leipzig 1885, S. 481 f.), daß in der belagerten Festung Breisach 1638 eine entsetzliche Hungersnot ausbrach, die dazu führte, daß verstorbene Gefangene, ausgegrabene Leichen und lebend eingefangene Kinder verspeist wurden. Herzog Karl von Lothringen erzählte in Paris, seine Soldaten hätten Kinder gebakken und gegessen und aus zwei alten Nonnen eine Suppe gekocht (Hermann Derichsweiler, *Geschichte Lothringens*, Wiesbaden 1901). Curd Bornemann vermerkt 1639, daß zwei Kinder ihre liebste Mutter, nachdem sie verhungert war, gefressen hätten. Und ebenso berichtet ein *Rentmeister D. Schulte 1643, daß Menschen totgeschlagen, in Schlingen gefangen und regelrecht gebraten* wurden. *Diese Behauptungen lassen sich häufen und mit einem gewissen Recht rief man aus, ... Menschenfresser gingen am Rhein spazieren,* lesen wir bei Berthold Haendcke, *Deutsche Kultur im Zeitalter des dreißigjährigen Krieges*, Leipzig 1906, S. 407.

Die Politisch-Anthropologische Monatsschrift brachte 1915 eine Mitteilung über die *Vielweiberei* in Deutschland. Es wird darin erzählt von einem Fränkischen Kreistag, der am 14. Februar 1650 in Nürnberg stattgefunden habe und auf dem zur Behebung der durch den Dreißigjährigen Krieg eingetretenen Entvölkerung der Beschluß gefaßt worden sei: *Es soll hinfüro jeder Mannßperson zwei Weyber zu heyraten erlaubt sein usw.* Doch jener famose Kreistag hat niemals stattgefunden. Wohl ist 1651 in Bamberg ein Kreistag abgehalten worden, auf dem aber solche Dinge nicht behandelt wurden. Und in den Kreistagsakten der Jahre 1648–1652 ist auch nicht die leiseste Andeutung über diese Sache enthalten. Der angebliche

Beschluß dieses nie abgehaltenen Kreistages erscheint zuerst 1790 im Fränkischen Archiv ohne Quellenangabe.

Aber den zahlreichen unerquicklichen Geschehnissen aus der Zeit des Dreißigjährigen Krieges gesellen sich im Reich der Literatur einige erfreulichere zu. Um das Jahr 1640 treffen wir auf vier noch heute bekannte Lieder, deren Ursprungs sich der Treppenwitz bemächtigt hat.

Dabei geht es zunächst um die Verfasserschaft des Liedes *Ännchen von Tharau*, das man lange Zeit Simon Dach (1605–1659) zugeschrieben hat. Zuerst war es, abweichend von Dachs anderen Dichtungen, in samländischer Mundart

Anke von Tharaw öss, de my geföllt,
de öss mihn Lewen, mihn Goet ohn mihn Gölt

geschrieben. Herder übertrug es in seinen *Stimmen der Völker in Liedern* ins Hochdeutsche, wodurch es allgemein bekannt wurde (desgleichen Friedrich Matthisson). Ins Englische ist es später durch den Amerikaner Henry Wadsworth Longfellow übersetzt worden. Man hat erzählt, der Dichter habe es an die Tochter des Pfarrers Neander zu Tharau in Ostpreußen gerichtet, der er in Liebe zugetan gewesen sei, die ihn aber verschmäht habe. Diese Annahme einer unglücklichen Liebe hat nicht nur in einem Gedicht von J. Gabriel Seidl Ausdruck gefunden, sondern diese Version ist auch auf die Bühne gebracht worden durch ein Drama von Wilhelm Häring (Willibald Alexis) und eine von Heinrich Hoffmann zu einem Text von Roderich Fels komponierte lyrische Oper in drei Aufzügen (1886). Außer den Namen ist in der Oper eigentlich alles unhistorisch. Das zuerst anonym in einer Liedersammlung erschienene Gedicht wurde vor allem deshalb Simon Dach zugeschrieben, weil er einmal selbst von seinem *Bauernlied* spricht. Nun ist in einer Londoner Handschrift ein anderes mundartliches Bauernlied Simon Dachs gefunden worden, eine bäuerlich derbe Parodie auf ein Schäfergedicht. Dieses Lied, das unzweifelhaft von Simon Dach herrührt, ist in Wortwahl, Satzbau und Stil so verschieden von dem Ännchenlied, daß es unmöglich scheint, beide Lieder demselben Verfasser zuzuschreiben. Die ungenauen Dialektformen und die dem ostpreußischen Platt fremden stilistischen Wendungen des Ännchenliedes deuten vielmehr darauf hin, daß der Verfasser dieses Liedes die samländische Mundart nicht genau kannte. Die Vermutung liegt also nahe, daß es von einem anderen Mitglied des Königsberger Dichterkreises herrührt, vielleicht von dem aus Mitteldeutschland stammenden Heinrich Albert (Walter Ziesemer in einem Vortrag vor der Königlichen Deutschen Gesellschaft zu Königsberg i. Pr., im Februar 1924; vgl. *Altpreußische Biographie* I [Marburg 1936]).

Demgegenüber lassen sich zwei zeitgenössische Belege anführen, die Simon Dach als Verfasser des berühmten Liedes ausweisen. Noch auf dem Sterbebett soll der mittlerweile pietistisch gewordene Dichter bereut haben, in seiner Jugend ein die irdische Liebe so sehr verherrlichendes Gedicht wie das Lied auf Ännchen von Tharau verfaßt zu haben. Der zweite Hinweis stammt von Ännchens eigenem Sohn aus erster Ehe, dem Pfarrer Friedrich Portatius in Insterburg, in dessen Haus seine Mutter 1688 gestorben ist. Er hat in der Kirchenchronik vermerkt, der 1630 verstorbene Pfarrer Neander habe eine Tochter hinterlassen, *welche die Anke von Tharau ist, von der das bekannte Liedt oder Aria herrühret, so in Alberti Arien gedruckt zu finden ist, undt von dem berühmten Preußischen Poeten Simon Dach, welcher damalen noch ein Studiosus gewesen sei, bei deroselben Hochzeit gemachet worden.*

Neben diesem weltlichen müssen wir noch drei geistliche Lieder erwähnen. Das erste, *Nun danket alle Gott,* stammt von Martin Rinckart (1586–1645), der den Gedankengang *Jesus Sirach* 50, 24–26 entnommen hat; vertont wurde es von Johann Krüger. Die verschönernde Sage erzählt, Rinckart habe es, als er die Nachricht vom Abschluß des Westfälischen Friedens (1648) empfangen, gedichtet, komponiert und von der Kanzel gesungen – alles sozusagen in einem Atemzug. Aus seinen Manuskripten ist jedoch nachweisbar, daß das Lied älteren Datums und schon fünf Jahre vor 1648 entstanden war, als man infolge der eingeleiteten Friedensverhandlungen mit Schweden und Frankreich anfing, an den Frieden zu glauben. Nach anderen verdankt das Lied, bereits 1630 fertig, seine Entstehung der hundertjährigen Jubelfeier der Augsburgischen Konfession.

Die Entstehungssage des Liedes *Wer nur den lieben Gott läßt walten* (vgl. Albert Richter in der Beilage zur *Leipziger Zeitung* vom 23. Juli 1882) erscheint in schriftlicher Form zuerst bei Amaranthes (J. Herdegen), dem Geschichtsschreiber der *Pegnitzschäfer.* Er berichtet in seiner *Historischen Nachricht von des löblichen Hirten- und Blumen-Ordens an der Pegnitz Anfang und Fortgang* (Nürnberg 1744, S. 384), angeblich aufgrund der mündlichen Mitteilung eines *noch lebenden berühmten Gottesgelehrten* folgendes: *In Hamburg lebte im Jahre 1653 Neumark dienstlos in* großer Armut, sogar, daß er seine Viola di Gamba, welche er vortrefflich spielen konnte, versetzen mußte. Endlich ward er rekommandiert an den schwedischen Residenten, Hrn. v. Rosenkranz; der gab ihm zur Probe etwas an die Reichsräte in Schweden aufzusetzen, und da es wohl geriet, nahm er ihn zum Secretario mit 100 Thalern schwer Geld zur Gage. Als Neumark seine Viola di Gamba wieder eingelöset, machte er das Lied (Wer nur den lieben Gott läßt walten usw.), und da er es komponieret, spielte er es das erste Mal mit Vergießung vieler Thränen. In populären Literaturgeschichten, in Volksbüchern und anderen populären Werken findet sich diese Sage später oft als wirkliches Ereignis dargestellt. In der Dichtung Friedrich Kinds sowie in einer ausgeschmückten Prosadarstellung hat sie auch Aufnahme in Schullesebücher gefunden. Eine poetische Bearbeitung der Sage, weitschweifiger als die von Kind, bot auch J. D. Vörckel in seinem *Ehrengedächtnis evangelischer Glaubenshelden und Sänger* (Leipzig 1830), und eine Jugendschrift von Gustav Nieritz, die denselben Stoff behandelt, hat viele Auflagen erlebt.

Ihre Unrichtigkeit geht aus Georg Neumarks (1621–1681) eigenem Bericht hervor, wonach er das Lied auf einer Reise von Gotha nach Königsberg, während derer er ausgeraubt wurde, 1640 in Kiel gedichtet hat. Dieser Bericht findet sich in einer Anmerkung zu seiner Danksagung an drei Fürsten aus dem Hause Weimar, betitelt: *Thränendes Haus-Kreutz usw.*, das gegen 1680 beim Hofbuchdrucker Johann Andreas Müller in Weimar gedruckt wurde.

Die Erzählung, der Berliner Prediger und Liederdichter Paul Gerhardt (1607–1676) habe sein Amt in Berlin 1667 aus Gewissensskrupeln aufgegeben, die Stadt verlassen, um nach Sachsen zu gehen, und in einem Gasthof, während seine Frau ununterbrochen jammerte, das Lied *Befiehl Du Deine Wege* gedichtet und seiner Frau vorgelesen und sei darauf durch die Ankunft der Boten des Herzogs Christian von Sachsen der Sorge um seinen Lebensunterhalt enthoben worden, findet darin ihre Widerlegung, daß jenes Lied bereits in der Sammlung *Geistliche Seelenmusik usw. zum Druck befördert von Henrico Müllern* (Rostock 1659, S. 436) enthalten ist. Vielleicht ist es ein anderes Lied gewesen; das würde aber lange nicht so gut in die Lage passen. Ein diese Anekdote verherrlichendes Gedicht von Georg Philipp Schmidt von Lübeck *Zu Brandenburg einst waltet* wurde wegen des »Fingers Gottes« oft in Schulen gelernt. Auch wird im Städtchen Lübbenau noch die Laube gezeigt, in der Gerhardt das Lied gedichtet haben soll.

Die Neigung, für beliebt gewordene Texte und Melodien eine romantische Entstehungsgeschichte zu erfinden, scheint unausrottbar zu sein. Im Oktober 1884 fabelte die Zeitung *Echo des Siebengebirges,* daß Uhland als »Student zu Bonn am Rheine« die Tochter des Wirtes im Burghof auf dem Drachenfels geliebt habe. Ihre Eltern hätten die Neigung als Torheit angesehen. Das Mädchen, Maria Riegel, wäre, 25 Jahre alt, am 22. Mai 1825 gestorben, Uhland aber habe ihr eine rührende Grabschrift setzen lassen. Das allbekannte Lied *Es zogen drei Bursche wohl über den Rhein* sei eine Klage gewesen über das entschwundene Glück. Nun aber war Uhland am 26. April 1787 in Tübingen geboren, hat dort, nicht in Bonn, studiert und das Lied schon 1809 gedichtet, als Maria Riegel neun Jahre alt war!

In Memel erzählt man, August von Kotzebue habe auf seiner Reise von Berlin nach Petersburg, als der Postweg noch über die Kurische Nehrung ging, durch Eisgang am Übersetzen gehindert, in dem Memel gegenüber auf der Nehrung gelegenen Sandkrug das Lied gedichtet: *Es kann ja nicht immer so bleiben.* In Kotzebues *Selbstbiographie* (Wien 1811) wird ein Aufenthalt in Memel erwähnt, aber nichts von dem Lied. Zuerst gedruckt ist es im Februarheft des *Freimütigen* von 1803, einer Zeitschrift, die Kotzebue damals zusammen mit Garlieb Merkel herausgegeben hat.

In diesem Zusammenhang kann man auch eine besonders gut gelungene »Ente« erwähnen, die sich kurz vor dem Rembrandt-Jubiläum von 1906 der berühmte niederländische Kunsthistoriker C. Hofstede de Groot geleistet hat, indem er in kühner Weise im Rahmen der von ihm selbst herausgegebenen *Quellenstudien zur Holländischen Kunstgeschichte* unter dem Pseudonym M. C. Visser die prachtvollsten urkundlichen Nachweise zu bisher schwer oder gar nicht lösbaren Problemen aus Rembrandts Erdenwallen Stück für Stück erdichtet hat (*Die Urkunden über Rembrandt* [1575–1721], *neu herausgegeben und kommentiert von Dr. C. Hofstede de Groot. Erstes Supplement von M. C. Visser,* Den Haag 1906).

Dr. Hofstede de Groot, Dr. Martin, der Unterdirektor des Mauritshauses in Den Haag, und der Verleger Nijhoff hatten etwa zehn Wochen vor dem Jubiläum, als das Bedauern darüber ausgesprochen wurde, daß das Leben Rembrandts so manche empfindliche Lücke für seine Verehrer aufweise, in launiger Stunde verabredet, diesem »längst empfundenen Bedürfnis« abzuhelfen und das, was man gern wissen wollte, aber unmöglich erfahren konnte, auf dem Weg der Fabrikation zu schaffen. Ein Archivbeamter leistete Beihilfe und sorgte für die Schrift der Urkunden, und da selbstverständlich ein eigenhändiger Brief Rembrandts nicht fehlen durfte, schnitt man aus dem Faksimile eines echten Briefes Buchstabe für Buchstabe aus, klebte sie zu Worten zusammen, übergoß alles mit einer das vergilbte Aussehen der Urkunden nachahmenden Flüssigkeit und ließ das Ganze schließlich fotografieren. Die Quittung Lastmans war einer ähnlichen, noch vorhandenen von Gerard Dou nachgebildet, während die in einem alten Buch angebrachte Korrektur, die von der Hand des Sekretärs der Stadt Leiden herrühren sollte und chronologisch von Bedeutung war, ebenfalls täuschend nachgemacht worden war. Hofstede de Groot hatte den Text der Schrift verfaßt, sämtliche Urkunden und auch das Inventar der Hinterlassenschaft Rembrandts mit dem übrigen Kommentar geliefert, hatte aber dabei, wie bei der ganzen Schrift, Wahres und Falsches so geschickt durcheinandergemengt, daß die Kritik sich schon anstrengen mußte, um den Betrug zu entlarven. Der Kritik war die Aufgabe aber insofern erleichtert worden, als diese Fälschungen absichtlich Fehler einschwärzten, die schließlich doch auffallen mußten. So war der Besuch von Rubens in Den Haag auf den 9. August 1627 angesetzt, aber an diesem Tag befand er sich schon wieder in Antwerpen. Die Reisebeschreibung von Montague ist vom »1. April« datiert, was stutzig machen mußte. Überdies war auf eine Seite verwiesen, deren Zahl das Buch gar nicht erreicht hat; und was den eigenhändigen Brief Rembrandts betrifft, so war er aus verschiedenen Briefen holländischer Maler an Constantin Huygens zusammengesetzt worden, wobei auf ein Buch im Britischen Museum verwiesen wurde, das aber dort nicht zu finden ist. Jetzt hatte Dr. Hofstede de Groot, den man als das Schlachtopfer irgendeines schlauen Fälschers bemitleidet hatte, die Lacher auf seiner Seite, denn als man das Adreßbuch der Residenz nachschlug, um Näheres über den Herausgeber des Ergänzungsheftes zu ersehen, fand man nur einen einzigen Träger des Namens M. C. Visser, der aber ehrsamer Bierwirt war.

Im Jahr 1884 erregte auf der Ausstellung in Berlin ein Bild von Fritz Neuhaus (Düsseldorf) Aufsehen, das den *Großen Kurfürsten* (1640–1688) als jungen Prinzen darstellt, der einem Gelage entflieht, dessen Temperatur ihm etwas zu heiß geworden zu sein scheint. Im Katalog stand folgende Erklärung dazu: *Der Kurprinz geriet bei seinem Aufenthalt im Haag auf Anstiften ihm feindlich Gesinnter in die Gesellschaft der sogenannten Media nocte, trotzdem man ihn davor gewarnt hatte. Als er jedoch bemerkte, daß es auf Verführung abgesehen war, sprang er entrüstet von der Tafel auf und entfernte sich mit den Worten: »Ich bin es meiner Ehre, meinem Lande und meinen Eltern schuldig, diese Gesellschaft zu verlas-*

191

sen.« Er flüchtete aus dem Haag zu seinem Vetter, dem Prinzen von Oranien, der vor Breda lagerte. Dieser empfing ihn mit den Worten: »Vetter, Ihr habt eine größere Heldentat vollbracht, als wenn ich Breda erobert hätte; denn wer in seiner Jugend sich selbst überwindet, wird dereinst Großes leisten.«

Die Sache liegt etwas anders. Als der Kurprinz mit seinem Hofmeister Romilian Kalkum von Leuchtmar in Kleve war, hielt dieser es nicht für richtig, mit ihm nach Den Haag zu gehen, weil das Leben dort gar zu üppig sei. 1636 ist dieser Hofmeister in einer politischen Angelegenheit in Den Haag gewesen. Ob er da den Kurprinzen mitgenommen hat, weiß man nicht. Dagegen ist der Kurprinz bei der Belagerung von Breda durch Friedrich Heinrich von Oranien zugegen gewesen. Die Anekdote findet sich bei Carl Daniel Küster (*Das ruhmwürdige Jugendleben des Großen Churfürsten Friedrich Wilhelm von Brandenburg in den Jahren 1620–1640* [Berlin 1791]) und bei Georg Wilhelm von Raumer (*Friedrich Wilhelm des Großen, Kurfürsten von Brandenburg, Jugendjahre* [Berlin 1853]).

Nach dem Gedicht von Julius Minding drängt am 28. Juni 1675 in der *Schlacht bei Fehrbellin* der Stallmeister Emanuel Froben dem Großen Kurfürsten sein Pferd auf, da er gehört hatte, die Schweden wüßten, daß der Kurfürst einen Schimmel reite, und würden auf dieses leicht sichtbare Zeichen besonders schießen. Der Kurfürst willigt ein, und Froben fällt, von feindlichen Kugeln durchbohrt. Karl Ludwig v. Pöllnitz bringt diese Geschichte in seinen *Mémoires* ... (1734 ff.), auch Friedrich der Große hat sie in seine *Mémoires pour servir à l'histoire de la maison de Brandebourg* (1746) aufgenommen. Die gleichzeitigen Geschichtsschreiber wissen aber nichts von diesem Edelmut. Auf einer Medaille (Oelrichs Münzkabinett 43–46) sieht man Froben vor dem Kurfürsten fallen; die Umschrift lautet: *a domino hoc factum est et mirabile in oculis nostris* (Das hat der Herr vollbracht, und es ist ein Wunder vor unseren Augen; *Psalm* 118, 23; vgl. *Matth.* 21, 42.

Diese Äußerung wird dem Großen Kurfürsten übrigens auch bei anderer Gelegenheit in den Mund gelegt. Zwei Brüder waren desertiert, um ihre sterbende Mutter noch einmal zu sehen. Der Kurfürst will einen von ihnen begnadigen. Sie müssen daher um ihr Leben würfeln. Da sie dreimal hintereinander jeder immer drei Sechser werfen, zieht der Kurfürst seinen Hut, zitiert den Bibelspruch und begnadigt beide – eine Wanderanekdote. Mitunter hat sie die Variante, daß einer der Würfel in zwei Stücke springt und so der zuletzt Würfelnde neunzehn wirft. – Denselben Bibelvers soll

Elisabeth I. von England gesagt haben, als man ihr die Nachricht vom Tod ihrer Stiefschwester Maria der Katholischen überbrachte, der sie 1558 auf den Thron rief.

Die Tat Frobens bestand darin, daß er, ohne eigentlich im Kriegsdienst zu sein, seinem Herrn folgte und, vor ihm herreitend, von einer Kugel niedergestreckt wurde, die sonst wohl den Fürsten selber getroffen hätte (Ranke, *Zwölf Bücher Preußischer Geschichte*, Leipzig 1874, Bd I, S. 321; Bd IV, S. 604).

In der *Militair-Literatur-Zeitung*, dem Beiblatt zum *Militair-Wochenblatt* (Berlin 1875) erwähnt von Witzleben eine Notiz aus dem Kirchenbuch zu Seetzke im Havelland: *Friedrich Wilhelm ritt einen Schimmel in der Schlacht, und da sein neuer Leibjäger Uhle bemerkte, daß man viele Kanonen nach dem Pferd richte, so bat er den Kurfürsten, sich auf sein braunes zu setzen. Kaum hatte Uhle das weiße Pferd bestiegen, als eine Kugel es ihm unter dem Leibe wegriß. – Für seine Treue belohnte ihn der Kurfürst mit der damals sehr einträglichen Landjägerstelle zu Alt-Ruppin und dem Titel eines Landjägers. Er war eines Oberförsters Sohn aus dem Thüringischen.*

Es scheint also die Sage von Frobens Opfertod eine Zusammenschweißung der beiden Wahrheiten zu sein, daß Froben bei Fehrbellin geblieben und daß Uhle mit dem Kurfürsten das Pferd getauscht und der Schimmel unter ihm erschossen wurde. – Auch die anmutige Geschichte von dem Kinde, das der Kurfürst in der Wiege eines verlassenen Hauses gefunden und das, vor ihm mitgenommen, an seinem Harnisch sich festklammernd, gleich einem Schutzgeiste durch die Schlacht getragen wurde, ist eine Erfindung.

In derselben Schlacht mußte der damals zweiundvierzigjährige *Prinz Friedrich II. von Hessen-Homburg*, nachdem der rechte Flügel der Schweden im wesentlichen durch ihn vernichtet war, auf Befehl des Kurfürsten mit seinen von den Märschen und dem vorangegangenen Kampf ermatteten Reitern einen neuen Angriff auf den unberührten linken schwedischen Flügel machen. Dabei wurde er von der schwedischen Reiterei zurückgeworfen. Diese unwesentliche Niederlage führte ein kleines Zerwürfnis mit dem Kurfürsten herbei, infolgedessen der Prinz wenige Tage nach der Schlacht unbedankt das brandenburgische Heer verließ. Später hieß es: Nach der Schlacht sollte ein Kriegsgericht über den Prinzen gehalten werden, weil er eigenmächtig den Angriff unternommen habe. Aber der Kurfürst, obwohl er zugeben mußte, daß der Prinz nach der Strenge der

Kriegsgesetze das Leben verwirkt hatte, habe den Antrag abgelehnt. Auch diese Geschichte findet sich in den Memoiren des Baron Pöllnitz wie in denen Friedrichs des Großen. Heinrich von Kleist aber, der in seinem Schauspiel *Der Prinz von Homburg* den Prinzen (wie Goethe den Grafen Egmont) verjüngt und zu einem phantastisch-träumerischen Liebhaber macht, nimmt den Konflikt mit dem Kurfürsten auf; bei ihm wird der Prinz sogar wirklich zum Tode verurteilt und erst im letzten Akt begnadigt.

Am 8. November 1685 unterzeichnete der Große Kurfürst, der seit dem zweiten Vertrag von Vossem (25. Oktober 1679) durch die Abkommen von 1681, 1682 und vom 19. Januar 1684 die Reunionspolitik Ludwigs XIV. unterstützt hatte, in Potsdam das Edikt, wodurch er den aus Frankreich durch die Aufhebung des Ediktes von Nantes vertriebenen *Hugenotten* seine Staaten öffnete. Hugo Vogels Bild *Der Große Kurfürst empfängt französische Réfugiés in Postdam am 10. November 1686* zeigt einen Urwald, der nie existiert hat, und ein Portal des Schlosses an einer Stelle, wo dieses nie eines gehabt hat.

Das geistliche Lied *Jesus meine Zuversicht* stammt nicht von der ersten Gemahlin des Großen Kurfürsten, Luise Henriette von Oranien (1627–1667), sondern von ihrem Freund, dem Erzieher ihrer Kinder, O. v. Schwerin. Dasselbe gilt von dem Kirchenlied *Ich will von meiner Missetat zum Herren mich bekehren.*

Hinsichtlich des Feldherrn des Großen Kurfürsten, des Generalfeldmarschalls Georg *Derfflinger* (1660–1695), verweist Ernst Fischer in seinen *Beiträgen zur Geschichte des Kurbrandenburgischen Feldmarschalls Georg Reichsfreiherrn von Derfflinger* (Berlin 1884) verschiedene landläufige Anekdoten ins Reich der Fabel, die namentlich durch Karl August Varnhagen von Enses *Biographische Denkmale* (5 Bde, Berlin 1824–1830, 3. Aufl. 1872, Bd I, S. 244 ff.) verbreitet wurden. *Aber so bedeutend die stilistischen Vorzüge seiner* [Varnhagens] *Darstellung sein mögen, sachlich ist seine Arbeit überaus mangelhaft. Von eigener Forschung oder historischer Kritik ist nichts zu entdecken. Die berichteten Thatsachen durch Citate zu stützen hält er für überflüssig, dafür giebt er am Schlusse eine »Nachweisung der gebrauchten Hülfsmittel« und zählt auf drei Seiten die Titel von Büchern auf, welche er zum Teil nachweislich nicht durchgelesen hat... Derfflingers Jugendzeit ist unter seinen Händen zu einem Roman geworden, der jeder Begründung entbehrt* (Fischer, a.a.O., S. 10 f.). So ist es zunächst nicht richtig, daß Derfflinger ein Schneidergeselle gewesen ist, der die Nadel mit dem Degen vertauscht hat; vielmehr ist er der *gemeinen Sage nach eines Schneiders Sohn (aus Neuhofen in Oberösterreich) gewesen, der aber statt seines Vaters Handwerk zu erlernen lieber sein Glück unter den Fahnen gesucht.* Aber gerade diese fast unausrottbare Legende ist – verständlicherweise – oft Gegenstand der Darstellung geworden, so in Friedrich von Sallets Gedicht *Der Dörfflinger* oder in Theodor Fontanes bekannter Ballade *Der alte Derffling.*

Über die Belagerung Stettins (Juli bis Dezember 1677) lesen wir zum ersten Mal bei Leopold von Orlich (Geschichte des Preußischen Staates im 17. Jahrhundert..., Bd II, Berlin 1839, S. 258) folgende Geschichte: Da die Bürger... auch am Marienthurm, um den Feldmarschall Derfflinger zu kränken, ein großes Bild, worauf ein Schneider mit Scheere und Elle gemalt war, befestigt hatten, so warfen die lüneburgischen und die Batterien auf dem Damme mit neuen Feuerkugeln dahin, und steckten später die Marien-, Jakobi- und Petrikirche in Brand. Derfflinger soll so erbittert gewesen sein, daß er den Kurfürsten bat, sich dafür zu rächen oder seine Entlassung nehmen zu dürfen; allein vom Kurfürsten besänftigt begnügte er sich Granaten in die Stadt werfen zu lassen.

In allen bedeutenderen Berichten der Zeitgenossen jedoch fehlt diese Anekdote. Der Turm der Marienkirche ist zwar damals in Brand gesteckt worden, aber durch eine lüneburgische Glühkugel.

Das *Testament des Großen Kurfürsten* († 9. Mai 1688) ist von Gustav zu Putlitz 1859 auf die Bühne gebracht worden. Die zweite Gemahlin des Kurfürsten, Dorothea von Holstein-Glücksburg, hat ihn überredet, seine Länder nicht dem ältesten Sohn allein, sondern zum Teil, d. h. unter Wahrung der Landeshoheit für den Thronerben, auch seinen Söhnen aus zweiter Ehe (Philipp, Albrecht, Karl und Christian) zu vermachen. Als nach dem Tod des Großen Kurfürsten der junge Kurfürst im Beisein seiner Stiefmutter an den kaiserlichen Gesandten eine pathetische Rede hält, sieht sie ein, daß sie sich geirrt hat, und zerreißt das Testament, nachdem sie sich gleichfalls in längerer Rede geäußert, die mit den Worten endet: *Und also schrieb er's nicht! – Hier liegt's zerrissen!* (V. Akt, 6. Auftritt). In Wirklichkeit hat der Kurfürst Friedrich III. (seit 1701 König Friedrich I.) die Bestimmungen des Testaments, wonach die jüngeren Söhne keine Militärhoheit haben, weder Bündnisse schließen noch Durchmärsche gestatten, Räte und Beamte nur mit Vorwissen und Beraten des Kurfürsten anstellen und entlassen sollten, sofort aufgehoben. So ist die Kurfürstin-Witwe gar nicht in die Lage gekommen, irgendein Testament zu zerreißen.

Vom *Prinzen Eugen* von Savoyen, der, 1683 in österreichische Dienste getreten, am 11. September 1697 den glänzenden Sieg bei Zena errang, erzählt man, er hätte am Morgen des Tages einen Brief des Hofkriegsrates oder einen Befehl des Kaisers, sich nicht zu schlagen, ungeöffnet liegen lassen. Nachher sei er für den Sieg zur Verantwortung gezogen worden. Beide Angaben sind erfunden. *Prinz Eugen müßte uns, sollte man denken, aus seiner Autobiographie, aus der sechshundert Stück umfassenden Sammlung seiner Briefe und aus seiner Lebensbeschreibung von Kausler hinlänglich bekannt sein: aber die Briefe sind erdichtet, die Lebensbeschreibung beruht auf den Briefen, und die Autobiographie hat den Fürsten Ligne zum Verfasser* (John Emerich Edward Dalberg-Acton, *Die neuere Geschichtswissenschaft*, Berlin 1887, S. 24 f.). Die gefälschten Briefe und politischen Schriften Eugens hat J. v. Sartori 1811 herausgegeben.

Am 12. Juli 1703 wurde Schlüters *Reiterstandbild des Großen Kurfürsten* in Berlin enthüllt. Der Kurfürst ist als römischer Imperator dargestellt; also hat das Pferd keine Hufeisen. Weil man, dicht vor dem Standbild stehend, nur das eine, aufgehobene Bein des Pferdes sieht, ist wohl die Sage entstanden, der Künstler hätte nur dieses eine Hufeisen vergessen, und als er es bemerkte, sich aus Gram sofort in der unter der Brücke hinfließenden Spree ertränkt. Schlüter ist jedoch, nachdem er 1706 in Ungnade gefallen war, 1713 nach Rußland ausgewandert und dort 1714 verstorben. Die Anekdote, daß Künstler wegen einer an ihrem Meisterstück vergessenen Kleinigkeit sich das Leben nehmen, ist recht beliebt. So soll Hubert Le Sueur, der Schöpfer eines Denkmals für Karl I. von England (Charing Cross, London), den Gurt des Pferdes vergessen und deshalb Selbstmord verübt haben. Dasselbe wird von dem Bildhauer J. Marsalko, der 1848 die vier (zungenlosen) steinernen Löwen an der Budapester Kettenbrücke geschaffen hatte, fälschlich erzählt: er ist 1883 als angesehener Greis gestorben. Am Riesentor des Stephansdoms in Wien ist in der Höhe ein Jüngling angebracht, der seinen verletzten Fuß auf das andere Knie zu stützen scheint. Daraus ist die Sage entstanden, der Baumeister Pilgram habe seinen Schüler Puchspaum, dem noch als Lehrling die Leitung des zweiten Turmbaues aufgetragen worden sei, aus Neid vom Gerüst gestürzt.

In Wildeshausen in Oldenburg findet man im Gewölbe über dem Altar der Kirche eine Figur des heiligen Petrus, wie er, der Legende gemäß, mit dem Kopf nach unten gekreuzigt ist. Aber das protestantische Volk, das die Petrus-Legende nicht kennt, erzählt sich, die Figur stelle den Baumeister der Kirche dar, wie er beim Bau abgestürzt sei.

Nach den Niederlagen am Schellenberg und bei Höchstädt (2. Juli und 13. August 1704) war Kurfürst Max Emanuel von Bayern geflüchtet, während sein Land von den siegreichen Österreichern wie ein erobertes Gebiet behandelt wurde. Ein großer Teil des Adels, der Geistlichkeit und des Beamtentums sympathisierte mit den Österreichern. Das arg bedrückte Landvolk wollte dagegen von der Fremdherrschaft nichts wissen. Bei den Aufständen, die an verschiedenen Orten Ober- und Niederbayerns ausbrachen, haben sich die Bauern an dem Gedanken begeistert, daß der landflüchtige Kurfürst mit ihnen im Einverständnis sei. Tatsächlich aber hat Max Emanuel von diesen Putschen erst nachträglich Kenntnis erhalten. Am bekanntesten von den verschiedenen Aufstandsversuchen ist die *Sendlinger Mordweihnacht*, weil sich, allerdings erst im 19. Jahrhundert, die Poesie ihrer bemächtigt hat. Vieles, was über den *Schmied von Kochel* und andere Volkshelden dieser Erhebung geschrieben worden ist, gehört ausschließlich der Sage an. Zur Verklärung des legendären Schmieds von Kochel hat Hans Hopfens schöne Ballade *Die Sendlinger Bauernschlacht* (*Gedichte*, Berlin 1883, S. 47–53; Zitat S. 52) viel beigetragen. Da heißt es:

> Und als an die Glocken der Frühwind fuhr,
> Da stand von den Bauern ein einziger nur,
> Das war der stärkste Mann des Lands
> Der Schmied von Kochel, der Meier Hans;
> Mit einer Keule von Eisenguß
> Drasch er sie nieder zu Pferd und Fuß.
> Doch als die Sonne zur Erde sah,
> Seine sieben Söhne lagen da
> Um's Fähnlein, das zerfetzte;
> Der Vater war der letzte.

Geschichtlich beglaubigt ist dagegen, daß die oberbayerischen Gebirgsbauern, unter denen die Schützen von Tölz die Hauptrolle spielten, im schneereichen Winter 1705 einen Marsch zur Befreiung Münchens angetreten haben. Obwohl verschiedene Münchener Bürger an der Sache beteiligt waren, ist doch die erhoffte gleichzeitige Erhebung der hauptstädtischen Einwohnerschaft ausgeblieben. Die Auer Zimmerleute, derer der Münchener Magistrat auf der Inschrift des Denkmals namentlich gedenkt, haben jedenfalls im ganzen Monat Dezember 1705 keinen einzigen Mann verloren. Die Österreicher hatten durch Verrat von der Sache Wind bekommen und sofort Maßregeln getroffen, daß die schlecht bewaffneten Bauern von zwei Seiten gefaßt würden. Bei der hochgelegenen Kirche von Sendling fand die Tragödie in der »Mordweihnacht« vom 24. zum 25. Dezember ihren Abschluß, nicht, wie vielfach angenommen wird, mit einer Schlacht, sondern mit dem Niedermetzeln achthundert Wehrloser, die bereit waren, die Waffen zu strecken, und sie auch wohl gestreckt haben. Ob alle Greuel, die dem österreichischen General Kriechbaum vorgeworfen werden, beglaubigt sind, mag dahingestellt bleiben. Soviel scheint sicher zu sein, daß von den aufständischen Oberländern nur wenige entkommen sind, während, um Schrecken zu erregen, ganze Wagenladungen von Leichen nach München geschafft und dort auf die Straßen geworfen wurden. Insgesamt dürften bei den verschiedenen Aufständen gegen dreitausend bayerische Landsleute um Leben gekommen sein.

Das landläufige Bild König *Friedrich Wilhelms I.* (1713–1740) ist in vielem verzeichnet; so auch, was die angebliche rohe Behandlung seiner Kinder anbetrifft, namentlich des späteren Königs Friedrichs II. und der Prinzessin Wilhelmine Friederike Sophie, Markgräfin von Bayreuth († 14. Oktober 1758). Die diesbezüglichen Nachrichten stammen größtenteils aus den Memoiren der Letztgenannten, die 1810 in Tübingen in deutscher Sprache und französisch in Braunschweig erschienen.

Über die unglückliche *Doris Ritter* (Tochter des Rektors der »Großen Schule« in Potsdam), für die der spätere König Friedrich II. als Prinz eine nicht unerwiderte Neigung empfunden hat, findet sich das Historische bei Wagener in den *Mitteilungen des Vereins für die Geschichte Potsdams* IV (1868, S. 336–343). Danach wäre die Neigung rein platonisch geblieben und auf die entgegengesetzten Angaben der Markgräfin von Bayreuth nichts zu geben. Friedrich Wilhelm I. ließ das unglückliche Mädchen mehrere Male auspeitschen (Befehl vom 6. September 1730) und alsdann *auf ewig* nach Spandau in das Spinnhaus bringen. Nachdem sich Vater und Sohn jedoch wieder ausgesöhnt hatten, verrauchte der Zorn des Königs. Als daher der Vater des Mädchens 1733 um deren Begnadigung einkam, schrieb der König auf das Bittgesuch *gut*. Sie heiratete dann einen Materialwarenhändler Schomer in Berlin, und, als dieser später um eine Anstellung bat, gab Friedrich II. seine Genehmigung. Sonst aber hat er sich nicht weiter um sie und ihre Kinder gekümmert. Die Szenen eines späteren Wiedersehens mit ihr stammen aus Romanen.

Kronprinz Friedrich soll am 6. November 1730 vom Fenster seines Küstriner Arrests aus die Hinrichtung seines Vertrauten, des Leutnants Hans Hermann v. Katte (1704–1730) mit angesehen haben. Die Sache stimmt jedoch nicht. Th. Hoffbauer hat (*Die Katte-Tragödie in Cüstrin und ihre Stätte*, 1905) nachgewiesen, daß Major v. Lepel trotz des entgegengesetzten Sachverhalts dem König den vorher befohlenen »Bericht« erstattet hat, dem dann selbst Ranke fälschlich vertraute.

König Friedrich Wilhelm I. soll an der *Entwaldung der Kurischen und der Frischen Nehrung* schuld sein. Er habe sich beim Alten Dessauer beklagt, daß er Gebiete habe, die ihm gar nichts einbrächten, so z.B. Ostpreußen. Dieser habe sich erboten, ein Mittel anzugeben, auch diesem Teil etwas abzugewinnen und zu diesem Zweck die Wälder auf den Nehrungen kahlschlagen und das Holz verkaufen lassen. Das stimmt nicht. Schon Pierre de la Cave, Gouverneur von Pillau unter dem Großen Kurfürsten, hat aus militärischen Rücksichten (weil er fürchtete, die Schweden würden sich unter dem Schutz des Waldes heranschleichen) die Abholzung des herrlichen, fast bis an die Festung reichenden Waldes sowie des auf der Spitze der Frischen Nehrung angeordnet. Die Abholzung der Kurischen Nehrung hat der russische Kommandant von Memel während des Siebenjährigen Krieges, Major von der Felden, veranlaßt.

Die beiden Gegner *Maria Theresia* (1740–1780) und Friedrich II. sind jeder von der Geschichte mit ihren Treppenwitzen ausgestattet worden. Von allen Seiten bedrängt, flüchtete die Königin von Ungarn und Böhmen nach Preßburg. Hier soll sie ihren kleinen Sohn, den nachmaligen Kaiser Joseph II., auf dem Arm, vor den ungarischen Edlen erschienen sein und sie durch eine rührende und würdevolle Rede zu dem Ausruf begeistert haben: *Moriamur pro rege nostro Maria Theresia!* (Laßt uns für unsere Herrscherin Maria Theresia sterben). Die Szene ist oft gemalt worden, weil sie eben sehr malerisch ist. Merkwürdigerweise hat man schon an ihrem Krönungstag (25. Juni 1741) in Preßburg Transparente gesehen, worauf Maria Theresia auf dem Thron abgebildet war, ihre Kinder (die dreijährige Erzherzogin Maria Anna und den sechs Monate alten Erzherzog Joseph) dem Wohlwollen der ungarischen »Status et ordines« empfehlend.

In Wahrheit aber ist der Prinz erst am 21. September 1741 auf der Flucht vor den gegen die Hauptstadt vorrückenden Bayern und Franzosen nach Preßburg gekommen. Mit dem Madonnenbild ist es also nichts, weder als die Königin am 7. September die Notabeln auf das Schloß berief und eine ergreifende Ansprache an sie hielt, nach am 11. September, als sie die Mitglieder beider »Tafeln« ebendahin berufen hatte und sie in Trauerkleidern, die Krone auf dem Haupt, empfing. Bei dieser Gelegenheit haben die

– durch schwerwiegende Zugeständnisse gewonnenen – Versammelten nach der lateinischen Ansprache der Königin gerufen: *Damus vitam et sanguinem* (Wir geben unser Leben und Blut).

Ein Augenzeuge, Graf Michael Teleki, schrieb am 17. September 1741 folgendes an den Baron Johann Lázár: *Es gibt jetzt eine personalis insurrectio, da Österreich gegen die ruchlosen Praetensionen des Bavarus betreffs Ungarns und der anderen Länder bereits alle zusammentrommelt. Eben darum rief uns Ihre Majestät 11. mo praesentis in das Schloß zu Preßburg; sie proponierte selbst e throno in medio statuum mit einer sehr schönen lateinischen Adhortation, worauf der Fürstprimas antwortete, die Status aber finita propositione uno ore zugleich ausriefen: Damus vitam et sanguinem.* Dieselben Worte begegnen in der Einleitung des Gesetzartikels 1741, LXIII und in einem Brief Maria Theresias vom 18. Mai 1742 an den Bischoß von Neutra, Grafen Emerich Esterházy, sowie in einer Wiener Urkunde vom 17. Mai 1746, worin die Kaiserin das Totiser Majorat des Grafen Joseph Esterházy anerkennt. Daß die Worte *Moriamur...* nicht gerufen worden sind, steht fest.

Ein Bild von A. Liezen-Mayer (1867) schildert jenen rührenden Vorgang, wie Maria Theresia dem Kind einer armen Kranken auf der Straße die Brust gibt – auch dies poetische Ereignis hält vor der Kritik nicht stand. Die Fürstin hat keines ihrer sechzehn Kinder selbst gestillt. Daß Franz von Schönthan trotzdem die Legende in seinem netten Lustspiel *Maria Theresia* (1913) verwertet hat, ist das gute Recht des Dramatikers.

Der berüchtigte *Brief* der Kaiserin *an die Marquise von Pompadour* 1756, der mit *ma chère cousine* anfängt, ist ebenfalls unhistorisch. Nur der Minister Graf Kaunitz (1750–1753 Gesandter in Paris, danach Kanzler) hat ihr ein Billet voll Huldigungen und Schmeicheleien geschrieben. Daß die Kaiserin die Urkunde über die *erste Teilung Polens* (1772) mit den Worten unterzeichnet habe: *Placet, weil so viele und große Männer es wollen; wenn ich aber längst tot bin, wird man erfahren, was daraus hervorgehen wird*, ist ebensowenig nachweisbar wie die Tränen, die die Kaiserin dabei vergossen haben soll.

Während Friedrich gleich nach seiner Thronbesteigung den Gebrauch der *Folter* so weit einschränkte, daß es fast einer Abschaffung gleich kam, unterzeichnete Maria Theresia erst unter dem 2. Januar 1776 die Aufhebung. Josef von Sonnenfels hatte lange dafür gewirkt. Man erzählt, er habe ihr einst, der Hofsitte gemäß, kniend darüber einen Vortrag gehalten. Als die Kaiserin merkte, daß ihm diese Stellung beschwerlich war, habe sie zu ihm gesagt: *Knie Er sich näher und lege Er seine Schriften mir auf den*

Schoß. Sonnenfels sei dieser Aufforderung nachgekommen, und seine Rede habe sich *wie ein Feuerstrom* ergossen. Zum Schluß habe die Kaiserin geweint. Da sei Sonnenfels, alle Hofetikette vergessend, aufgesprungen und in die Worte ausgebrochen: *Wenn Europa diese Tränen in den Augen der größten Monarchin unserer Zeit gesehen hätte, so würde es keinen Augenblick zweifeln, daß die Tortur in Österreich sogleich abgeschafft wird.* Die Kaiserin habe dann ihre Hand auf des Redners Schulter gelegt und gesagt: *Laß Er's gut sein, die Tortur wird abgeschafft.* Nach Willibald Müller *(Josef von Sonnenfels. Biografische Studie aus dem Zeitalter der Aufklärung in Österreich...*, Wien 1882) ist diese Szene unhistorisch. Sonnenfels wünschte, daß die Tortur gegen geständige Verbrecher zur Erzwingung der Angabe ihrer Mitschuldigen n i c h t aufgehoben werde.

Friedrich II., der Große (1740–1786) soll bei der Huldigung in Breslau (7. November 1741), als das Reichsschwert vermißt wurde, seinen eigenen siegreichen Degen gezogen und sich dessen bei der Zeremonie bedient haben, ihn zum Kuß darreichend, wie es 1855 Adolf Menzel in einem Bild verherrlicht hat. Diese Erfindung des unzuverlässigen Jacob Friedrich Barons von Bielfeld (*Lettres familières...*, 2 Bde, La Haye 1763, Bd II, S. 46) ist von Colmar Grünhagen (*Friedrich der Große und die Breslauer in den Jahren 1740 und 1741*, Breslau 1864, S. 215) widerlegt worden. Bielfeld († 1770) gab seinen Memoiren die Form vertraulicher Briefe, um den Eindruck zu erwecken, als seien sie wirklich zu der Zeit geschrieben, in der die darin erzählten Ereignisse stattfanden.

Überhaupt ist der Sagenkreis, der sich um Friedrich angesetzt hat, größer als selbst der über König Artus oder über Karl den Großen. Namentlich sind die *Anekdoten aus dem Leben Friedrichs des Großen* (Neuwied, 12 Hefte in zwei Bänden), *worin größtentheils falsche und sehr mißverstandene Erzählungen zusammengestoppelt sind,* unzuverlässig. Nicht viel besser steht es um die *Beyträge zu den Anecdoten und Charakterzügen aus dem Leben Friedrichs II.* (Berlin 1788 f.), *denn diese enthalten eine Menge völlig erdichteter Erzählungen, Unterredungen, Einfälle, welche dem Geiste des Königs gar nicht ähnlich sehen* (Friedrich Nicolai, *Anekdoten von Friedrich II. von Preußen und von einigen Personen, die um Ihn waren,* Berlin und Stettin 1788–1792; Zitate H. 1, S. 79 f.).

Die Treppenwitze über die *Schlesischen Kriege* sind kritisch beleuchtet worden durch Colmar Grünhagen (*Aus dem Sagenkreise Friedrich des Großen. Gefahren und Lebensrettungen in den schlesischen Kriegen,* Breslau 1864). Vor der *Schlacht bei Mollwitz* (10. April 1741) soll der Bauer

Margner aus Gindel, der die Stellung der österreichischen Armee kannte, den König und zwei Offiziere vor der Gefangennahme gerettet haben, indem er einen der Offiziere sowie die drei Pferde in den Keller schaffte und über dessen Eingang Holz aufschichtete, während der König und der andere Begleiter sich ins Bett gelegt hatten, worauf Margner durch Anzündung übelriechender Stoffe die Schlafkammer mit einem durchdringenden Geruch erfüllte. *In der That wären auch bald Österreicher erschienen, welche von den Offizieren Kunde erhalten, und hätten das Haus durchsucht, als M[argner] aber ihnen erklärt, daß in der Kammer seine Eltern an einer ansteckenden Krankheit daniederlägen, hätten sie dort nachzusuchen sich gescheut und ebensowenig das Versteck des Kellers gefunden. Doch hätten ihr Patrouillen immer noch die Gegend unsicher gemacht, so daß Margner, um seine Schützlinge aus dem Dorfe zu bringen zu einer neuen List habe greifen müssen. Er habe sich vom Pfarrer einen Priesterrock geliehen, denselben dem Begleiter des Königs angelegt und diesen selbst als Küster figuriren lassen. Dann sei er kühn mit seinem Wagen zum Dorfe hinausgefahren und habe den Patrouillen, die ihn anhielten, gesagt, der Pfarrer fahre, um einem todtkranken Edelmanne in der Nähe das Abendmahl zu reichen; so sei der König glücklich wieder zu seiner Armee zurückgekommen* (Grünhagen, a.a.O., S. 9). Daß Margner wichtige Dienste geleistet hat, hat der König unterm 31. Oktober 1780 anerkannt; er spricht jedoch nur von einer »rühmlichen Handlung« ohne weitere Angabe. Nach Aussage des Schwiegersohnes des Bauern hat sie in wertvollen Mitteilungen über den Stand des österreichischen Heeres und die beste Art des Angriffes bestanden, nach einer anderen Angabe darüber, daß der Bauer den König mit eigener Lebensgefahr vor einem feindlichen Trupp warnte, der in einem Graben auf ihn lauerte.

Bezweifelt wird auch der Bericht über den berühmten Ritt des Königs auf dem *Mollwitzer Schimmel*, als er auf Schwerins Drängen nach dem ungünstigen Beginn der Schlacht wenigstens seine Person in Sicherheit bringen wollte. Während Ranke ihn in der ersten Auflage seiner *Neun Bücher Preußischer Geschichte* von 1847/48 noch nicht in Frage stellt, weist er in seinen *Zwölf Büchern Preußischer Geschichte* (Leipzig 1874, Bd III/IV, S. 408) auf das Sagenhafte der Überlieferung hin. Nachdem nämlich Friedrich bis Oppeln – über 52 km – geritten war, dieses schon von den Österreichern besetzt gefunden hatte und weitergeflohen war, soll er den verfolgenden Husaren zugerufen haben: *Adieu, meine Freunde... ich bin besser zu Pferde als ihr alle* und davongesprengt sein – wogegen man mit Recht eingewandt hat, daß der König nach einem Ritt von sieben Meilen (soviel beträgt die Entfernung von Mollwitz bis Oppeln) schwerlich Veranlassung gehabt hätte, so herausfordernd auf die Schnelligkeit seines Pferdes zu pochen... Wer wollte auch glauben, daß Friedrich gerade in jenem Moment zu einem solch herausfordernden Ausruf aufgelegt gewesen wäre?

Eine andere Sage über den Ritt nach Oppeln berichtet, eine alte Frau habe den König unter einer Maischbütte versteckt und dadurch gerettet. Sie wird zuerst erwähnt 1826 in einem Gesuch des Korbmachers Franz Schreier zu Oppeln an den König, der für seine Großmutter Rosalie Schreier obenerwähntes Verdienst in Anspruch nahm; er erhielt 30 Taler.

Gedruckt wurde die Geschichte 1860 in der Schrift des Brieger Buchdruckers Otto Falch *Was sich die Schlesier vom alten Fritz erzählen*, worauf die Regierung zu Oppeln das »historische« Haus Nr. 11 in der Odervorstadt schon mit einer Gedenktafel versehen wollte, als der Gymnasiallehrer Dr. Wahner an Hand des alten Hypothekenbuchs einwandfrei nachwies, daß besagte Rosalie Schreier erst 1748 dieses Häuschen erworben hat, in dem sie angeblich sieben Jahre vorher dem König Unterschlupf gewährt hatte.

Eine dritte Sage erzählt, der König habe einem feindlichen Husaren, der ihn beinahe erreicht hatte, zugerufen: *Laß mich gehen, ich will dir's lohnen.* Der Husar habe den König (am dunklen Abend!) nach seinem Bildnis erkannt und geantwortet, indem er seinen Säbel senkte: *Topp, nach dem Krieg!* Dieser Husar sei später preußischer Generalleutnant, Chef eines Husarenregiments, Ritter eines hohen preußischen Ordens geworden und habe Paul Werner geheißen. Es verlohnt sich nicht der Mühe, diese Geschichte zu widerlegen (vgl. F. Nicolai, *Anekdoten...,* H. I, S. 185 ff.).

In der Kirche zu *Kamenz* in Schlesien war folgende Inschrift angebracht:

Hier
stand und sang
Friedrich II. König von Preußen
verkleidet im Cistercienser-Chorkleide
im Jahre 1745
mit dem Abt Tobias und dem
Geistlichen die Metten während
dem die feindlichen Croaten ihn
in hiesiger Kirche suchten
und nur seinen Adjutanten fanden,
den sie gefangen fortführten.

Dieser oft auch im Bild dargestellte Vorgang ist besonders deshalb geglaubt worden, weil Friedrich für den Abt Tobias Stusche eine auffallende Zuneigung zeigte und ihm die reichste Abtei Schlesiens, Leubus, verschaffte. Vor den Augen der Historiker hat die Geschichte jedoch niemals Gnade gefunden. In der Tat läßt sich nichts weiter ermitteln, als daß im Jahr 1745 Friedrich fast den ganzen Monat im Kloster Kamenz zugebracht hat, wo er sein Hauptquartier hatte (Grünhagen, *a.a.O.*, S. 25 ff.).

Über den in gewissem Sinne sozialistischen Zug, der in all diesen erfundenen Anekdoten zum Ausdruck kommt, bemerkt Grünhagen (*a.a.O.*, S. 34) treffend: *Alle die hier mitgetheilten Züge, die wir als Sagen haben bezeichnen müssen, haben das Eigenthümliche, daß sie den großen König in einer fast erniedrigenden Passivität darstellen. Nun muß man es zwar anerkennen, daß die Sage einen ganz richtigen Instinkt hat, wenn sie gerade Friedrich den Großen nicht durch persönliche körperliche Tapferkeit Heldenthaten verrichten läßt und wir mögen auch sagen, daß die Erzählungen bis zu einem gewissen Grade tendenziös erfunden sind, sowie daß ihr Ursprung meistens auf einer dem König abgeneigten Seite zu suchen ist, aber das Volk, welches jene Sagen aufnahm, sie weiter verbreitete und an ihnen festhielt, ist dasselbe, welches den alten Fritz mit vollster dankbarer Verehrung im Herzen trägt, und es hat augenscheinlich in den demüthigenden Situationen, welche die Sage seinem Helden geschaffen, keine Verkleinerung und Entwürdigung desselben erblickt. Dies findet in der That seine natürliche Erklärung in einer häufig uns begegnenden Eigenschaft des Volksgeistes, welche wurzelt in dem Gefühl der Genugthuung, mit dem der Niedriggeborene den Hochgestellten, zu dem er nicht ohne einen gewissen Neid hinaufblickt, denselben Gesetzen menschlicher Hinfälligkeit unterworfen sieht, wie jeden andern Sterblichen; diesem Gefühl verwandt ist das Interesse, welches das Volk an Geschichten nimmt, welche das Loos eines großen Helden in gewissen Augenblicken in die Hand irgend eines unbedeutenden Mannes legen, das Volk freut sich der Ironie der Weltgeschichte, welche in solchen Fällen die Entscheidung über die Geschichte der Welt nicht an die Spitzen der menschlichen Gesellschaft knüpft, sondern sie in dunklen unbekannten Tiefen von namenloser Hand treffen läßt.*

Neben so vielem anderen hat Friedrich den Großen das *Komponieren* beschäftigt. Freilich wird ihm auf diesem Gebiet manches auch fälschlicherweise zugeschrieben. Während an der Echtheit von 121 Flötensonaten und 4 Flötenkonzerten ebensowenig zu zweifeln ist wie an der des »Marsches in Es«, des »Marsches von 1756« und des 1741 komponierten

»Mollwitzers«, ist ausgerechnet die Komposition Friedrichs des Großen, die noch heute fortlebt und von vielen mit Begeisterung gehört und mitgesungen wird, der *Hohenfriedberger,* recht schlecht beglaubigt. Die Überlieferung, wonach der dankbare König dem Dragonerregiment Bayreuth einen von ihm komponierten Marsch verliehen habe, irrt. Der Erlaß spricht lediglich davon, daß das Regiment vor allen anderen Dragonerregimentern (die ursprünglich berittene Infanteristen waren) befugt sein solle, zu Fuß den Grenadiermarsch schlagen und zu Pferd den Parademarsch der Kürassiere blasen zu lassen. Alt ist der Marsch, der erst im 19. Jahrhundert seinen Namen bekommen hat, zweifellos; er hat noch kein Trio und bewegt sich nur zwischen Tonika und Dominante. Aber die Urheberschaft des Großen Königs ist zweifelhaft. Noch schlimmer steht es in dieser Hinsicht mit dem *Torgauer* Marsch. Als Komposition eines Torgauers aus der Zeit der Freiheitskriege, gespielt bei Düppel, Königgrätz und in Versailles am 18. Januar 1871, hat er mit Friedrich II. gar nichts zu tun (Georg Thouret, *Friedrich der Große als Musikfreund und Musiker,* Leipzig 1898).

Aus Fr. v. Blankenburgs Werk *Charakter und Lebensgeschichte des Preußischen Generals von Seydlitz* (Leipzig 1797) stammt eine bekannte Erzählung über *Friedrich Wilhelm von Seydlitz* (1721–1773). Sein Husaren-Rittmeister-Patent datiert vom 23. Juli 1743. Er ist vom Kürassierkornett direkt zum Husarenrittmeister ernannt worden. Daß er aber dazu über ein Brückengeländer in die Spree gesprungen sei, sich das Patent also gewissermaßen »ersprungen und erschwommen« habe, entbehrt eines glaubwürdigen Nachweises (vgl. *Deutsche Heereszeitung* 1882, Nr. 16).

Am Beginn des Siebenjährigen Krieges 1756 soll der König mit Beziehung auf Österreich geäußert haben, *derjenige wird siegen, der den letzten Taler in der Tasche hat.* Das Wort ist aber jünger. An den Marquis d'Argens schreibt der König aus Peterswaldau am 6. September 1762: *...et, pour nous, nous guerroierons avec cette reine obstinée jusqu'à ce que sa bourse se trouve à sec, et alors elle sera la princesse la plus pacifique de l'Europe* (und, was uns betrifft, werden wir so lange mit dieser eigensinnigen Königin Krieg führen, bis sie auf dem trockenen sitzt; und danach wird sie die friedfertigste Fürstin Europas sein), und in einem Brief an seinen Bruder Heinrich vom 26. August 1778 heißt es: *Un mois de fourage pour votre armée, mon cher frère, me coûte quarte cent mille écus; deux mois que l'on prend sur l'ennemi, font huit cent mille écus; et il faut que nous épargnions à présent chaque sou, pour avoir le dernier écu quand la paix se fait; cela décide presque autant des affaires qu'une bataille* (ein Monat

Verpflegung für Eure Armee, mein lieber Bruder, kostet mich 400 Millionen Taler; zwei Monate, die uns der Feind beansprucht, ergeben 800 Millionen Taler; und im Augenblick müssen wir jeden Heller sparen, um den letzten Taler zu haben, wenn Friede wird; das entscheidet fast ebenso viel wie eine Schlacht).

Gegen Ende der Schlacht von Kolin (18. Juni 1757) oder nach anderen der von Kunersdorf (12. August 1759) soll Friedrich, um fliehendes Fußvolk zum Stehen zu bringen, ärgerlich ausgerufen haben: *Ihr verfluchten Kerls, wollt ihr denn ewig leben?* Der Ausspruch findet sich in zahlreichen Veröffentlichungen, doch ist er ebenso unerwiesen wie die Antwort eines Grenadiers: *Fritz, für acht Groschen* (Fr. Förster, *Leben und Thaten Friedrichs d. Großen*, Bd I, Leipzig 1875, S. 495 berichtet: *für 13 Pfennige*) *ist's heute genug.* Um dieselbe Zeit soll er einem Ausreißer, den er gefaßt hatte, auf dessen Entschuldigung, er sei so heruntergekommen und es seien so schlechte Zeiten, erwidert haben: *Nun, versuche Er es noch einen Tag, und wenn es dann nicht geht, wollen wir zusammen desertieren.* Thomas Carlyle (*Geschichte Friedrichs II. von Preußen*, gen. *Friedrich d. Große*, 6 Bde, Berlin 1858–1869) meint, diese Erzählung hätte das Verdienst einer Mythe – wohl kaum!

Am 16. Oktober 1757 besetzte der österreichische Feldmarschalleutnant Andreas Hadik mit siebentausend Mann – auf 24 Stunden – Berlin. Er verlangte von der Stadt eine Leistung von 300 000 Talern, begnügte sich aber mit 215 000 und nahm beim Abzug (er floh vor dem heranrückenden Seydlitz) den Ruf mit sich, daß seine Forderung mäßig und die Mannszucht seines Streifkorps bewundernswert gewesen seien. In den Akten des Magistrats über *Hadiks Kontribution* waren alle außerordentlichen Geschenke an die österreichischen Offiziere, alle feindlichen Requisitionen bei den Einwohnern usw. genau verzeichnet – von einem Pack Damenhandschuhe aber, die verlangt worden seien, um sie nach Wien zu schicken, wo sie zum Andenken an die Eroberung getragen werden sollten, steht nichts darin. Dennoch ist die Sache leidlich gut beglaubigt, denn in dem authentische Aufzeichnungen eines Zeitgenossen verwertenden Werk *Dreißig Jahre am Hofe Friedrichs des Großen. Aus den Tagebüchern des Reichsgrafen Ernst Ahasverus Heinrich von Lehndorff, Kammerherrn der Königin Elisabeth Christine von Preußen* (hrsg. v. Karl Eduard Schmidt-Lötzen, Bd I, Gotha 1907, S. 354) ist zu lesen: *Außer dieser Summe hatten sich die Abgesandten des Feindes noch zwei Dutzend Handschuhe geben lassen, womit sie ihre Kaiserin beschenken wollten.* Bezeugt sind sie außerdem als Teil der Hadik-Kontribution von Karl Harbauer (*Kolin–Berlin–Breslau*, Wien

1908), und zwar als Extragabe an den österreichischen Obersten Baron Ried. Die Anekdote von den Handschuhen – später werden hundert Paar linke daraus! – findet sich wohl zuerst in den von J. J. Biester herausgegebenen *Berlinischen Blättern* (II. Jahrgang, 1798), übrigens hier mit Fragezeichen versehen. Gleichzeitig wird dort auch die »Rache« dafür – ebenfalls unter Zweifeln – aufgetischt, wonach gramerfüllte Berliner hofften, daß Herzog Ferdinand von Braunschweig-Bevern aus dem Lager von Breslau den General Zieten entsandt hätten, Wien zu nehmen, um sich dort Müffchen für die Damen Berlins aushändigen zu lassen! Noch am 1. Juni 1909 behauptete Graf Moritz Esterházy im *Az Usag*: Der ungarische Husarenführer Grad Nádasdy habe zu dem ihm mitgegebenen einen Handschuh Maria Theresias aus Berlin (am 9. Oktober 1760) den passenden zweiten geholt.

Im Jahr 1758/59 hat, so lautet eine außerordentlich zähe Anekdote, Papst Clemens XIII. dem österreichischen Feldmarschall Grafen Leopold Daun, dem Sieger von Kolin und Hochkirch, einen geweihten Hut und Degen geschickt, wie Friedrich II. selbst in seiner *Histoire de la guerre de sept ans* sowie in einem Brief an den Marquis d'Argens erzählt. Wenn auch die Erzählung in der 1790 zu Wien erschienenen *Lebensgeschichte Laudons* von Jh. Pezzl als ein »schaler Spaß« bezeichnet worden ist, so schien doch aus dem von Reinhold Koser herausgegebenen Werk (*Heinrich von Catt's Unterhaltungen mit Friedrich dem Großen*, Leipzig 1884) hervorzugehen, daß der geweihte Hut und Degen historisch waren. Eine feindselige Haltung des Papstes galt als erwiesen und die Degenweihe nicht für unwahrscheinlich; es seien eben nur alle Spuren nachträglich verwischt worden. Die Erzählung von einer Übersendung des vom Papst geweihten Hutes und Degens an Daun aber ist eine Mythe. Solche Gaben pflegten nur für Siege über die Ungläubigen verliehen zu werden – unter ganz anderen Formeln und Redewendungen. Daß Friedrich dem geschickt in die Welt gesetzten Gerücht geglaubt und es sich geschickt zunutze gemacht hat, ist schließlich kein Wunder: er war ja selbst der Urheber!

Ebensowenig beglaubigt ist die Widmung eines Ehrenschwertes durch den König an *George Washington*, obwohl ein solches mit der Inschrift *Der älteste General dem größten General der Welt* im Kapitol von Albany (seit 1798 Hauptstadt des Unionstaates New York) als Geschenk Friedrichs an den nordamerikanischen Freiheitshelden aufbewahrt wird. Auf Anregung des New Yorker Staatshistorikers Hugh Hastings hat nämlich die Berliner amerikanische Botschaft festgestellt, daß keine Mitteilung über jene Widmung aufzufinden ist.

Der große König wollte gern seh'n,
Was seine Gen'rale wüßten;
Da ließ er an alle Briefe ergeh'n,
Daß sie gleich ihm schreiben müßten;
Was jeder von ihnen zu thun gedenkt,
Wenn der Feind ihn so oder so bedrängt.

So beginnt Friedrich von Sallets Gedicht *Ziethen* (*Gesammelte Gedichte,*
Breslau 1843, S.231), in dem »Vater Ziethen« den Brief seines Königs
verwundert betrachtet und dann flucht:

Husar, das bin ich, Potz Element!
Kein Schreiber oder verpfuschter Student.

Darauf macht er auf ein Blatt Papier in die Mitte einen großen Klecks, von
dem Linien in andere Kleckse an den Rändern gehen, schickt dieses Blatt
an den zunächst verärgerten Herrscher und erklärt ihm persönlich bei der
nächsten »Revue«:

»Der große Klex in der Mitte bin ich,
Der Feind – einer dort von den vieren,
Der kann nun von vorn oder hinten auf mich,
Von rechts oder links auch marschiren.
Dann rück' ich auf einem der Striche vor.
Und hau' ihm, wo ich ihn treffe, auf's Ohr.«

Darauf lacht der König laut auf und lobt die Klugheit seines »besten
Reitersmannes«. Zu der früher sehr beliebten Anekdote erklärt der Historiker Georg Winter (*Hans Joachim von Zieten,* Leipzig 1886, Bd I, S. 63): *Die
kleine Erzählung ist nicht die einzige in ihrer Art; sie theilt mit ihnen
allen die Eigenschaft, weder historisch noch psychologisch wahr zu sein,
so hübsch und poetisch sie auch – erfunden ist. Hans Joachim von Zieten
schrieb thatsächlich eine feste und energische Handschrift, echt militärisch und echt martialisch. Seine militärischen Rapporte aus dem Kriegs-
lager, welche uns in sehr großer Anzahl erhalten sind, zeigen überall
dieselben energischen und wuchtigen Züge. Freilich, mit den Gesetzen
der Orthographie nahm es der Held des Schwertes nicht allzu genau.*
Eine Menge Anekdoten um den preußischen Reitergeneral Hans Joachim von *Zieten* (Ziethen; 1699–1786), die in den Lebenskreis Friedrichs
gehören, stammt aus der *Lebensbeschreibung Hans Joachims von Zieten*
der Louise von Blumenthal (Berlin 1797). Graf Ernst zur Lippe-Weißenfeld
(*Zieten,* »*das alte Husarengesicht*«, Berlin 1880, S. 74) bemerkt darüber:

Hätte die Blumenthalsche Zieten-Biographie sich beschränkt auf Nachrichten über häusliche und Familien-Angelegenheiten, item auf Kochbuchs- und Zärtlichkeitssachen, so wäre Frau von Blumenthal in ihrer Sphäre geblieben.

Am 17. Mai 1745 war es für Friedrich von größter Wichtigkeit, dem Markgrafen Karl von Brandenburg-Schwedt in Oberschlesien eine Mitteilung zukommen zu lassen, er solle sich sofort mit ihm vereinigen. Einzelne Boten durch die umherschwärmenden Truppen zu senden, war nicht mehr möglich; sogar ein Kommando von 120 Mann kam unverrichteter Sache zurück. Da ist denn Zieten selbst mit 600 Mann durch die feindlichen Truppen hindurchgeritten und hat den Befehl überbracht. Soweit ist der Bericht historisch. Allein *jene anmuthige Erzählung, wie Zieten seinen ganzen Plan darauf gebaut habe, daß die Uniform seines Regiments der eines feindlichen ähnlich war, wie er sich denn ohne weiteres, auf diesen Umstand vertrauend, an ein feindliches Regiment angeschlossen und die Feinde in die Täuschung versetzt habe, als gehöre er zu ihnen, wird ganz oder doch zum großen Theil in das Reich der Fabel verwiesen werden müssen* (Winter, a.a.O., Bd I, S. 84).

In der Schlacht bei Prag (6. Mai 1757) soll Zieten durch einen Verstoß gegen den ausdrücklichen Befehl des Königs den Sieg entschieden haben. Auch das ist falsch. Sein großer Anteil am Sieg bleibt davon unberührt.

Oft dargestellt ist die Geschichte, wie Zieten im hohen Alter an der königlichen Tafel eingeschlafen ist. Dazu wird erzählt, der König habe denen, die den Schläfer wecken wollten, bedeutet: *Lasset uns sachte reden, damit wir ihn nicht stören! Er hat lange für uns gewacht.* So erzählt Geißler (*Adam Friedrich Geislers, des Jüngeren, Leben und Thaten Hans Joachims von Ziethen, weil. Königl. Preuß. Generals von der Kavallerie*, Leipzig 1788, S. 225 f.). Historisch leidlich beglaubigt ist nur folgende Szene (vgl. Nicolai, *Anekdoten...*, H. IV, S. 69 ff.): Als 1760 auf dem Marsch von Schweidnitz nach der Lausitz das Heer, auf die Ausfüllung eines Morastes wartend, haltmachen mußte, stand der König an einen Baum gelehnt vor einem Feuer; die Generale lagerten sich um ihn, und einige schliefen, auch Zieten. Bei dieser Gelegenheit sagte der König zu einem sich nähernden Offizier, der etwas zu melden hatte: *Stille, wecke Er mir Zieten nicht; er ist müde.* Des größeren Kontrastes wegen hat man dies Ereignis an die königliche Tafel verlegt und des Königs Worte theatralisch zugespitzt mit Anlehnung an die von Plutarch (*Denksprüchen von Königen und Feldherren*) berichtete Äußerung Philipps von Makedonien: *Ich schlief ruhig, denn Antipatros wachte.*

Am Tag der *Schlacht bei Leuthen* (5. Dezember 1757) soll sich im Schloß zu Lissa folgendes ereignet haben: Der König *war kaum dicht vor der Schloß-thür angekommen, als verschiedene östreichische Officiere mit Lichtern in den Händen aus den unteren Zimmern und von den Treppen herabgestürzt kamen, um in der finstern Nacht ihre auf dem Schloßplatz haltenden Reitpferde zu finden und wegen des Schießens davon zu jagen. Der König stieg mit seinem Adjutanten ganz ruhig vom Pferde, und sagte zu den östreichischen Officieren:* »*Bon soir, Messieurs! Gewiß sind* [!] *Sie mich hier nicht vermuthen. Kann man hier auch noch mit unterkommen?*«

Diese Szene erzählt zuerst Nicolai (*Anekdoten*..., H. III, S. 239 f.). Später finden sich weitere Ausschmückungen. Der König soll den Baron Mudrach, ehe er dessen Schloß betrat, gefragt haben: *Ist alles reene?* Nachdem dieser bejaht und der König trotzdem so viele feindliche Offiziere darin angetroffen hatte, soll er jenem bedeutet haben, er verdiene, daß ihm der Kopf vor die Füße gelegt werde (doch habe sich Friedrichs Zorn bald gelegt); nach einer anderen Quelle soll sich jedoch der Baron *über die harte Rede zu Tod gegrämt haben.* Aber die ganze Anekdote und ihre Ausschmückung sind zu verwerfen, wie aus gleichzeitigen Briefen des Königs und des Barons hervorgeht. Der Auftritt mit den österreichischen Offizieren wird häufig abgebildet, mitunter, indem sie alle gemütlich an einem Tisch bei der Abendmahlzeit sitzen; die Unterschrift ist dann immer *Bon soir, Messieurs.* In der Nationalgalerie in Berlin gab es ein Gemälde von Artur Kampf, wo die Szene nicht ganz so gemütlich dargestellt wird; aber die Unterschrift ist dieselbe.

Am 3. November 1760 schlug Friedrich der Große Daun beim Dorf *Süptitz* (westlich von Torgau). Über den entscheidenden letzten Stunden dieser Schlacht lag lange ein schier undurchdringliches Dunkel: Beide Feldherren verwundet, beide im Glauben, gesiegt zu haben. Am Abend um 6½ Uhr nehmen Unterführer selbständig den Kampf wieder auf, und nun erst neigt sich der Sieg, durch Zieten, auf die Seite der Preußen. Die von Adolf Menzel verherrlichte Szene, wie Friedrich der Große in der Dorfkirche von Elsnig die Meldung von der Erstürmung der Süptitzer Höhen empfängt, ist unhistorisch. Der Anstoß zum Sieg kam vom Hauptmann Fr. Wilhelm Ernst von Gaudy, dem maßgebenden Berater des Generalleutnants Hülsen.

Über Friedrichs *Rückkehr nach Berlin*, das er seit dem 12. Januar 1757 nicht gesehen hatte, hat Karl Wilhelm Ramler in seiner Ode *Der Triumph* (*Poetische Werke*, hsg. v. L. F. G. v. Göckingk, 2 Bde, Berlin 1800 f., Bd II, S. 88) gedichtet:

Siehe! er lenkt unsern Ehrenbogen aus,
Und unsern goldbehängten Rossen,
Und besteigt den prahlenden Wagen nicht.

Einen »prahlenden Wagen« hat der König am 30. März 1763 nicht bestiegen; doch durch den Ehrenbogen fuhr er und wurde von der Bevölkerung herzlich empfangen.

Es wird erzählt, daß sich Friedrich nach Beendigung des Siebenjährigen Krieges bald nach seiner Ankunft [in Berlin] *nach Charlottenburg begeben und Musiker und Sänger ebenfalls dahinbestellt habe, mit dem Befehl, das Tedeum von Graun in der Schloßkapelle aufzuführen. Auf solche Anordnung habe man dem Erscheinen des gesamten Hofes entgegengesehen. Aber der König sei ohne Begleitung in die Kapelle eingetreten und habe das Zeichen zum Anfang gegeben. Als die Singstimmen mit den Worten des Lobgesanges eintraten, habe er das Haupt in die Hand gestützt und geweint* (F. Kugler, Geschichte Friedrichs des Großen, 2. Aufl., 1876, S. 351). Darstellungen dieser Szene sind häufig. Die ganze Erzählung ist aber nur eine anscheinend unausrottbare Anekdote. Hierfür genügt ein Hinweis auf einen Brief des Königs an seinen Bruder Heinrich, datiert Charlottenburg, 16. Juli 1763, (Œuvres, Bd XXVI, Berlin 1856). Der König schreibt u. a.: *D'Alembert ist hier. Der alte Baron* [Poellnitz] *pilgerte herbei. Gestern hören wir in der Kapelle das schöne Graunsche Tedeum; es waren viele Leute dort* (il y avait beaucoup de monde). Der König war schon am 30. März aus dem Krieg zurückgekehrt; doch hatten vor der erwähnten keine Musikaufführungen stattgefunden, und diese fand statt, damit d'Alembert das Graunsche Tedeum kennenlerne.

Gleichfalls unhistorisch sind die Worte, die dem König beim Anblick der Verwüstungen in Charlottenburg in den Mund gelegt werden; denn es war dort seit dem Oktober 1760 alles wieder in Ordnung gebracht worden. Die Anekdote, daß der Münz-Jude Ephraim den Schaden an zerbrochenem Porzellan bezahlen mußte und dafür die Scherben erhielt, ist ebenso zu verwerfen.

Nach 1763 hat Friedrich die *Geschichte des Siebenjährigen Krieges* geschrieben. Als die Handschrift druckfertig war, soll sie durch die Unachtsamkeit eines Pagen verbrannt sein. Da habe der König weiter nichts gesagt als *Gut, nun schreiben wir diese Geschichte noch einmal.* Diese Angabe wird durch Th. Vilmar (*Über die Quellen der Histoire de la guerre de sept ans Friedrichs des Großen*, Kassel 1888) in das Reich der Fabel verwiesen.

Die Anekdote, Friedrich habe gesagt, es sei billig, wenn er die *hessischen nach Amerika verkauften Soldaten* bei Minden den üblichen Viehzoll zahlen lasse, um deren Landesvater daran zu erinnern, daß er die Seinigen wie das Vieh verkaufe, setzt bei dem König zwar die ihm eigene Vorliebe für beißende Ironie, aber sonst eine sowohl sentimentale wie herzlose Auffassung voraus, die ihm fernlag. Sie gehört zu den zahlreichen von den Feinden der englischen Regierung in England, Frankreich und den Niederlanden verbreiteten Sensationsnachrichten und findet sich zuerst in einer diesbezüglich verdächtigen Quelle, nämlich einem Brief Benjamin Franklins, des damaligen amerikanischen Gesandten in Paris, vom 1. Mai 1777 an John Winthrop. Eine Anordnung Friedrichs oder einen gleichzeitigen deutschen Bericht gibt es nicht; vielleicht hat Franklin die Geschichte selbst erfunden.

Friedrich hat den Menschenhandel und dessen Betreiben zutiefst verachtet. In einem Schreiben vom 18. Juni 1776 hat er Voltaire gegenüber die Ehre abgelehnt, der Lehrer des Landgrafen Friedrichs von Hessen gewesen zu sein, der einen Katechismus für Fürsten geschrieben und an Voltaire geschickt hatte: *Wäre er aus meiner Schule hervorgegangen, so hätte er den Engländern seine Untertanen nicht verkauft, wie man Vieh verkauft, um es auf die Schlachtbank zu schleppen.* Vielleicht hat sich daraus die Anekdote gebildet. Seine eigene Handlungsweise aber bemaß der König immer nach den Aufgaben seines Staates. Den Beleg dafür bildet die Antwort, die er unterm 24. Oktober 1777 dem Markgrafen Karl Alexander von Ansbach, seinem Neffen, auf dessen Gesuch um Durchzug der Vermieteten zugehen ließ: bitter spricht er sich darin über den Menschenhandel aus und gewährt keine Erlaubnis zum Durchzug durch seine Staaten mit der Bemerkung, daß es ja kürzere Wege zum Einschiffungshafen gebe. Im Jahre 1778 sah sich der König freilich genötigt, aus politischen Rücksichten sein Verbot zurückzunehmen (vgl. Friedrich Kapp, *Der Soldatenhandel deutscher Fürsten nach Amerika...*, 2. Aufl., Berlin 1874, S. 159 ff., wo auch das Schreiben des Königs vom 24. Oktober 1777 abgedruckt ist).

Das berühmte Wort *Ja, wenn das Berliner Kammergericht nicht wäre* ist vielleicht nichts als ein nach dem Vorbild einer persischen Erzählung aus dem 6. nachchristlichen Jahrhundert hergestelltes Seitenstück zu einem Akt königlicher Kabinettsjustiz gegen den Müller Arnold im Kreis Krossen, wobei der König, wenn auch mit bester Absicht, eine Ungerechtigkeit begangen haben soll (1779).

Eine Windmühle, die dem König sehr mißfiel, stand dicht über der Orangerie zu Sanssouci. Er ließ darum dem Besitzer sagen, er verspreche ihm ein sehr beträchtliches Geschenk an Gelde, und an einem anderen Ort drei sehr schöne Windmühlen, wenn es ihm beliebe, dem König diese Mühle abzustehen. Trotzig und schnöde erwiderte der Windmüller: *Meine Windmühle hat mich und meine Kinder nun lange ernährt, und ich habe auch da eine schöne Aussicht; also will ich auf meiner Mühle leben und sterben!* Mit dieser Antwort begnügte sich der König, und der Müller behielt seine Mühle (Johann Georg v. Zimmermann, *Über Friedrich den Großen und meine Unterredungen mit ihm kurz vor seinem Tode,* Leipzig 1788, S. 222). Vom Kammergericht ist, wie man sieht, keine Rede; auch fehlt jede nähere Angabe über Datum und Quelle. Schon in diesem Stadium ist sie vielleicht nur ein Seitenstück zu der Erzählung von der Tyrannei König Ahads, der seinen Nachbar Naboth töten läßt, um sich in den Besitz von dessen Weinberg zu setzen (*1. Buch der Könige,* 21).

Wie es sich in Wirklichkeit mit der Sache verhalten hat, finden wir nach den Originalakten angegeben in dem Aufsatz von Louis Schneider: *Die historische Windmühle bei Sanssouci (Märkische Forschungen* VI [1858], S. 165 ff.). Die Mühle ist erbaut worden infolge eines Bittgesuches des Müllers Grävenitz an Friedrich Wilhelm I. vom 7. Dezember 1736, vom diesem genehmigt unterm 6. Februar 1737. Bald darauf bewilligte der König auch unentgeltliche Gewährung von Bauholz. Als aber König Friedrich den Bau von Sanssouci begonnen hatte, fing im Juni 1746 der Müller mit seinen Klagen an: das Schloß, die Gartenmauer, die hohen Bäume hätten ihm den Wind genommen; er bäte, die Mühle an einer anderen Stelle aufbauen zu dürfen (auf Kosten des Königs). Das genehmigte der König. Da aber der Beamte, der den Kostenanschlag zu machen hatte (Neubauer), erfuhr, der König lege Wert darauf, daß die Mühle stehenbleibe, indem sie dem Schloß zur Zierde gereiche, so blieb sie stehen. 1753 kaufte sie der Müller Kallatz für 800 Taler, machte aber bankrott, und 1764 in der Zwangsversteigerung der Müller Vogel für 770 Taler. Dieser fing 1771 an, Bittgesuche verschiedener Art beim König einzureichen, worauf der König ihm unterm 29. Mai 1778 jede Pachtzahlung erließ. Am 10. November 1781 verpachtete Vogel die Mühle an den Müller Hering für 45 Taler jährlich, der sie besser zu bewirtschaften verstand. Die Mühle sollte daher auf Veranlassung des Königs wieder 22 Taler Pacht zahlen, und zwar sollte Hering diese Summe von seiner Zahlung an Vogel zurückbehalten. Hierüber erhob nun Vogel ein großes Geschrei. Als aber eine königliche Verfügung vom 10. August 1784 ihn abwies und zu einem Prozeß gegen den Fiskus aufforderte, erwiderte er unterm 16. November 1784: *Ich bin viel zu wenig und zu entkräftet, um einen Prozeß gegen den Fiskus anstrengen zu können*. Dies ist also das eigentliche Wort des Müllers von Sanssouci. Am 31. Oktober 1839 kam die Mühle wegen Erbteilung zur Versteigerung und wurde vom Müller Walsleben für 4050 Taler erstanden; am 29. November 1841 endlich ging sie in den Besitz des Kron-Fideikommißfonds über.

Beim englischen Gesandten *Sir Hugh Elliot* soll sich Friedrich nach der Invasion von Carnatik durch Hyder Ali im Jahre 1780 erkundigt haben, wer das eigentlich sei. Der Gesandte soll, auf Schlesien und Westpreußen anspielend, erwidert haben: *C'est un vieux despot qui a beaucoup pillé ses voisons, mais qui, Dieu merci, commence à radoter* (Das ist ein alter Despot, der seine Nachbarn mächtig geplündert hat, der aber, Gott sei Dank, zu faseln bzw. kindisch zu werden beginnt). Carlyle (XXI, 5) verwirft diese Anekdote; es wäre in der Tat ein schlechter Gesandter, der dem Fürsten, bei dem er akkreditiert ist, solch kaum verhohlene Beleidigungen ins Gesicht sagt.

Eine hübsche Anekdote ist auch die, wonach Friedrich den hannoverschen Leibarzt *Zimmermann*, nachdem er ihn 1786 hat zu sich rufen lassen, mit den Worten empfängt: *Hat Er schon viele Menschen in die andere Welt befördert?* worauf der Arzt antwortete: *Nicht so viel als Euer Majestät, aber auch nicht mit so vielem Ruhme.* Der König habe aber, wie Zimmermann selbst erzählt (*a.a.O.*, S. 287), die Frage schon 1771 an ihn gerichtet; und von der Antwort bemerkt er: *Sie wäre schön, ich muß es selberst gestehen, aber sie ist erdichtet.*

Endlich hat man dem König († 17. August 1786) das »letzte Wort« in den Mund gelegt: *Ich bin es müde, über Sklaven zu herrschen.* Es läßt sich aber nicht nachweisen, daß er es gesagt hat. Vielleicht ist es aus seinem kurz vor seinem Tode erlassenen Schreiben an den Kammerpräsidenten Freiherrn von der Goltz in Königsberg, datiert 1. August, herausgearbeitet worden. Dort, wo von der Trockenlegung eines Morastes die Rede ist, heißt es (vgl. J. D. E. Preuß, *Friedrich der Große*, 6 Bde, Berlin 1832–1834, Bd IV, S. 259): *... Die Bauern, welche da angesetzt werden, müssen ihre Güter alle eigentümlich haben, weil sie keine Sklaven sein sollen. Es ist ferner die Frage, ob nicht alle Bauern in Meinen Ämtern aus der Leibeigenschaft gesetzet, und als Eigentümer auf ihren Gütern angesetzet werden können. Ich erwarte darüber Eure Anzeige, was das für Diffikultäten haben könne, und bin Euer gnädiger König.* Dies gibt aber, wie man sieht, so ziemlich einen entgegengesetzten Sinn.

In Samuel Arthur Bent's *Short Sayings of Great Men*, Boston 1882, S. 232 (nach Carlyle) steht ein anderes »letztes Wort« des Königs: *La montagne est passé, nous irons mieux* (der Berg ist überschritten, jetzt gehen wir leichter); doch bleibt auch dies zweifelhaft. Daniel Chodowiecki hat den König dargestellt, wie er im hohen Alter im Freien sitzt und in Decken gehüllt (geschehen April 1786 auf der Freitreppe des Schlosses in Potsdam) nach der Sonne blickt, mit der Unterschrift: *Bald werde ich dir näher sein.* Eine andere Quelle für dieses Wort gibt es wohl nicht. Vielleicht ist es entstanden in Anlehnung an die an Zimmermann am 5. Juli 1786 gerichtete Bemerkung des Königs: *Ich habe immer das Licht geliebt.*

Auch daß er jemals zu seinem Neffen (Friedrich Wilhelm II.), als der Arzt wieder Hoffnung machte, bemerkt habe: *Pardon, mon neveu, si je vous fais attendre* (Verzeihe, mein Neffe, wenn ich dich warten lasse), scheint erfunden zu sein. Erdichtet sind ferner die Angaben, Friedrichs letzte Kabinettsorder sei ein Todesurteil gewesen, und die schöne – übrigens im Nebenzimmer stehende – Uhr mit dem Bildnis des Kaisers Titus und der Inschrift *diem perdidi* (ich habe einen Tag verloren; Sueton, *Titus,* 8) sei zu eben der Zeit (zwei Uhr zwanzig Minuten) abgelaufen, als der König seinen letzten Seufzer gehaucht habe (vgl. Preuß, *a.a.O.,* S. 264 ff.). Die Weck-Uhr, die Napoleon I. 1806 mitnahm und auf Sankt Helena testamentarisch seinem Sohn vermachte, ist mit jener nicht identisch.

Eine bekannte Legende erzählt, daß die Taler des Jahres 1786, bei denen das Münzzeichen A zwischen zwei Punkten steht (17.A.86), am Sterbetag des Königs geprägt worden seien, daher der Name Sterbetaler. Die beiden Punkte bedeuten jedoch weiter nichts, als daß die betreffenden – bereits Ende Juni hergestellten – Münzen nicht in der alten Münze zu Berlin (Unterwasserstraße), sondern in der neuen Münze (Münzstraße) geprägt worden sind. Es gibt Sterbemedaillen auf den Tod des Königs, aber keine Sterbetaler (vgl. Graf zur Lippe im Januarheft v. Bd XXVI der *Jahrbücher der deutschen Armee und Marine* 1878, S. 17 f.)

Dagegen gibt es wirkliche Sterbetaler auf König Friedrich Wilhelm IV. († 2. Januar 1861). Sie wurden in einer Auflage von 10 000 Stück auf Veranlassung Wilhelms I. zwischen dem 7. Februar und 6. März 1861 geprägt. Daß diese angeblich schon 1860 hergestellten Taler noch vor dem Tod des Königs zur Zahlung von Beamtengehältern (Silvester 1860) benutzt worden seien, ist natürlich Legende.

Beliebt ist die Erzählung von dem Pagen, der, um seine arme Mutter zu unterstützen, nicht nur die ihn selbst treffenden Nachtwachen abhält, sondern gegen Entschädigung auch für andere Pagen eintritt, dabei vom Schlaf übermannt und vom Fürsten überrascht wird, der aus dem angefangenen Brief des Eingeschlafenen an seine Mutter den Adel seines Verhaltens ersieht und ihm heimlich eine Rolle von Goldstücken in die Tasche steckt. Es gibt ein kleines Theaterstück dieses Inhalts *(Der Edelknabe)* von dem Aufklärungsphilosophen Johann Jakob Engel (Leipzig 1775). In Anlehnung daran erschien 1789 ein Schauspiel: *The English Tavern at Berlin, a comedy in 3 acts.* Aus dem Pagen ist ein groom (Stallknecht) namens Lambert, und aus dem Fürsten ist König Friedrich II. geworden (vgl. Nicolai, *a.a.O.,* H. 4, S. XXII).

Eine der bekanntesten Erzählungen aus dem Leben des großen Mathematikers *Leonhard Euler* (1707–1783) berichtet von einer in wenigen Tagen mit Anspannung aller Kräfte ausgeführten astronomischen Riesenarbeit, die den Verlust der Sehkraft des einen Auges zur Folge gehabt haben soll. Der Gewährsmann ist Nikolaus Fuß, der nach der vollständigen Erblindung Eulers viele Jahre hindurch sein Gehilfe bei seinen Arbeiten war und nach Eulers Tod durch Heirat sich mit der Familie verband. Fuß hatte in seinem Petersburger Nachruf auf Euler erzählt, daß dieser sich einmal der Petersburger Akademie gegenüber anheischig gemacht habe, eine ungeheure astronomische Rechnung (Berechnung einer Mittagsverbesserungstafel), die die Akademie möglichst bald ausgeführt zu sehen wünschte, in drei Tagen zu liefern, während andere Gelehrte dafür einige Monate beansprucht hätten. Euler habe unter größter Anstrengung in der Tat sein Versprechen gehalten, sei aber infolge Überanstrengung in eine heftige Krankheit verfallen, die ihn das rechte Auge gekostet habe.
Gustav Eneström wies jedoch 1911 nach, daß die Erzählung legendenhaft ist. Freilich hätte die Rechnung, um die es sich handelte, nach der bisherigen Methode Monate erfordert, Euler aber ersann eben eine andere Formel, bei deren Benutzung die Rechnung weniger zeitraubend war. Hierauf ist somit die Erblindung, die kurz nach seiner Rückkehr von Berlin, wohin ihn Friedrich II. 1741 berufen hatte, nach St. Petersburg (1766) tatsächlich eingetreten ist, nicht zurückzuführen. Von der ganzen Geschichte bleibt nur übrig, daß Euler jene Rechnung ausgeführt hat und in der fraglichen Zeit einige Wochen hindurch krank gewesen ist.

Des *Friedrich Freyherrn von der Trenck merkwürdige Lebensgeschichte,* 1787 in zwei, später in drei und vier Bänden erschienen, war lange Zeit ein vielgelesener und in zahlreiche Sprachen übersetzter Bestseller, in jüngerer Zeit wieder bekanntgeworden durch eine sechsteilige Fernsehverfilmung (1972/73). Kurz vor Ausbruch der Französischen Revolution erschienen,

216

war die Leidensgeschiche des Gefangenen Friedrichs des Großen eine willkommene Anklage *in tyrannos*. Geschickt versteht Friedrich Freiherr von der Trenck (1726–1794), als Opfer absolutistischer Kabinettsjustiz bei den Lesern Sympathie und Mitleid, Bewunderung und Hochachtung zu wecken. Die Nachwelt hat seiner Erzählung fast anderthalb Jahrhundert Glauben geschenkt, obwohl er selbst in einer späteren Auflage gesteht, daß in seiner Lebensgeschichte *unvergebliche Fehler* stehengeblieben seien, *die das Werk wirklich in den äußeren Schalen verpfuschen,* und viele Stellen habe er *nur nachlässig hingeschleudert* und *geschrieben, um Geld zu verdienen und Vorfälle von vierzig Jahren her, ohne ein Journal zu haben, aus dem Gedächtnis hervorgeholt.*

Dieses Eingeständnis der Flüchtigkeit und Unzuverlässigkeit wurde bestätigt durch die gründliche, historisch fundierte Darstellung von Gustav Berthold Volz (*Friedrich der Große und Trenck,* Berlin 1926). Er entlarvte die *Merkwürdige Lebensgeschichte* als einen Abenteuerroman voller angeberischer Lügen und wissentlicher Fälschungen. Trenck stellt sich selbst dar als Märtyrer für seine Liebe zu Prinzessin Amalie (1723 bis 1787), der Schwester Friedrichs des Großen, bei dem er Ordonnanzoffizier war. In Wahrheit ist er wegen verräterischer Beziehungen zu seinem Vetter, dem Pandurenoberst Franz von der Trenck, 1745 auf die Festung Glatz gebracht worden, aus der ihm im Jahr darauf die Flucht glückte. Obwohl er nach seiner Flucht zum Deserteur erklärt wurde, wollte ihm der König Pardon gewähren, wenn er nach Preußen heimkehre und sich auf seine Güter zurückzöge. Trenck aber nahm stattdessen eine Rittmeisterstelle in einem ungarischen Kürassierregiment an, wurde bei einer Reise nach Danzig vom dortigen preußischen Residenten aufgegriffen und in Magdeburg in der Sternschanze gefangengesetzt (1754). Da er mehrfach Fluchtversuche unternahm, wurde seine Haft verschärft und er an eine Kette gelegt. Erst nach dem Hubertusburger Frieden erhielt er die Freiheit wieder, auf Verlangen der Kaiserin Maria Theresia und nicht, wie er es darstellt, auf Fürsprache Amaliens.

Die Verbindung Trencks zur Prinzessin ist zwar erfunden, gleichwohl ist aus ihr der späteren Überlieferung nach eine Tochter hervorgegangen. Mehrere norddeutsche Familien leiteten ihre Herkunft von einer Amalie Schönhausen ab, die den preußischen Adler in ihrem Wappen führte. Da die Prinzessin ebenfalls Amalie hieß und im Schloß Schönhausen wohnte, wurde besagte Amalie Schönhausen zur Tochter von Prinzessin Amalie und Trenck, obwohl sie nachweislich 1737 in Ostfriesland geboren wurde, zu einem Zeitpunkt, da der angebliche Vater elf Jahre war und das Gymnasium in Königsberg besuchte.

Daß Prinzessin Amalie sich 1781 in einem von ihr unterzeichneten Kanzleischreiben zur Annahme der Patenschaft für Trencks zweite Tochter bereit erklärte, ist wohl auf die persönliche Bekanntschaft der Prinzessin mit der Mutter zurückzuführen, die sie während ihres Kuraufenthaltes in Aachen als Tochter des dortigen Bürgermeisters kennengelernt hatte. Im März 1787 hat Trenck Amalie noch einmal gesehen. Nach seiner Angabe soll sie ihn damals aufgefordert haben, seine Frau mit ihren beiden Töchtern nach Berlin zu schicken, wohl um sich ihres Patenkindes anzunehmen. Dazu kam es indes nicht mehr, denn die Prinzessin ist kurz darauf gestorben.

Trenck hat seine *Lebensgeschichte* wohlweislich erst nach dem Tode des Königs veröffentlicht, denn dieser hätte seinen angeblichen Adjutanten während der Schlacht bei Soor (die Trenck als Häftling in Glatz erlebte) leicht entlarven können. In der ersten Auflage hat er auch nur von einer »hochgestellten Dame« gesprochen, deren Liebesverhältnis mit ihm die eigentliche Ursache seiner langjährigen Einkerkerung gewesen sei. Erst nach dem Tod Amaliens konnte Trenck ungestraft den angeblichen Schleier des Geheimnisses lüften und den Namen der Öffentlichkeit preisgeben.

König *Friedrich Wilhelm I.* (1786–1797) soll Ende Mai 1787 in der Schloßkapelle zu Charlottenburg in einer Ehe linker Hand getraut worden sein mit der Hofdame Elisabeth Amalie von Voß, einer Nichte der Gräfin Sophie Marie von Voß (1729–1814), der späteren Obersthofmeisterin der Königin Luise; *wie es scheint durch den Hofprediger Zöllner,* und zwar mit besonderer Einwilligung des Oberkonsistoriums, das sich auf den Präzedenzfall der von Luther und Melanchthon ausdrücklich genehmigten Doppelehe des Landgrafen Philipps des Großmütigen von Hessen bezog. So heißt es wenigstens in den angeblichen Tagebüchern der Gräfin Sophie Marie von Voß, die 1876 unter dem Titel *Neunundsechzig Jahre am Preußischen Hofe* erschienen sind und viele Auflagen erlebt haben. Dort liest man unterm 2. Juni 1787: *Meine Nichte* [Elisabeth, die Tante nennt sie Julie] *sagte mir heute unter Thränen, seit acht Tagen sei sie mit dem König heimlich getraut, bat mich aber, es zu verschweigen.* Paul Bailleu, der gewissenhafte Biograph der Königin Luise, hat die im Geheimen Staatsarchiv aufbewahrten handschriftlichen Tagebücher der Gräfin Voß mit den – offenbar von der Familie »frisierten« – *Neunundsechzig Jahre* verglichen. Und da lautet die Version ganz anders: *Meine Nichte vertraute mir an, daß sie sich dem König seit acht Tagen hingegeben habe, und bat mich, nichts davon zu sagen.*

218

Daß eine solche Doppelehe aber anscheinend geplant war und Gerüchte darüber im Umlauf waren, bestätigt der französische Gesandte Mirabeau in einem Bericht an Talleyrand vom 3. Dezember 1787. Aus einem bloßen *On dit* hat die Nachwelt dann eine verbürgte Tatsache gemacht, um die »Ehre« der Familie von Voß zu retten. Nur zwei kurze Jahre konnte sich die zur Gräfin von Ingenheim erhobene Hofdame der Liebe ihres Königs erfreuen. Nachdem sie bereits im Dezember 1787 eine Fehlgeburt hatte, gebar sie am 2. Januar 1789 einen Sohn, den Grafen Gustav Adolf Wilhelm von Ingenheim. Wenige Wochen darauf, am 25. Januar, starb sie an der Schwindsucht.

Ein Jahr nach Elisabeths Tod nahm ihren Platz die Gräfin Juliane von Dönhoff ein. Auch hier ist von einer kirchlichen Trauung die Rede, und zwar stimmen in diesem Punkt die apokryphen *Neunundsechzig Jahre* mit den echten Tagebüchern der Gräfin Voß überein. Unter dem 11. April 1790 lesen wir: *Die Kameke sagte mir, der König habe sich mit der Dönhoff trauen lassen; Zöllner soll die Trauung verrichtet haben in der Wohnung ihrer Tante, der Solms.*

Dazu bemerkt Friedrich v. Oppeln-Bronikowski (*Abenteurer am Preußischen Hofe 1700–1800*, Berlin 1927, S. 169): *Ob hier freilich das Gaukelspiel einer Doppelheirat – jedenfalls ohne Einwilligung des Oberkonsistoriums – tatsächlich stattgefunden hat, oder ob nur das Gerücht einer solchen verbreitet worden ist, um den neuen Fehltritt zu beschönigen, bleibt bis auf bessere Beweise fraglich.* Demgegenüber hält B. A. Haase-Faulenorth (*Gräfin Lichtenau*, Berlin 1934, S. 134) an der Trauung des Königs mit der Dönhoff fest, allerdings nur unter Berufung auf die Notiz der Gräfin Voß, ohne hierfür urkundliche Beweise zu erbringen.

In der *Stammliste aller Regimenter und Korps der Kgl. Preuß. Armee* (Berlin 1806, S. 255) findet man unter den Mitteilungen aus der Geschichte des Husarenregiments Nr. 2 (ehemals Zietensche Husaren) die einem Berliner Kalender für 1789 entnommene Nachricht, das erste »Bataillon«, d. h. die eine, fünf Schwadronen starke Hälfte jenes Husarenregiments, habe während des Feldzuges 1787 in Holland das *sonderbare* Glück gehabt, eine *Fregatte zu erobern*. Erwähnter Kalender fügt an einen Bericht von der Einnahme der Festung Gorkum am 17. September 1787 die Notiz: *Zugleich, wer sollte es glauben! – ward eine Holländische Fregatte auf dem Wasser von Preußischen Husaren auf dem Lande erobert! Dies thaten ... die Eben'schen Husaren mit einer armierten Fregatte in der Mitte des Lecks.*

In Wirklichkeit verhielt sich die Sache folgendermaßen: Generalmajor Friedrich Freiherr von Eben, Chef des Husarenregiments Nr. 2 von 1786–1795, war mit einigen Offizieren und fünf Ordonnanzen seines Regiments zur Stelle, als der Kapitän eines im Rhein (Lek) auf eine Sandbank geratenen Schiffes, durch preußische Füsiliere angegriffen und durch zwei preußische schwere Geschütze bedroht, kapitulierte. Das ist alles.

In der Lüneburger Heide, ferner in der Bremer Heide sowie im Süden von Oldenburg und Ostfriesland sind die *Heidschnucken* heimisch, die genügsamste und kleinste aller Schafrassen.

Nach einer viel erzählten Anekdote soll nun ein Franzose, der viel von den in der Lüneburger Heide lebenden Heidschnucken hörte, aber nicht wußte, daß damit Schafe gemeint seien, in seinen Reisebemerkungen die Heidschnucken als ein wildes Volk bezeichnet haben. So heißt es in Fritz Reuters *Die Reise nach Braunschweig (Sämtl. Werke,* Bd IV, Berlin–Leipzig o. J., S. 299): *Ein Franzose, dessen Name mir entfallen ist, sagt in seinen Reisebemerkungen über Hannover: il-y a un peuple qui s'appelle Haidschnuckes* (es gibt ein Volk, das sich Haidschnucken nennt). Wer dieser französische Schriftsteller ist, darüber hat man schon viel hin und her geraten; Voltaire und Frau von Staël wurden genannt. Die Sache liegt anders. Der Turnvater Jahn behauptet, der Franzose Mangourit habe in seiner Schrift über das hannoversche Land berichtet, in der Heide wohne *un peuple sauvage, presque inconnu, nommé Haidschnucke* (ein wildes Volk, fast unbekannt, Haidschnucken genannt). Jahn fügt hinzu, es müsse sich sehr hübsch ausnehmen, den Titeln Napoleons *Kaiser der Franzosen, König von Italien, Beschützer des Rheinbundes, Mittler der Schweizer Eidgenossenschaft,* zuzufügen *Hüter der Heidschnucken.* Gewiß, nur zeigt sich bei näherem Zusehen, daß die ganze Erzählung bloß eine Seifenblase ist. In Michel-Ange-Bernard Magourits *Voyage en Hanovre...* (Paris 1805, S. 55) lautet nämlich die Stelle: *De loin en loin, des oies, des canards, des moutons d'une espèce misérable, indiquent la vicinité d'un hameau chétif ou d'une habitation. Quels repaires! Des familles au teint hâve, aux vêtemens déchirés, devisent, dînent et dorment dans l'étable de leurs bestiaux.* Hier kommt also das Wort Heidschnucke nicht einmal vor, wohl aber in der deutschen Übersetzung (Hamburg 1805, S. 40): *Von Zeit zu Zeit kündigen Gänse, Enten, Schaafe von einem erbärmlichen Aussehen (Haydeschnucken) die Nachbarschaft eines armseligen Dorfs, einer elenden Hütte an. Welche Wohnplätze! Ganze Familien mit bleichem Gesicht, mit zerfezten Kleidern, leben, essen, schlafen im Stalle ihres Viehs.* Entweder hat also der Franzosenfresser Jahn oder sein Gewährsmann diese Sätze flüchtig gelesen oder in seiner derben Art einfach geflunkert.

Über die Zusammenkunft der *Königin Luise* mit ihren beiden ältesten Söhnen auf der Flucht vor Napoleon teilte Rudolf Kögel, seit 1863 Hofprediger in Berlin, nach Kaiser Wilhelms I. eigener Erzählung in der Zeitschrift *Daheim* (Jahrgang 1876) folgendes mit: *Als die Königin uns im Schloß von Schwedt auf unserer Fluchtreise einholte und wir ihr auf der großen Treppe entgegen eilten, blieb sie stehen, umarmte uns und sagte etwa folgende Worte zu uns: »Ihr seht mich in Thränen; ich beweine das schwere Geschick, das uns getroffen hat. Der König hat sich in der Tüchtigkeit der Armee und ihrer Führer geirrt und so haben wir unterliegen sollen und müssen flüchten.«*

In vielen späteren Biographien der Königin wurde aus diesen wenigen Worten meist folgendes: *Ihr seht mich in Tränen; ich beweine den Untergang meines Hauses, den Untergang unseres Ruhmes; es gibt keinen preußischen Staat mehr. Ach, meine Söhne, ihr seid in dem Alter, wo euer Verstand die großen Ereignisse, die uns jetzt heimsuchen, fassen und fühlen kann; ruft künftig, wenn eure Mutter nicht mehr lebt, diese unglückliche Stunde in euer Gedächtnis zurück; weinet meinem Andenken Tränen, wie ich sie jetzt in diesem schmerzlichen Augenblick dem Umsturz meines Vaterlandes weine! Aber begnügt euch nicht mit den Tränen allein; entwickelt eure Kräfte, werdet Männer, handelt, laßt euch nicht von der Entartung dieses Zeitalters hinreißen! Befreit dann euer Volk von der Schande, dem Vorwurf und der Erniedrigung, worin es schmachtet, sucht den jetzt verdunkelten Ruhm eurer Vorfahren von Frankreich zurück zu erobern. Könnt ihr mit aller Anstrengung den niedergebeugten Staat nicht wieder aufrichten, so sucht den Tod, wie ihn Louis Ferdinand gesucht hat.*

Dieser Text ist unhistorisch. Die Königin dürfte schwerlich in der Stimmung gewesen sein, ihren Söhnen in der Eile ein ganzes Programm für die Zukunft zu entwerfen.

Kaiser Wilhelm I. hat von dem beliebten Bild seiner Mutter, das 1879 von Gustav Richter gemalt worden war (Modell: Freiin von Ziegler und Kliphausen, später vermählt mit dem Hofopernsänger Julius Müller zu Wiesbaden), rund heraus erkärt: *Sehr schön, aber meine Mutter ist das nicht.*

Goethes tiefsinnige Worte

Wer nie sein Brot mit Tränen aß,
Wer nie die kummervollen Nächte
Auf seinem Bette weinend saß,
Der kennt euch nicht, ihr himmlischen Mächte!

soll Königin Luise auf der Flucht vor Napoleon, nach der Darstellung eines früher viel bewunderten Bildes von Hans Heydeck, mit ihrem Diamantring in das Fenster einer Bauernhütte eingeritzt haben. Das Bild ist hübsch, aber was es darstellt, hat nie stattgefunden. Die Königin hat diese Verse am 5. Dezember 1806 auf der Flucht vor Napoleon in Ortelsburg in ihr Tagebuch geschrieben.

Aus derselben Zeit erwähnen wir, daß Baron *Courbière*, unterm 16. März 1807 zum drittenmal durch den französischen General Savary, Herzog von Rovigo, aufgefordert, die Festung Graudenz zu übergeben, auf die Mitteilung, sein Heer habe den Franzosen all seine Rechte überlassen, da er ihnen seine Staaten preisgegeben habe *(en nous abandonnant ses États)* den Überbringer des Briefes, den Oberstleutnant Aymé, mit den Worten unterbrochen hat: *Votre général me dit ici... eh bien, ça se peut; mais s'il n'y a plus un Roi de Prusse, il existe encore un Roi de Graudenz.* Er hat aber damit nicht gemeint: »Wenn es keinen König von Preußen mehr gibt, so will ich König von Graudenz sein« (so immer wieder in gemeinverständlichen Darstellungen), sondern: *Wenn es keinen König von Preußen mehr gibt, so gibt es noch einen König von Graudenz,* d. h. sein Herr sei immer noch Herr von Graudenz.

Am 30. Dezember 1812 morgens um 8 Uhr wurde die *Konvention in der Mühle zu Poscherun* (Poscherau) bei Tauroggen abgeschlossen, wodurch der Generalleutnant Ludwig von Yorck für sein Korps von den Russen zunächst Neutralität zugesichert erhielt. Es waren geborene Preußen, die das Abkommen unterzeichneten. Für Preußen Yorck selbst, Oberst Röder und Major Seydlitz, für Rußland Generalmajor Diebitsch und die früher preußischen, nach Rußland ausgewanderten Oberstleutnants Clausewitz und Dohna. Wir erwähnen das wichtige Ereignis, mit dem die äußere Wiedergeburt des Preußischen Staatswesens beginnt, um die Stellung, die König *Friedrich Wilhelm III.* (1797–1840) dazu genommen hat, in das richtige Licht zu setzen. Früher ging die allgemeine Ansicht vorurteilslos und unbeeinflußt dahin, der König habe keine Neigung gezeigt, in entscheidenden Fragen die Initiative zu ergreifen, sondern wäre fast wider Willen von der Erhebung von 1813 mit fortgerissen worden. Man vergaß die ungemein peinliche Lage, in der sich der König befand. Die Zeitgenossen vergaßen sie auch und urteilten demgemäß. Andererseits würde man sich der Gefahr einer Verkennung Friedrich Wilhelms III. aussetzen, wollte man annehmen, der König habe nicht nur sofort die durch Yorck geschaffene, völlig veränderte Lage der Dinge durchaus richtig übersehen und, um nicht von Augereaus 12000 Franzosen, in deren Mitte er sich ja noch befand, unter Druck gesetzt zu werden, den Zorn über Yorcks Eigenmächtigkeit lediglich vorgetäuscht, sondern er habe sogar durch eine geheime, mündlich übermittelte Kabinettsorder seinen General zum Eingehen des schwierigen Vertragsverhältnisses mit den Russen überhaupt erst veranlaßt und angetrieben.

Daß der Kanzler Graf Hardenberg *wie vom Donner gerührt war*, als er am 4. Januar 1813 bei Saint-Marsan die erste Nachricht über das Vollzogene erhielt, daß dann der König in die Worte ausbricht *Da möchte einen ja der Schlag rühren!*, wird geschickt nicht etwa auf die Wirkung der ja von beiden selbst eingefädelten Tat Yorcks, sondern bloß darauf zurückgeführt, daß dieser General einen »dummen« Brief an Macdonald geschrieben hatte. Man nannte die Briefe, die hiernach Fürst Hatzfeld zur Besänftigung Napoleons nach Paris mitnahm, »heuchlerisch« – es ist eben nur das vorletzte Glied in der Kette der großartigen Schauspielerei, die König und Kanzler gezwungenermaßen aufführten. Danach bleiben auch das »Angedonnertsein« Hardenbergs echt und der untilgbare Groll des Königs über den einem preußischen Soldaten nicht ziemenden Ungehorsam (man denke an Kleists Schauspiel *Prinz von Homburg*) wahrhaft und ehrlich.

Lützows wilde verwegene Jagd ist durch Theodor Körner berühmt geworden. Geleistet haben *die schwarzen Gesellen* wenig, wie jeder Kenner soldatischen Wesens von vornherein zugeben wird. Statt den Kern eines großen deutschen Volksheeres zu bilden, wuchs das Freikorps nur auf 2800 Mann zu Fuß und 480 Reiter an. Diese Reiter wurden auf ihrer sorglosen Rückkehr von einem Streifzug nach Franken während des am 4. Juni 1813 in Pläswitz (nicht in Poischwitz, wo am 5. Juni lediglich die Ratifikationen ausgewechselt wurden) geschlossenen Waffenstillstandes, dessen Bestimmungen der Freiherr von Lützow nicht genau erfahren hatte, am 17. Juni bei Kitzen überfallen und fast aufgerieben. Alle Legenden über Körners Tod (am 26. August 1813), vor allem der Dichter sei auf einem Gefangenentransport von einem von ihm beleidigten französischen Offizier erschossen worden, also nicht im Gefecht gefallen, sind längst widerlegt.

223

Den Ruhm dafür, den Vorstoß Oudinots gegen Berlin im Herbst 1813 vereitelt zu haben, darf man wohl nicht bloß dem preußischen *General von Bülow* zuerkennen, der für den Sieg vom 6. September den Titel eines »Grafen von Dennewitz« erntete, der schwedische Kronprinz Marschall *Bernadotte* hat doch mehr Anteil daran, als ihm die patriotische Legende zugebilligt hat. Oberstleutnant Hans Klaeber (*Marschall Bernadotte*, Gotha 1910, S. 374–388) und Richard Haedecke (*Die Schlacht bei Dennewitz – ein Sieg Bernadottes*, Berlin 1916) sprechen ihm die Siegespalme zu, während Felix Rachfahl zu dem Schluß kommt: *Ohne Bülow wäre es nie so zur Schlacht von Dennewitz gekommen, wie sie tatsächlich verlaufen ist; er hat an ihrer Durchführung das größte Verdienst: so erhielt er mit vollem Recht den ehrenden Beinamen: Bülow von Dennewitz* (Felix Rachfahl, *Bernadotte und Bülow vor Wittenberg. Kritische Studien zur Schlacht von Dennewitz.* In: *Forschungen zur Brandenburgischen und Preußischen Geschichte* XXV [1912], S. 87–145; 159–225, Zitat S. 147).

Südöstlich von *Probstheida* bei Leipzig erhob sich eine 1847 errichtete gußeiserne Spitzsäule mit der Inschrift *18. Oktober 1813*. Es ist die Stelle, wo eine irrtümliche Überlieferung die drei Monarchen an jenem Abend vereint sein läßt, als von allen Seiten die Siegesbotschaften eintrafen. Kaiser Franz ist jedenfalls nicht dabeigewesen. Daß sich König Friedrich Wilhelm III. und Kaiser Alexander dort getroffen haben, ist immerhin möglich.

Über *Wellingtons* Ausspruch vor dem Herannahen der Preußen bei Waterloo heißt es in Hans Delbrücks Werk *Das Leben des Feldmarschalls Grafen Neithardt von Gneisenau* (Berlin 1882, Bd II, S. 209): »*Unser Plan ist ganz einfach: die Preußen oder die Nacht*« war die Ordre, welche er [Wellington] ausgab. *Dies ist der richtige Wortlaut. Die gewöhnliche Version »Ich wollte es würde Nacht, oder die Preußen kämen« faßt die Situation des ganzen Tages dramatisch zusammen und ist insofern nicht ohne eine gewisse innere Wahrheit. Thatsächlich können sie schon deshalb nicht so gesprochen sein, weil die Preußen ja schon von 4½ Uhr an im Gefecht waren.*

Fragt man ferner, wo *Blücher und Wellington* nach der Schlacht vom 18. Juni 1815 zuerst einander begegneten, so sind voneinander abweichende Antworten überliefert. Hören wir, was Wellington darüber dem Historiker Mudford mitteilte, als dieser sein *Waterloo* schrieb (John Timbs, *A Century of Anecdotes...*, London o. J., S. 206 f.): *Manche sind so weit*

gegangen, daß sie den Stuhl gesehen haben, auf dem ich im Bauernhaus *La belle Alliance gesessen hätte. Die Begegnung fand aber nach zehn Uhr abends beim Dorf Genappes statt, und jeder, der versucht, die Operationen der verschiedenen Armeen in Wahrheit zu beschreiben, wird sehen, daß es gar nicht anders sein konnte. Der Rest ist unwesentlich, aber in Wahrheit kam ich nicht von meinem Pferd herunter, bis ich nach Waterloo zurückgekehrt war, zwischen elf und zwölf Uhr abends.*
  Bei Delbrück (a.a.O., Bd II, S. 215) heißt es: *Auch die beiden Oberfeldherren trafen sich bei einem Gehöft jenseits Belle-Alliance.* (Anmerkung:) *Nicht bei Belle-Alliance, wie Gneisenau glaubte und der preußische Schlachtbericht angiebt. Wellington behauptete, das Zusammentreffen habe erst in Genappe stattgefunden. Auch das ist ein Irrthum, da Wellington nicht bis Genappe gekommen ist.*

Nach Gottfried Schadows genialem Entwurf war das *Viergespann der Viktoria auf dem Brandenburger Tor* in getriebenem Kupferblech von dem Schmied Jury, der für seine Arbeit 9500 Taler erhielt, ausgeführt und 1794 zur freudigen Erhebung der Berliner aufgerichtet worden. Unsagbar war ihr Schmerz, als Napoleon sie 1807 nach Paris entführte, und ebenso groß die vaterländische Genugtuung, als sie nach den Befreiungskriegen zurückgebracht und, mit dem Eisernen Kreuz unter dem Adler geschmückt, ihren früheren Platz wieder einnahm. Erst im Jahr 1864, während des Dänischen Krieges, wurde die Legende verbreitet, die Siegesgöttin habe ursprünglich nach dem Tiergarten, also dem »Erbfeind« zu, ihre Fahrt gerichtet. Erst als Blücher sie zurückbrachte, sei sie der Stadt und dem Hohenzollernschloß zugewendet worden. Diese Meinung hat sich bis zum heutigen Tag hartnäckig behauptet. Der sonderbare Irrtum beruht auf einer willkürlichen Annahme des Malers Heinrich Wittich, der einem 1864 von Julius Friedländer herausgegebenen Verzeichnis von Schadows plastischen Arbeiten der Beschreibung der Quadriga die Bemerkung beifügt: *Bei der ersten Aufstellung nach außen gewendet, wieder zurückgeführt, wurde die Siegesgöttin der Stadt zugewendet.*

Am Pfingstsonntag, dem 26. Mai des Jahres 1828 tauchte in Nürnberg ein etwa sechzehnjähriger Bursche auf, der in seiner täppischen Unbeholfenheit einen merkwürdigen, wirren Eindruck machte. Er hatte einen Brief an den *Rittmeister bei 4ten Esgataron bei 6ten Schwobische Regiment* bei sich, stammelte nur *Reute wän* und *Woas nit*, benahm sich wie ein Kind und spielte mit Holzpferdchen, konnte jedoch den Namen *Kaspar Hauser* schreiben. Bei der gerichtlichen Vernehmung gab er an, er habe, solange er denken könne, in einem dunklen Raum gesessen. Der Fall erregte ungeheures Aufsehen. Zunächst nahm sich der Ansbacher Rechtsgelehrte Anselm Feuerbach des Jungen an und vermittelte ihm eine Pflegestelle; 1831 adoptierte ihn der Earl of Stanhope. Geistig schwach entwickelt, dabei eitel und unaufrichtig, wurde er mit einfachen Schreibarten am Appellationsgericht in Ansbach beschäftigt, verkehrte jedoch in den besten gesellschaftlichen Kreisen. Bereits einmal, am 17. 10. 1829, mit einer Schnittwunde aufgefunden, kehrte er am 14. 12. 1833 mit einer schweren Dolchstichwunde heim; drei Tage später starb er an ihren Folgen.

Bald nach dem Tode Kaspar Hausers kam die bis heute immer wieder verfochtene These auf, er sei ein von der Gräfin von Hochberg, der zweiten Gemahlin des Großherzogs Karl Friedrich von Baden, beiseitegeschafter Erbprinz (vgl. z. B. Hermann Pies, *Kaspar Hauser – Eine Dokumentation*, 1968). Damit unvereinbar ist die entgegengesetzte Behauptung, Hauser sei ein betrügerischer, gerissener Bursche aus dem Bayerischen Wald gewesen, der, um sich interessant zu machen, die Attentate auf sich nur fingiert und beim zweiten Mal versehentlich selbst zu tief gestochen habe (Friedrich Merkenschlager – Karl Saller, *Kaspar Hauser*, Nürnberg 1966). Da die Urkunden und Akten teils verloren gegangen, teils vernichtet worden sind, wird sich wohl keine der beiden Auffassungen je mit Sicherheit beweisen lassen.

Selbst mit dem Zeugnis von Zeitgenossen hat es oft einen Haken. So erzählt der württembergische Pfarrer und Historiker Balthasar Friedrich Wilhelm Zimmermann (1807–1878), Verfasser einer *Allgemeinen Geschichte des großen Bauernkriegs*... (Stuttgart 1841–1844) in seinem Werk *Die deutsche Revolution* (2. Aufl., Karlsruhe 1851), beim Aufstand in Berlin, am 18. März 1848, habe in der Breiten Straße eine Kanonenkugel eingeschlagen mit der Umschrift: *An meine lieben Berliner*. Er bemerkt dazu: *Viele Tausende haben am andern Tag diese Kugel gesehen und die Umschrift gelesen*. Bekanntlich hat wirklich eine Kugel in der Breiten Straße eingeschlagen. Am andern Tag aber ist eine Proklamation des Königs erschienen, datiert in der Nacht zwischen dem 18. und 19. März und mit den Worten beginnend *An meine lieben Berliner*. Diese Worte hat dann ein Witzbold über die eingeschlagene Kanonenkugel an die Mauer geschrieben. Die zusammenziehende Wirkung des Hörensagens mit den Tatsachen wird an diesem Beispiel sehr deutlich.

In jener Proklamation zeigt der König an, daß er befohlen habe, die

Truppen aus Berlin zurückzuziehen. Über der Frage, wer ihn zu diesem Schritt bewogen hat, schwebt noch immer ein Dunkel.

Hierzu kann aus Lujo Brentanos *Elsässer Erinnerungen* (4.–6. Aufl., Berlin 1918, S. 14 f.) folgende Stelle wiedergegeben werden: *Ein andermal stand ich bei einem Rout zufällig vor einer der großen blauen Vasen der Berliner Porzellanmanufaktur, wie sie der König an Personen, denen er seine geneigte Gesinnung bezeigen wollte, zu verschenken pflegte; plötzlich klopfte mir der Statthalter* [Generalfeldmarschall Freiherr Edwin v. Manteuffel] *auf die Schulter mit den Worten:»Ich will Ihnen erzählen, wie ich zu dieser Vase gekommen bin. Die Revolution war in Berlin ausgebrochen und der König war ratlos. Da befahl er, daß alle Männer von irgendwelchem Rang in einem Saal des Schlosses zusammenkommen sollten. Als alle versammelt waren, trat der König ein und bat einen jeden, der einen Rat wisse, zu reden. Aber alle, Minister und Generäle, schwiegen. Da trat ich vor und sagte:»Da alle schweigen, erlaube ich mir, Ew. Majestät zu bemerken, daß Heinrich IV. seine Armee aus Paris zurückzog, um Paris zu erobern.« Darauf sah der König mich an, und wir wurden sämtlich entlassen. Als dann Wrangel Berlin wiedererobert hatte, schickte mir der König diese Vase mit einer Karte, auf der stand:»Friedrich Wilhelm IV. schickt dem Rittmeister von Manteuffel diese Vase, weil Heinrich IV. seine Armee aus Paris zurückzog, um Paris wiederzuerobern.«*

Zu den zahllosen falschen Darstellungen, mit denen früher die Geschichtslehrbücher der Volksschule beschwert waren, gehört die Erzählung vom Opfertod *des Pioniers Klinke beim Sturm auf die Düppeler Schanzen* am 19. April 1864: *Unaufhaltsam stürmen die Preußen vorwärts. Da starren ihnen die mannshohen Palisaden entgegen. Es entsteht ein Aufenthalt. Doch Pionier Klinke weiß Rat. Mit den Worten:»Wartet, Brüder, ich öffne euch die Tür!« wirft er seinen Pulversack gegen die Planken, legt ein Stück brennenden Schwamm darauf, und mit furchtbarem Gekrach fliegen die Palisaden in die Luft – mit ihnen der tapfere Klinke.*

Bewegend geschildert, aber leider nicht wahr. Die Sache hat sich vielmehr folgendermaßen zugetragen: Der zweiten Sturmkolonne der Preußen, bestehend aus sechs Kompanien des 35. und vier Kompanien des 60. Regiments sowie der vierten Kompanie des dritten Pionierbataillons und einer Festungsartillerie-Abteilung der Artilleriebrigade Nr. 7, war die Eroberung der Schanze II aufgetragen worden. Punkt zehn vormittags, als plötzlich das preußische Artilleriefeuer verstummte, während die Kapellen

227

des 8., 18., 35. und 60. Regiments unter der Leitung des Musikdirektors Piefke in der zweiten Parallele den Yorckschen Marsch intonierten, brach auch der Führer der zweiten Kompanie der 35er, Hauptmann v. Spies (oder Premierleutnant v. Saß-Jaworski) mit seinen Mannschaften aus der Parallele aus gegen die Schanze vor. Allein der Feind sandte ihnen dreimal Kartätschenladungen und heftige Gewehrfeuer entgegen. Doch die Stürmenden drangen bis zum Grabenrand der Schanze vor. Bald waren auch die Pioniere zur Stelle und sprengten eine Lücke in die Palisaden. Unteroffizier Lademann entzündete den Granatzünder des dreißig Pfund schweren Pulversacks, und Pionier Kitto warf diesen gegen den Fuß der Pfähle. Durch die Explosion wurden zwei Pfähle umgeworfen. Pionier Klinke aber, der sich schon an der Palisadenwand befunden hatte, wurde stark verbrannt in den Graben geschleudert und beim Herausklettern durch eine Kugel getötet. Durch die Öffnung drangen die Schützen in den südlichen Teil des Werkes. – Das war der wirkliche Hergang.

Innerhalb des Deutschen Krieges von 1866 gibt es wohl kein Gefecht, das wiederholt so wahrheitswidrig geschildert worden ist wie das bei Trautenau am 27. Juni. Richard Schmitt hat die Erlebnisse dieses und des folgenden Tages zum Gegenstand einer Untersuchung gemacht (*Die Gefechte bei Trautenau am 27. und 28. Juni 1866*, Gotha 1892), die für uns deshalb interessant ist, weil sie einen Anhang über »moderne Sagenbildung« enthält, in dem durch populäre Darstellung verbreitete Irrtümer, Entstellungen und Lügen aufgeführt werden.

Als Musterbeispiel für die bewußte Fälschung wirklicher geschichtlicher Begebenheiten zu politischen Zwecklügen führt Ludwig Bamberger (*Zur Geschichte des französischen Volkscharakters*, Leipzig 1876) einige besonders krasse Fälle aus dem *Deutsch-Französischen Krieg* 1870/71 nach einem Artikel des republikanischen Historikers Lanfrey in der *Gazette du Peuple* (Chambéry, Januar 1871) an. Dort heißt es: *Man sagt dem Lande nicht die Wahrheit, man hat sie ihm niemals über unsere eigne Lage gesagt... Drei Tage bereits kannte ganz Europa die traurige Kapitulation von Metz, und uns unterhielt man noch mit den ruhmvollen Ausfällen des Marschalls Bazaine. Man hat uns Ausfälle von Paris erzählt, die nie anderswo als auf dem Papier existiert haben; man hat Truppen auf geographischen Punkten figurieren lassen, wo sie nie erschienen sind. Und war man einmal gezwungen, einen Teil der Wahrheit einzugestehen, so trug man Sorge, sie vorerst den sonderbarsten Umgestaltungsprozedu-*

ren zu unterwerfen. *Unter den Beispielen von unrichtigen Bulletins fallen besonders solche auf wie: daß am Tage nach der Kapitulation von Straßburg die französische Regierung meldete, die Festung halte glorreich aus, – daß Gambetta von seiner Ballonfahrt aus Paris die Nachricht mitbrachte, die ganze deutsche Belagerungsarmee vor Paris sei meilenweit zurückgeworfen worden, – daß zwei Tage nach der Einnahme des Mont Avron Gambetta berichtete, der Angriff der Preußen auf den Mont Avron sei glorreich zurückgeschlagen worden und habe sie 7000–8000 Tote gekostet.*

Geradezu unglaublich klingt die Legende von den drei Särgen, die damals in ganz Frankreich verbreitet und geglaubt wurde: Drei mit Goldbrokat behangene Särge seien mit allen Zeichen der Ehrfurcht und Trauer vom Hauptquartier nach Deutschland geleitet worden. Nach vertrauenswürdiger Angabe enthielten sie die Leichen des Königs (Wilhelm), des Kronprinzen (des späteren Kaisers Friedrich III.) und Moltkes.

Ähnliche Geschichtsverzerrungen berichtet auch der Ordonnanzoffizier Graf d'Hérisson, der während der Belagerung von Paris dem Stab des Generals Vinoy zugeteilt war, in seinen vielgelesenen Tagebüchern.

Dem Lesebuchgedicht von Ferdinand Freiligrath, *Die Trompete von Vionville*, liegt folgender Tatbestand zugrunde. Nach der todesmutigen Attacke des 7. Halberstädter Kürassierregiments und der 16. Ulanen (16. August 1870) befahl Brigadegeneral v. Bredow dem Trompeter August Binkebank, zum Sammeln zu blasen. Dieser konnte aber den Befehl nicht ausführen, da ein Gewehrschuß den Schalltrichter traf, als Binkebank die Trompete ansetzen wollte. Erst nach dem Krieg gelang es dem Militärpfarrer und Oberdomprediger Nebe in Halberstadt, die historische Trompete wieder aufzustöbern. Nach dem Gesetz altpreußischer Sparsamkeit war das beschädigte Instrument repariert und wieder in den Dienst des Regiments gestellt worden. Nun wurde der Schalltrichter nochmals durchschossen und als Trophäe samt dem durchlöcherten Küraß des Obersten v. Schmettow zur Erinnerung an die glorreiche Waffentat im Halberstädter Dom ausgestellt (Bericht und Bild von Binkebank: *Die Gartenlaube* XX, [1872], S. 551).

Ein ähnliches patriotisches Bravourgedicht, *Der Helm von Mars-la-Tour* von G. Petsch, veröffentlichte die *Leipziger Illustrierte Zeitung* (Januar 1872) zusammen mit einem Bild von Fr. Schulz. Dichter und Maler stellten König Wilhelm dar, gedankenvoll einen durch sieben klaffende Hieb- und Stichwunden getroffenen Kürassierhelm betrachtend, der neben dem toten Soldaten liegt. Der König habe danach befohlen, den Helm in den Prachtgemächern des königlichen Palais aufzubewahren. Louis Schneider (*Aus dem Leben Kaiser Wilhelms, 1849–1873*, Bd III, Berlin 1888, S. 229) las das Gedicht dem Kaiser vor. *Er hörte aufmerksam dem schwungvollen Versen zu und sagte dann: »Recht hübsch, aber kein Wort davon wahr!«*

Kaiser *Wilhelm I.* ärgerte sich immer, wenn er Darstellungen erblickte, wie Graf Moltke ihm den Sieg bei Gravelotte meldet (L. Schneider, *a.a.O.*, Bd III). Innerhalb der Rede, die Anton v. Werner 1897 bei der Hundertjahrfeier des Geburtstags Kaiser Wilhelms I. in der Hochschule für die bildenden Künste gehalten hat, wird dies bestätigt: *Im Jahre 1877 war ich von dem Kaiser befohlen worden, ihm in der Akademischen Kunstausstellung als Führer zu dienen. Beim Anblicke des Bildes von Professor Georg Bleibtreu, das den König am Abend von Gravelotte darstellt, wie er, auf einer über einen toten Schimmel und eine Wage gelegten Leiter sitzend, die angebliche Meldung des Generals von Moltke empfängt: »Ew. Majestät, wir haben gesiegt«, äußerte der hohe Herr: »Merkwürdig, was die Leute von mir wollen! Mir ist absolut nicht erinnerlich, daß ich auf oder neben einem toten Schimmel auf einer Leiter an jenem Abend gesessen hätte; solchen Kadavern geht man aus dem Wege, so weit man kann.«*

Ein Herr F..., 1870 Leibjäger, also in der nächsten Begleitung des preußischen Königs, teilt in der Festbeilage der *Rheydter Zeitung* vom 22. März 1897 mit, Wilhelm I. habe sich, nachdem er am 18. August 1870 ununterbrochen 15 Stunden im Sattel gesessen habe, gegen neun Uhr am Abend bei Rezonville auf ein zurechtgelegtes Brett gesetzt, das einen französischen Sattel und den Holzstoß eines Marketenders zur Unterlage hatte.

Generaloberst Graf Waldersee, der damals in der Dunkelheit des Abends den Sitz für den König mit hergerichtet hatte, bestätigte mir (so fuhr A. v. Werner fort) *später die Richtigkeit dieser Tatsache, und Generalfeldmarschall Graf Moltke protestierte energisch gegen die ihm unterlegte Äußerung: »Ew. Majestät, wir haben gesiegt«. Der Feldmarschall selbst erzählte mir: »Einen solchen Unsinn habe ich nicht gesagt, sondern gemeldet: ›Das 2. (pommersche) Armeekorps ist jetzt endlich eingetroffen‹.«*

Auf dem Schlachtfeld vor Dijon verlor das 8. Pommersche Infanterieregiment Nr. 61 eine Fahne (23. Januar 1871). Sie wurde später angeblich unter einem Leichenhügel gefunden und von Garibaldis Sohn Ricciotto den deutschen Truppen zurückgegeben, da sie nicht im Kampf erobert war. Julius Wolff hat diese ritterliche Geste in einem pathetischen Gedicht verherrlicht. Bei Ricciotto Garibaldis Tod (Juli 1924) wurde diese Anekdote wieder aufgewärmt.

Der wahre Sachverhalt ist viel weniger romantisch. Nach Karl Baudach (*Das 8. Pommersche Infanterie-Regiment Nr. 61 seit seiner Entstehung bis Ende 1873*, Berlin 1878) befand sich die bei Dijon verlorene Fahne mit der wiederhergestellten Fahne des 16. preußischen Infanterieregiments, deren Spitze mit den Bändern bei Mars-la-Tour abgeschossen war, in einem Glasschrank der Salle Bugeaud im Musée de l'Armée des Pariser Invalidenhotels, wo auch die dreizehn in der Marneschlacht 1914 erbeuteten Fahnen hingen.

Den Unterbau der von Johann Heinrich Strack entworfenen, am 2. September 1873 eingeweihten *Siegessäule* in Berlin schmücken vier Bronzereliefs, Ereignisse der Kriege von 1864, 1866 und 1870/71 wiedergebend. Darunter stellt das westliche, von Karl Keil 1871 in einer Breite von 12 m dreiteilig ausgeführt, im Mittelfeld den bedeutsamen Augenblick dar, wo der vom Pferd abgesessene Graf Reille den Kapitulationsbrief Napoleons III. überbringt. Künstlerische Rücksichten geboten hierbei eine Unwahrheit: Keil brachte den preußischen König mit dem Kronprinzen und dem anderen Gefolge zu Pferde aufs Relief, in kurzem Handgalopp dem französischen General entgegenreitend– trotz der berechtigten Kritik des wahrheitsliebenden greisen Kaiser Wilhelms I.: *Es ist aber doch nicht wahr. Ich habe nicht zu Pferde gesessen. Das ziemt sich nicht, wenn man jemand so empfängt.* Nur mit großer Mühe hat er sich schließlich vom Künstler beschwichtigen lassen, den Fries aber stets für *eine historische Lüge* erklärt.

Nach dem Attentat Karl Eduard Nobilings auf den Kaiser am 2. Juni 1878 soll der Kaiser haben abdanken wollen. Bismarck habe es verhindert und erklärt: *Ich brauche ihn noch.* Diesen Ausspruch hat Bismarck jedoch abgestritten wie einen nach seinem Sturz am 20. März 1890: *Le roi me reverra* (Der König wird mich wiedersehen).

Für den Bau der *Kaiser-Wilhelm-Gedächtniskriche* (1891–96) in dem damals noch nicht in Groß-Berlin eingemeindeten Charlottenburg gingen aus ganz Deutschland Spenden ein. Nur der Berliner Magistrat weigerte sich entschieden, einen Beitrag zu leisten, und zwar mit der bürokratischen Begründung, die Kirche werde *außerhalb der kommunalen Grenzen der Reichshauptstadt* errichtet. Für diese engherzige Knauserei der Berliner Stadtverordneten rächte sich der mit dem Bau beauftragte Architekt Franz Schwechten (1841–1924), indem er an einer wenig sichtbaren Stelle ein Relief anbrachte, das Rebekka darstellte, wie sie am Brunnen die Kamele tränkt. Darunter standen die Verse, die Johannes Trojan – allerdings in ganz anderem Zusammenhang – früher einmal im *Kladderadatsch* veröffentlicht hatte:

> Doch schade wärs, wenn ihre Namen
> Vergingen in der Zeiten Lauf,
> Man bring' sie unter Glas und Rahmen
> Und hänge sie im Rathaus auf,
> Damit auch noch Urenkel lesen,
> Wenn vieles sich geändert hat,
> Was für Kamele einst gewesen
> Die Väter unserer größten Stadt.

Auf dem Klagewege wurde Schwechten gezwungen, diese satirische Inschrift zu entfernen. Aber der Magistrat konnte nicht verhindern, daß der Spötter Trojan ihm diesen Hieb versetzte:

> Vertilget ist nun ganz und gar,
> Was auf dem Steine stand geschrieben.
> Vernichtet ist die Inschrift zwar,
> Doch die Kamele sind geblieben.

Kaiser Friedrich soll zu seiner Gemahlin gesagt haben: *Lerne leiden, ohne zu klagen.* Das wäre eine freie Übersetzung des italienischen Sprichworts *soffre e taci* (Dulden und schweigen) oder der altgriechischen Weisheit des Epiktet, die bereits Aulus Gellius in seinen *Noctes atticae* zitiert. Die Echtheit dieses Ausdrucks läßt sich nicht belegen (vgl. Büchmann, *Geflügelte Worte*, 33. Aufl., S. 385).

Die *Staatsbürgerzeitung* berichtete 1906 allen Ernstes, *Kaiser Wilhelm II.* (1888–1918) habe, als der nach Schlieffens Tod neuernannte Generalstabschef von Moltke Bedenken äußerte, dieses Amt zu übernehmen, gesagt: *Im Krieg bin ich mein eigener Generalstabschef, und das bißchen Friedensarbeit müßten Sie doch bewältigen können.* Die ahnungslose Redaktion war – journalistisch gesprochen – auf einen »Grubenhund« hereingefallen, denn das angebliche Kaiserwort ist einer Bildunterschrift des *Simplicissi-*

mus entnommen. Dieser brachte in Nr. 41/1905 eine Zeichnung *Sein Moltke* mit einem hohen Militär, der dem Beschauer den Rücken zukehrte und der ohne Zweifel den Kaiser darstellen sollte, inmitten einer Gruppe von Offizieren der verschiedenen Waffengattungen. Dazu die Unterschrift: *Wollen Sie mein Generalstabschef, mein Moltke werden, lieber Graf? – Halten zu Gnaden, ich fühle mich zu gebrechlich für einen so verantwortungvollen Posten. – Na, hören Sie mal, das bißchen Friedensarbeit werden Sie schon noch bewältigen, und im Kriege mache ich ja doch alles selber.*

Unmittelbar nach dem Ende des Ersten Weltkrieges bildete sich die *Dolchstoßlegende: Die Widerstandskraft der unbesiegten deutschen Armee sei nicht durch den äußeren Feind, sondern durch die Revolution gebrochen worden* (Karl Dietrich Erdmann, in: Gebhardts *Handbuch der deutschen Geschichte*, Bd IV, S. 219). Schon in einem Bericht des Londoner Korrespondenten der *Neuen Züricher Zeitung* im 2. Morgenblatt vom 17. Dezember 1918 steht zu lesen: *Was die deutsche Armee bestrifft, so kann die allgemeine Ansicht in das Wort zusammengefaßt werden: sie wurde von der Zivilbevölkerung von hinten erdolcht.*

Der Vorwurf richtete sich insbesondere gegen die sozialistische Linke und wurde zum Kampfinstrument der Rechten. Obwohl durch einen parlamentarischen Untersuchungsausschuß 1925 widerlegt, blieb die Vorstellung vom Dolchstoß bis in den Zweiten Weltkrieg hinein lebendig und wurde von Himmler nach dem Attentat auf Hitler am 20. Juni 1944 auf den Generalstab angewendet (vgl. F. Frh. Hiller von Gaertringen, in: *Geschichte und Gegenwartsbewußtsein. Festschrift für H. Rothfels*, Göttingen 1963).

Zäh wie die zu Beginn dargestellten Treppenwitze von der guten alten Zeit hat sich auch der von den *Goldenen Zwanziger Jahren* gehalten. Sicher herrschte damals wieder Friede, aber auch große wirtschaftliche Not. *Das Ende der Inflation im November 1923 ließ ... die Arbeitslosenzahl im Winter 1923/24 auf 1,5 Millionen hochschnellen ... Im Winter 1925/26 stieg* [die Arbeitslosenziffer] *auf die erschreckende Höhe von zwei Millionen ... Zu Ende der Ära Stresemann im Winter 1929/30 waren es über drei Millionen Arbeitslose* (Erdmann, a.a.O., S. 282). Aber alles das scheint vergessen; sei es, weil die Kulturszene in einer kaum dagewesenen Weise Neues und Populäres geschaffen hat; sei es, weil der Mensch die Gabe hat, vergangene Not zu verdrängen oder zu überwinden.

Den Beschluß dieses Kapitels über das »Volk der Dichter und Denker« sollen einige Treppenwitze über unsere Geistesheroen bilden.

Den Reigen eröffnet – Ehre, wem Ehre gebührt – *Johann Wolfgang von Goethe* (1749–1832). Über seine Kindheit stammen viele Anekdoten aus Bettina von Arnims fingiertem *Goethes Briefwechsel mit einem Kinde* (3 Bde, Berlin 1835). Schon einige ihrer Zeitgenossinnen haben ihre Zweifel an Bettinas Werk angemeldet, und Wilhelmine von Chézy bemerkte boshaft von ihr, *sie lüge nicht immer.* Johanna Schopenhauer schrieb an Holtei: *Bettina hat ein Lügengewebe, mit Gold und schreienden Farben staffiert, zutage gebracht.* Und Heinrich Düntzer endlich befand in seinem Kommentar zu *Dichtung und Wahrheit: Ihre schrankenlose Aufschneiderei, die für wahr hält, was sie sich vorschwindelt, spottet aller Vorstellung.*

Aus dieser etwas trüben Quelle stammt die bekannte Geschichte, daß die Großmutter Textor nach der schweren Geburt des Knaben, der anfangs für tot gehalten wurde, der Mutter zugerufen habe: *Rätin, er lebt.* Goethe selbst weiß in *Dichtung und Wahrheit* nichts von dieser wirkungsvollen Szene, die von späteren Literaten gern und oft verwertet wurde. Ferner berichtet Bettina, daß das neun Wochen alte Kind von angstvollen Träumen heimgesucht wurde; und der drei Jahre alte Knabe sei beim Anblick eines häßlichen Kindes außer sich geraten und habe so lange geschrien, bis dieses weggebracht worden sei. Diese letzte Anekdote könnte, wenn sie glaubhaft verbürgt wäre, als sehr charakteristisch für Goethes ausgeprägtes Schönheitsgefühl sein, der sich stets alles Unangenehme und Häßliche vom Leibe hielt. Selbst der Anblick einer Brille hat ihn schon verstimmt, wie Eckermann unter dem 5. April 1830 notiert: *»Es mag eine Wunderlichkeit von mir sein«,* sagte er mir bei wiederholten Anlässen, *»aber ich kann es einmal nicht überwinden. Sowie ein Fremder mit der Brille auf der Nase zu mir hereintritt, kommt sogleich eine Verstimmung über mich, der ich nicht Herr werden kann. Es geniert mich so sehr, daß es einen großen Teil meines Wohlwollens sogleich auf der Schwelle hinwegnimmt und meine Gedanken so verdirbt, daß an eine unbefangene natürliche Entwicklung meines eigenen Innern nicht mehr zu denken ist. Es macht mir immer den Eindruck des Desobligeanten, ungefähr so, als wollte ein Fremder mir bei der ersten Begrüßung sogleich eine Grobheit sagen...«*

Über Goethes Idylle mit Friederike Brion ist unsäglich viel und meist Falsches geschrieben und gemalt worden. Daß Kaulbachs Illustration ein bloßes Phantasieprodukt ist, ist längst erwiesen. In seinen Gesprächen mit Eckermann hat Goethe bekannt, daß in der betreffenden Darstellung kein Strich enthalten sei, der nicht erlebt, aber auch kein Strich so, wie er erlebt sei.

Die Erzählung, daß Goethe in einer Vision sich selbst gesehen habe, zu Pferde und in einem goldgestickten Kleide, wie er wirklich nach acht Jahren (1779) den Weg zurückgeritten sei, dient, wie die Erscheinung der Hexen im *Macbeth*, offenbar nur zur Versinnbildlichung des Beweggrundes, der ihn veranlaßte, sich von Friederike loszureißen: es war die glänzende Zukunft, die er durch eine Heirat mit der Geliebten verscherzt hätte. Selbst der kluge Schopenhauer hat diese Allegorie für bare Münze genommen (*Parerga und Paralipomena*, I, 296).

Goethes vielzitierte Prophezeiung, die er am Vorabend der *Kanonade von Valmy* ausgesprochen haben soll: *Von hier und heute geht eine neue Epoche der Weltgeschichte aus, und ihr könnt sagen, ihr seid dabeigewesen*, ist ein bloßes Vaticinium ex eventu. Erst 1820/22, also volle dreißig Jahre später, kommt sie in seiner damals niedergeschriebenen *Kampagne in Frankreich 1792* erstmalig in dieser Formulierung vor. Goethe, der im Gefolge des Herzogs von Weimar an dem mißlungenen Feldzug gegen das republikanische Frankreich teilgenommen hatte, beruft sich auf eigene Tagebuchnotizen, deren Original aber nicht mehr vorhanden ist und vermutlich überhaupt nicht existiert hat. Der Dichter hat seine Erinnerungen mit Hilfe der bereits 1809 in Amsterdam erschienenen *Memoiren zur Geschichte des preußischen Staats... des Majors* (Chr. K.) A. L. von Massenbach in Tagebuchform rekonstruiert. Dort heißt es (Bd I, S. 115): *Der zwanzigste September 1792 mußte Europa eine andere Gestalt geben.* Aus diesem Wortlaut hat dann Goethe seine Formulierung entwickelt.

Im Zusammenhang mit einer 1903 entbrannten Diskussion um Wortlaut und Entstehungszeit von Goethes Gedicht *Ein Gleiches (Über allen Wipfeln)* aus dem Jahre 1780 wies Eduard von der Hellen nach, daß die meist als »Urschrift« angesprochene Fassung des Schlusses

In allen Wäldern hörest Du
Keinen Laut!
Die Vöglein schlafen im Walde,
Warte nur! balde, balde
Schläfst auch Du

gar nicht von Goethe, sondern von Johann Daniel Falk stammt, der 1819 das Gedicht auf drei Strophen »erweitert« und dabei verschiedene Änderungen vorgenommen hat.

Im Park zu Weimar befindet sich eine Säule, um die sich eine Schlange windet, oben mit einem Paar Broten und mit der Inschrift: *Genio huius loci!* Der Stein ist die Nachbildung eines in Neapel aufbewahrten herkulaneischen Monuments, angefertigt 1787 von Bildhauer Klauer, wahrscheinlich zu Ehren Goethes. Das Volk, das damit nichts anzufangen wußte, erzählte, es hätte dort einst eine große Schlange gehaust, die endlich mit vergifteten Broten getötet worden wäre.

Drollig ist eine gelungene Mystifikation des Besuches, den Goethe 1814 seiner Vaterstadt abstattete. Der englische Goethe-Biograph George Henry Lewes erzählt, die Stadt habe ihm, wie Paris dem greisen Voltaire, eine Huldigung im Theater dargebracht, weil seine Schilderung des Heimatortes in *Dichtung und Wahrheit* die Frankfurter so angenehm berührt habe.

Im Theater wurde »Tasso« mit großem Pomp aufgeführt. Sobald Goethe in der für ihn hergerichteten, mit Blumen und Lorbeerkränzen geschmückten Loge erschienen war, wurde Haydns Symphonie gespielt und das ganze Haus erhob sich mit enthusiastischen Zurufen. Endlich hob sich der Vorhang und allmählich senkte sich eine feierliche Stille auf das ganze Haus. Ein Prolog begrüßte den Dichter und war das Zeichen für erneuerte Zurufe. Nach dem »Tasso« kam ein Epilog, während dessen die Lorbeerkronen von den Büsten Ariost's und Tasso's genommen und an Goethe übergeben wurden. Und nachdem alles vorüber war, waren die Gänge und Treppen des Theaters mit Bewunderern überfüllt, durch die er, einen Dank lächelnd, hindurchschritt.

Jedenfalls hätte es so sein sollen. In der Tat aber war die einzige kleine Aufmerksamkeit, die man dem Dichter erwies, daß die Theaterdirektion die Aufführung der Oper *Titus* von Mozart, die er zu hören wünschte, auf einen passenden Tag verlegte – sonst geschah nichts. Das ärgerte seinen Freund Willemer, den Gatten der »Suleika« im *West-östlichen Divan* so sehr, daß er sich die oben skizzierte Feier erdachte und sie in der Form eines trockenen Berichtes in das *Morgenblatt* vom 28. September 1814 schmuggelte.

Um die Marienbader Episode Goethes hat sich im Lauf der Zeit ein ganzer Kranz von Episoden gebildet, der um so dichter wurde, als *Ulrike von Levetzow* mit dem Schmuck der »letzten Liebe Goethes« ein sehr langes Leben hatte und erst am 13. November 1899 im 96. Lebensjahr zu

Trziblitz in Böhmen starb. Nun wurden die alten Mythen von des Dichters Werbung um die neunzehnjährige Ulrike und der übrige, schier vergessene Klatsch über dieses Verhältnis neu aufgewärmt. So wurde fest behauptet, Ulrike habe Goethe ihr Jawort erteilt und es ihm bis zum Tode gehalten. Zuvor aber habe sie Goethes Briefe – die längst in Weimar waren – auf einer silbernen Platte verbrennen und sich dann in einer Kapsel die Asche in den Sarg legen lassen. In einer Schrift von A. Kirschner ist das Bild *Ulrike vor ihrem Schmuckkästchen* wiedergegeben mit der Unterschrift *Ulrike im 90. Lebensjahr hinweisend auf die Briefe Goethes.* Auf diese Weise wird der falsche Schein erweckt, als wäre noch allerlei literarisch Wichtiges vorhanden gewesen und – vernichtet worden. Und nun das Gegenbild! Als die einsame, wohltätige Greisin tot war, kam es zur Teilung des Besitzes. Ihr Neffe, der 1907 verstorbene Baron Adalbert von Rauch, verkaufte Trziblitz an die Stadtgemeinde Brüx, nachdem er für die Erhaltung des Schlosses und der Familiengräber auf dem Friedhof zu Trziblitz sowie für das treue Personal seiner Tante gesorgt hatte. Gleichwohl wurde bald darüber Lärm geschlagen, daß alle schuldige Pietät außer acht gelassen, Trziblitz der moderenen Neuerungswut anheimgegeben und die »Andenken« an Goethe und Ulrike in alle Winde verstreut seien. Die Wahrheit ist jedoch, daß Baron Rauch und seine Gemahlin, die von der Frankfurter Familie Brentano abstammt, die ihnen zugefallenen Wertsachen in sichere Verwahrung genommen und einiges den Museen in Weimar und in Frankfurt a. M. überantwortet haben.

Von *Friedrich von Schiller* (1759–1805) wird erzählt, er sei als Knabe einst während eines Gewitters bei der Abendmahlzeit vermißt und dann auf einem hohen Lindenbaume gefunden worden, wo er sich überzeugen wollte, *woher denn das viele Feuer am Himmel käme.* Der grundehrliche Gustav Schwab, der auf diesen Schwindel hereingefallen ist, macht in seiner Biographie des Dichters (1840) dazu die Bemerkung: *Ist es nicht, als hätte Schiller sich schon am frühen Lebensmorgen im Arsenal der Schöpfung umsehen wollen, um dereinst von ihr jene Flammenblitze zu entlehnen, mit welchen er im Reiche der Geister die lang entweihte Bühne, und von der Bühne aus die Welt der Freiheit und Sittlichkeit zu reinigen unternahm?* Ohne Zweifel ist es so; schade nur, daß die ganze Anekdote erfunden ist. Doch auch Bulwer bringt in der seiner Übersetzung der Gedichte Schillers vorangestellten Biographie dieses Histörchen. Die Entstehung dieser und ähnlicher Lügengeschichten, die in zahlreiche Biographien Schillers Eingang gefunden haben, ist dargelegt in Eduard Boas,

Schiller's Jugendjahre, 2 Bde, Hannover 1856, in der Einleitung. Sie stammen vor allem aus den Machwerken eines gewissen K. W. Oemler. Beim Schreiben seiner Werke soll Schiller Rheinwein und Champagner aus Pokalen getrunken und dabei die Füße in kaltes Wasser gestellt haben. *Einen Kram unwahrer und absurder Nachrichten brachten J. G. Gruber und K. W. Oemler in Umlauf, unter dem frechen Anspruch, den Dichter zu ehren; Oemler insbesondere in den Büchern:* »*Schiller, oder Scenen und Charakterzüge aus seinem späteren Leben*« *(Stendal 1805) und* »*Schiller, der Jüngling, oder Scenen und Charakterzüge aus seinem früheren Leben*« *(Stendal 1806). Man hält es kaum für möglich, wie lange Zeit und in wie weite Schichten hinein diese Fälschungen nachwirkten. Oemler hatte eine Reihe von Anekdoten aus der Kindheit des Dichters erfunden, er fabricirte Tagebücher und Briefe von Schiller, darunter die Briefe an* »*Karl*« *Moser; sie trugen das Gepräge der Geziertheit und Unkindlichkeit auf der Stirne, aber Hoffmeister und Schwab verwerteten in ihrer Biographie dieses Material* (Richard Weltrich, *Friedrich Schiller*, Bd I, Stuttgart 1899, S. V f.).

Interessant ist, wie Schiller für seine Dramen den vorhandenen geschichtlichen Stoff für seinen literarischen Zweck umgeformt und dabei manche Pointe sogar erfunden hat.

Der historische *Graf Fiesco* ist zufällig ertrunken, und nicht durch eine absichtliche Handlung seiner Feinde.

Der historische Don Carlos war weder, wie ihn uns Schiller, Saint-Réal folgend, vorführt, ein Ausbund an Liebenswürdigkeit, ein sentimentaler Held der Rede, noch, wie ihn J. A. Llorente (*Histoire de l'inquisition d'Espagne...*, 4 Bde, Paris 1817) beschreibt, ein widerwärtiges Ungeheuer (Felix Rachfahl, *Don Carlos. Kritische Untersuchungen*, Freiburg i. Br. 1921).

Doch ist Schiller im ganzen bei seiner Charakteristik des Titelhelden nicht so weit abgewichen, wie man gewöhnlich glaubt. Der Marquis von Posa, ermordet am 3. September 1569, war jedoch kein Freund und Altersgenosse des Prinzen; ein Sohn eines Marquis von Posa, Bruder Dominic de Rojas, Dominikanermönch, wurde sogar am 8. Okober 1559 zu Valladolid in Gegenwart des Prinzen in einem Autodafé verbrannt. Von der romantischen Verklärung und dem verführerischen Schimmer, womit Schiller die Prinzessin Eboli umkleidet hat, bleibt bei einer geschichtlichen Betrachtung nichts übrig. Selbst den Namen Eboli erhielt die wirkliche Prinzessin erst nach ihrer Verheiratung; sie entstammte dem Hause Mendoza.

Wallenstein ist noch eines der treuesten Stücke, und doch: Wie hat

238

Schiller an dem Stoff feilen müssen, um ihn bühnenwirksam zu gestalten! Im Schloß zu Friedland befindet sich ein Bildnis, zu dem der Feldherr dem Maler selbst gesessen hat. Nach beglaubigten Zeugnissen ist es das ähnlichste, das auf uns gekommen ist, während das im Schloß Dux bei Teplitz, dem späteren Sitz der Waldsteins, mehr oder weniger ein Phantasiegebilde des Künstlers sein soll. Schiller dürfte nur das im Museum des Stadthauses zu Eger befindliche, wohl noch dem 17. Jahrhundert entstammende und 1738 renovierte Hüftbild gekannt haben, das (man weiß nicht weshalb) von van Dyck herrühren soll; ein seit 1894 ebenfalls fort hängendes Knabenbildnis aus dem Jahr 1589, das den späteren Generalissimus als sechsjährigen Jungen darstellt, rührt angeblich von Alonso Sanchez Coello her. Leider hat ein Brand Anfang Februar 1907 im Museum alle Waldsteinbildnisse vernichtet oder doch, wie das angeblich von van Dyck stammende, so beschädigt, daß an ein Restaurieren kaum gedacht werden kann. Über *Max* ist zu bemerken, daß Octavio Piccolomini zwei Neffen und einen entfernten Verwandten zu sich kommen ließ, um an ihnen Vaterstelle zu vertreten. Einer der Neffen hieß Max; sein Name steht auch unter dem sogenannten »Pilsener Schluß«. Doch Schiller hat die Hauptzüge seines Helden, den der Tod angeblich bei Neustadt an der Naab ereilt hat, einem Max Wallenstein entlehnt, der Wallensteins jüngerer Vetter war. Wie dramatisch wirksam sind die letzten Worte des Stückes, mit denen Gordon das kaiserliche Schreiben überreicht: *Dem Fürsten Piccolomini.* In Wirklichkeit ging es aber nicht so schnell; Octavio wurde 1644, also erst ein Jahrzehnt später, zum Herzog Amalfi ernannt und am 8. Oktober 1650 in den erblichen Reichsfürstenstand erhoben.

Bei *Maria Stuart* liegt wohl der Haupteffekt in der Szene der Zusammenkunft der beiden Königinnen – es ist gewiß, daß sie einander nie gesehen haben. Auch daß Maria in der letzten Zeit ihrer Gefangenschaft so vielen Männern, die in ihre Nähe kommen, gefährlich wird, ist poetische Lizenz. Die historische Maria war bei ihrem Tod knapp 45 Jahre alt; als junge Königin hatte sie allerdings durchaus nicht bedacht, was sie ihrer Stellung schuldig war.

Die *Jungfrau von Orleans* stirbt – in der Dichtung – ohne Schmerz, und die Fahnen der Truppen senken sich auf sie nieder. In Wirklichkeit ist sie als rückfällige Ketzerin 1431 verbrannt worden. Sie hat auch nicht in ihrer Jugend Schafe und Kühe gehütet. Daß Agnes Sorel die seit 1428 dem König Karl VII. Mut einflößende Beraterin gewesen sei, stimmt nicht. Sie wurde erst 1434 seine Geliebte.

Georg Wilhelm Friedrich *Hegels* letztes Wort († 1831) soll gewesen sein: *Von allen meinen Schülern hat mich nur einer verstanden,* mit dem Zusatz *und der hat mich falsch verstanden.* Man bezog es gewöhnlich auf Georg Andreas Gabler (1786–1853). Aber in dem Brief der Witwe an Hegels Schwester, worin sie die letzten Stunden des großen Geschichtsphilosophen beschreibt, steht davon kein Wort (vgl. Karl Rosenkranz, *Georg Wilhelm Friedrich Hegel's Leben,* Berlin 1844, S. 422).

In vielen, auch wissenschaftlichen Werken wurde *Johann Gottfried Kinkel* (1815–1882) als *zum Tode verurteilt* bezeichnet. Aber das Rastatter Kriegsgericht hat am 4. August 1849 nur auf lebenslängliche Festungsstrafe erkannt. Das Generalauditoriat in Berlin hat dann zwar die Kassation des Kriegsgerichtsurteils beantragt; aber König Friedrich Wilhelm IV. hat am 13. September 1849 *aus Gnaden* das erste Urteil bestätigt mit der erschwerenden Änderung des Abbüßens der Haft in einer Zivilstrafanstalt.

Über *Arthur Schopenhauer* (1788–1860) ist namentlich durch Wilhelm Gwinners *Arthur Schopenhauer aus persönlichem Umgange dargestellt* (Leipzig 1862, S. 210) eine schon vorher in Frankfurt bekannte Anekdote verbreitet worden. *Bei der Mahlzeit sprach er gerne; doch verhielt er sich aus Mangel an tauglicher Tischgesellschaft öfter beobachtend. So legte er z. B. eine Zeit lang täglich ein Goldstück vor sich hin, ohne daß die Tischnachbarn wußten, was er damit wollte; nach aufgehobener Tafel nahm er es wieder zu sich. Endlich darüber zur Rede gestellt, erklärte er: das sei für die Armenbüchse, wenn die am Tisch sitzenden Offiziere nur ein einziges Mal eine andere ernsthafte Unterhaltung als über ihre Pferde, Hunde und Frauenzimmer auf die Beine brächten.*
    Dr. Gwinner schrieb selber unterm 28. November 1883: *Die Anekdote vom Goldstück habe ich weder miterlebt, noch kann ich mich erinnern, sie aus Schopenhauers Mund bestätigt erhalten zu haben; sie wurde aber s. Z. hier allgemein – mir ni fallor* [wenn ich nicht irre] *von Dr. Emden – erzählt, und ich hatte keinen Grund, nachmals an ihrer Echtheit zu zweifeln, da die Tischgesellschaft, in der sich Schopenhauer in den vierziger Jahren oft langweilte, ganz dazu paßte.*
    Wir möchten die Geschichte aber – trotz ihrer Verteidigung durch Paul Armand Challemel-Lacour (*Revue des Deux Mondes* vom 15. März 1870), der sie in den Spätherbst 1859 verlegt – doch für erfunden halten, namentlich weil eine ganz ähnliche Anekdote von Friedrich von Matthisson (1761–1831) als von ihm selbst erlebt erzählt wird (*Erinnerungen,* Bd 5,

240

Zürich 1816; *Bilder aus Helvetien, Tyrol und Italien*, S. 121–124). Ein Engländer, der sich 1799 in Innsbruck aufgehalten hat, legt einen Louisd'or ebenso vor sich hin in der – immer getäuschten – Erwartung, die jungen Herren vom Soldatenstand würden einmal von etwas anderem reden als *von Dirnengeschichten und vom Dienst.*

Die Anekdote von der goldenen Dose, die Schopenhauer erworben und die er dann dem Verkäufer, der diese Geschichte gar zu stümperhaft vorträgt, wieder zuwirft mit den Worten: *Da haben Sie Ihre Dose; meine Geschichte will ich wiederhaben,* ist ebenfalls unhistorisch.

Franzosen

Daß bei einem Volk wie den Franzosen, bei dem sich ein ausgeprägter Sinn für die eigene Geschichte mit glänzendem Esprit verbinden, zahllose Treppenwitze entstanden sind, vermag niemanden zu verwundern.

Empfindsame Seelen besuchen gern das Grab von *Abaelard* (1079–1142) und *Heloise* (1100–1163), das sich seit 1817 auf dem Friedhof Père Lachaise in Paris befindet. Abaelard, Kanoniker und einer der bedeutendsten Scholastiker seiner Zeit, war von Heloises Onkel, dem Kanonikus Fulbert, zum Privatlehrer der hochbegabten Siebzehnjährigen bestellt worden, hatte sie verführt und in die Bretagne entführt, wo sie ihm einen Sohn gebar. Die beiden ließen sich heimlich trauen, doch Fulbert ließ Abaelard überfallen und entmannen. Heloise nahm den Schleier und trat in das Kloster Argenteuil ein; Abaelard wurde 1119 Mönch der Abtei St. Dénis; später zog er sich in verschiedene andere Klöster zurück.

Ihr Ruhm als eines der berühmtesten Liebespaare gründet sich neben ihrem von Abaelard in seiner *Historia calamitatum mearum* (Geschichte meiner Leiden; 1133–36) geschilderten Schicksal besonders auf ihren Briefwechsel, der in Deutschland, England und Frankreich seit dem 17. Jahrhundert die Gattung der *Heroiden* (Heldenbriefe) stark beeinflußte. Dieser Briefwechsel jedoch ist bloß fingiert (vgl. Winfried Engler, *Lexikon der französischen Literatur*, Stuttgart 1974, S. 1 f.; Frenzel, *Stoffe der Weltliteratur*, S. 1 f.).

Am 3. Oktober 1371 unter der Regierung Karls V. (1364–1380) soll in Paris ein *Zweikampf zwischen dem Ritter Richard de Macaire und dem Hund des Aubri von Montdidier* stattgefunden haben. Der Hund blieb Sieger. Es war ein Gottesurteil, das Macaire als Mörder des Aubri entlarvte. Dieser, ein Liebling des Königs, war im Wald ermordet aufgefunden worden. Der Hund lief nach Paris zurück, wo er den Mörder seines Herrn wütend angriff. Daraufhin führte man das treue Tier in den Wald, wo es die Leiche seines Herrn verbellte. Macaire büßte sein Verbrechen auf dem Schafott.

242

Eine ähnliche Geschichte soll sich bereits unter Karl dem Großen zugetragen haben, wie Alberich von Trois-Fontaines († nach 1252) in seiner bis 1241 gehenden und 1680 in Hannover gedruckten Chronik berichtet. Ohne den Zweikampf steht sie schon bei Plutarch im 13. Kapitel seiner Schrift *Ob die Land- oder die Wassertiere gescheiter sind?*, wo sie sich zur Zeit des Königs Pyrrhos von Epeiros ereignet haben soll.

Der Hund des Aubri, ein beliebter Roman- und Theaterstoff, hat schließlich zu Beginn des 19. Jahrhunderts einen Theaterskandal verursacht. Als ein Hund in der Rolle des Titelhelden in einem gleichnamigen Stück im Weimarer Hoftheater auftreten sollte, erblickte der Generalintendant J. W. von Goethe darin eine Entweihung der Bühne. Als Karl August, bestärkt durch seine Mätresse, die Hofschauspielerin Karoline Jagemann, mit der Goethe sich verfeindet hatte (bekannt ist sein Wortspiel: *Die Jagemann – die jage man*), auf seinem Verlangen beharrte, überwarf der Olympier sich mit seinem Freund und legte grollend sein Amt nieder.

Nach der Eroberung der Burg Lusignan im Jahre 1387 beauftragte der Schloßherr Jean de Berry Jean d'Arras, zur Ehre seiner Familie die Geschichte des Hauses Lusignan zu schreiben, und darauf entstand in den Jahren 1387–94 *L'Histoire de la belle Mélusine* (Die Geschichte der schönen Melusine), *die früheste erhaltene Fassung der Melusinen-Sage* (Frenzel, *Stoffe der Weltliteratur*, S. 424). Das weltweit verbreitete und auch in Frankreich schon vorher belegte Märchen wurde von Jean d'Arras auf die Lusignans übertragen, weil diese eine Meerfee mit einem Fischschwanz, die sie als Ahnfrau verehrten, im Familienwappen führten. Damit reiht sich diese Sage in die zahlreicher anderer Geschlechter ein, etwa der Familien Luxembourg, Rohan oder Sassenage, die ihren Ursprung auf übernatürliche Wesen zurückführen.

Wohl kaum ein anderer Stoff der französischen Geschichte hat die Phantasie der Franzosen, aber auch der Engländer, Spanier und Deutschen so stark beflügelt wie das Schicksal der *Jungfrau von Orléans*, Jeanne d'Arc oder, wie sie sich selbst nannte, Jeanne de la Pucelle (= Jungfrau). Zwischen 1410 und 1412 als Tochter wohlhabender Bauern in Domrémy im Département Vosges geboren, fühlte sie sich durch »Stimmen« berufen, ihr Vaterland von den Engländern zu befreien und König Karl VII. (1422–1461) zur Krönung zu verhelfen.

Am 25. Februar 1429 wurde Jeanne vom König in Chinon empfangen und konnte ihn für ihre Pläne gewinnen. Am 8. Mai gelang es, dank ihrem

Einfluß, das von den Engländern belagerte Orléans zu entsetzen, und am 17. Juli wurde Karl in Reims feierlich gekrönt. Als sie trotz der Friedensbemühungen im eigenen Lager den Krieg fortsetzte, wurde sie am 23. Mai 1430 von den Burgundern bei Compiègne gefangengenommen und gegen eine hohe Geldsumme den Engländern übergeben. Im Februar 1431 begann unter der Leitung des Bischofs von Beauvais, Pierre Cauchon, ein Prozeß mit der Anklage der Zauberei und Ketzerei. Angesichts des drohenden Feuertodes widerrief Jeanne am 24. Mai ihre göttliche Sendung, zog diesen Widerruf, als sie zu einer lebenslänglichen Haftstrafe verurteilt wurde, zurück und wurde darauf als rückfällige Ketzerin verbrannt. In einem erneuten kirchlichen Prozeß wurde sie 1456 rehabilitiert, im Jahre 1909 selig-, im Jahre 1920 heiliggesprochen und zur zweiten Patronin Frankreichs erhoben.

An ihre Person haben sich zahlreiche Treppenwitze geheftet. 1912 behauptete der republikanische Historiker Maurice Allard, sie sei nicht eine auf göttliche Eingebung Handelnde, sondern lediglich ein Werkzeug gewesen, dessen sich die Hofgesellschaft bedient habe, um Karl durch die Vorführung eines angeblichen »Wunders« aus seiner Lethargie aufzurütteln. Als das erreicht und Karl gekrönt war, hätte man sie fallen lassen. Die ihr zugeschriebenen Kriegstaten seien nicht von ihr, sondern von erfahrenen Soldaten unter dem Feldherrn Richemont vollbracht worden.

Nach Jean Jacoby (Le secret de Jeanne d'Arc [Mercure de France, 1950]; [Miroir de l'Histoire 27/1952], [Intermédiaire des Curieux et chercheurs, 1953]) ist Jeanne kein Bauernkind, sondern die Tochter der Königin Isabeau und ihres Liebhabers Louis d'Orléans gewesen.

Selbst daß Jeanne in Rouen verbrannt worden ist, wird bis in unsere Zeit bezweifelt. Als Begründung wird aufgeführt, daß in den 1841 veröffentlichten Prozeßakten die Anerkenntnis des vom geistlichen Gericht gefällten Todesurteils durch die weltliche Gerichtsbarkeit fehle. Ohne diese Bestätigung hätte die Verurteilte jedoch nicht verbrannt werden können. Angeblich sei eine andere Person Opfer der Flammen geworden, Jeanne aber mit Hilfe Cauchons und in Einvernehmen mit den Engländern entkommen.

Es gibt eine Überlieferung, daß fünf Jahre nach der Hinrichtung am 20. Mai 1436 in der Ortschaft Grange-aux-Hormes bei Saint-Privey die angeblich Hingerichtete aufgetaucht sei, die sich anfangs Claude, später aber Jeanne nannte. Sie sei von ihren Brüdern zweifelsfrei erkannt worden und habe im Oktober desselben Jahres den Lothringer Edelmann Robert des Armoises geheiratet, wahrscheinlich in Metz, wo dieser ein Haus

244

besaß. In Urkunden wird diese Frau Jeanne du Lys, Pucelle de France genannt. Das Ehepaar lebte auf dem heute noch erhaltenen Schloß Jaulny, wo Jeanne 1449 gestorben ist. Aus ihrer Ehe gingen mehrere Kinder hervor, deren direkte Nachkommen die Grafen von Sermoise sind.

Neben dieser zweiten Jeanne hat es gleichzeitig und später noch einige andere gegeben, die von sich behauptet haben, Jeanne d'Arc zu sein (Claude Pasteur, *Les deux Jeanne d'Arc*, Paris 1962).

Auch in der Literatur hat der Stoff der Frau, die auf göttliches Geheiß ihr Vaterland befreite, mancherlei Ausprägung und Entstellung erfahren. Schon das vor ihrem Tod verfaßte Preislied *Ditié de Jeanne d'Arc* der Christine de Pisan stellt Jeanne als eine der ganz großen Frauen neben Judith und Deborah, während sie in einer anonymen Dichtung des 15. Jahrhunderts mit der Amazone Penthesilea verglichen wird. Damit wird auch das Problem der Jungfräulichkeit angesprochen, das je nach Zeit, Konfession und Nationalität des Autors sehr unterschiedlich behandelt wird. Im nicht mit Sicherheit Shakespeare selbst zuzuordnenden 1. Teil von *Heinrich VI.* (1592) ist sie nur eine gemeine Hure. In Voltaires *La Pucelle d'Orléans* (1759) steht das aufklärerisch Antiklerikale im Vordergrund. Ihm geht es vor allem *um eine Verhöhnung des kirchlichen Wunderglaubens. Er transponierte den erhabenen Stoff auf niedere Charaktere: seine Ritter sind Narren, die Pucelle ist eine derbe Stallmagd und das Ziel der Begierde der Männer; der Kampf um ihre Keuschheit bildet den eigentlichen Inhalt des Werkes* (Frenzel, *Stoffe der Weltliteratur*, S. 336).

Diese antilegendäre Richtung setzt in unserem Jahrhundert Anatole France (*Vie de Jeanne d'Arc*, 1908) fort, doch tritt sie deutlich zurück hinter die literarischen Darstellungen, die sie als gottgesandte Heldin und Befreierin Frankreichs zeigen, wodurch ihr Leben zu dem französischen Nationalstoff wurde.

Einen völligen Bruch mit der Geschichte und Überlieferung und damit einen Treppenwitz besonderer Art bedeutet Schillers *Jungfrau von Orleans* (1801), der Johanna im Zwiespalt zwischen weiblicher Natur und kriegerischer Mission auf dem Schlachtfeld sterben läßt.

Ludwig XI. (1461–1483) ist sicherlich kein Engel gewesen. Doch viele der von ihm berichteten Schauergeschichten sind unhistorisch. So hat er zwar den Herzog von Nemours hinrichten, aber nicht dessen sechs Kinder unter dem Schafott knien und von ihres Vaters Blut beträufeln lassen.

Als *Pierre du Terrail de Bayard* († 1524), *der Ritter ohne Furcht und Tadel* (le chevalier sans peur et sans reproche), im Kampf gegen die Truppen Karls V. bei Gattinara tödlich verwundet unter einem Baum ruhte, soll der Connétable Karl von Bourbon, der zum Kaiser übergelaufen war, ihn noch lebend angetroffen und sich bittere Vorwürfe über seinen Verrat angehört haben. Eine theatralische Szene, die jedoch nicht stattgefunden hat.

Bei den Umständen des Todes will ich nicht stehen bleiben, auch deshalb, weil sie mir in der That zweifelhaft sind. Die Franzosen (Bellay 342) erzählen, in seinen letzten Augenblicken habe ihn Bourbon angesprochen, Bayard habe demselben noch seinen Abfall verwiesen. Es ist schon bedenklich, daß in dem Leben des Bayard, Collect. univ. XV, 412, sich davon nichts findet. Aber in Italien erzählte man sogar das Gegenteil: er habe noch die Ungerechtigkeiten des Königs, die Unordnungen der französischen Regierung beklagt; dann sei er gestorben. Carpesanus p. 1375: questus de injusta in Borbonium ira, de fortuna et male animatorum hominum factione cuncta in Gallia permiscente. Sein Gefühl mag wohl zwischen diesen beiden Aeußerungen geschwankt haben, die beide ihre Wahrheit hatten. Die Spanier endlich lassen ihn Gott loben, daß er stirbt »en servicio de su rey y a manos de la mejor nacion del mundo.« Batalla de Pabia. MS. Alb. (L. v. Ranke, *Deutsche Geschichte im Zeitalter der Reformation*, 5. Aufl., Bd II, S. 210, Note).

Franz I. (1515–1547) soll nach der verlorenen Schlacht von Pavia (24. Februar 1525) einen Brief an seine Mutter geschrieben haben, der nur die Worte enthielt: *Alles ist verloren, nur die Ehre nicht* (Tout est perdu fors l'honneur). Der Brief (vgl. Edouard Fournier, *L'Esprit dans l'histoire. Recherches et curiosités sur les mots historiques,* 4. Aufl., Paris 1882, S. 145 ff.) ist jedoch wesentlich länger und schwächer formuliert. Der erste, der die lakonische Form hat, ist der Spanier Antonio de Vera (*Vida y hechos de Carlos V*, S. 123): *Madama, toto se ha perdido sino es la honra.*

Derselbe Herrscher soll (vgl. Fournier, *a.a.O.*, S. 151 ff.) mit seinem Brillantring in eine Fensterscheibe des Schlosses Chambord die Verse eingeritzt haben:

Souvent femme varie;
Bien fol est qui s'y fie.

Oft schwankt die Frau;
Recht närrisch, wer ihr traut.

246

Aber so viel Mühe hat sich der König nicht gemacht. Er hat sich damit begnügt, neben das Fenster die Worte zu schreiben: *Toute femme varie;* eine alte Erkenntnis, die Francesco Maria Piave, der Librettist von Verdis *Rigoletto,* nur übersetzt hat: *la donna è mobile.*

Später hat man, um zu erklären, wo die Scheibe, die nie existiert hat, geblieben sei, erzählt, Ludwig XIV. habe sie seiner Mätresse Louise Lavallière zuliebe zerschlagen, um ihr zu beweisen, daß er an die Ewigkeit der Liebe glaube. So erzeugt ein Treppenwitz den anderen.

Karl V. hatte Franz gebeten, sich auf kürzestem Wege, das heißt durch Frankreich, nach den Niederlanden begeben zu dürfen. Franz, der nach der Schlacht von Pavia längere Zeit in Madrid gefangen gewesen war, erfüllte diese Bitte (Fournier, *a.a.O.,* S. 162 ff.).

Als Paris sich zum Empfang des Gastes rüstete, fiel dem König auf, daß sein Hofnarr Triboulet dasaß und eifrig schrieb. Franz fragte, was er tue. Da erwiderte Triboulet: *Ich trage gerade den Namen des Kaisers in den Narrenkalender ein, weil sich Karl seinem Feind ausliefert.* Worauf Franz meinte: *Wenn ich ihn aber unbehelligt weiterziehen lasse. Was dann?* Schlagfertig entgegnete Triboulet:

Dann streiche ich den Namen des Kaisers und schreibe deinen in mein Buch.

Leider kann diese hübsche Anekdote nicht wahr sein, denn Triboulet war bereits fünf Jahre tot, als Karl V. 1540 durch Frankreich reiste. Zudem ist die Anekdote einer spanischen nachgebildet, deren Held ein König Alfonso gewesen ist.

Ein gerütteltes Maß an Schuld für die Verbreitung und Verewigung solcher Treppenwitze trifft die Historienmalerei, die solche Anekdoten als dankbare Motive dekorativ und einprägsam verwertet hat. Auf Gemälden von Ménageot, Ingres und Gigoux sehen wir, wie Franz in Fontainebleau den sterbenden Leonardo in den Armen hält oder an seinem Lager kniet. Aber diese ergreifende Szene hat niemals stattgefunden, denn am Todestag des Meisters, dem 2. Mai 1519, sind weder der Herrscher noch der Künstler in Fontainebleau gewesen (Fournier, *a.a.O.,* S. 165 ff.)

Erzählt wird auch, daß die Höflinge sich über die Freundschaft des Königs mit dem italienischen Künstler abfällig äußerten. Da habe Franz die eingebildeten Aristokraten mit den Worten abgefertigt:

Ich kann jeden Tag Adelige, aber nur Gott einen solchen Künstler schaffen wie Leonardo.

Ähnliche Reverenzen, die gekrönte Häupter geistiger Größe erweisen, sind sehr häufig, wenn auch selten verbürgt. So soll Maximilian I. den herabgefallenen Pinsel seines Hofmalers Albrecht Dürer bereitwillig aufgehoben und Karl V. 1552 in Bologna Tizian den gleichen Dienst erwiesen haben.

In Wort und Bild häufig dargestellt ist die Szene, wie *Karl IX.* (1560–1574) während des Protestantenmassakers in der Bartholomäusnacht (23./ 24. August 1572) vom Fenster seines Gemaches im Louvre aus mit Armbrust oder Gewehr auf die Hugenotten schießt (vgl. Fournier, *a.a.O.*, S. 193 ff.). Das behaupten wenigstens Brantôme und d'Aubigné, doch sie kommen beide als Augenzeugen nicht in Frage, da sie sich zu dieser Zeit nicht in Paris befanden. Zum anderen kann diese Szene sich gar nicht abgespielt haben, da jener Trakt des Louvre erst viel später, als Karl IX. und seine beiden Brüder Franz II. und Heinrich III. längst tot waren, unter Heinrich IV. erbaut wurde.

Gleichwohl beschloß der Pariser Konvent am 29. Vendémiaire des Jahres II der Einen und unteilbaren Republik (20. Oktober 1793) die Errichtung eines *Schandpfahls* (un poteau infamant) an der Stelle, von wo aus Karl IX. auf das Volk geschossen hat.

Derselbe König – Sohn Heinrichs II. und der fanatischen und herrschsüchtigen Florentinerin Katharina von Medici – soll beim Anblick der Leiche des ermordeten Admirals Coligny, während sich seine Begleiter wegen des penetranten Verwesungsgeruchs die Nase zuhielten, gesagt haben: *L'odeur d'un ennemi est très bonne* (der Geruch eines Feindes ist sehr gut).

Aber den gleichen Ausspruch, nur noch etwas perfider, berichtet der Cäsaren-Biograph Sueton, nach dem Vitellius im Angesicht der zahllosen Leichen auf dem Schlachtfeld von Betriacum, die einen entsetzlichen Verwesungsgeruch ausströmten, geäußert hat, *ein erschlagener Feind rieche sehr gut, ein erschlagener Mitbürger noch besser* (*Vitellius*, 10). – Walter Scott wiederum legt den Ausspruch Ludwig XI. von Frankreich in den Mund (*Quentin Durward*, Kap. III).

Häufig erzählt und gemalt worden ist auch die Szene, wie der König in der Bartholomäusnacht seinen Leibarzt, Ambroise Paré (1517–1590), vor der in diesem Augenblick ins Zimmer ihres Sohnes tretenden Mutter rettet, indem er ihn hinter dem Fenstervorhang verbirgt, oder, noch wirksamer, unter sein Bett kriechen läßt. Indes hätte sich eine solche Vorsichtsmaßnahme erübrigt, denn Paré war kein Protestant, sondern ein frommer Katholik.

Nach dem Bericht des wenig zuverlässigen Théodore Agrippa d'Aubig-

248

né (*Histoire universelle*, 3 Bde, 1616–20; Bd II, 1, 5; vgl. Fournier, *a.a.O.*, S. 205 ff.) hat Karl dem Gouverneur Vicomte d'Orthe befohlen, in Bayonne alle Hugenotten ermorden zu lassen. In einem berühmt gewordenen Brief habe dieser geantwortet: *Ich habe in Bayonne nur gute Bürger und tapfere Soldaten gefunden, aber keinen Henker.* Der Brief muß schon deshalb unecht sein, weil der König die ihm zugeschriebene Anordnung gar nicht erlassen hat, sondern in seinem Rundschreiben vielmehr ausdrücklich erklärt hatte, der Tötung des Admirals Coligny lägen keine religiösen, sondern ausschließlich politische Motive zugrunde. Der Vicomte war wohl während des Krieges einer der heftigsten Protestantenverfolger gewesen, so daß sich der König sogar genötigt sah, seine Wut zu zügeln. Dennoch mag ihn ein bloßes Henkeramt angewidert haben; denn in Bayonne hat es keine Ermordung von Hugenotten gegeben. Der Brief scheint daher wohl eine Erfindung von d'Aubigné zu sein.

Nach dem Erlöschen des Hauses Valois durch den Tod Heinrichs III. im Jahre 1589 fiel die Herrschaft an den Bourbonen *Heinrich IV.*, König von Navarra (1589–1610). Calvinist und seit 1569 Haupt der Hugenotten, trat Heinrich, um der inneren Schwierigkeiten im Lande Herr zu werden, 1593 zum Katholizismus über. Beim Einzug in Paris soll er den berühmten Ausspruch getan haben: *Paris* (oder: *Die Krone) ist eine Messe wert* (Paris [ou: La couronne] vaut une messe).

Dieses Wort ist nicht verbürgt (Fournier, *a.a.O.*, S. 236). Es mag entstanden sein aus einem Wort von Maximilien de Béthune, seit 1606 Herzog von Sully, der dem König einmal in bezug auf den Besuch der Messe erwidert haben soll: *Sire, Sire, la couronne vaut bien une messe.* Allerdings bestreitet der französische Historiker Arthur Chuquet auch dies.

Verbürgt ist dagegen eine ähnliche Äußerung Ludwigs XVIII. (1814–1824), als er als Nachfolger Napoleons die Regierung antrat: Die Krone sei wohl eine Verfassung wert, oder: die Nationalkokarde bedeute ihm dasselbe wie die Messe seinem Ahnherrn Heinrich IV.

Nicht in der überlieferten Form von ihm selbst geprägt scheint auch das zweite, ebenso berühmte Wort Heinrichs zu sein: *Ich wünsche, daß sonntags jeder Bauer sein Huhn im Topf hat* (Je veux que le dimanche chaque paysan ait sa poule au pot). Es erscheint nämlich erst 70 Jahre nach dem Tode des Königs in der 1681 erschienenen *Histoire du roy Henry le Grand* des Hardouin de Péréfixe, wo in den angehängten *Paroles mémorables* Heinrich zum Herzog von Savoyen sagt: *Wenn Gott mir noch Leben* schenkt, so will ich es so weit bringen, daß es keinen Bauern in meinem Königreiche gibt, der nicht imstande ist, ein Huhn in seinem Topfe zu haben. Auf »historischen« Gemälden, die Heinrich IV. und Sully darstellen, erscheint dieser fast immer viel älter als der König, als eine Art Mentor; er war aber sieben Jahre jünger.

Auf ein Schreiben des Papstes an *Sully*, er bete für die Bekehrung des protestantischen Ministers, soll dieser geantwortet haben, auch er werde nicht aufhören, für die Bekehrung des Heiligen Vaters zu beten. Doch steht nichts dergleichen in dem Originalbrief Sullys, der im Ton respektvoll, wenn auch mit einem leichten Anflug von Ironie, gehalten ist (Fournier, *a.a.O.*, S. 239 f.).

Da man den Memoiren Sullys, des Finanzministers des Königs (*Oeco-nomies royales*, Paris 1745) nur sehr bedingt Glauben schenken darf, scheinen auch bei der folgenden Anekdote Zweifel angebracht zu sein. Heinrich will seiner erst zwanzigjährigen Mätresse Henriette d'Entragues ein schriftliches Eheversprechen übergeben, als Sully es kurzerhand vor den Augen des Königs zerreißt, worauf dieser sofort ein neues ausstellt. Man fragt sich allerdings, ob, wenn eine Beziehung zwischen König und Minister bestand, die ein solches Handeln Sullys erlaubte, es diesem nicht möglich gewesen wäre, seinem Herrn auf andere Weise seinen Standpunkt zu vermitteln.

Von Heinrich IV. werden noch drei hübsche Anekdoten erzählt, die den einen Fehler gemein haben, daß sie von früheren Herrschern auf ihn übertragen wurden.

Doppelgänger, die mit den Originalen weder blutsmäßig verwandt noch sonstwie bekannt sind, sind keine Seltenheit. So sah der Maire Baudesson von Saint-Dizier seinem Landesherrn so täuschend ähnlich, daß die Wache unter Gewehr trat, als der Biedermann ahnungslos in den Louvre ging, weil sie ihn mit dem König verwechselte. Heinrich, der zufällig am Fenster stand, sah die Szene und rief erstaunt: *Nanu, seit wann gibt es denn zwei Majestäten?* Dann fragte er Baudesson: *Na, Gevatter, ist denn Eure Mutter in Béarn* [der Heimat des Königs] *gewesen? – Nein, Sire, aber mein Vater hat dort gewohnt. – Donnerwetter, mir ist tüchtig heimgezahlt worden,* lachte der König.

Aber dieselbe Geschichte steht bereits in den Saturnalien des Macrobius (II, 8). Danach fragte der Kaiser Augustus einen ihm sehr ähnlichen jungen Mann aus der Provinz, ob seine Mutter wohl in Rom gewohnt habe. Worauf dieser schlagfertig parierte: *Das nicht, aber mein Vater des öfteren.*

250

Das gleiche erzählt man sich auch von Karl August von Weimar, dem Landesherrn und Freund Goethes. Als Sully sich einmal zur Audienz meldete, bat ihn der Kammerdiener, etwas zu warten, denn der König habe Fieber und liege noch zu Bett. Der Minister setzte sich in den Vorsaal und wartete auf das Lever des Königs. Nach einer Weile sah er plötzlich eine verschleierte junge Frau aus Heinrichs Schlafzimmer kommen, die ein grünes Kleid mit Bändern und Rüschen in gleicher Farbe trug. Bald darauf erschien auch der König. Als er Sully sah, fuhr er ihn an: *Was wollen Sie hier? Hat man Ihnen denn nicht gesagt, daß ich Fieber habe?* Darauf Sully: *Gewiß, Sire. Aber das Fieber hat Sie inzwischen verlassen. Vorhin sah ich es hier vorübergehen, ganz in Grün.* – Plutarch hat im Leben des Demetrios (Kap. 19) die gleiche Geschichte erzählt.

Die dritte Anekdote endlich erzählt, wie der spanische Gesandte den König einmal gefunden habe, auf allen Vieren laufend und den Dauphin auf seinem Rücken (Stahlstich in *Cornelia. Taschenbuch für deutsche Frauen*, 1837). Auch sie ist vorgebildet bei Plutarch (*Agesilaos*, 25) mit der Variante, daß der spartanische König Agesilaos und seine Kinder auf Steckenpferdchen herumreiten.

Von *Ludwig XIII.* (1610–1643), dessen Sittenreinheit man rühmte, wird erzählt, er habe nicht gewagt, einer Hofdame, Mademoiselle de Hauchefort, einen Brief wegzunehmen, den sie in den Ausschnitt ihres Kleides gesteckt hatte. Und als ein anderes Mal bei einem Ballspiel ein Ball sich an eben dieser Stelle verfangen hatte, habe der König ihn mit der Feuerzange hervorgeholt. Beide Geschichten sind erfunden, die letztere von dem Hofprediger, der die Leichenrede auf den König hielt (Fournier, *a.a.O.*, S. 247 ff.).

Diese Hemmungen gegenüber dem weiblichen Geschlecht und die Tatsache, daß Ludwig sich jahrelang nicht um seine Frau gekümmert hat, führten später in Verbindung mit Andeutungen in der Memorienliteratur zu der Vermutung, der König sei homosexuell gewesen. Widerlegt wurde dies unter anderem durch gewissenhafte Auswertung der Aufzeichnungen des Leibarztes Héroard von Louis Vaunois (*Vie de Louis XIII*, 3. Aufl., Paris 1944, S. 219, 563 ff.).

Richelieu hatte dem König den Marquis Henri de Cinq-Mars (1622–1642) als Gesellschafter beigegeben. Als der junge Mann sich dann jedoch durch herausfordernden Hochmut die Gunst des Kardinals verscherzt hatte und zusammen mit Gaston von Orléans seinen Sturz herbeiführen wollte, machte ihm Richelieu wegen Hochverrats den Prozeß und ließ ihn am 12. September 1642 in Lyon hinrichten. Ludwig soll dazu geäußert haben (Fournier, *a.a.O., S.* 250): *Ich möchte nur gern das Gesicht sehen, das er jetzt macht, wenn er auf das Schafott steigt* (Je voudrais bien voir la grimasse qu'il fait à cette heure, sur cet échafaud). Doch kein glaubwürdiger Zeitgenosse erwähnt dieses häßliche Wort.

Als Ludwig im Jahre 1643 bereits im Sterben lag, wurde der am 5. September 1638 geborene Dauphin auf Wunsch seines Vaters getauft. Nach der Feier führte seine Gouvernante, Frau von Lanzac, den noch nicht Fünfjährigen ins Schlafgemach des Königs. Dieser fragte ihn: *Na, mein Sohn, wie heißt du jetzt?* Er erwartete, der Dauphin würde seinen Vornamen Louis Dieudonné nennen, den er wenige Augenblicke zuvor in der Taufe erhalten hatte. Der Sohn jedoch antwortete stolz: *Ludwig der Vierzehnte.* Der Vater verbesserte: *Noch nicht, mein Sohn, aber vielleicht bald, so Gott will.*

Dieser Ausspruch wäre kennzeichnend für das ausgeprägte Selbstbewußtsein und die Herrschsucht des künftigen Sonnenkönigs. Die Anekdote könnte authentisch sein, zumal Vaunois sie zitiert (*a.a.O., S.* 556), leider ohne Quellenangabe.

Armand-Jean du Plessis, Fürst *Richelieu* (1585–1642), seit 1622 Kardinal und seit 1624 Minister im Staatsrat Ludwigs XIII., wird (wie Talleyrand) das Wort zugeschrieben: *Man gebe mir sechs Zeilen, geschrieben von der Hand des ehrlichsten Menschen, und ich werde genug darin finden, ihn hängen zu lassen* (Qu'on me donne six lignes écrites de la main du plus honnête homme, j'y trouverai de quoi le faire pendre; Fournier, *a.a.O., S.* 255).

Auf dem Sterbebett soll Richelieu auf die Mahnung des Beichtvaters, seinen Feinden zu vergeben, gesagt haben, *er habe keine gehabt, es seien denn die des Staates* (qu'il n'en avait point que ceux de l'Etat).

Falls diese Worte authentisch sind, wie Fournier (*a.a.O., S.* 253) meint, entsprechen sie doch nicht der Wahrheit; denn Richelieu hat nicht nur seine politischen Gegner, sondern auch alle, die seine literarischen Leistungen kritisierten oder sich darüber lustig machten, sowie alle, die er deswegen im Verdacht hatte, mit unnachsichtiger Rache verfolgt.

Ein passendes Gegenstück dazu ist die vielleicht auch erfundene Antwort des sterbenden spanischen Marschalls Don Ramon Narvaez, Herzog von Valencia (1800–1867), an den sein Beichtvater die gleiche Mahnung richtete: *Das hat keinen Zweck. Sie sind alle tot.*

252

Von *Ninon* (Anne) *de Lenclos* (1616–1706) wird berichtet, sie habe noch mit achtzig Jahren dem Abbé de Gédoin ein Schäferstündchen gewährt. Voltaire bemerkt *(Mélanges historiques)* dazu: *Ich bin ihr Vermächtnisnehmer. Ich habe die letzten Jahre ihres Lebens gesehen. Sie war trocken wie eine Mumie.* Der Abbé war ihr vorgestellt worden und besuchte sie zuweilen zusammen mit Voltaire. Wahr ist hingegen, daß Ninon an ihrem sechzigsten Geburtstag ein Stelldichein mit dem Abbé de Châteauneuf gehabt habt.

Drei Meister der Historienmalerei des 19. Jahrhunderts, Ingres, Gérôme und Wetter, haben die Szene dargestellt, wie dem Schauspieler und Lustspieldichter Jean-Baptist *Molière* (eigentlich Poquelin; 1622–1673) die hohe Ehre zuteil wird, als Gast König Ludwigs XIV. an dessen Tisch zu speisen.

Diese Anekdote erzählt Jeanne-Louise-Henriette Genest Campan in ihren 1822 erschienenen *Mémoires sur la vie privée de Marie-Antoinette*...Die frühere Vorleserin der Töchter Ludwigs XV., nachmalige erste Kammerfrau der Königin Marie-Antoinette und nach der Revolution Vorsteherin des von Frau von Maintenon gestifteten Erziehungsinstituts für höhere Töchter, das auch die Schwestern Napoleons und die Königin Hortense besuchten, will diese Geschichte von ihrem Schwiegervater erfahren haben, dem sie wieder ein früherer Leibarzt Ludwigs XIV., namens La Fosse, erzählt hat, *ein Ehrenmann, unfähig, eine derartige Geschichte zu erfinden und zu lügen, der aber vielleicht sehr leichtgläubig gewesen ist.*

Nach dieser etwas verdächtigen Quelle sollen die Kammeroffiziere des Königs Molière, der ebenfalls zum Hofstaat gehörte, verächtlich behandelt und sich geweigert haben, ihn an ihrem Tisch essen zu lassen.

Um den Dichter, den der König sehr schätzte und dessen Stücke er im Versailler Hoftheater aufführen ließ, Genugtuung widerfahren zu lassen und zugleich seine Diener zu beschämen, habe er Molière zum Essen eingeladen. Aber eine derartige Auszeichnung ließ das bis ins kleinste geregelte und konsequent eingehaltene Hofzeremoniell nicht zu. Die Majestät speiste stets allein, bedient von den ausschließlich dem Hochadel angehörenden Herzögen und Marquis, denen die im Vorzimmer bereitstehenden Lakaien die silbernen und goldenen Schüsseln und Platten mit den Gerichten überreichten. Nur in seltenen Fällen wurde der eigene Bruder, Herzog Philipp von Orléans, oder ein anderes Mitglied des Königshauses zur Tafel geladen, wie der am Versailler Hof verkehrende Herzog von Saint-Simon in seinen Memoiren ausführlich berichtet.

Gleichwohl dürfte dieser Anekdote ein wahrer Kern zugrunde liegen, nur hat der alte Dr. La Fosse die Namen verwechselt. Nicht Ludwig XIV., sondern der Herzog von Montausier ist Molières Gastgeber gewesen, wie Saint-Simon erzählt. Molière hatte in seinem *Misanthrope* den etwas cholerischen Montausier, den Gouverneur des Dauphin, auf die Bühne gebracht und ihn karikiert. Das hatte der Herzog erfahren, und es machte ihn so wütend, daß er drohte, er werde Molière dafür zu Tode prügeln. Vorher wollte er aber einer Aufführung des Stückes beiwohnen, das gerade in Saint-Germain gegeben wurde. Montausier war begeistert; nach Theaterschluß ließ er Molière sofort holen, eilte auf den Dichter zu, umarmte und überhäufte ihn mit Anerkennung für sein Stück. Da gerade Essenszeit war, bestellte der Herzog ein zweites Gedeck und bat den überraschten Dichter, sein Gast zu sein. *Montausier trank Molière zu, versicherte ihn seiner ewigen Freundschaft und hielt getreulich Wort.* So der Gewährsmann Saint-Simon (Duc de La Force, *Molière s'est-il assis à table de Louis XIV?*, in: *Historia* 1955, S. 55–58).

Die Protektion des Königs, der Molière gegen seine Rivalen wie gegen Adel und Klerus in Schutz nahm und 1665 seine Schauspielertruppe zur *Troupe du roi* erhob, mag neben anderem dazu beigetragen haben, daß man im König selbst den Verfasser der Komödien sehen wollte, die dann unter Molières Namen auf die Bühne kamen (G. Lenotre, *Molière était-il Louis XIV?*, in: *Historia* 1955, S. 451–53).

Bekannt ist das Wort, mit dem Molière dem Publikum angezeigt haben soll, daß der Präsident de Lamoignon die Aufführung des *Tartuffe* (1664) verboten habe, (Fournier, *a.a.O.*, S. 318 f.): *Der Herr Präsident wünscht nicht, daß man ihn spielt* (Monsieur le président ne veut pas qu'on le joue). Aber es ist einer spanischen Anekdote nachgebildet worden. Gleichwohl hat es Karl Ferdinand Gutzkow in seinem Lustspiel *Das Urbild des Tartüffe* (1844) angebracht.

Unhistorisch ist auch Molières angeblicher Ausspruch (Fournier, *a.a.O.*, S. 320 f.): *Ich nehme das Gute (mein Gut), wo ich es finde* (Je prends mon bien ou je le trouve). Vielmehr hat er mit Bezug auf Cyrano de Bergeracs Komödie *Le pédant joué* (1654), die deutliche Anleihen bei Molières Stücken gemacht hatte, erklärt: *Ich hole mir das Gute (mein Gut) wieder, wo ich es finde* (Je reprend mon bien ou je le trouve).

Bei der vierten Aufführung des *Malade imaginaire* am 17. Februar 1673 wurde der mitwirkende Molière auf der Bühne plötzlich von einem Unwohlsein befallen. Die Vorstellung mußte abgebrochen und der bewußtlose Dichter in aller Eile in seine Wohnung gebracht werden, wo er noch in derselben Nacht starb. Da aber der Sterbende von zwei Nonnen aus dem

Kloster Sainte-Claire in Annecy betreut wurde und das Mutterhaus dieses Ordens zufällig in der Nähe des Staatsgefängnisses Pinerol lag, kam der an sich verdienstvolle Molièreforscher Anatole Loquin zu dem haltlosen Schluß, Molière sei identisch mit dem uns später begegnenden Mann mit der Eisenmaske (Ubalde [Pseudonym für Anatole Loquin], *Le secret du Masque de fer, études sur les dernières années de la vie de J.-B. Poquelin de Molière*, Bordeaux 1883; ferner unter seinem richtigen Namen Anatole Loquin, *Molière à Bordeaux...*, 2 Bde, Paris 1898; *Un secret d'Etat sous Louis XIV...*, Paris 1900).

Mit *Ludwig XIV.* (1643–1715), dem *Sonnenkönig* (Roi de Soleil), verbindet sich zuallererst sein angebliches Wort und Motto *l'Etat c'est moi* (Der Staat bin ich). Aber es scheint sicher, daß er es, in dieser Form jedenfalls, nicht, wie überliefert, am 13. April 1655, als Siebzehnjähriger, vor dem Parlament gesprochen hat. P.-A. Chéruel, *Histoire de l'administration monarchique en France* (Paris 1855, II, S. 32 ff.) sagt: *Hierher* [d. h. in besagte Parlamentssitzung] *versetzt man nach einer verdächtigen Überlieferung die Erzählung von dem Erscheinen Ludwigs XIV. im Parlament im Jagdrock, eine Peitsche in der Hand, und hierhin verlegt man die berüchtigte Antwort auf die Bemerkung des ersten Präsidenten, der das Interesse des Staates hervorhob:* »Ich bin der Staat«. *Statt dieser dramatischen Szene zeigen uns die zuverlässigen Urkunden den König, wie er allerdings dem Parlament Schweigen gebietet, aber ohne einen unverschämten Hochmut zur Schau zu tragen.*

R. Alexandre (*Le musée de la conversation*, 4. Aufl., Paris 1902, S. 294) hat nach den Akten des Geheimen Staatsarchivs das urkundliche Protokoll über die Sitzung des Parlaments vom 13. April 1655 veröffentlicht. Danach besteht kein Zweifel, daß das Wort an diesem Tag nicht gefallen ist. Voltaire schildert zwar den Vorgang im Anhang seines *Siècle de Louis XIV* (Kap. XXV: Particularités et anecdotes), kennt aber noch nicht die pointierte Aussage Ludwigs.

Als die schöne *Marie Mancini*, die Nichte des Kardinals Mazarin, der das Staatsinteresse über das Wohl seiner Familie stellte, sich vom König verabschieden mußte, soll sie die rührenden wie bühnenreifen Worte gesprochen haben (Fournier, *a.a.O.*, S. 269): *Sie lieben mich, Sie sind der König, und ich scheide* (Vous m'aimez, vous êtes roi, et je pars). Doch stellen sie nur eine gelungene Verbesserung der wirklichen Abschiedsworte dar: *Sie weinen, und Sie sind der Herr* (Vous pleurez et vour êtes le maître).

Am 12. Juni 1672 hat die französische Armee, an ihrer Spitze Ludwig XIV., begleitet von den Marschällen Condé und Turenne und dem Minister Louvois, unweit der niederländischen Grenze und der Mündung des Waal, den Rhein überschritten. *Le passage du Rhin par l'armée française sous les yeux de Louis le grand à Tholus* (Die Rheinüberquerung der französischen Armee unter den Augen Ludwigs des Großen bei Tholus) lautet die Inschrift auf einem weißen Marmorrelief im Schloß zu Versailles, die an das Geschehen erinnert. Boileau bot in einer Huldigung die Najaden des Flusses auf, die in überschwenglichen Versen den Heldenmut des Königs besangen, der kühn Sturm, Gewitter und Blitzen die Stirn bietet. Der Schlachtenmaler van der Meulen hat die denkwürdige Tat, die man mit dem Rheinübergang Caesars bei Köln verglich, auf einem figurenreichen und farbenprächtigen Gemälde verewigt.

Sucht man nun den Ort, wo *le passage du Rhin à Tholus*, ein großes Ereignis in französischen Geschichtswerken über das Zeitalter Ludwigs XIV., stattgefunden hat, wird man lange und vergeblich nach Tholus forschen. Der Übergang der Franzosen fand im Süden der Niederlande bei einem Ort Lobith unweit von Arnheim statt. Dort aber fanden sie einen Wegweiser mit der niederländischen Aufschrift *Tolhuis,* was schlicht – Zollhaus bedeutet.

Eine Parallele dazu ist der in den französischen Heeresberichten über die Leipziger Völkerschlacht (16.–18. Oktober 1813) mehrmals genannte *Moulin de Fah,* die Mühle von Fah, wo sich Napoleons Gefechtsstand befand. So las dieses Wort der Kaiser, der kurzsichtig war und die deutsche Sprache nicht beherrschte. Obendrein war ausgerechnet an dieser Stelle die Landkarte gebrochen, so daß man den Buchstaben für ein großes T oder F lesen konnte. Die Abkürzung Tab.Mühle mußte richtig *Tabakmühle* heißen.

Aber Treppenwitze haben bekanntlich ein zähes Leben. Und so ist die windflügelige Tabaksmühle des ehrsamen Meisters Quandt als wohlklingender Moulin de Fah in die französischen Geschichtsbücher eingegangen und hat sich darin bis zum heutigen Tage behauptet, ebenso wie das schlichte holländische Tolhuis = Zollhaus als Tholus.

Als Herzog Philipp von Anjou, der Enkel Ludwigs XIV., sich von seinem Großvater verabschiedete, um als König die Herrschaft in Spanien anzutreten, soll Ludwig gesagt haben: *Il n'y a plus de Pyrénées* (Fortan gibt es keine Pyrenäen mehr), d. h., die Feindschaft zwischen Frankreich und Spanien ist begraben, weil die Länder durch Blutsbande nun eins geworden sind (Fournier, *a.a.O.,* S. 296 ff.).

Aber das Wort ist unhistorisch, wenn auch Voltaire daran festhält. Vielmehr hat der spanische Gesandte bei der Verabschiedung bemerkt, *daß die Reise angenehm würde und die Pyrenäenwege gegenwärtig aufgeweicht seien* (que ce voyage devenait aisé et que présentment les Pyrénées étaient fondue).

Dem englischen Gesandten John Dalrymple, Grafen Stair, soll Ludwig auf Vorstellungen wegen der Erweiterung des Hafens von Mardick geantwortet haben: *Monsieur l'ambassadeur, j'ai toujours été le maître chez moi; quelquesfois chez les autres; ne m'en faites pas souvenir* (Herr Botschafter, ich bin stets der Herr bei mir gewesen; manchmal auch bei anderen; erinnern Sie mich bitte nicht daran). Doch scheint der Ausspruch vom Präsidenten Hénault erfunden und verbreitet worden zu sein. (Fournier, *a.a.O.*, S.311).

Eine Erfindung ist auch die Behauptung, Ludwig XIV. habe die Rechnungen über die Kosten seiner Bauten in Versailles ins Feuer werfen lassen, weil er sich ihrer Höhe schämte. Die Kosten sind riesig übertrieben; auch ist oft vergessen worden, wie lange der König regiert hat. Diese und andere Klatschgeschichten über Ludwig XIV. stammen größtenteils aus den ebenso vergnüglichen wie unzuverlässigen Memoiren des Herzogs von Saint-Simon, der von sich selbst sagt, *qu'il ne s'est nullement piqué d'être impartial* (er habe sich nie darauf versteift, unparteiisch sein zu wollen).

Auf dem Sterbebett soll Ludwig zu Frau von Maintenon gesagt haben: *Wir werden uns bald wiedersehen* (Nous nous reverrons bientôt), worauf sie, sich abwendend, gemurmelt habe: *Ein schönes Rendezvous, das er mir gibt; dieser Mensch hat immer nur sich selbst geliebt* (Voyez le beau rendez-vous qu'il me donne, cet homme-là n'a jamais aimé que lui-même). Auch dieses, sicher erfundene Wort wird von Sain-Simon überliefert.

Eine ebenso berühmte wie verworrene und bis heute umstrittene Geschichte ist die vom *Mann mit der eisernen Maske*, den der neue Gouverneur der Bastille in Paris, de Saint-Mars, bei seinem Antritt am 18. September 1698 als Gefangengen mitbrachte und der am 19. November 1703 plötzlich starb.

Man hat hinter dieser Maske, die übrigens nicht aus Eisen, sondern aus Samt war, mehr als vierzig, überwiegend hoch- oder höchstgestellte Persönlichkeiten vermutet, auch, wie wir oben sahen, Molière. Meist hat man den berühmten Gefangenen, der auf Befehl Ludwigs XIV. sein Gesicht stets mit einer schwarzen Maske bedeckt halten mußte und mit dem keiner sprechen durfte, für den italienischen Grafen Ercole Mattioli gehalten.

Dieser hatte 1678 als Privatsekretär des Herzogs Ferdinand Karls IV. Gonzaga von Mantua dem französischen König in einem Geheimvertrag die Festung Casale verkauft, den Handel jedoch gegen Geld dem Herzog von Savoyen und dem König von Spanien, den gefährlichsten Gegnern Ludwigs, verraten. Darauf ließ Ludwig ihn nach Frankreich locken, gefangennehmen und in das Gefängnis von Pinerol, dem heute in Italien gelegenen Pignerolo, werfen.

Nach seiner Beförderung 1681 zum Gouverneur des Gefängnisses Sainte Marguerite und 1698 zum Gouverneur der Bastille hat Saint-Mars seinen Gefangenen jeweils mitgenommen, bis dieser 1703 starb (Frantz Funck-Brentano, *Légendes et Archives de la Bastille*, Paris 1898).

Gegen diese These wird geltend gemacht, daß bei einem vergleichsweise unbekannten und unbedeutenden Mann wie Mattioli eine Gesichtstarnung unnötig gewesen wäre. Man vermutete daher in dem Gefangenen einen Angehörigen der königlichen Familie. Voltaire *(Mélanges historiques; Siècle de Louis XIV)* will von einem Zwillingsbruder Ludwigs XIV. wissen, den man, um einem Bruderzwist vorzubeugen, erst einer Amme übergeben und dann ins Gefängnis gesteckt habe. Die Maske sollte seine Ähnlichkeit mit seinem regierenden Bruder verdecken. Diese Behauptung hat Saint-Mars, der über die Herkunft seines Gefangenen unterrichtet war, in einem erstmalig 1834 bekannt gewordenen Testament bestätigt. Er hat es zwar mit eigener Hand geschrieben, aber trotzdem werden Echtheit und vor allem Wahrheitsgehalt bestritten. Dumas Père hat diese These dann in seinem Roman *Der Vicomte von Bragelonne* (1847) aufgegriffen.

In jüngerer Zeit hat Vicomte Dominique de Raillicourt als Mann mit der eisernen Maske den Bastardenkel Heinrichs IV. und seiner Geliebten Gabrielle d'Estrées, den 1616 geborenen François de Vendôme, Herzog von Beaufort, identifizieren wollen (*Le Masque de Fer*, in: *Les Cahiers de l'Histoire*, 1960). Er war Führer des Volksaufstandes gegen Mazarin, wurde 1643 in Vincennes inhaftiert, entkam aber sieben Jahre später auf abenteuerliche Weise aus der Haft. Er blieb unbehelligt, weil er unter dem Schutz der Königinmutter Anne d'Autriche stand, deren Liebhaber er gewesen sein soll. Später wurde er als Marineoffizier Kommandeur eines Geschwaders, das die algerischen und tunesischen Seeräuber bekämpfen sollte, und danach Generalkapitän der Seestreitkräfte der katholischen Kirche, die die Venetianer im Kampf gegen den Sultan unterstützten. Seit dem 25. Juni 1669 fehlt jede Spur von ihm; es hieß, er befinde sich in Konstantinopel in Haft; nach anderen soll er in einem Kloster auf Kreta gesehen worden sein.

Es fehlte nicht an Stimmen, die ihn für den Vater Ludwigs XIV. hielten.

Entweder, so folgert Raillicourt, hat Ludwig ihn aus dem Kloster nach Frankreich schaffen lassen oder der Herzog ist freiwillig zurückgekehrt. Hier ist er festgenommen und in Pinerol interniert worden.

Nicht der als Wüstling übel beleumundete *Philipp II. von Orléans*, der für den minderjährigen Ludwig XV. die Regentschaft führte, hat die Zerrüttung der französischen Staatsfinanzen verschuldet, sondern dessen Vorgänger Ludwig XIV. Als dieser am 1. September 1715 starb, hatte sein Land eine Schuldenlast von 2 Milliarden zu tragen. Philipp gab sich alle Mühe, sie zu tilgen, und griff daher begierig den Finanzierungsplan des Schotten John Law auf, der riskante Spekulationen mit Landvergebungen in den französischen Kolonien am Mississippi vorsah. Ein heftiges Spekulationsfieber befiel die ganze Nation; Unzählige setzten ihr Vermögen ein, um Schatzanweisungen und Obligationen zu kaufen. Eine Zeitlang ging alles gut. Als aber die Zinszahlungen ausblieben, setzte der Run auf die Banken ein, so daß diese ihre Schalter schließen mußten, weil ihre Barreserven nicht zur Befriedigung der Gläubiger ausreichten. Das war der »schwarze Freitag« des Jahres 1720. Law, der Verursacher dieses Desasters, mußte vor den über Nacht zu Bettlern gewordenen Spekulanten fliehen. Der gutmütige Regent ließ ihn nach Venedig entkommen und hat ihn bis zu seinem Tode im Jahre 1723 unterstützt.

Die Handlung des historischen Ränkestückes *Adrienne Lecouvreur* von Eugène Scribe und Ernest Legouvé (1849) beruht auf der Legende, daß die Heldin dem Gift der Herzogin von Bouillon zum Opfer gefallen sei, deren Eifersucht durch die Liebe des Marschalls Moritz von Sachsen zur schönen Adrienne bis zur Raserei gesteigert war. Die Herzogin hatte einen jungen Miniaturmaler, den »Abbé« Bouret, mit dem peinlichen Auftrag beehrt, Adrienne Lecouvreur vergiftete Bonbons in die Hand zu spielen. Diese wurde aber von Bouret selbst gewarnt und gerettet. An Bouret, der sie verraten hatte, nahm die Herzogin grausame Rache. Er wurde ins Gefängnis geworfen, mußte dort zunächst drei Monate sitzen, wurde darauf 1730 nochmals festgenommen und schmachtete dann zwanzig Monate im Gefängnis, bis er die ganze Geschichte von den Bonbons für seine Erfindung ausgab. Adrienne selbst war inzwischen an einer vernachlässigten Darmentzündung gestorben, nachdem ihre Beziehungen zum Marschall sich längst abgekühlt hatten.

Jean-Jacques Rousseau (1712–1778) hatte für die *Marquise de Pompadour* Noten geschrieben. Als sie ihm dafür hundert Louisdor schickte, habe er nur das übliche Honorar behalten und den Rest zurückgesandt. Die Anekdote stammt aus gefälschten Briefen der Marquise. In Wahrheit fühlte er sich ihr aufrichtig verpflichtet und hat selbst eine Stelle in der *Neuen Héloise* abgeschwächt, die sie hätte verletzen können. Die Beziehungen der Pompadour zum Neffen Rameaus, wie sie in Albert Emil Brachvogels *Narziss* (1857) geschildert werden, sind völlig unhistorisch.

Seiner zarten Gestalt und seines bartlosen Gesichtes wegen hat Charles Geneviève *Éon de Beaumont*, bekannt unter dem Namen *Chevalier* (oder auch Chevalière) *d'Éon* (1728–1810), jahrzehntelang als Frau gegolten, seitdem er 1755 bei einer geheimen Sendung von Paris nach Sankt Petersburg wiederholt in Frauenkleidung aufgetreten war. 1768 hat der Zweifel über sein Geschlecht in London zu Wetten und Prozessen geführt. Ja, 1777 nach Frankreich zurückgekehrt, mußte er auf Befehl der Regierung weibliche Tracht anlegen. Henri Cain und Armand Silvestre haben 1908 ein Bühnenstück *Le Chevalier d'Éon* (mit der Musik von Rodolphe Berger) auf die Bühne gebracht.

Für die liberalistische Geschichtsschreibung des 19. Jahrhunderts galt als unumstößliche Tatsache, daß von allen französischen Königen der Urenkel und Nachfolger des Sonnenkönigs, Ludwig XV. (1715–1774), der sittlich entartetste war. Träge, gleichgültig, egoistisch, habe er die Regierungsgeschäfte seinen Schmeichlern und den Günstlingen seiner Mätressen überlassen. Gleich einem orientalischen Despoten habe er sich im berüchtigten Versailler »Hirschpark« Orgien hingegeben, unbekümmert um die Nöte des durch Steuererpressungen verarmten Volkes, das die Kosten für diese Lotterwirtschaft aufbringen mußte. Steigende Verschuldung lähmte Handel und Wirtschaft. Politische Fehlgriffe und unglückliche Kriege ließen die einstige Weltgeltung Frankreichs auf den Nullpunkt sinken.

Dieses einseitige Verdammungsurteil geht zu einem großen Teil auf die von Hofklatsch gespeiste Memoirenliteratur und auf Enthüllungs- und Schmähschriften zurück, die später von den Gegnern des *ancien régime* begierig aufgegriffen wurden und auch die Geschichtsschreibung beeinflußten. Selbst für ihre Zeit zuverlässige, wenn auch links orientierte Historiker, wie Louis Blanc, Henri Martin oder Jules Michelet stützten ihre Erkenntnisse auf die überaus verdächtige *Vie privée de Louis XV*....

von Moufle d'Angerville (4 Bde, London 1781) oder die ebenso unzuverlässigen Memoirenfälschungen des ehemaligen Abbé Jean-Louis Soulavie.

Erst die auf gründliches Quellenstudium gestützte unvoreingenommene historische Forschung unseres Jahrhunderts hat das völlig verzerrte und zu einem einzigen Treppenwitz verkommene Bild Ludwigs XV. korrigiert und von wuchernden Legenden befreit.

Pierre Gaxotte (*Ludwig XV. und sein Jahrhundert*, München 1954) stellt dabei die häufig kolportierten Anekdoten richtig: *Keine Geschichte dürfte wohl so oft wiederholt worden sein wie die von dem zutraulichen Rehkitz, das dem kleinen Ludwig XV. aus der Hand fraß und das er einfach totschlug. In keiner Darstellung des jungen Königs fehlt diese Geschichte als Beweis für seine erwachende Perversität ... Die Quelle ... ist immer die gleiche: das Tagebuch ... des Advokaten Barbier, der den Vorfall Ende April 1722 berichtete und behauptete, er hätte sich drei Wochen vorher zugetragen (a.a.O., S. 6).* Barbier war indes nicht Augenzeuge des Vorgangs. Er verkehrte nicht bei Hof und notierte nur, was man sich in Paris erzählte. *Aber gerade für das Jahr 1722 haben wir glücklicherweise einen zuverlässigen Berichter, den Pagen Ludwigs XV., den Marquis de Calvière, der der Gefährte des kleinen Königs war ... Worte und Gesten Ludwigs XV. werden genau von Tag zu Tag und fast von Stunde zu Stunde berichtet. Über den Tod des jungen Rehs berichtet [sein Tagebuch] nichts. Dafür aber liest man unter dem 30. April:* »*Als der König von La Muette ins Schloß zurückkehrte, trat ich an den Wagenschlag. Ein kleines, sehr nettes Rehkitz folgte uns. Es frißt Papier und hat keine Angst, wenn der König neben ihm seine Flinte abschießt.*« *Damit haben wir die Erklärung. Ludwig XV. hatte sicher an dieser harmlosen Knallerei seine Freude. Irgendein Diener hat dann davon erzählt, und von Mund zu Mund gehend, hat die Geschichte unmerklich eine ganz andere Form erhalten ... Alle Handbücher behaupten, daß man Ludwig XV. nichts beibrachte und daß sein Lehrer Fleury [der nachmalige Kardinal und bewährte Minister] die Unterrichtsstunden damit verbrachte, daß er mit ihm Karten spielte. Aber in der Bibliothèque Nationale befinden sich sieben oder acht Bände mit Aufsätzen, Übersetzungen, Geschichten und Maximen, die der König zwischen 1717 und 1723 schrieb oder abschrieb. Ebensooft ist wiederholt worden, Ludwig XV. hätte beim Tode der Frau de Pompadour eine empörende Gefühllosigkeit gezeigt. Als die Leiche seiner Freundin aus Versailles fortgeschafft wurde, stellte er sich ans Fenster, nahm die Uhr aus der Tasche und berechnete, wann der Leichenzug Paris erreichte ... Aber die beiden Kammerdiener, die sich in diesem Augenblick beim König befan-*

den, berichten jeder für sich von dem Schmerz des Königs. Sie sprechen von Seufzern, Tränen, Kummer, anderes erzählen sie nicht. Noch im Jahre 1790 schrieb der eine von ihnen an La Harpe und bestritt energisch, daß sich sein Herr bei dieser Gelegenheit unmenschlich gezeigt habe.

Ludwig XV. wurde immer nur nach den Zeugnissen seiner Feinde beurteilt: in Ungnade gefallener Minister, verärgerter Diener, Pensionäre des Königs von Preußen, bezahlter Pamphletisten, Gegner Frankreichs. Sie sind die Zeugen der Historiker. Was die Romandichter angeht, so haben sie sich die Sache noch leichter gemacht, und wenn auch die Sammlung von Erinnerungen, die Soulavie während der Revolution veröffentlichte, anerkanntermaßen eine Anhäufung von Fälschungen darstellt, die tonnenweise zum Ergötzen des jakobinischen Publikums fabriziert wurden, so sucht man dennoch in den apokryphen Memoiren der Frau de Pompadour, Richelieus, Maurepas' oder d'Aiguillons die anstößigen Einzelheiten und Skandalgeschichten, die den Rohstoff für die landläufige Literatur über den Hof Ludwigs XV. darstellen.   ◆

Auch das Charakterbild, das Gaxotte, gestützt auf Berichte von Augenzeugen, von Ludwig XV. entwirft, zeigt den König als bescheidenen, gutmütigen, seelisch etwas gehemmten, fast bürgerlichen Menschen: Ludwig XV. wurde nur böse, wenn man Tiere mißhandelte... [er] hatte ein gutes Herz (a.a.O., S. 93 f.). Der Herzog von Croy, der intime Freund des Königs, berichtet: Er war der beste Vater, der beste Freund und anständigste Mensch, den es gibt.

Im Feld war er nicht der stolze, unnahbare Herrscher, sondern der ungezwungene Freund der Soldaten, deren Liebe er sofort gewann. Er fand ihnen gegenüber den richtigen Ton und die passenden Worte. Bei der Belagerung von Menin lebte er ganz wie ein niederer Offizier, aß und schlief im Laufgraben. Er war von Natur aus tapfer... Aber Ludwig XV. liebt kein Blutvergießen... Am Abend von Fontenoy zeigt er dem Dauphin das mit Leichen besäte Schlachtfeld. »Sieh«, sagte er, »wie schwer es für ein tapferes Herz ist, den Sieg zu erringen. Auch das Blut unserer Feinde ist Menschenblut. Wahrer Ruhm ist es, es zu schonen.« Man sagt, er wäre faul gewesen: das entspricht nicht den Tatsachen. Er arbeitete viel, aber allein und auf seine Weise... Man stellt ihn immer wieder als stolzen Tyrannen dar. Er sündigt gerade durch das Gegenteil: Mißtrauen gegen sich selbst, Angst, seinen Willen durchzusetzen, allzu große Achtung vor Ansichten, die er nicht billigt... Aber er ist klug, sein Geist ist robust, geschmeidig und schnell. Er kennt Europa. Er hat Sinn und Neigung für Politik. Aber er fürchtet, er könnte sich irren, er traut sich *nichts zu, Bescheidenheit lähmt ihn, und zwanzigmal schweigt er, wo er mit Recht hätte sagen können: »Ich will es« (a.a.O., S. 110f.).*

Wir erfahren auch, was der sagenhafte »Hirschpark« in Wirklichkeit gewesen ist. Gaxotte schreibt darüber (a.a.O., S. 106): *Der »Parc aux Cerfs«: welch absurdes Gerede hat allein dieser Name entstehen lassen! Man phantasiert von einer Art orientalischem Harem, einem Riesenpark, geheimnisvollen Wäldchen, blumigen Wiesen und einem Schwarm unschuldiger Hindinnen, die sich vor einem geilen Monarchen nicht retten können. Welch herrliche Gelegenheit für den Historiker, unnachgiebige Tugend zur Schau zu tragen! Nimmt man der Geschichte, was Gerede und bestellte Empörung zusammengeschleppt haben, bleibt nur wenig von ihr übrig. Der »Hirschpark« war ein Viertel in Versailles, das auf einem früheren Jagdterrain Ludwigs XIII. gebaut wurde. Hier besaß Ludwig XV. ein Haus, das man nicht genau hat qualifizieren können. Es war, wenn man so will, eine Art Junggesellenwohnung, wo er wenig tugendhafte »Damen« empfing und beherbergte. Wir kennen einige dieser Gäste. Sie waren nicht gegen ihren Willen hier erschienen.*

Auch die beiden Geliebten des Königs, die *Marquise de Pompadour* und ihre Nachfolgerin, die *Gräfin Dubarry*, die wie Schwämme Frankreichs Staatseinkommen aufgesaugt und von ihrem Bett aus das Land regiert haben sollen, waren weit besser als ihr meist nur von Literatur und Operette bestimmter schlechter Ruf.

Jeanne Antoinette Poisson, *Marquise de Pompadour* (1721–1764) war nicht nur ehrgeizig, vergnügungs- und verschwendungssüchtig; sie war auch die Schirmherrin der Gelehrten, Philosophen und Künstler. *Wenn die Marquise auch viel Geld ausgibt, sie bereichert sich nicht: als in den letzten Jahren ihre monatliche Pension auf 3000 Livres gekürzt wird, muß sie, um nicht in Schulden zu geraten, einen Teil ihres Schmucks verkaufen, und bei ihrem Tode findet man nur 37 Louis in ihrem Schreibtisch. Von Hause hat sie das Bedürfnis nach genauer Buchführung mitgebracht. Sie führt Buch wie eine reiche und in geordneten Verhältnissen lebende Bürgersfrau, und weit davon entfernt, sich für eine Verschwenderin zu halten, macht sie sich einen Ruhmestitel daraus, zu den billigsten Preisen in den Häusern, die einmal dem König gehören werden, so viele Dinge zusammengetragen zu haben. Und bedeutet die Förderung der Künste nicht Arbeit für die Künstler? ... Ist es ihre Schuld, wenn die Revolution die Wunder, die sie gesammelt hat, plündert, zerstreut oder vernichtet? Fünf Jahre lang, von 1745 bis 1750 war Frau de Pompadour die Geliebte*

des Königs. Vierzehn Jahre lang, bis zu ihrem Tode am 15. April 1764,
blieb sie seine Freundin... Sie litt an Tuberkulose und hat schon früh Blut
gespuckt (Gaxotte, a.a.O., S. 150).

Ebenso verfälscht ist das Bild von Marie Jeanne Bécu, spätere *Gräfin Dubarry* (Du Barry; 1743–1793).

All der Schmutz, der über die Favoritin erzählt wird, ist das gemeinsame Werk der Partei Choiseuls und der Parlamentsmitglieder. Die Herzogin von Gramont [Choiseuls Schwester] *hätte man dem König verziehen, aber daß er eine Grisette als Geliebte nahm, dafür hatte man kein Verständnis... Frau Du Barry ist gut, umgänglich, anspruchslos und nicht nachtragend. Niemandem will sie Böses, sie tut gern einen Gefallen und lacht als erste über die Lieder, die man auf sie macht. Alle Zeugnisse betonen ihre nie ermüdende Wohltätigkeit, ihre Güte und ihr Bemühen, alle Kränkungen schnell zu vergessen. Ihre Freunde verehren sie begeistert...* (Gaxotte, a.a.O., S. 280).

Nach dem Tode des Königs verwies Ludwig XVI. die Dubarry auf Verlangen seiner Gemahlin Marie Antoinette in ihr Landhaus nach Louveciennes, wo sie zurückgezogen lebte, verehrt von der Bevölkerung, deren Wohltäterin sie war, bis die Schreckensherrschaft die *Kurtisane des vormaligen Tyrannen* vor ihr Tribunal zerrte und der Giullotine überantwortete.

Auch über die Entstehung der letzten Krankheit und den Tod Ludwigs XV. sind zahlreiche Anekdoten erzählt worden.

Der König war am 10. Mai 1774 an den Pocken gestorben. Voltaire, der fernab vom Geschehen in seinem Schloß Ferney an der Schweizer Grenze wohnte, erzählt in seinem *Précis du siècle de Louis XV* eine etwas makabre Geschichte. Ende April 1774 sei der König bei einem Ausritt einem Leichenzug begegnet. Die Tote wäre ein an Pocken verstorbenes junges Mädchen gewesen. Von diesem Augenblick an sei der König selbst von dieser Krankheit befallen gewesen.

Louis Petit de Bachaumont, der Verfasser der zu Beginn der Revolution erschienenen, eilfertig kompilierten und wenig zuverlässigen *Mémoires secrets du règne de Louis XV*, führt die Erkrankung des Königs auf ein galantes Abenteuer zurück. Um Ludwig aufzuheitern und auf andere Gedanken zu bringen, habe die Dubarry ihm ein sechzehnjähriges Mädchen zugeführt, das sehr hübsch war, aber bereits den Keim der tödlichen Krankheit in sich trug. Mit ihr habe er den Tod umarmt, denn sie sei drei Tage später an den Pocken gestorben. Nach den noch vorhandenen amtlichen Registern ist in der Zeit vom 20. April bis zum 10. Mai 1774 in

Versailles und Luciennes kein Todesfall eines an Pocken verstorbenen jungen Mädchens verzeichnet, so daß die ganze Geschichte frei erfunden zu sein scheint.

Abbé Soulavie, der nicht am Todesbett des Königs war, will sogar wissen, Ludwig habe im Todeskampf »schreckliche Visionen« gehabt, wie die rächenden Flammen des Fegefeuers seinen vom Fieber der Agonie geschüttelten Körper umloderten. Er habe mit letzter Kraft die Bettdecke von sich geschleudert und nach Weihwasser geschrien, um seinen Körper vor der Glut zu kühlen.

Die Augenzeugen, der Herzog von Croy, Abbé Maudox und die Leibärzte, wissen nichts von diesem schaurigen Totentanz. Sie bestätigen nur, der König sei bis zuletzt bei Bewußtsein gewesen und friedlich eingeschlafen (Conte Maurice Fleury, *Louis XV intime...*, Paris 1911, S. 306–363).

Seit 1889 feiert Frankreich alljährlich den 14. Juli – Quatorze Juillet – als Nationalfest, das die Erinnerung an die *Erstürmung der Bastille* im Jahre 1789 als denkwürdigen Auftakt der Großen Revolution im Volk wachhalten soll. Dabei wissen die wenigsten, daß diese »Heldentat«, die dem Sturz der Monarchie und dem Sieg der Republik als Ouvertüre vorausging, in Wirklichkeit nur ein tragikomischer Treppenwitz gewesen ist; denn das vermeintliche »*Bollwerk der Tyrannei*« ist eher ein fideles Gefängnis gewesen, wie wir es aus der Strauß-Operette *Die Fledermaus* kennen. Ursprünglich königliche Residenz, wurde die Bastille erst unter Heinrich IV. (1589–1610) Staatsgefängnis. *Tritt man an der Hand der gründlichen Forschungen von Frantz Funck-Brentano [Légendes et Archives de la Bastille, Paris 1898] der Geschichte der Bastille näher, so erstaunt man, wie wenig gerechtfertigt der entsetzliche Ruf ist, den Furcht und Unwissenheit ihr angedichtet haben. Daran war in erster Linie das Geheimnis schuld, welches das düstere alte Bauwerk umgab. Es wurde lange Zeit nichts darüber gedruckt und man wagte nur flüsternd darüber zu sprechen. So gesellte sich ein Märchen zu dem anderen, bis die Bastille in Greuelgeschichten förmlich eingesponnen war. »Die Grausamkeiten bestanden nur in der Einbildung des Volkes«, sagt Laharpe, der sie noch gekannt hat. Sie wurden unterstützt und befestigt durch die Erzählungen, welche die Leichtgläubigkeit und der Haß nur zu gern weitertragen* (Max v. Boehn, *Rokoko. Frankreich im XVIII. Jahrhundert*, Berlin 1921, S. 277).

Die Insassen waren – allerdings unfreiwillige – Gäste des Königs, und sie wurden auch dementsprechend behandelt. Sie konnten nach Gefallen die Zelle mit ihrem eigenen Mobiliar einrichten und sogar ihre Dienerschaft mitnehmen. Die Gefangenen, meist Adlige, die auf Antrag ihrer Familien wegen Verschwendung oder anderer Exzesse durch eine vom König ausgefertigte *Lettre de cachet* interniert wurden, erfreuten sich innerhalb des Gefängnisses größter Bewegungsfreiheit. Erwies sich im Lauf der Untersuchung, daß die Inhaftierung zu Unrecht erfolgt war, so wurde der Verhaftete für den vorübergehenden Verlust seiner Freiheit entschädigt.

Seinen furchtbaren Ruf als eines Ortes von Schrecken und Grausen, verdankt dies fidele Gefängnis den Sensationsschriften von Linguet und de Latude, welche die Farben gar nicht dick genug auftragen konnten, um ihre Leser zu fesseln und zu erschüttern. Linguet war ein Advokat, der wegen Preßvergehen und Verleumdung zwei Jahre in der Bastille eingesperrt war. Die Memoiren, die er über diesen Aufenthalt veröffentlicht hat und die von Entstellungen, Unwahrheiten und Übertreibungen wimmeln, fanden einen lebhaften Widerhall bei dem Publikum, das für solche Veröffentlichungen ja stets ein großes Interesse gezeigt hat. Linguet hat Gelegenheit gefunden, einen Vergleich zu ziehen zwischen der Tyrannei des ancien régime, gegen die er so heftig zu Felde gezogen war, und der neuen Freiheit. Als er sich 1792 abermals eine Sprache erlaubte, die den neuen Herren unbequem war, schickten sie ihn nicht in ein Gefängnis, sondern auf die Guillotine (v. Boehn, a.a.O., S. 281).

Am 14. Juli 1789 umlagerte die Bastille eine lärmende und johlende Menschenmenge, in der Hauptsache beutegierige Rowdies, die in der Nacht zuvor das Polizeigebäude ausgeplündert hatten, dazu freigelassene Verbrecher und Unterweltler von Paris. Die Besatzung bestand nur aus alten Invaliden und einem Zug Schweizer. Trotzdem hätte der Gouverneur de Launay das von einem tiefen Wassergraben umgebene massive Gebäude mit seinen Leuten halten können, bis reguläres Militär zum Entsatz anrückte und den Angreifern in den Rücken fiel.

Aber de Launay unternahm nichts. Er war genau so unentschlossen wie der König selbst. Die Menge schoß die starken Ecktürme in Brand, sprengte die Ketten der Zugbrücke, schlug das massive Tor ein und drang in den ersten Hof. Schließlich kapitulierte Launay vor der Straße gegen Zusicherung freien Abzugs. Kaum hat er die Straße betreten, wird er massakriert und seine Leiche durch die Gosse geschleift. Ein Küchenjunge schneidet ihm den Kopf ab, steckt ihn auf eine Pike und trägt ihn an der Spitze einer wilden Horde bis Mitternacht spazieren.

Inzwischen plündert der Pöbel das Gebäude und befreit die Gefangenen. Es sind ganze sieben Häftlinge: vier Urkundenfälscher, ein auf Ersu-

266

chen seiner Angehörigen eingesperrter junger Wüstling und zwei Wahnsinnige. *Die Fälscher empfahlen sich, ohne weitere Erklärungen zu verlangen; der Schüler des Marquis de Sade wurde von den philosophischen Gesellschaften mit großem Gepränge empfangen und hielt dabei rührende Ansprachen gegen Tyrannei und Despotentum; die zuerst mit gleicher Begeisterung gefeierten zwei Wahnsinnigen wurden schließlich am nächsten Tage in das Narrenhaus von Charenton eingeliefert* (Pierre Gaxotte, Die französische Revolution, München 1949, S. 100).

In den Kellern finden die Plünderer unbekannte Werkzeuge, die sie für schreckliche Folterinstrumente halten. Eine mittelalterliche, verrostete Ritterrüstung wird als *Korsett aus Eisen* deklariert, *um einen Menschen an allen Gelenken zu fesseln und ihn unbeweglich zu halten.* Eine vor Jahren beschlagnahmte Druckerpresse galt als *eine nicht minder schreckliche Maschine, die öffentlich ausgestellt wurde, von der jedoch niemand weder den Namen noch die Verwendung angeben konnte.* Die Gebeine von Selbstmördern, die nicht in geweihter Erde lagen, verwandelten sich nun in die *Skelette der unglücklichen Gefangenen, die in ihren Verliesen heimlich umgebracht worden waren.* Des Treppenwitzes durch die Schilderung des wirklich Geschehenen beraubt, nimmt sich die vielgerühmte Erstürmung der Bastille erheblich bescheidener aus.

Die Königin *Marie Antoinette* kümmerte sich nicht im geringsten um die Vorgänge, die sich außerhalb des Versailler Schlosses abspielten. So weigerte sie sich hartnäckig, den einzigen tatkräftigen und einflußreichen Verfechter der Monarchie, den wortstarken Grafen Mirabeau, zu empfangen. Erst den Bemühungen des Fürsten Arenberg und dem Drängen des Grafen Mercy d'Argenteau, des österreichischen Botschafters, gelang es, ihre Abneigung gegen diesen, durch zahlreiche Liebesabenteuer berüchtigten Mann zu überwinden und im Mai 1790 eine Unterredung mit Mirabeau herbeizuführen.

Diese fand unter Ausschluß der Öffentlichkeit im Park von Saint-Cloud statt. Beim Anblick dieses grundhäßlichen Mannes, dessen Gesicht obendrein durch Blatternarben entstellt war, wäre die Königin fast in Ohnmacht gefallen – wie er gleichermaßen von ihrer Schönheit berauscht war. Unter Hinweis auf ein am Wiener Hof übliches Zeremoniell habe er die Königin gebeten, ihm die Hand zum Kuß zu reichen. Als ihm diese Bitte gewährt wurde, habe er begeistert ausgerufen:*Durch diesen Kuß ist die Monarchie gerettet!*

Der Ausspruch ist indes nicht verbürgt. Kaum ein Jahr nach dieser romantischen Begegnung brach Mirabeau auf der Rednerbühne zusammen und starb eine Woche danach.

Das Schicksal der Monarchie nahm unaufhaltsam seinen Lauf. Der unglaublich ungeschickte Fluchtversuch der Königsfamilie im Juni 1791, in einem schwerfälligen Reisewagen durch die Champagne zu den in den Argonnen bereitstehenden Truppen zu gelangen, scheiterte angeblich, weil Ludwig XVI. in Etoges eine reichliche Mahlzeit einnahm, die ihm sein Kammerdiener vorsetzte. Er gab sich so unbekümmert dem Genuß der einzelnen schmackhaft zubereiteten Gerichte hin, daß darüber mehrere Stunden vergingen. Der Reitertrupp, der die Königsfamilie in Varennes erwartete, um sie nach Sainte-Menehould zu geleiten, kehrte dorthin zurück.

Nach einer anderen Version – und diese ist besser verbürgt – war die Flucht des Königs der Nationalversammlung verraten worden, die sofort die Verfolgung der Flüchtigen anordnete. Die Gendarmerie und die Lokalbehörden wurden alarmiert und erhielten Befehl, alle verdächtigen Reisewagen anzuhalten und die Insassen zu verhaften. In Varennes, wo die Flüchtigen im Haus des Krämers Sauce übernachteten, wurden sie von den Häschern eingeholt. Unter starker Bewachung durch Nationalgarde und Kommissare wurde das Königspaar nach Paris zurückgebracht. Es war das Leichenbegängnis der französischen Monarchie ([Theodore] Gosselin Lenotre, *Le Drame de Varennes*, Paris 1905, deutsch Wien 1908; André Castelot, *Varennes*, Paris 1951).

Weit verbreitet ist die Meinung, die Schlagworte *Freiheit, Gleichheit, Brüderlichkeit* (Liberté, Égalité, Fraternité) seien die amtliche Devise der Ersten Republik oder sogar der Großen Revolution gewesen. In Wirklichkeit gab es keinen allgemeinen Wahlspruch während der Revolution.

Die Formel *Freiheit und Brüderlichkeit* ist viel älter, denn sie kommt bereits in einer Proklamation Heinrichs II. vor, mit der dieser 1552 der Bevölkerung der Bistümer Metz, Toul und Verdun ihre Wiedervereinigung mit Frankreich verkündete (Gaxotte, *Histoire de France*, Bd I, Paris 1949).

Der von der Nationalversammlung eingeführte Bürgereid lautete: *Ich schwöre der Nation, dem Gesetz und dem König Treue.* Diese drei Worte wurden fortan als Kopf amtlicher Schriftstücke verwendet, und man kann sie daher als Devise der konstitutionellmonarchischen Regierung von 1789–92 bezeichnen. Nach der Abschaffung des Königtums beschränkte man sich auf die beiden Wörter *Freiheit und Gleichheit*, die noch bis zum

Konsulat in Gebrauch blieben, ohne obligatorisch als amtlicher Wahlspruch anerkannt zu sein. Die Worte *Freiheit, Gleichheit, Brüderlichkeit* finden wir zum erstenmal in einem Erlaß des Jakobinerklubs der Cordeliers vom 21. Juni 1791, wonach die Nationalgardisten künftig ein Metallschild mit dieser Aufschrift auf der Brust tragen sollten. Die Pariser Kommune fügte den Zusatz *oder den Tod* hinzu. Dieser republikanische Gruß mußte an der Straßenfront eines jeden Hauses in großen, weithin lesbaren Buchstaben stehen. Die Todesdrohung wurde durch Befehl vom 13. Germinal des Jahres III (4. April 1795) wieder gestrichen. *Freiheit, Gleichheit, Brüderlichkeit* wurde allmählich zum Schlagwort des Wohlfahrtsausschusses. Unter Weglassung der Brüderlichkeit erlangte die vereinfachte Formel erst während der Zweiten Rupublik (1848–1852) einen freilich nur kurzfristigen amtlichen Charakter. In der Verfassung vom 4. November 1848 heißt es ausdrücklich: *Der Grundsatz der Republik lautet Freiheit, Gleichheit, Brüderlichkeit.*

Die Geschichte der Französischen Revolution ist überreich an gefühlvollen und romantischen, mehr jedoch noch an grausigen Anekdoten, die von dekorativer Wirksamkeit oder eindringlicher Entsetzlichkeit sind.

Am 3. September 1792 fiel die verwitwete Prinzessin *Marie-Thérèse von Lamballe*, geborene Savoyen-Carignan, eine Freundin der Königin, dem Pariser Mob in die Hände. Sie wurde brutal mißhandelt, bis sie zusammenbrach. Dann schnitt man dem bluttriefenden Opfer den Kopf ab und steckte ihn auf eine Pike. Den geschändeten Leib an einem Strick mitschleifend, zogen die Mörder grölend zum Temple, um der dort eingekerkerten königlichen Familie zu zeigen, welches Schicksal sie erwartete.

Soweit ist diese grausige Geschichte historisch beglaubigt. Aber offensichtlich war das der Phantasie noch zu wenig. Denn später erzählte man darüber hinaus, auf dem Zug zum Temple sei man unterwegs in einer Weinhandlung eingekehrt, habe auf das Wohl des Kopfes getrunken und diesem ein Glas Wein in den verkrampften Mund gegossen. Dann wurde ein Friseur geholt, der das blutige Haupt waschen, das aufgelöste Haar aufstecken und dem Gesicht durch Schminke und Puder ein frisches Make-up verleihen mußte.

Die Sterbestunde *Ludwigs XVI.*, dessen Haupt am 21. Januar 1793 unter der Guillotine fiel, hat Charles His, Redakteur des *Républicain français*, mit einem Bonmot verklärt. Er läßt den Abbé Edgeworth auf dem Schafott zum König sagen: *Sohn des heiligen Ludwig, der Himmel wartet auf dich!*

Das nie gesprochene Wort konnten die Pariser noch in der Abendausgabe desselben Tages lesen, und von dort nahm es seinen weiteren Weg. Chateaubriand gibt in seinen *Mémoires d'outre-tombe* (12 Bde, Paris 1849) eine Schilderung der Hinrichtung, obwohl er kein Augenzeuge war. Seinem Bericht liegen die angeblichen Memoiren der Scharfrichterfamilie Sanson zugrunde, ein 1830 erschienenes apokryphes Machwerk, das im wesentlichen aus Auszügen bereits veröffentlichter Memoiren besteht, die ein Stab von Mitarbeitern, zu denen auch Balzac und sein Freund Emile Marco de Saint-Hilaire gehörten, für den Herausgeber L'Héritier in romanhafter Ausschmückung zusammengestoppelt hatte.

Zu den Schauergeschichten zählt auch die Anekdote über Mademoiselle *de Sombreuil*. Die Septembermörder sollen sie angeblich gezwungen haben, ein Glas voll Menschenblut zu trinken, um so das Leben ihres Vaters zu retten. In Wirklichkeit hat sich diese makabre Szene weniger dramatisch abgespielt. Als das tapfere junge Mädchen *durch ihren Mut, ihre Schönheit, ihre Hingebung und ihre Tränen* die Unmenschen entwaffnet hatte und ohnmächtig zusammenzubrechen drohte, reichte ihr ein Revolutionär ein Glas Wasser, in das ein Tropfen Blut seiner verletzten Hand gefallen war.

Eine Erfindung ist zweifellos auch die berühmte und oft nacherzählte Prophezeiung des am 25. September 1792 guillotinierten Dichters *Jacques Cazotte*. Cazotte, der sich mit mystischen und parapsychologischen Studien beschäftigte, soll ein Jahr vor Ausbruch der Revolution neugierigen Damen und Herren der Gesellschaft vorausgesagt haben, daß sie eines gewaltsamen Todes durch Henkershand sterben würden. Die Herzogin von Gramont habe den »Seher« daraufhin gefragt: *Aber einen Beichtvater bewilligen Sie mir doch!* Worauf Cazotte erwiderte: *Nein, Madame. Denn die letzte Person, die mit einem Beichtvater zur Hinrichtung fahren wird, ist der König von Frankreich.*

Fürwahr, eine gruselige Szene, die Dumas in seinen Romanen über die Revolution in dramatischer Form verwertet hat und die auch der englische Romancier Lord Lytton-Bulwer sich in seinem mystischen Roman *Zanoni* (1842) nicht entgehen ließ.

Selbst Arthur Schopenhauer nimmt sie in seiner Abhandlung *Über das Geistersehen und was damit zusammenhängt* als verbürgte Tatsache. Max Kemmerich hat sie ebenfalls geglaubt (*Prophezeiungen*, München 1911), obwohl die angebliche »Vision« Cazottes erst durch Laharpe 1806 erfunden worden ist, also zu einer Zeit, als es keiner übersinnlichen Intuition mehr bedurfte, um längst erfüllte Schicksale »vorauszusagen«.

Zu einem großartigen und ergreifenden Schauspiel ist das *letzte Gastmahl der Girondisten* am Vorabend ihrer Hinrichtung gestaltet worden. Aber es ist eine schlichte Erfindung von Adolphe Thiers (*Histoire de la révolution française*, 4. Aufl., Bd V, S. 460), erweitert und dramatisiert von Charles Nodier (*Œuvres complètes*, Bd XI: *Notes historiques*, S. 182 f.) und farbenprächtig verschönert von Alphonse de Lamartine (*Histoire des Girondins* 47,20): *Erlesene Speisen, seltene Weine, kostbare Blumen, zahlreiche Kerzen bedeckten den eichenen Gefängnistisch. Es war der Luxus des letzten Lebewohls, die Verschwendung der Sterbenden, die nicht mehr für den nächsten Tag zu sorgen brauchen. Sie aßen und tranken mit Appetit, aber mäßig. Vor der Tür hörte man das Klappern der Teller und das Klingen der Gläser, das nur selten durch eine schwache gedämpfte Unterhaltung unterbrochen wurde. Es waren schweigsame Tischgenossen, die ihren letzten Hunger stillten. Als die Speisen abgetragen waren und nur Obst, Flaschen und Blumen auf dem Tisch standen, belebte sich allmählich die Unterhaltung, wurde lauter und ernster wie das Gespräch unbekümmerter Männer, denen das Feuer des Weins Zunge und Gedanken löst.*

Die Wirklichkeit sah allerdings viel nüchterner aus. Bailleul, der ihnen das Totenmahl besorgt haben soll, war nicht in Paris untergetaucht, sondern befand sich wie seine Gefährten im Gefängnis, wo er noch fünf Monate nach der Hinrichtung der zwanzig Girondisten (31. Oktober 1793) blieb. Tag und Stunde der Exekution waren ihnen vorher nicht bekannt, denn den Befehl dazu hat der Konvent erst am Morgen des 30. Oktober erlassen. Daß kein – auch nicht das einfachste – Mahl stattgefunden hat, geht aus den *Mémoires d'un détenu pour servir à l'histoire de la tyrannie de Robespierre* hervor, dessen Verfasser Riouffe mit den Girondisten im Gefängnis saß und nach Robespierres Sturz freikam, und wird außerdem noch durch das *Bulletin du Tribunal révolutionnaire* bestätigt. Überhaupt wäre die Beschaffung der erlesenen Speisen und Weine an sich unmöglich gewesen, denn damals herrschte in Paris bitterste Hungersnot.

Daß die Verurteilten auf der Fahrt zum Schafott die Marseillaise angestimmt haben und aufrecht wie abgeklärte Philosophen gestorben sind, ist gleichfalls eine Erfindung Lamartines (*a.a.O.*, 47,24).

Maximilian Marie Isidore de Robespierre (1758–1794) ist von Hans von Hentig (*Robespierre. Studien zur Psycho-Pathologie des Machttriebes*, Stuttgart 1924) zu den Timiden gerechnet worden. Danach war der Schrekkensmann eine durch eine ungewöhnliche Welle emporgehobene kleine Neidnatur, den als feige Versagenden eine zweite Welle verschlang. Etwas karikiert scheint das landläufige Bild Robespierres allerdings zu sein, da ihm nach seinem Tod viele Grausamkeiten und Schändlichkeiten in die Schuhe geschoben worden sein mögen, an denen andere schuld waren. *Insbesondere ist der mit Sichtung und Herausgabe von Robespierres hinterlassenen Papieren beauftragte Konventsdeputierte Courtois mit einer Parteilichkeit und Gewissenlosigkeit zu Werke gegangen, über die verschiedene Meinungen niemals bestanden haben und niemals bestehen konnten*... Erst später erkannte man, *daß Courtois auch vor direkten Fälschungen nicht zurückgeschreckt ist* (Julius Eckardt, *Figuren und Ansichten der Pariser Schreckenszeit [1791–1794]*, Leipzig 1893, S. 9).

Das berüchtigte Gesetz vom 30. Oktober 1793, wonach das Verfahren gegen einen Angeklagten abgeschlossen werden konnte, sobald sich die Geschworenen für genügend unterrichtet erklärten, rührt nicht von Robespierre her, sondern von Osselin. Vielmehr war es Robespierre zu danken, daß die Bestimmung hineinkam, *nicht vor Ablauf von drei Tagen*. Es ist daher nur eine »poetische« Gerechtigkeit, wenn man, weil dieses Gesetz auch gegen ihn angewendet wurde, von ihm wie von Charondas (6. Jahrhundert v. Chr.) erzählt, *er starb durch sein eigenes Kind*.

Als Beispiel dafür, wie die Geschichte plump den Anschluß versäumt, darf der 9. Thermidor des Jahres II der Französischen Reupublik (27. Juli 1794) gelten. Zu ebender Stunde, da Robespierre im Konvent zusammenbricht, bewegt sich ein Zug von sechzig oder achtzig Verurteilten zum Richtplatz. Als er in die Rue Saint-Honoré einbiegt, trifft er auf eine Ansammlung von Leuten, denen die Vorgänge im Konvent schon bekannt sind. Sie versuchen die Gefangenen zu befreien. Da kommt der betrunkene, soeben abgesetzte, aber noch nicht verhaftete General der Nationalgarde Henriot mit einem Reiterschwarm dazu und erhält der Guillotine ihre Opfer. Der Henker Sanson ließ anfragen, ob man die Hinrichtung der veränderten Umstände wegen nicht aufschieben solle. Aber der Staatsanwalt Fouquier-Tinville befahl, der »Gerechtigkeit« freien Lauf zu lassen.

Daß der Dichter André Chénier unter jenen Gemordeten gewesen sei, ist ein Irrtum. Sein Haupt war schon am 7. Thermidor (25. Juli) gefallen. Am 10. Thermidor wurde Henriot mit Robespierre und anderen zusammen guillotiniert, Fouquier folgte ihnen am 5. Mai 1795 nach.

Anerkannt wird jetzt, daß Robespierre bei oder nach seinem Sturz nicht versucht hat, Selbstmord zu begehen, wie Thiers angibt, sondern daß der siebzehnjährige Gendarm Merda ihm durch einen Schuß die Kinnlade zerschmetterte. Falsch ist auch, Robespierre sei wegen seiner Grausamkeit gestürzt worden. Seine Gegner waren mindestens ebenso schlecht wie er: der scheußliche Carrier, der in Nantes wie ein Teufel gehaust hatte, ging, als der zu sprechen Unfähige nach dem Richtplatz gefahren wurde, neben dem Karren her und rief: *Nieder mit dem Tyrannen!* Gestürzt haben Robespierre seine Gesetze: das *Maximum*, das die Bauern zwang, Getreide und Vieh zu einem von der Regierung festgesetzten Preis in Assignaten zu verkaufen (aufgehoben am 24. Dezember 1794) und das Verbot des Umlaufs von Metallgeld (vom 11. April 1783, aufgehoben am 25. April 1795).

Eine revolutionäre Legende ist es auch, daß die französischen *Freiwilligen* (1791–1794) die Alliierten zurückgetrieben hätten. Der für die Franzosen glückliche Ausgang des Krieges war der Lauheit der Verbündeten zuzuschreiben, deren Augenmerk mehr auf Polen gerichtet war, das 1793 und 1795 seine beiden letzten Teilungen erfuhr. Jene Freiwilligen hielten keine Zucht, sie beschimpften und plünderten die, die sie beschützen sollten. Da sie ihre Offiziere zum Teil selbst wählten, gelangte zu dieser Ehre, wer am besten schmeicheln, schwatzen oder saufen konnte. Abgesehen davon waren diese Truppen nicht einsatzfähig, weil ihre Ausrüstung und Bekleidung höchst mangelhaft war. Die spätere *Levée en masse* hatte keine besseren Ergebnisse (Camille-Félix-Michel Rousset, *Les Volontaires, 1791–1794*, Paris 1870).

Stark verzeichnet, bei uns namentlich durch Georg Büchners Drama *Dantons Tod* (1835), ist das landläufige Bild von Georges-Jacques *Danton* (1759–1794).
In Bronze gegossen, beweihräuchert und von einer ganzen Schule von Historikern heilig gesprochen, galt Danton während 25 bis 30 Jahren als die schönste Verkörperung des revolutionären Patriotismus und der wahren Vaterlandsliebe. Er ist für seine Anbeter der »glühende und soldatische Staatsmann, der davon träumt, das jahrhundertealte Werk der toten Monarchie zu vollenden... der kühne Mann, der Legionen Freiwilliger aus dem Heimatboden stampft, der unnachgiebige Demagoge, der den Kampf bis zum Letzten verkörpert.« Das ist die Legende. Die Wirklichkeit sieht anders aus. So urteilt Gaxotte (a.a.O., S. 197) und fährt fort (S. 197 f.):
Danton, der seit 2 Jahren Advokat war, befand sich 1789 in einer sehr

mißlichen finanziellen Lage. Stark verschuldet, dabei große Ansprüche an das Leben stellend und seinem tyrannischen Temperament ganz ausgeliefert, stürzt er sich in die Revolution wie ein Schnitter ins Ährenfeld. Von brutaler Beredsamkeit, mit einem Bullenbeißergesicht und stark ausgeprägtem Mund, wird er der Mirabeau der Kanaille ... Während dreier Jahre bearbeitet er die niederen Schichten und zieht eine ganze Kette von Abenteurern und verkrachten Existenzen hinter sich einher, mit denen er an allen Agitationen und Komplotts teilnimmt. In seiner unverschämten und käuflichen Skrupellosigkeit sichert er sich nach mehreren Seiten und nimmt von England, vom Duc d'Orléans und vom königlichen Hof Geld. Die einen bezahlen ihn, damit er zu Unruhen treibt, die anderen, damit er davor warnt. Für ihn ist Demagogie ein Handwerk ohne daß er selbst daran glaubt ... In einem Ministerium der arrivierten Schreiber stellt er den modernen Typ des gewinnsüchtigen, skeptischen und genußsüchtigen Politikers dar, der die Macht liebt und sich ihrer zu bedienen versteht.

Sehr stark hat die Menschen das bis heute nicht mit Sicherheit geklärte Schicksal des Sohnes Ludwigs XVI., Louis Charles, nominell *Ludwig XVII.* (1785–1795), bewegt. Nach der Hinrichtung der Eltern befanden sich die Kinder, Prinzessin Marie Thérèse, Madame Royale genannt, und ihr Bruder, der Dauphin, weiterhin im Temple im Gewahrsam des Konvents. Während die Prinzessin in den ehemaligen Räumen der Königsfamilie in Einzelhaft blieb, wurde Ludwig der Obhut der Familie des Jakobiners Simon anvertraut. Antoine Simon, gelernter Schuhmacher, bekleidete seit der Inhaftierung der Königsfamilie die Hausmeisterstelle im Temple und kümmerte sich mit seiner zweiten Frau Marie-Jeanne Aladame um den kleinen Louis Capet, wie der Thronaspirant nun offiziell hieß.

Zumindest stark übertrieben scheinen die oft rührseligen Geschichten royalistischer Schriftsteller über die Mißhandlung des zarten, verschüchterten Königssohnes durch den rohen Schuster Simon. Die eigene Schwester, deren Zimmer sich unmittelbar über der Wohnung der Simons befand und die über alle Vorkommnisse im Temple genau Tagebuch führte, hörte ihren Bruder zwar singen und lachen, aber nie weinen. Und Frau Simon muß dem kleinen Dauphin eine sehr gute Pflegemutter gewesen sein ([Theodore] Gosselin Lenôtre, *Paris révolutionnaire, vieilles maisons, vieux papiers*, 5 Bde, Paris 1900–1924, Bd II).

Am 19. Januar 1794 zog die Familie Simon um in einen anderen Trakt des Temple. Bei dieser Gelegenheit soll der Königssohn gegen einen etwas älteren, taubstummen und kranken Jungen ausgetauscht worden und entführt worden sein. Der im Temple befindliche Junge ist dann am 8. Juni 1795 gestorben. Da die Simons bereits am 18. Juni 1794 den Temple verlassen hatten und der neue Hausmeister den Dauphin nicht kannte; da die Schwester, Prinzessin Marie Thérèse, ihren Bruder nicht wiedergesehen hat und schließlich die Leiche von Kommissaren identifiziert wurde, die den echten Dauphin nie gesehen hatten, konnte man die Identität des Verstorbenen mit Ludwig nicht mit Sicherheit beweisen.

Das aber leistete den Gerüchten Vorschub, Ludwig sei nicht der am 8. Juni 1795 Verstorbene und in einem Massengrab auf dem Friedhof von Sainte-Marguerite Begrabene. So konnte es nicht ausbleiben, daß sich mehr als ein Dutzend Schwindler und Abenteurer für den richtigen Ludwig ausgaben.

Besonderes Gewicht fand der Ausspruch des deutschen Karl Wilhelm *Naundorf(f)*, dessen Nachkommen noch heute in Frankreich leben und mit gerichtlicher Zustimmung den Namen de Bourbon führen. Das umfangreiche Aktenmaterial, das sich im Geheimen Staatsarchiv in Berlin-Dahlem befindet, ist Anfang dieses Jahrhunderts vom damaligen Direktor des Staatsarchivs von Brandenburg/Havel, Otto Tschirch, durchgearbeitet und kritisch gewürdigt worden (*Die Naundorff-Legende. Darstellung und Kritik*. In: *Historische Zeitschrift* 106 [1911], S. 535–599).

Tschirch kam dabei zu dem wohl noch heute gültigen Schluß (*a.a.O.*, S. 599): *Mit zwingender Notwendigkeit hat sich uns aus der Kritik des Naundorffschen Flüchtlingsromans, der Brandenburger Gerichtsakten, aus der Entwicklungsgeschichte der Prätendentenlegende die Annahme ergeben, daß Naundorff ein verschlagener Schwindler war, der den frommen Glauben der Royalisten benutzte, um sich und seiner Familie ein materiell gesichertes Leben zu verschaffen.*

Vielleicht war Naundorff in Wirklichkeit der fahnenflüchtige Soldat Karl Benjamin Werg vom Infanterieregiment v. Thadden, das 1796–99 in Halle an der Saale in Garnison stand (G. de Manteyer, *Les faux Louis XVII*, 2 Bde, Paris 1926).

Du mehr als Mensch, im Schlimmen wie im Guten heißt es in Byrons *Ode to Bonaparte* von 1814; und entsprechend ist *das Wundersamste aller Heldenleben* (Goethe) von Biographen, Dichtern und Malern geschildert worden: Napoleon, eigentlich Napolione Buonaparte (1769–1821), erscheint als Genie oder Dämon, als Volksbefreier oder Tyrann; er wird maßlos bewundert oder abgrundtief gehaßt.

Sein historisches Erscheinungsbild ist in vielem durch einen fast undurchdringlichen Kranz von Legenden und Anekdoten überwuchert (J. Dechamps, *Sur la légende napoléonienne*, Paris 1931; L. Salvatorelli, *Leggenda e realtá di Napoleone*, 2. Aufl., Turin 1960).

Viel hat Napoleon schon zu seinen Lebzeiten selbst zur Legendenbildung beigetragen. So schreibt die Gräfin Claire de Rémusat, Palastdame der Kaiserin Josephine in ihren *Mémoires* (3 Bde, Paris 1880) über die Art, wie offizielle Bulletins zustandekamen:

Napoleon gefiel sich darin, nachträglich in seinen Berichten gewisse Umstände zu erfinden, durch welche er Eindruck machen wollte... Es passierte ihm, je nach dem Grade von Rücksicht, die er seinen Untergebenen zuteil werden ließ, oder je nach dem Grade des Vertrauens, das sie ihm einflößten, gewisse Siege zu verschweigen oder irgendeinen Fehler irgendeines Marschalls in einen Erfolg zu verwandeln. Mitunter erfuhr ein General durch ein Bulletin eine Schlacht, die er niemals geschlagen, oder eine Rede, die er niemals gehalten hatte. Ein anderer sah sich plötzlich in den Zeitungen mit Lob überschüttet und suchte vergeblich nach der Ursache, aus welcher er es verdient hätte. Man tat Einsprache gegen die Verschweigung oder Entstellung; aber wie sollte man auf das zurückkommen, was schon vergangen, gelesen und durch neuere Nachrichten überholt war! Denn die Schnelligkeit Napoleons im Kriege lehrte jeden Tag etwas Neues. Dann legte er demjenigen, der reklamiert hatte, Stillschweigen auf, oder, wenn es ihm nötig schien, den Beteiligten zu versöhnen, so gab er ihm eine Summe Geld oder die Erlaubnis zu plündern, eine Kontribution zu erheben, und so endigte der Streit.

Mehr als Napoleons eigenes Handeln jedoch wirkten Werke wie die angeblich authentischen Erinnerungen seines langjährigen Kammerdieners Constant Wairy (*Mémoires de Constant, premier valet de chambre de l'empereur, sur la vie privée de Napoléon*, hrsg. v. Charles-Maxime Villemarest, 6 Bde, Paris 1830) oder die *Mémoires de Napoléon de Bonaparte* (4 Bde, Paris 1834) des durch zahlreiche Memoirenfälschungen bekannten Barons Etienne-Leon de la Mothe-Langon.

Viele Gemälde und Stiche verherrlichen die Szene, wie General Bonaparte, die flatternde Trikolore in der linken Hand, den gezückten Degen in der rechten, seine Grenadiere auf der *Brücke von Arcole* (15. bis 17. November 1796) zum Angriff gegen die Österreicher führt.

In Wirklichkeit hat sich diese Geschichte ganz anders abgespielt. Die Brücke von Arcole (nach der eine Pariser Seinebrücke benannt ist) wurde von den Österreichern hartnäckig verteidigt, so daß Augereaus Angriff abgewiesen wurde. Vielleicht hat dieser General eine Fahne bis zur Brücke getragen, um seine Soldaten anzufeuern. Als der Kampf ins Stocken geriet, erschien Bonaparte und versuchte die Truppe durch eine Ansprache zum Vormarsch auf die Brücke zu bewegen. Dabei wäre der General – so berichtet Marmont (*Mémoires du marechal Marmont, duc de Raguse, de 1792 à 1841...*, 9 Bde, Paris 1857) als Augenzeuge – fast in Gefangenschaft geraten. Sein Pferd blieb im Sumpf stecken, und er konnte nur durch die vereinten Anstrengungen seines Bruders Louis, Marmonts und zweier Unteroffiziere gerettet werden.

Als François Gros im Februar 1797 den Obergeneral in Mailand malen wollte, nahm Josephine ihren ungeduldigen Mann wie ein zappeliges Kind auf den Schoß und gab ihm eine Fahne in die Hand, damit er etwas zu tun hatte. So entstand das berühmte Gemälde, das als originalgetreues Bildnis des damals achtundzwanzigjährigen Bonaparte auch ikonographischen Wert besitzt.

Über die Ikonographie berichtet der Maler Gros selbst in einem Brief (mitgeteilt von Armand Dayot, *Napoleon I. in Wort und Bild*, Leipzig 1896, S. 39–42) und Marie-Clamans de Lavalette in seinen *Mémoires et souvenirs*, deutsche Ausgabe in 6 Bdn, Leipzig 1832, Bd I).

Andere solcher »historischen« Bilder hat Napoleon selbst bestellt, so »Napoleon berührt die Pestkranken von Jaffa« (Gros), was er tunlichst hat bleiben lassen. Ein anderes Bild dieser Art (Louis David) heißt »Napoleon überschreitet den Sankt Bernhard auf einem sich bäumenden Rosse im Schneegestöber« – in Wirklichkeit herrschte das schönste Wetter, und er selbst berichtet in seinen Memoiren von St. Helena, daß er sich an den schwierigen Stellen vernünftigerweise eines Maulesels bedient habe, der ihm von dem Prior eines Klosters als der sicherste im ganzen Lande empfohlen worden war. Allerdings hätte sich dieser Ritt auf einem Maulesel gemalt weniger gut ausgenommen.

Die Friedensverhandlungen im Schloß *Campo Formio* (Campoformido; 1.–18. 10. 1797) zogen sich in die Länge. Bonapartes Gegenspieler war Graf Ludwig Cobenzl, ein kluger und bewährter Diplomat, der fast sechzehn Jahre lang Botschafter am Zarenhof gewesen war. Viel Zeit verging mit dem Notenwechsel zwischen Wien und Paris. Bonaparte, der rasch zum Ziel kommen wollte, gebärdete sich wie ein gereizter Tiger. Die langwierigen Verhandlungen, die sich oft bis in die Nachtstunden hineinzogen, zehrten an seinen Nerven. Am 11. Oktober fand die letzte entscheidende Sitzung statt, in der die endgültige Formulierung der Friedensurkunde zur Debatte stand. Napoleon ließ sich dabei zu wütenden Zornesausbrüchen hinreißen, so daß er auf den vornehmen und beherrschten österreichischen

Aristokraten den Eindruck eines Wahnsinnigen machte. Kein Wunder, denn um wach zu bleiben und sich aufzuputschen, trank er ein Glas Punsch nach dem anderen, so daß er schließlich fast betrunken war. Als er sich immer noch nicht mit seinem Partner Cobenzl einigen konnte, soll er – wie er in seinen Memoiren behauptet und was er auch Las Cases erzählt – in seiner Wut ein kostbares Porzellanservice, ein Geschenk der Kaiserin Katharina an den österreichischen Botschafter, ergriffen und mit den Worten *Gut, so ist der Waffenstillstand also gebrochen und der Krieg erklärt. Aber denken Sie daran, daß ich, bevor der Herbst zu Ende geht, Ihre Monarchie genauso zerschmettern werde wie dieses Porzellan* das Geschirr auf den Boden geworfen haben, wo es zerschellte.

Aber die Szene, die in viele französische und ausländische Geschichtswerke eingegangen ist, hat sich in Wirklichkeit nie zugetragen. Cobenzl als Augenzeuge weiß nichts davon, er berichtet nur lakonisch: *Bonaparte benahm sich wie ein Wahnsinniger.* Wahrscheinlich hat der General, als er in seinem Rauschzustand mit unsicherer Hand den Hut aufsetzen wollte, ein auf dem Kamin oder Tisch stehendes Porzellangefäß umgeworfen und zerbrochen, nachdem er vorher noch seinen Namen mit unleserlichen Schriftzügen unter das Protokoll gekritzelt hatte. *Noch beim Hinausgehen und auf der Straße hörte man ihn in einer Weise schimpfen, die nur seinem Rauschzustand zuzuschreiben ist,* erzählt Cobenzl (Louis Madelin, *Histoire du Consulat et de L'Empire*, Bd II, Paris 1937, S. 194; Friedrich Max Kircheisen, *Napoleon I. Sein Leben und seine Zeit*, 9 Bde, München-Leipzig 1911–34, Bd II, S. 418 f.; ferner *Napoleon, Die Memoiren seines Lebens*, Bd II, Hamburg o. J., S. 254).

In der Schlacht vor den Toren Kairos, in der Bonaparte am 21. Juli 1798 die Mamluken Murad Beys besiegte, *hatte Napoleon, auf die Pyramiden deutend, seinen Soldaten zugerufen: »Bedenkt, daß von der Höhe dieser Denkmäler vierzig Jahrhunderte auf euch herabschauen.«* So hat der Kaiser auf Sankt Helena dem General Bertrand bei der Abfassung seiner Memoiren in die Feder diktiert (*Memoiren*, Bd II, S. 387; Kircheisen, a.a.O., Bd III, S. 362; Madelin, a.a.O., Bd II, S. 239).

Der Kunsthistoriker und Louvredirektor Vivant Denon bestätigt den Wortlaut dieses klassischen Ausspruchs in seinem *Voyage dans la Basse et la Haute l'Égypte...* (Paris 1802). *Aus dieser Quelle scheinen alle späteren Geschichtsschreiber geschöpft zu haben... Der Verfasser aber war nicht einmal Augenzeuge der Schlacht bei den Pyramiden, denn er befand sich um jene Zeit beim General Menou in Rosette!* (Kircheisen).

Das berühmte Wort ist aber doch gefallen, und zwar bei einer anderen

Gelegenheit, wo es viel eher angebracht war. Nach den freilich erst viele Jahre später verfaßten Memoiren des Hauptmanns Perrimond hat Napoleon mit einigen Gelehrten am 12. August 1798 die Ruinen von Memphis und anschließend die Cheopspyramide besucht. Hier, auf einem Granitsarkophag sitzend, erzählt der damals einundzwanzigjährige Offizier als Augenzeuge, habe Napoleon angesichts der unzerstörbaren Steinmassen, an denen die Zeit abpralle, den Gedanken geäußert: *Du haut de ces pyramides quarante siècles vous contemplent* (*Köln. Zeitung* vom 24. Dezember 1904).

Nach Napoleons Staatsstreich am 18./19. Brumaire (9./10. November) 1799 soll Abbé Emmanuel Joseph Sieyès sich über ihn wie folgt geäußert haben: *Meine Herren, wir haben einen Herrn; dieser junge Mann macht alles, kann alles und will alles* (Messieurs, nous avons un maître; ce jeune homme fait tout, peut tout et veut tout). Aber Sieyès hat immer beteuert, er habe dieses Wort ebensowenig gesagt wie das andere, das er als Antwort auf die Frage, was er während der Schreckensherrschaft getan, geäußert haben soll: *Ich habe gelebt* (J'ai vécu; vgl. Fournier, *a.a.O.*, S. 388 ff.).

Über *Napoleons Krönung* zum Kaiser der Franzosen am 2. Dezember 1804 durch Papst Pius VII. sind Anekdoten erdichtet worden, die eine Berichtigung verlangen.

So soll Napoleon dem bestürzten Papst die geweihte Krone – sie bestand nach römischem Vorbild aus einem goldenen Lorbeerkranz – aus der Hand gerissen und sich selbst aufs Haupt gesetzt haben. Viele Historiker haben diese Handlung als einen eigenmächtigen Verstoß Napoleons gegen das Krönungszeremoniell aufgefaßt, als wollte er die Krone, die ihm das französische Volk angetragen hatte, nicht aus der Hand des Papstes empfangen, um sie nicht durch die Gnade Gottes, sondern aus eigener Kraft und eigenem Verdienst zu tragen. In Wirklichkeit lag die Sache viel einfacher und nüchterner. Kircheisen (*a.a.O.*, Bd VI, S. 36 f.) betont, daß die Krönungsfrage schon vorher im Staatsrat erörtert wurde, und zwar auf Vorschlag des Ministers Cambacérès, der sich dazu folgendermaßen äußerte: *Wenn er [der Papst] kommen wird, um die Krone aufzusetzen, würde es ein großer Fehler sein! Wollen Sie diese bedauerliche Einrichtung wieder erstehen lassen, die den Päpsten das Recht verleiht, Kronen zu nehmen und zu verleihen? ... Der Papst kann nicht kommen, um den Kaiser zu krönen, denn er hat ihn bereits anerkannt. Meiner Ansicht nach muß der Kaiser mit der Krone auf dem Haupte zur Feier kommen. Er [der Papst] nimmt sie ab, wenn er sich vor Gott verneigt, und segnet sie. Dann setzt der Kaiser sich die Krone wieder selbst aufs Haupt.*

Cambacérès' Antrag sollte unmißverständlich zum Ausdruck bringen, daß der Kirche keine Gewalt über den Staat und über das Staatsoberhaupt zustehe, worauf die Kurie im Mittelalter Anspruch erhoben hatte. Der Vorschlag wurde einstimmig angenommen und protokolliert. Pius VII. war dieser Beschluß bereits vor der Krönung bekannt, und er hatte sich damit einverstanden erklärt.

Die unrichtige Anekdote ist wohl dem Bericht nachgebildet, den Voltaire über die Krönung Karls XII. von Schweden gibt. Frau von Rémusat erzählt in ihren Memoiren: *Als er bald darauf erschien, kam er uns bei seiner kleinen Statur in den weiten Gewändern, namentlich in dem schweren Krönungsmantel, ein wenig gedrückt vor; aber als er aus den Händen des Papstes die Krone (den goldenen Lorbeerkranz) empfing und sich selbst aufsetzte, hatte er unleugbar etwas Majestätisches; er sah mit seinem marmorblassen Antlitz aus wie ein antiker Imperator.*

Aus der im ganzen dem Kaiser übelwollenden Tendenz der Memoiren darf man schließen, daß Frau von Rémusat den häßlichen Auftritt erwähnt hätte, falls er sich wirklich zugetragen hätte.

Das Zepter, das Napoleon bei der Krönung in der Hand hielt, soll der Taktstock eines Kapellmeisters aus dem 18. Jahrhundert gewesen sein, den Denon zufällig im Louvre gefunden und als authentisches Zepter Karls des Großen ausgegeben hatte.

Das haben die Feinde Napoleons behauptet, um den feierlichen Akt als Possenspiel lächerlich zu machen. In Wirklichkeit war das Zepter aus reinem Silber, eine Neuanfertigung des Juweliers Odiot. Es bestand aus einem von einer goldenen Schlange umringelten Stab, der eine Erdkugel krönte, auf der Karl der Große auf einem Thron saß.

> Napoleon sah einen roten Mann
> Vor jedem wichtgen Ereignis

heißt es bei Heinrich Heine (*Deutschland. Ein Wintermärchen*, VI). Es ist viel gerätselt worden über den *petit homme rouge*, bei dessen Treffen mit dem Kaiser nur der Generalstabschef Marschall Berthier anwesend sein durfte. Dieser kleine rothaarige Mann war *Charles* (Karl Johann) *Schulmeister* (1770–1853), Schmuggler, Marketender und seit 1805 Spion für Napolcon. Seinem Wirken hat Napoleon viel bei der Kapitulation der Armee von Feldmarschalleutnant Freiherr von Mack in Ulm am 18. Oktober 1805 zu verdanken.

Der listige »rote Mann« bewährte sich auch weiterhin. Während der

Besetzung Wiens 1805 und 1809 sowie Berlins 1806/07 war er als General-kommissar Polizeichef. Napoleon verlieh ihm die ertragreiche Senatorei Poppelsdorf bei Bonn. 1814 geriet er in die Hände der Preußen, die ihn nach Wesel brachten und ihn erst erschießen wollten, nach kurzer Gefangenschaft aber wieder laufen ließen. Er kehrte nach Straßburg zurück und lebte dort in bescheidenen Verhältnissen, obwohl sein Sohn Direktor der Bank von Frankreich wurde (K. Erhard, *Charles Schulmeister, Generalkommissar*... In: *Jahresbericht des Bischöfl. Gymnasiums St. Stephan in Straßburg*, 1898; Paul Muller, *L'Espionnage militaire sous Napoléon Ier: Ch. Schulmeister*, Paris 1896).

Eine Episode aus der *Schlacht von Austerlitz* am 2. Dezember 1805, die im offiziellen Heeresbericht ausdrücklich erwähnt ist, steht in fast allen Geschichtswerken, obwohl sie sich in der geschilderten Form unmöglich zugetragen haben kann.

Die betreffende Stelle im 30. Bulletin der Großen Armee hat folgenden Wortlaut: *Das feindliche Korps, das umzingelt und von allen Höhen geworfen war, geriet in eine Niederung und wurde an einen See gedrängt. Der Kaiser begab sich mit 20 Kanonen dorthin. Das Korps wurde aus allen Stellungen geworfen, und man gewahrte das furchtbare Schauspiel, wie man es bei Abukir gesehen hatte. 20 000 Mann stürzten sich ins Wasser und ertranken in den Seen. Aus der Mitte der riesigen Seen hörte man die Schreie der Tausende von Menschen, die nicht mehr gerettet werden konnten.*

Alle französischen Mitkämpfer, soweit sie Memoiren hinterlassen haben, verbuchen diese Tragödie der fliehenden Russen und untermalen sie noch durch persönlich erlebte Einzelheiten und dramatische Ausschmükkungen. Ségur, Thiébault, Thiard, Marbot, Coignet, um nur einige zu nennen, erzählen übereinstimmend die Geschichte von den fliehenden Russen, die über die zugefrorenen Seen von Satschan und Möllnitz zu entkommen suchten. Der Kaiser ließ Geschütze auffahren und die Eisdecke zusammenschießen. Thiard schreibt: *Beim 30. Schuß spaltete sich die Eisdecke unter furchtbarem Krachen. In einem Augenblick war alles wie durch den Mechanismus der Opernkulissen verschwunden. Noch sehe ich das gräßliche Schauspiel vor meinen Augen, und ich werde es bis zu meiner letzten Stunde sehen, das damals unsere Blicke traf: Hunderte von Menschen suchten sich vor dem Ertrinken zu retten, indem sie sich an die Pferde klammerten, die gleich ihnen umkamen, oder an die Kanonen, die je nach der Tiefe des Wassers ein paar Fuß aus dem See hervorragten.* Napoleon ließ daraufhin das Feuer einstellen und traf Anstalten, um

281

die Unglücklichen zu retten. Marbot (Bd I, S. 263 ff.) schätzt die Zahl der dabei Umgekommenen auf 5000–6000 Mann und fügt hinzu: *Ein schauerlich großartiges Schauspiel, das ich nie vergessen werde!* Marbot will gemeinsam mit dem Leutnant Roumestain in Anwesenheit Napoleons einen auf einer Eisscholle inmitten des Sees von Satschan treibenden russischen Unteroffizier, seiner Herkunft nach ein Litauer, gerettet haben. *Generalarzt Dr. Larrey verband den Verwundeten, der Kaiser schenkte ihm einige Goldstücke. Der Mann trat in die polnische Legion ein und wurde später Unteroffizier bei den Gardelanciers. Sooft ich ihn traf, bezeigte er mir aufs lebhafteste seine Dankbarkeit.*

Gleichwohl beruht diese ganze dramatische Geschichte nicht auf Wahrheit, ebensowenig wie die im Ersten Weltkrieg verbreitete und allgemein geglaubte Nachricht von den in der Schlacht bei Tannenberg (26.–30. 8. 1914) von Hindenburg in die masurischen Seen getriebenen Russen, deren Geschrei man noch tagelang gehört haben wollte, ohne den Ertrinkenden Hilfe bringen zu können.

Auf Befehl des Kaisers ließ General Suchet die Teiche um Austerlitz wenige Tage nach der Schlacht absuchen. Gefunden wurden 36 Geschütze, 138 Pferdekadaver und ganze 3 (Fournier: 2) russische Soldatenleichen. Diese wiesen tödliche Schußwunden auf, sie waren also nicht einmal ertrunken. Wohl herrschte damals Frostwetter, aber die Eisdecke der großen Seen war viel zu dünn, um einige tausend Menschen mit Kanonen, Pferden und Wagen zu tragen. Schon 1820 hat der österreichische Militärschriftsteller General von Schönhals auf die Unglaubwürdigkeit dieser Legende verwiesen. Dennoch spukt sie auch heute noch in vielen volkstümlichen Napoleon-Werken – ein Beweis für die den napoleonischen Schlachtberichten innewohnende starke Suggestivkraft (Kircheisen, a. a. O., Bd VI, S. 502 f.; August Fournier, *Napoleon I*, Bd II, 2. Aufl., Wien-Leipzig 1905, S. 110, Anm.).

Nach der vernichtenden Niederlage der preußischen Hauptmacht am 14. 10. 1806 bei *Jena und Auerstedt* und der Besetzung Berlins erzählte man in der Potsdamer Gesellschaft von einem geheimnisvollen Traum, den Friedrich der Große während seines Aufenthaltes in Breslau in der Nacht vom 14./15. August 1769, also am Vorabend der Geburt Napoleons, gehabt haben soll. Danach habe der König einen vom Westen kommenden Kometen gesehen, der die ganze Erde in Brand setzte und auch Preußen verheerte, das aber, nachdem die furchtbare kosmische Erscheinung am Himmel verschwunden war, aus der verbrannten Erde wieder in alter Größe und Herrlichkeit erstanden sei. In Schweiß gebadet sei der König aufgewacht und habe diese im Traum erlebte Vision seinem Kammerdiener erzählt.

Keine zeitgenössische Überlieferung oder Aufzeichnung weiß auch nur das geringste von einem solchen visionären Traum des großen Königs. Die Geschichte ist offensichtlich 1806 erfunden und der Komet mit Napoleon, dem Vernichter des friderizianischen Preußens, gleichgesetzt worden, um das Volk über die Niederlage mit der Aussicht auf eine glorreiche Zukunft zu vertrösten.

Nach der Schlacht bei *Ebersberg* an der Traun am 3. Mai 1809 hat eine Schildwache namens Coluche Napoleon instruktionsgemäß mit den Worten angehalten *Personne ne passe* (Keiner darf durch). Der Zusatz zu dieser in einer Lithographie von Charlet festgehaltenen Szene *même si vous étiez le petit caporal* (selbst wenn du der kleine Korporal wärst) ist jedoch erfunden; denn Caluche konnte nicht wissen, daß er den Kaiser vor sich hatte. Da dieser auf seinen Ruf nicht stehenblieb, drohte Coluche ihn niederzustechen, worauf es erhebliche Aufregung gab. Der pflichtgetreue Soldat erhielt von Napoleon den Orden der Ehrenlegion; auch Napoleon III. hat ihn noch in Audienz empfangen.

In der Schlacht bei *Aspern* am 21. und 22. Mai 1809 wurde Marschall Jean Lannes durch eine Kanonenkugel so schwer verwundet, daß er am 31. Mai in Wien starb. Napoleon hat ihm ein sehr langes »letztes Wort« in den Mund gelegt (Fournier, *a.a.O.*, S.378): *Sire, ich sterbe mit der Überzeugung und der Ehre, Ihr bester Freund gewesen zu sein* (Sire, je meurs avec la conviction et la gloire d'avoir été votre meilleur ami). In Wirklichkeit hat er jedoch gesagt: *Im Namen Gottes, Sire, schließen Sie Frieden für Frankreich; ich sterbe* (Au nom de Dieu, Sire, faites la paix pour la France; moi, je meurs) – nicht wirkungsvoll genug für ein Bulletin.

In der französischen Armee soll die geheime *Gesellschaft der Philadelphen* von republikanischen Offizieren und Unteroffizieren bestanden haben, die Napoleon zwar als großen Feldherrn bewunderten, seine Erhebung zum Kaiser aber ablehnten und ihn daher beseitigen wollten. Das Haupt dieser Verschwörer wäre – als Nachfolger des nach Amerika abgeschobenen Generals Moreau – der 1773 als Sohn eines armen Tagelöhners im Jura geborene Oberst Jacques-Joseph Oudet gewesen. Der Kaiser, der durch Spitzel von dem gegen ihn geplanten Anschlag unterrichtet war, habe daher Oudet, den Kommandeur des 17. Infanterieregiments, in dem die meisten seiner Gesinnungsgenossen dienten, nach der Schlacht bei Wagram am 5./6. Juni 1809 aus einem Hinterhalt erschießen lassen.

Das erzählt der aus Besançon stammende Schriftsteller Jean Charles

Emmanuel Nodier (1780–1844) in seiner gemeinsam mit Rigomer-Bazin, Didier, Lamarre und Lombard de Langres verfaßten *Histoire des Sociétés secrètes dans l'armée* (1815), in deren Anhang er seine 1802 entstandene satirische Ode *La Napoléone* erstmals veröffentlicht hat: und auch in seinen *Souvenirs de la Révolution et de l'Empire* (2 Bde, Paris 1850) berichtet er vom Geheimbund der Philadelphen.

Aber in der heute noch im Pariser Kriegsarchiv aufbewahrten Conduite Oudet findet sich kein Hinweis, der zu dieser Vermutung Anlaß gäbe. Napoleon war über die politische Einstellung seiner Offiziere sowie über alle republikanischen oder royalistischen Verschwörungen in der Armee durch seine Geheimpolizei aufs genaueste unterrichtet. Wäre Oudet wirklich als Führer der Philadelphen an einem solchen Anschlag beteiligt gewesen, so hätte ihn der Kaiser vorher unschädlich gemacht. Er hatte es also durchaus nicht nötig, den Oberst noch zum General zu befördern (was übrigens nicht stimmt), um ihn dann nach dem Beispiel des Urias *(2 Sam 11)* auf verlorenen Posten zu stellen und hinterrücks von den eigenen Leuten erschießen zu lassen, denn es bestand Gefahr, die Mitwisser und Vollstrecker des an sie ergangenen Befehls könnten hintennach das Geheimnis der Öffentlichkeit preisgeben. Möglich, daß nach der Schlacht derartige Gerüchte im Umlauf waren, zur Erklärung der auffallend hohen Offiziersverluste. Sonderbar ist aber doch, daß gerade die zuverlässigsten Memoirenschreiber (Marbot, Ségur, Marmont, Macdonald u. a.) nichts über das »Geheimnis von Wagram« wissen. *Das einzig wahre an der Geschichte ist, daß Oudet gelebt und in der Schlacht bei Wagram – wie auch viele andere höhere Offiziere – gefallen ist. Alles übrige ist eine Erfindung des bekannten Romanschriftstellers Nodier*, urteilt der gewissenhafte Geschichtsschreiber Kircheisen (a.a.O., Bd VIII, S. 257; vgl. ferner *Napoleons Memoiren*, Bd VI, S. 314 f., Anm.).

Zu den besonders in deutschen Schulbüchern kolportierten Legenden gehört auch die, daß Napoleons Armee bei ihrem Feldzug 1812 durch den russischen Winter besiegt worden sei. Dazu schrieb bereits 1868 der ehemalige General der Infanterie Heinrich von Brandt, der als Offizier vor Moskau dabeigewesen ist (*Aus dem Leben des Generals der Infanterie z. D. Dr. Heinrich von Brandt, I: Die Feldzüge in Spanien und Rußland 1808–1812*, Berlin 1868, S. 502): *Ich habe später vielfach mit Offizieren aller Grade und mit verständigen Unteroffizieren über die Auflösung der Armee gesprochen, namentlich mit solchen, die bis Orsza und Bohr in Reih und Glied gestanden. Sie waren einstimmig der Meinung, daß die Unordnung und lüderliche Zucht in der Armee den Grund zu deren*

Auflösung gelegt. Lange vorher, ehe die Kälte oder der eigentliche Mangel an Lebensmitteln begann, gab es tausend Unbewaffnete, die bei den unübersehbaren Wagenburgen und Bagagen sich herumtrieben...

Anläßlich der *Jahrhundertfeier des Rußlandfeldzuges* ging 1912 durch die deutsche Presse bis ins kleinste Lokalblättchen der Bericht eines Zeitgenossen, der mit eigenen Augen gesehen haben will, wie Napoleon bei einer Truppenparade in Erfurt vor dem Aufmarsch nach Rußland einen Oberst wegen der schlechten Beschaffenheit seines Regiments in Gegenwart seiner Generale zur Rede gestellt und ihm heftige Vorwürfe gemacht habe. Der also gemaßregelte Offizier, der sich in seiner Ehre gekränkt fühlte, habe sich dem Kaiser gegenüber ebenso scharf verteidigt, worauf Napoleon seinen Degen gezogen und dem Oberst vor versammelter Mannschaft die Brust durchbohrt habe.

Kein Wort an dieser Geschichte ist wahr. Sie ist das Phantasieprodukt eines chauvinistischen Journalisten, der sie als Beispiel für die Grausamkeit und Willkür des »Despoten« frei erfunden hat.

Denn einmal ist Napoleon zuletzt 1808 anläßlich des Fürstenkongresses, bei dem er auch die denkwürdige Unterredung mit Goethe und Wieland hatte, aber nicht 1812, vor dem Feldzug nach Rußland, in Erfurt gewesen, zum anderen hätte er sich, aus Rücksicht auf die psychologische Wirkung auf die Truppe, nicht zu einer solchen Gewalttat hinreißen lassen.

Die guten Beziehungen zwischen dem Oberhaupt der katholischen Kirche und dem Kaiser wurden getrübt, als Napoleon den Kirchenstaat 1810 seinem europäischen Großreich als Departement einverleibte und eine eigene gallikanische Kirche gründen wollte. Der gegen diese Maßnahmen protestierende Papst wurde aus dem Vatikan nach Savona unter militärischer Bewachung gebracht und 1812 in Fontainebleau interniert.

Nach seiner Rückkehr aus Rußland hatte Napoleon im Januar 1813 mehrere Unterredungen mit Papst *Pius VII.*, den er zum Abschluß eines neuen Konkordats veranlassen wollte. Im Verlauf dieser Verhandlungen ging es bisweilen recht stürmisch zu. Bald verbreitete sich das Gerücht, Napoleon habe den Stellvertreter Christi beschimpft und ihn sogar geschlagen. »*Das ist unwahr*«, versicherte Pius VII. am 27. September 1814 dem Grafen Paul von der Vrechen, »*und ich bitte Sie, in meinem Namen allerorts zu erklären, daß er sich mir gegenüber niemals irgendeine Tätlichkeit hat zu Schulden kommen lassen. Nur in der Hitze des Gesprächs über die Verzichtleistung auf die Römischen Staaten faßte er – seiner Gewohnheit gemäß – mich an einem Knopf meines Priesterrocks und schüttelte mich, indem er daran zog, so sehr, daß mein ganzer Körper in Bewegung geriet. Vielleicht aus diesem Grunde hat man die erwähnte Bemerkung getan.«*

Es ist auch nicht wahr, was Alfred de Vigny in seinem romanhaften Werk »Servitude et grandeur militaires« dem Hauptmann Renaud in den Mund legt: Der Papst habe den Kaiser erst Commediante und dann Tragediante genannt. Da das Werk Vignys in vielen Tausenden von Exemplaren in der Welt verbreitet ist, und sogar Leute, die sich zu den Gebildeten rechnen, alles glauben, was gedruckt ist, so kann man sich vorstellen, daß es fast unmöglich ist, gewisse Legenden aus der Welt zu entfernen (Kircheisen, a.a.O., Bd IX, S. 209).

Zu den geschichtsliterarischen Fälschungen über Napoleon gehören die angeblichen Memoiren des Kerkermeisters auf St. Helena, die 1830 unter dem Titel *Mémorial relatif à la Captivité de Napoléon à Sainte-Hélène* in Paris erschienen, als authentisches Tagebuch des Sir Hudson Lowe ins Deutsche, Niederländische und Schwedische übersetzt wurden und große Beachtung fanden. Sie erwiesen sich jedoch als Fälschung von Léon Vidal und Alphonse Signol. Erst 1911 entdeckte der Napoleonforscher Paul Frémeaux in einem verstaubten Aktenband unter Papieren des Arztes John Stockoe im Britischen Museum in London das echte Tagebuch Sir Hudsons, das aber nur in knappen und trockenen Notizen über die letzten fünf Wochen (1. April bis 5. Mai 1821) Napoleons berichtet. Frémeaux hat dieses Journal in Verbindung mit bis dahin ungedruckten Behandlungsberichten englischer Ärzte veröffentlicht; auch eine deutsche Übersetzung (Berlin 1911) liegt vor.

Einer der erbittertsten Gegner Napoleons war *Anne Louise Germaine Baronin von Staël-Holstein* (1766–1817). Napoleon sah in ihr einen so ernstzunehmenden Feind, daß er sie 1802 aus Paris verbannte und 1810 die Erstauflage ihres Hauptwerkes *De l'Allemagne* vernichten ließ.

Bekannt wurde die Erzählung, Frau von Staël habe den aus Italien heimkehrenden General Bonaparte gefragt, welche Frau er für die größte halte, worauf er militärisch knapp geantwortet habe: *Die, die die meisten Kinder hat.*

Die Quelle sind Napoleons Aufzeichnungen auf St. Helena. Vielleicht hat er die Begebenheit erfunden, vielleicht mit einer anderen verwechselt. Bei anderer Gelegenheit hatte er Sophie Gay, die Frau des Präfekten von Aachen, mit den Worten angefahren: *Madame, meine Schwester wird*

Ihnen gesagt haben, daß ich geistreiche Frauen nicht liebe. – Ja, Sire, aber ich habe es nicht geglaubt. – Von der Antwort etwas betreten, fuhr er fort: *Sie schreiben ja. Nun, was haben Sie denn zutage gefördert, seit Sie im Lande sind? – Drei Kinder, Sire!* – Wahrscheinlich hat Napoleon die beiden Damen nicht nur verwechselt, sondern war von der Antwort der Frau Gay so beeindruckt, daß er später etwas jenen Worten Ähnliches sich selbst zuschrieb.

Jérôme Bonaparte (1784–1860), jüngerer Bruder Napoleons und 1807–1813 König von Westfalen, ist nach seinem Sturz vielfach die Zielscheibe des Spottes geworden, wobei stark übertrieben wurde. So schlecht, wie sie verschrien ist, war seine Regierung sicher nicht (vgl. Lily Braun, *Im Schatten der Titanen*, Braunschweig 1908). Besonders hartnäckig hielt sich das Gerücht, Jérôme habe häufig in Rotwein gebadet, der dann nach dem Gebrauch verkauft worden sei, weshalb in Kassel niemand mehr habe Rotwein trinken wollen.

Der Rektor der Volksschule in Köthen, R. Klinkhardt, versicherte dazu, sein Vater, Friedrich Klinkhardt, habe ihm wiederholt erzählt, er habe, als er 1810–1812 als Hofmusikus in Kassel tätig war, in einer Weinstube, wo er allein noch mit einem anderen Gast Rotwein bestellte, alle anderen aber Weißwein tranken, infolgedessen die Bekanntschaft jenes Gastes gemacht. Dieser habe ihm darauf mitgeteilt, er möge den Rotwein ruhig weitertrinken. Zum Bad benutzter Wein sei es jedenfalls nicht. Als königlicher Kastellan habe er das Rotweinbad für den König zu besorgen, das nach dem Gebrauch weggeschüttet werde. Auf Veranlassung des Kastellans hat sich dann auch der Hofmusikus Klinkhardt die Badeeinrichtung im Schloß angesehen und die zum Abfluß des gebrauchten Badeweins dienende Rinne entsprechend rot gefärbt gefunden.

Eine ähnliche Geschichte erzählt man übrigens auch von Aristoteles. Er habe in einer Badewanne in warmem Öl gebadet und dann das Öl verkaufen lassen (Diogenes Laertios, *Aristoteles*, 16).

Über wenige Fürsten ist wohl so unglaublich gefabelt worden wie über Jérôme Napoléon; sein Ausspruch »Gut Nackt, morgen wieder lustick« haftet an seinem Andenken und stempelt ihn zum unersättlichen Lüstlinge; bei allen Fehlern und Schatten fehlt es aber doch nicht an Licht, wenn wir uns die Mühe nehmen, ihm nachzugehen, und so durfte er von sich behaupten:

Das Ärgste weiß die Welt von mir, und ich
kann sagen, ich bin besser als mein Ruf!

*Jérôme selbst lebte sehr einfach und speiste oft allein mit der Königin...,
nahm nie starke Getränke und mischte den Rotwein mit Wasser...*
(Arthur Kleinschmidt, *Geschichte des Königreichs Westfalen,* Gotha 1893,
S. 39 und 51).

Viel Klatsch über den »König Lustig« ist verbreitet worden durch den
»historisch-humoristischen« Roman *König Jérôme Napoleon und sein
Capri* von Eduard Maria Oettinger (3 Bde, Dresden 1852), aus dem auch
Joseph Winckler für sein Werk *Ein König in Westfalen* (Stuttgart 1933)
geschöpft hat.

Fast immer unrichtig sind die Worte, die Generale in einer Schlacht gesagt
haben sollen. Einmal ist das Kampfgetümmel der denkbar ungeeignetste
Ort, sich entsprechende Phrasen einfallen zu lassen; und zum andern ist es
wenig wahrscheinlich, daß sie jemand hört oder, wenn er sie hört, darauf
achtet und sie sich einprägt.

Eines der berühmtesten und meistzitierten Worte ist das des Generals
Cambronne in der Schlacht von Belle-Alliance: *Die Garde stirbt, aber sie
ergibt sich nicht!* (La garde meurt, et ne se rend pas). Cambronne selbst hat
lebhaft gegen diese Anekdote protestiert und sich sehr über sie geärgert,
eben weil er, erstens, nicht starb und, zweitens, sich ergab. Er hatte
seinerzeit nur nach einem Feldscher verlangt, um seine Wunden verbinden
zu lassen. Das Wort ist vielmehr von einem Journalisten Rougemont
erfunden worden, der es am Tage nach der Schlacht in seiner Zeitung
drucken ließ. Gleichwohl hat 1862 ein Veteran vor dem Präfekten des
Département Nord ausgesagt, er habe den General das Wort zweimal sagen
hören (vgl. Fournier, *a.a.O.,* S. 412 ff.).

König *Ludwig XVIII.* (1814/15–1824) soll, als Blücher gedroht hatte, den
Pont d'Jéna in die luft zu sprengen, gesagt haben: *Je m'y ferai porter et nous
sauterons ensemble* (Ich werde mich hinbegeben, und wir springen zusammen).

Selbst Talleyrand versichert dies in seinen Memoiren und teilt den
Wortlaut eines Briefes des Königs an ihn mit, worin die Worte stehen:
*Quant à moi, s'il le faut, je me porterai sur le pont; on me fera sauter, si
l'on veut,* datiert: *Paris, le 18 juillet 1815. Samedi, 10 heures* (Mémores du
Prince de Talleyrand, herausgegeben vom Duc de Broglie, Bd III, Paris
1891). Dagegen berichtet Graf Beugnot, der Sekretär Talleyrands, ganz
anders (Jacques-Claude Comte de Beugnot, *Memoires...,* 2 Bde, Paris

1866). Talleyrand habe ihm befohlen, zu Blücher zu eilen und um jeden Preis die Vernichtung der Brücke zu verhindern. Da habe er ihm erwidert: *Was soll ich denn sagen? Welche Argumente, welche Drohungen soll ich anwenden? Ich sehe kein Mittel, auf den preußischen General Eindruck zu machen. Soll ich etwa sagen, der König werde sich mit in die Luft sprengen lassen?* Der Minister habe sich aber nicht auf Instruktionen eingelassen, sondern ihn mit den Worten *Sagen Sie, was Sie wollen!* verabschiedet. Beugnot erzählt dann weiter, wie er ins preußische Hauptquartier gefahren sei und nur mit der größten Mühe durchgesetzt habe, daß sich Blücher mit einer Umtaufe der Brücke begnügte – ohne daß von dem heldenhaften Entschluß des Königs die Rede gewesen sei. Er selbst habe niemals ernsthaft an so etwas gedacht und jene Wendung nur gebraucht, um Talleyrand zu zeigen, wie ratlos er sich fühle. Zu seiner Verwunderung habe er aber einige Tage später von anderen gehört, daß sich Ludwig XVIII. dem Opfertod weihen wollte und daß er solches seinem Minister schriftlich erklärt habe. Nach abermals einigen Tagen sei die Sage vom Hof angenommen worden. Man habe den König wegen seiner Heldenhaftigkeit gefeiert, dieser habe sich die Schmeicheleien gefallen lassen und schließlich selber an die Fabel geglaubt.

Über *Talleyrands* Ende (gestorben 17. Mai 1838) erzählt Louis Blanc in seiner *Histoire de dix ans* (V, 290), jener habe zu dem ihn besuchenden König Louis-Philippe gesagt: *Je souffre comme un damné* (Ich leide wie ein Verdammter), worauf der König bemerkt habe: *Déjà?* (Schon?) Talleyrand habe sich wegen dieser Beleidigung noch rasch durch Auslieferung kompromittierender Staatsschriften an andere gerächt. Die besten Quellen wissen jedoch nichts von diesem Zwiegespräch. Die Pointe findet sich schon in einer Antwort, die 1778 Dr. Bouvard einem Kardinal oder dem Abbé Teray gegeben haben soll. Spätere haben sie sogar Talleyrand selbst in den Mund gelegt – eine Wanderanekdote. Die richtige Angabe findet sich in den *Erinnerungen alter und neuer Zeit* von Ferdinand Eckbrecht Graf Dürckheim-Montmartin (Stuttgart 1887, Bd I), dem Talleyrands Vertrauter, Graf Montrond, folgendes mitgeteilt hat: *Das ist ein Irrtum... Im Munde des Königs wäre dieses Wort eine nicht zu rechtfertigende Grausamkeit gewesen, deren Louis-Philippe unfähig war. Ich allein konnte mir dem Kranken gegenüber diesen etwas gewagten Scherz erlauben, weil der Fürst mich zu genau kannte, um nicht zu wissen, daß er nichts boshaftes gegen seine Person enthielt. Dieser Scherz zwang ihm das letzte Lächeln ab; er starb wenige Tage nachher gefaßt und mit der römischen Kirche in bester Ordnung.*

Ist *Louis-Philippe* (1830–1848) wirklich als König bei schlechtem Wetter mit aufgespanntem Regenschirm ausgegangen? Heinrich Heine sagt in den *Französischen Zuständen* (Art. I): *Ich weiß nicht, ob Ludwig Philipp sich dieser Äußerungen noch zu besinnen weiß, denn es ist schon lange her, seit er das letzte Mal, mit rundem Hut und Regenschirm, durch die Straßen von Paris wanderte und mit raffinierter Treuherzigkeit die Rolle eines biedern, schlichten Hausvaters spielte...* Nach des Grafen Louis-Joseph-Marie de Carnés Memoiren ist der König im September 1830, also bald nach seiner Thronbesteigung, mit einem Regenschirm gesehen worden.

Den vielbelachten *zahmen Adler*, der in dem Putsch Louis Napoleons zu Boulogne am 6. August 1840 eine Rolle spielte, hatte nach einem Bericht eines Teilnehmers der Expedition, des Grafen Orsi, in *Frasers Magazine* (Augustheft 1879) Louis Napoleon nicht bestellt. Er hat überhaupt nichts davon gewußt. Ein anderer Teilnehmer, Oberst Parquin, kaufte ihn, als er noch einmal in Gravesend ans Land gestiegen war, um sich Zigarren zu besorgen, von einem Knaben für einen Sovereign. Der Vogel wurde an den Mast gebunden, und niemand dachte weiter an ihn, bis ihn die Boulogner Polizisten auffanden. Unter dem zweiten Kaiserreich ist diese Geschichte Napoleon III. angedichtet worden, namentlich von Henri Rochefort in seiner *Laterne*, samt dem Speck, den er im Hut getragen haben soll, damit der Adler sich bei der Landung auf seine Schulter setzte.

Über die *Schlacht bei Solferino* am 24. Juni 1859, die Napoleon III. mitmachte, berichtete der *Moniteur* vom 29. Juni: *Der Kaiser Napoleon übertraf sozusagen sich selbst; überall war er zu sehen, die Schlacht kommandierend; jeden um ihn her schauderte vor der Gefahr, die ihm unablässig drohte; er allein schien nichts davon zu merken.* Bekanntlich blieb der Kaiser trotz alledem völlig unversehrt. Da aber auch von seinem Gefolge, den Cent-Gardes, niemand fiel, sondern nur einem einzigen die Uniform beschädigt wurde, so wußte der *Moniteur* zur Erklärung dieser auffallenden Erscheinung keinen anderen Ausweg als *La protection dont Dieu l'a couvert, s'est étendue à son état-major!* (Der Schutz, den Gott über ihn gedeckt hat, erstreckte sich auch auf seinen Generalstab).

Ein Lehrstück, wie Treppenwitze entstehen können, bietet die sogenannte *Emser Depesche*. Am 13. Juli 1870 sandte der Vortragende Rat im Preußischen Ministerium des Äußeren, Heinrich Abeken, Bismarck ein Telegramm über die Verhandlungen König Wilhelms mit dem französischen Gesandten Graf Benedetti über die spanische Thronkandidatur. *Den Text dieser Emser Depesche hat Bismarck, in radikaler Form gekürzt, veröffentlicht und durch diese Kürzung den Kern der Emser Mitteilung über die unzumutbare neue Forderung Frankreichs in propagandistischer Form hervortreten lassen* (Theodor Schieder, in Gebhardts *Handbuch der deutschen Geschichte*, Bd III, S. 212).

Was in der Diskussion später als »Fälschung« bezeichnet wurde, war in Wirklichkeit nur eine äußerst geschickte Kürzung im Dienste der Bismarckschen Politik vor Ausbruch des Deutsch-Französischen Krieges. Bismarck selbst erzählt in seinen *Gedanken und Erinnerungen* (Stuttgart 1898, Bd II, Kap. 22), er habe den Generalen Moltke und Roon seine Textfassung vorgelesen, worauf Moltke gesagt habe: *So hat das einen andern Klang, vorher klang es wie Chamade, jetzt wie eine Fanfare in Antwort auf eine Herausforderung.*

Eine Szene aus der Erstürmung von *Bazeilles* am 1. September 1870 war von dem Schlachtenmaler A. de Neuville gemalt und 1873 unter der pathetischen Überschrift *Die letzte Patrone* im Pariser Salon ausgestellt worden. *Le Monde illustré* brachte dazu aus des Malers eigener Feder eine ausführliche Erklärung. Leider hatte er dabei die Dreistigkeit, sich für die Wahrheit seiner Erzählung auf den bayerischen Hauptmann Friedrich Lissignolo zu berufen, der den verwundeten französischen Major Lambert vor der Wut seiner Bayern geschützt habe. Zu der Dreistigkeit trat das Pech: Lissignolo bekam die Schilderung zu sehen und führte sie in der *Internationalen Revue über die gesamten Armeen und Flotten* (April 1883) ad absurdum.

Als der einäugige Léon Michel *Gambetta* (1838–1882) 1870 nach dem Sturz des Zweiten Kaiserreichs Diktator von Frankreich war, wurde erzählt, er habe als Knabe seinen Vater gebeten, ihn in eine andere Schule zu senden, zuletzt mit der Drohung, sich sonst ein Auge auszustechen. Da die Drohung nicht wirkte, habe er sich dann in der Tat ein Auge ausgestochen und seinem Vater geschrieben: wenn er ihn nun nicht wegnehme, würde er sich auch das andere zerstören; worauf dann der Vater nachgegeben habe. Diese Erzählung ist eine Fabel. Gambettas Auge wurde verletzt, als er, acht Jahre alt, einem Messerschmied zusah, und mußte zwei Jahre später ganz herausgenommen werden. Sie diente aber 1870 als ausgezeichnete Illustration des Widerstandes bis zum äußersten.

Auch zum Beschluß dieses Kapitels sollen einige Treppenwitze aus dem Reich des Geistes folgen.

Um *François Rabelais* (1494–1553) hat sich ein ganzer Kranz von Anekdoten und Schnurren gerankt, die aber großenteils wohl nur Illustrationen zu einzelnen Stellen seiner Werke sind. Die Universität Montpellier, heißt es, sandte ihn zum Kanzler Duprat in Paris, um ihm eine Bitte wegen der Wiederherstellung des der medizinischen Fakultät gehörigen, durch Kriegsereignisse aber aufgehobenen Kollegiums der Gironde vorzutragen. Rabelais hatte erfahren, daß es schwer sei, zu dem vielbeschäftigten Mann Zutritt zu erlangen. Er ging daher in einer auffälligen Kleidung vor der Tür des Kanzlers auf und ab. Neugierige sammelten sich. Endlich ließ der Kanzler fragen, wer der so seltsam Gekleidete sei. Dem französisch fragenden Pagen antwortete Rabelais lateinisch, gleich darauf einem Schreiber, der ihn lateinisch anredete, in griechischer Sprache, dem ihn auf griechisch Anredenden auf hebräisch, spanisch, italienisch, englisch und deutsch, worauf der Kanzler selbst den wunderlichen Gelehrten kennenlernen wollte und die bewußte Angelegenheit schnell geordnet wurde. Rabelais verstand alle diese Sprachen. Aber die Anekdote stammt aus Rabelais' berühmtem Werk *Gargantua und Pantagruel* (II, 9). Etwas Ähnliches mag ihm vielleicht selbst begegnet sein, aber gewiß nicht mit sieben Fremdsprachen.

Als ihm in Lyon das Reisegeld ausgegangen war, habe er kleine Säckchen mit der Aufschrift »Gift für den König«, »Gift für die Königin« im Gasthof absichtlich liegenlassen und soll infolgedessen auf der Stelle nach Paris befördert worden sein, wo man ihn kannte und gleich entließ. Das soll der Ursprung des Ausdrucks *le quart d'heure de Rabelais* (die Viertelstunde des Rabelais) sein. Voltaire hat diese drollige Geschichte in das Reich der Fabel verwiesen.

Ferner erzählt man, Rabelais habe nach dem Empfang der letzten Ölung geäußert: *Man hat mir die Stiefel eingefettet für eine große Reise* (On m'a graissé les bottes pour un grand voyage). Als »letzte Worte« werden überliefert: *Geht meinem Freund, dem Kardinal, sagen, daß ich ein großes Vielleicht abhole* (Allez dire à mon ami le cardinal que je vais quérir un grand peut-être); und schließlich: *Zieht den Vorhang zu, diese Posse ist zu Ende* (Tirez le rideaux, la farce est jouée).

Dies berühmtgewordene Wort hat ihm zum ersten Male Freigius in seinen *Commentaires sur Cicéron* (I) in den Mund gelegt (Fournier, *a.a.O.*, S. 39); doch es berichtet über ein ähnliches Wort des Demonax Lukian in dessen Lebensbeschreibung.

292

Man berichtet auch, Rabelais habe sich auf seinem Sterbelager einen Domino anziehen lassen, weil in der Bibel steht: *Beati qui moriuntur in Domino* (Selig, die im Herrn/im Domino sterben).

Rabelais' Testament soll gelautet haben: *Ich habe nichts, ich bin sehr viel schuldig. Das übrige vermache ich den Armen.* Diese Worte finden sich jedoch schon 1527 in einem Brief des Erasmus von Rotterdam an Natalis Beda (F. A. Arnstädt, *François Rabelais...*, Leipzig 1872, S. 30).

Die Fehler von *Voltaire* (eigtl. François-Marie Arouet; 1694–1778) waren – in Anlehnung an ein Wort Montyrons über Colbert – die seiner Nation. Aber seine Vorzüge waren seine eigenen, und er hat der Menschheit durch rücksichtslosen und mutigen Kampf gegen Dummheit und Heuchelei wichtige Vorteile errungen. Schärfe des Urteils, Kühnheit der Kritik und weiter Horizont des Geistes waren seine Gaben. Die Entfremdung zwischen Voltaire und Friedrich II., diesen beiden einzigartigen Menschen, ist größtenteils durch Klatsch hervorgerufen und überhaupt übertrieben worden.

Der König soll zu Julien Offray de Lamettrie über Voltaire geäußert haben: *J'aurai besoin de lui encore un an tout au plus; on presse l'orange, et on jette l'écorce* (Ich werde ihn höchstens noch ein Jahr brauchen; man preßt eine Orange aus, dann wirft man die Schale fort); wenigstens hat man dies Voltaire so hinterbracht. Voltaire dagegen behauptet, das einzige, was ihn um die Gunst des Königs gebracht, sei ein verleumderisches Wort von Pierre L. M. de Maupertuis. Der habe nämlich verbreitet, *General von Manstein sei einst bei ihm, Voltaire, gewesen, um sich seine Denkwürdigkeiten über Rußland durchsehn zu lassen; da habe ein Läufer ein Gedicht des Königs überbracht, worauf Voltaire zum General gesagt: »Mon ami, à une autre fois. Voilà le Roi qui m'envoie son linge sale à blanchir: je blancherai le vôtre ensuite«* (Mein Freund, auf ein anderes Mal. Da ist der König, der mir sein schmutziges Leinen zu reinigen schickt: ich werde Ihres sofort danach reinigen; J. D. E. Preuß, *Friedrich der Große mit seinen Verwandten und Freunden*, Berlin 1838, S. 182 f.). Diese geradezu ungezogene Äußerung soll der höfliche Franzose getan haben, und in einer Form, die den, an den er sie richtete, gleichfalls beleidigen mußte! Noch 1770 schrieb Voltaire an den König: *J'ai toujours sur le cœur le mal irréparable que Maupertuis m'a fait; je ne penserai jamais à la calomnie du linge donné à blanchir à la blanchisseuse, à cette calomnie insipide qui m'a été mortelle, et à tout ce qui s'en est suivi, qu'avec une douleur qui empoisonnera mes derniers jours* (Mich drückt noch immer das nicht wieder gut zu machende Leid, das mir Maupertuis zugefügt hat; ich werde stets an die geschmacklose Verleumdung von dem Leinen für die Wäscherin, an diese geschmacklose Verleumdung, die tödlich für mich war, und alles was darauf folgte, nur mit Schmerz denken, der meine letzten Tage belasten wird).

Der berühmte Physiker, Mathematiker und Astronom *Michel Chasles* (1793–1880), eine Zierde der französischen Wissenschaft, Professor an der Pariser Technischen Hochschule, Offizier der Ehrenlegion, geehrtes Mitglied in- und ausländischer Akademien, empfing 1861 den Besuch eines bescheiden und unterwürfig auftretenden Mannes von etwa 45 Jahren, der sich Vrain-Lucas nannte. Er war der Sohn eines armen Tagelöhners aus Châteaudun und hatte sich durch Intelligenz und Fleiß allmählich zum Gerichtsschreiber emporgearbeitet. In seiner Freizeit beschäftigte er sich mit genealogischen und heraldischen Studien. Durch sein Hobby sei er in den Besitz einer Menge alter Handschriften gelangt, die ursprünglich einer Adelsfamilie de Boisjourdain gehörten. Im Laufe der Zeit, vor allem während der Revolution, seien diese Dokumente vergilbt, zerrissen und durch Feuchtigkeit fast unleserlich geworden.

Das erzählte Vrain-Lucas dem Professor und legte ihm als Beweis für die Richtigkeit seiner Angaben einen Brief Pascals an den englischen Chemiker Robert Boyle vor, demzufolge Pascal bereits 1648, also lange vor Newton, das Gesetz der Gravitation entdeckt hatte.

Diese bisher völlig unbekannte Tatsache hätte eine wahre Sensation bedeutet, die das Genie Pascals in noch hellerem Licht hätte erstrahlen lassen.

Chasles war begeistert. Sofort erwarb er dieses kostbare Dokument und bat Vrain-Lucas, ihm seine ganze Sammlung zu verkaufen. Der bauernschlaue Schreiber hatte richtig spekuliert: der gutgläubige Gelehrte war auf den Trick des Fälschers hereingefallen. Fortan brachte er Chasles täglich neue unbekannte Briefe von Galilei, Sassini, Huygens, Leibniz und anderen berühmten Persönlichkeiten.

Die Sammlung Boisjourdain schien unerschöpflich zu sein. Durch diesen ersten Erfolg ermutigt, legte Vrain-Lucas ständig neue, bisher gänzlich unbekannte Dokumente vor: Briefe des Pythagoras an die Dichterin Sappho, Alexanders des Großen an seinen Lehrer Aristoteles, Cäsars an Vercingetorix, dazu ein Bruchstück von dessen Memoiren, ferner Botschaften des wiedererweckten Lazarus an Petrus, ein Schreiben Karl Martells an einen maurischen Emir, einen Brief Karls des Großen an Alkuin aus dem

Jahr 779, und sogar ein Brief der Jeanne d'Arc an ihre Eltern fehlte nicht in dieser großartigen Sammlung.

Chasles fiel indes sofort auf, daß sämtliche Schriftstücke im Französisch des 16. Jahrhunders verfaßt waren. Vrain-Lucas hatte diese Beanstandung erwartet und sich daher eine zufriedenstellende Erklärung erdacht.

Alkuin, der von Karl dem Großen hochgeschätzte Praeceptor Franciae, habe auf seinen mehrfachen Reisen nach Rom diese Originalhandschriften erworben und seine Sammlung nach Tours mitgenommen, wo er als Abt des Sankt-Martinsklosters Leiter einer Gelehrtenschule war.

Dort habe François Rabelais (1494–1553) diese Urkunden entdeckt und sie ins Französische übersetzt. Die Originale seien leider durch einen in der Klosterbibliothek ausgebrochenen Brand vernichtet worden, ihre Abschriften oder vielmehr Übersetzungen aber erhalten geblieben und in den Besitz der Familie Boisjourdain gelangt.

Chasles' Zweifel an der Echtheit der Dokumente waren zerstreut, und so kaufte er allmählich für nahezu 20 000 Franken fast 3000 dieser von Vrain-Lucas in unermüdlicher Arbeit angefertigten Autographen.

In der Sitzung der Akademie vom 8. Juli 1865 teilte Chasles seinen atemlos lauschenden Kollegen den Inhalt des Pascal-Briefes mit. Alle waren hellauf begeistert und beglückwünschten ihn zu dieser sensationellen Entdeckung.

Als aber Chasles auch die angeblichen Briefe der Sappho, Alexanders und Cäsars veröffentlichte, äußerten Historiker und Philologen ernsthafte und begründete Zweifel an der Echtheit dieser sonderbaren Dokumente. Fachgelehrte sind solchen Funden gegenüber immer mißtrauisch, und als sie unter Chasles' Schätzen sogar einen Brief fanden, den Kain an seinen Bruder Abel geschrieben haben sollte, erkannten sie, daß der vertrauensselige Chasles das Opfer einer raffinierten Mystifikation geworden war.

Der Skandal war perfekt. Ganz Paris und Frankreich lachten über den Reinfall des berühmten Gelehrten. Die Szene wurde zum Tribunal. Im Februar 1870 verurteilte das Gericht den der Urkundenfälschung überführten Vrain-Lucas zu zweijähriger Gefängnisstrafe (*Der neue Pitaval* VI, Leipzig 1871; G. Lenotre, *La comique aventure du Vrain-Lucas*, in: *Historia* 1951, S. 95–98).

Briten

Hengist und *Horsa* sind nach des Beda Venerabilis *Historia Ecclesiastica Gentis Anglorum* (I, 15) aus dem Jahr 731 die Namen der angelsächsischen Führer gewesen, die nach der sagenhaften Überlieferung im Jahre 449 England eroberten. Nach der Stammtafel gelten sie als Urenkel Wodans (vgl. Jacob Grimm, *Deutsche Mythologie*, Bd III, Berlin 1878, S. 380). Doch ist umstritten, ob es sich überhaupt um historische Persönlichkeiten handelt (vgl. Katharina Schreiner, *Die Sage von Hengest und Horsa*, Berlin 1921; E. Schröder, in: *Zeitschrift für deutsches Altertum* 77 [1940]); vieles spricht dafür, daß, wie die Namen, die »Hengst« und »Roß« bedeuten, nahelegen, beide nur Symbolträger des den Germanen heiligen Pferdes sind.

Ein eigener Sagenkreis hat sich um *König Artus* gebildet, wie die französische Form des keltischen Arthur lautet. Er wird zuerst von dem altkymrischen Dichter Aneirin im 6. Jahrhundert erwähnt. Die lateinisch geschriebene *Historia Britonum*, die Bearbeitung einer älteren Vorlage durch den keltischen Geschichtsschreiber Nennius aus dem 9. Jahrhundert, nennt ihn einen *dux bellorum* (Kriegsführer) und Besieger der Sachsen. Und die *Annales Cambriae* aus dem 10. Jahrhundert berichten von seinem Tod in der Schlacht bei Camlan im Jahre 537. Der historische Artus war demnach ein britannischer Heerführer, der um 500 gelebt und sein Volk gegen die eindringenden Angelsachsen geschützt hat.

Zur Fabel, zum Stoff, wurden er und seine Erlebnisse erst durch die Historia regum Britannicae *(1132/1135) des Geoffrey de Monmouth, der möglicherweise entweder eine schon in bretonischen Einzelsagen vollzogene Verschmelzung der bretonischen Gottheit mit dem historischen Kriegshelden Artus übernahm oder diese Verschmelzung durchführte. Sicher ist, daß Zusammenfassung und Ausbau der Fabel im wesentlichen auf ihn zurückgehen und sie von ihm mit der Absicht einer nationalen Mythenbildung vorgenommen wurden* (Frenzel, *Stoffe der Weltliteratur*, S. 56).

296

Nach Geoffrey ist Artus der Sohn des bretonischen Königs Uther und der Königin Ygerne, der sich der Gott Uterpendragon mit Hilfe des Zauberers Merlin in der Gestalt ihres Mannes nahte. Er wird nach einer Kraftprobe bereits mit 15 Jahren König der Briten und heiratet die aus einer vornehmen römischen Familie stammende Guenhuwara (französisch Guinevere). Er unterwirft Britannien, dehnt seine Herrschaft über die benachbarten Inseln aus bis auf das Festland und gerät in Krieg mit Kaiser Lucius von Rom. Sein Ritter Walwain (Gawan) besiegt Lucius, da trifft die Nachricht ein, sein Neffe Mordred, dem er Reich und Gemahlin anvertraut hatte, habe die Macht an sich gerissen und die Königin entführt. Er eilt zurück; Gawan fällt, Artus wird schwer verwundet und auf die Feeninsel Avalon entrückt.

Der Übersetzer Geoffreys, der Normanne Wace, fügt in seinem *Roman de Brut* (1155) weitere Märchenmotive hinzu, so die Gründung der bekannten Tafelrunde und die Heilung König Artus' durch die Fee Morgan.

Über französische Vermittlung, namentlich des Chrétien de Troyes, wo Grals- und Parzivalsage mit dem Artusstoff verbunden wurden, gelangte die Überlieferung in dieser Form nach Deutschland und wurde von Hartmann von Aue, Gottfried von Straßburg und Wolfram von Eschenbach aufgegriffen.

Über König *Alfred den Großen* (871–899) bemerkte Henry Thomas Buckle (*History of Civilization in England*, 2 Bde, London 1857–61, Bd II, S. 249), die Engländer, die fast keinem ihrer Könige einen schmeichelhaften Beinamen gegeben haben, hätten ihn nur deshalb »den Großen« genannt, weil sie so wenig von ihm wußten und auf ihn, wie bei den Spartanern auf Lykurg, die Urheberschaft mehrerer Einrichtungen übertragen worden sei, die es schon vor ihm gegeben habe.

In das Jahr 1057 wird die Erzählung von der *Lady Godiva* verlegt, die durch ein von Ferdinand Freiligrath (*Englische Gedichte aus neuerer Zeit*, Stuttgart-Tübingen 1846, S. 182–186) übersetztes Gedicht Tennysons (1842) auch deutschen Lesern bekannt ist. Sie soll ihren Gemahl Leofric, Grafen von Chester, um Erlaß einiger seine Untertanen drückenden Steuern gebeten haben; er soll darauf, um ihre Bitte abzuschlagen, deren Erfüllung an die Bedingung geknüpft haben, daß sie nackt durch Coventry reite, dessen Kloster Godiva gegründet hatte. Die Gräfin aber, heißt es weiter, habe die Bedingung angenommen, den Bewohnern sagen lassen, alle Türen und Fenster zu schließen, habe sich dann in ihr schönes, langes, blondes

Haar gehüllt und sei so durch die Stadt geritten. Nur ein junger Bursche, namens Tom, habe über den Zaun geguckt und sei deshalb erblindet *(peeping Tom)*. Dieser Zug der Sage, die im 13. Jahrhundert auftaucht, dürfte erst später hinzugekommen sein. Entstanden ist sie wohl aus einem alten Rechtsbrauch. Es gibt eine ähnliche indische, in der sich jedoch eine Prinzessin nicht in ihre Haare zu hüllen braucht, weil dichte Bäume in wunderbarer Weise längs des Weges emporwachsen und sie den Augen der Neugierigen entziehen (Felix Liebrecht, *Zur Volkskunde*, Heilbronn 1879, S. 103).

Im Antwerpener Museum hängt ein Bild, das jenen Vorgang darstellt. Dadurch soll Josef Lauff zu seiner *Regina Coeli*, Maurice Maeterlinck zu seiner *Monna Vanna* begeistert worden sein.

König *Heinrich II.* (Plantagenet; 1154–1189) hatte eine Geliebte, Lady Joan Clifford, bekannt unter dem Namen *Fair Rosamond*, die eine große Schönheit gewesen sein soll. Die Erzählung, die eifersüchtige Königin Aliénor von Poitou habe sie in dem Versteck *Rosamond's bower*, worin der König sie verborgen hatte, mit Hilfe eines seidenen Fadens gefunden und dann gezwungen, Gift zu nehmen (1173), stammt wohl nur aus einer Ballade (vgl. Theodor Körners Trauerspiel *Rosamunde*, Leipzig 1814).
Die Grabschrift

> Hac jacet in tumba Rosa mundi, non Rosa munda,
> Non redolet, sed olet, quae redolere solet

galt ursprünglich einer anderen »Rose der Welt«: Rosamunde, Königin der Langobarden, die 573, von ihrem zweiten Gatten, Helmigis, vergiftet, starb und die Heldin von Vittorio Alfieris Tragödie *Rosamunda* (1779) geworden ist.

Zu den wortauslegenden Treppenwitzen der Weltgeschichte gehört auch eine Anekdote über König *Richard Löwenherz* (1189–1199). Weil er nie eine Beleidigung verzieh, hieß es, er besäße ein »Löwenherz«. Daraus entstand die Mär, er habe allein auf sich gestellt einen Löwen erschlagen.

Auf seiner Rückreise von Palästina nach England wurde der König, der bei Aquileja gestrandet war, am 21. Dezember 1192 in Erdberg bei Wien an einem kostbaren Ring erkannt und durch den von ihm schwer beleidigten Herzog Leopold von Österreich auf der Feste Dürnstein gefangengehalten. Im Februar 1193 an den deutschen Kaiser Heinrich IV. ausgeliefert, wurde er nach dreizehnmonatiger Haft (auf Burg Trifels) nur gegen Lehnshuldigung und schweres Lösegeld am 4. Februar 1194 freigelassen.

Der König war ein Lieblingsheld der romantischen Poesie, die seine Gefangenschaft mit der Erzählung vom Sänger Blondel ausgeschmückt hat, einer Sage, die durch Fr. L'Héritiers Roman *La tour ténébreuse* (1705) bekanntgeworden und in unzähligen Liedern, Bildern und durch A. Grétrys Oper *Richard Cœur-de-Lion* (1784) verherrlicht worden ist.

Im Hinblick auf Richards Verhalten bei der Einnahme von Akkon (1191), das zum Bruch mit Philipp August von Frankreich führte, sprach Otto von Sankt Blasien († 1223) in seiner Chronik von der *anglica perfidia.* Der große Philologe Julius Scaliger (1484–1558) nannte in seinen *Poetices libri VII* (III, 17) die Angli *perfidi, inflati, feri, contemptores...* (treulos, aufgeblasen, wild, alles verachtend...). Der Vorwurf, die Engländer seien treulos, wurde namentlich in Frankreich immer wieder erhoben. Das Schlagwort *Perfides Albion* findet sich zuerst in einem Gedicht des Marquis de Ximénès (1793), als England sich nach der Hinrichtung Ludwigs XVI. dem Bündnis der Großmächte angeschlossen hatte. (Vgl. ferner Büchmann, *Geflügelte Worte,* 33. Aufl., S. 327 f.)

Als Zeitgenosse Richards galt lange der durch zahllose literarische Bearbeitungen und Verfilmungen bekannt gewordene *Robin Hood,* ein Outlaw, der mit einer Schar Gleichgesinnter im Sherwood Forest bei Nottingham lebte, reiche weltliche und geistliche Herrschaften ausraubte und seine Beute an die Armen und Ausgebeuteten verteilte. Treuer Untertan seines Königs und frommer Christ, wird er zum ärgsten Feind des illoyalen und habgierigen Sheriffs von Nottingham und des Abtes von St. Mary's in York. Trotz ausgesetzter Belohnungen und aller Bemühungen seiner Feinde gelingt es nicht, den Freund des Volkes gefangen zu nehmen. Als er jedoch im Alter ärztlicher Hilfe bedarf und die Priorin von Kirkley bittet, ihn zur Ader zu lassen, läßt diese ihn verbluten.

So erzählt das um 1495 gedruckte, 456 Strophen umfassende Gedicht *Lytell Geste of Robin Hoode* das Leben des berühmten Volkshelden, neben fast vierzig Volksballaden aus der Zeit zwischen 1450 und 1500 das früheste und wichtigste Zeugnis. Während die frühe unkritische Geschichtsschreibung bis zum Ende des 18. Jahrhunderts dieses Bild Robin Hoods als historisch ansah, sieht man in ihm heute eher die dichterische Verkörperung des Zornes der unterdrückten Angelsachsen gegen normannischen Adel und Klerus in der Zeit nach der normannischen Eroberung. Gleichwohl kann eine historische Persönlichkeit das Vorbild für den Volksballadenheld gewesen sein; so wird in der Schatzkammerrolle für

Yorkshire für das Jahr 1230 ein *Robertus Hood fugitivus* erwähnt (Frenzel, *Stoffe der Weltliteratur*, S. 545).

Ein rührendes Gegenstück zum Hund von Aubry ist das, wonach ein Vater, der sein Kind nicht in der Wiege, seinen Hund dagegen mit blutiger Schnauze davor findet, den Hund tötet und zu spät entdeckt, daß der Hund nicht das Kind umgebracht hatte, sondern vielmehr die Schlange (oder den Wolf), die das Kind fressen wollte. Es wird erzählt von einem Fürsten *Llewellyn* (um 1205) und seinem Hund Gellert oder Bilhart. Das Grab des treuen Hundes wird noch im nördlichen Wales in Carnarvonshire gezeigt. Es ist die erste Geschichte in der ältesten lateinischen Prosaübersetzung der *Sieben weisen Meister*, die den Titel führt *Dolopathos; sive de Rege et Septem sapientibus*, verfaßt von einem Mönch Johannes der Abtei Altasilva etwa 1184. Sie findet sich bereits fast ein Jahrhundert früher im *Syntipas*, einer griechischen Übersetzung der Sieben weisen Meister, und ist wahrscheinlich noch älter.

Am 15. Juni 1215 soll König *Johann ohne Land* (1199–1216) auf der Wiese von Runnemede (zwischen Windsor und Staines) die *Magna Charta (libertatum; The Great Charter)* unterzeichnet haben, dieses »Bollwerk der englischen Freiheit«. Er hat die Urkunde aber gar nicht unterzeichnet, sie wurde vielmehr nur mit dem großen Staatssiegel versehen und vom König auf einer kleinen Insel in der Themse unweit Aukerwyke in Buckinghamshire, die noch heute »Magna-Charta-Insel« heißt, den Baronen überreicht.
Am berühmtesten ist der Artikel 29:

Nullus liber homo capiatur vel imprisonetur aut dissisatur de libero tenemento suo vel libertatibus vel liberis consuetudinibus suis aut utlagetur aut exsulet aut aliquo modo destruatur nec super eum ibimus nec super eum mittemus nisi per legale judicium aut legem terrae; nulli vendemus nulli negabimus aut differemus rectum vel justitiam.
Kein freier Mann soll ergriffen oder gefangengesetzt, seines Landbesitzes, seiner Freiheiten und Gewohnheiten beraubt, geächtet, verbannt oder sonstwie vernichtet werden; noch wollen wir über ihn urteilen oder verurteilen, es sei denn durch gesetzliches Urteil oder durch das Gesetz des Landes. Niemand wollen wir Recht und Gerechtigkeit verkaufen, verweigern oder verzögern.

Wenn man aber genauer hinsieht, so gewährleistet die Magna Charta dem Volk keinen Schutz und auch keine Freiheiten; sie verbürgt nur den Schutz der größeren Barone vor den habgierigen königlichen Sheriffs und den der kleineren Barone vor den habgierigen Großen. Wenn also Schiller in seinem Gedicht *Die unüberwindliche Flotte* die Magna Charta anführt als

das große Blatt, das deine Könige zu Bürgern,
zu Fürsten deine Bürger macht,

so kann man daraus schließen, daß er das »große Blatt« nie gelesen hat.

Im 14. Jahrhundert lebte *Richard Whittington,* der dreimal Lord-Major, d. h. Oberbürgermeister von London, wurde, nachdem er angeblich durch eine Katze großen Reichtum erlangt hatte. Daß er als Junge schlecht behandelt worden ist, wie gewöhnlich erzählt wird, erscheint unmöglich, da er der Sohn des Worshipful Sir William Whittington war. Die Erzählung, daß jemand durch eine Katze sich Reichtümer erwirbt, war in Europa schon im 13. Jahrhundert verbreitet, sechzig Jahre vor Whittingtons Geburt. Auf diesen kann die Geschichte erst übertragen worden sein, als man seine Herkunft vergessen hatte.

Als die schöne Gräfin von Salisbury beim Tanz ihr Strumpfband verloren hatte, soll es ihr König *Eduard III.* (1327–1377) mit den Worten überreicht haben: *Honi soit qui mal y pense* (Ein Schuft [wörtlich: Angeprangert sei], der Schlechtes dabei denkt). Dies, hört man oft, sei 1349 der Ursprung des Mottos des Hosenbandordens (order of the garter) gewesen. Das läßt sich jedoch historisch nicht nachweisen. Nach anderen soll der König die Redensart in der Schlacht bei Crécy (1346) zuerst gebraucht haben, als er sein eigenes Knieband zum Heereszeichen machte. Der Ausspruch war jedoch schon vorher in Frankreich als Sprichwort bekannt (vgl. Josef Haydn, *Dictionary of Dates, and universal reference, relating to all ages and nations...,* London 1841, s. v.).

In derselben Schlacht bei Crécy soll Eduard, der »Schwarze Prinz« (so angeblich nach seiner schwarzen Rüstung genannt), dem gefallenen König Johann von Böhmen die drei Federn abgenommen haben, die heute noch ein Teil des Wappens des jeweiligen Prinzen (richtiger: Fürsten) von Wales bilden. Allein diese Erzählung ist ebensowenig glaubwürdig wie die über die Entstehung des deutschen Mottos von Wales *Ich dien',* das zuerst auf dem Grab des Schwarzen Prinzen in der Kathedrale von Canterbury angebracht wurde, weil selbst der Erbe der Krone, als Sohn, in nichts von einem Diener verschieden war.

Nach einigen soll der Prinz dieses Motto von König Johann von Böhmen mit jenen drei Federn angenommen haben. Nach Wilhelm Ihne soll

301

Eduard I., der nach der Besiegung Llewellyns, des letzten Fürsten der Waliser, der neugewonnenen Provinz einen eingeborenen Regenten versprochen hatte, sein Kind Eduard (II.; geboren 1284 zu Carnarvon in Nordwales) in seinen Armen haltend, die gälischen Worte gesagt haben *Eich Dyn* (= Dies ist Euer Mann; Landsmann) woraus das *Ich dien* entstanden sei (Haydn, *a.a.O.*, s.v.; John Timbs, *Things not generally known. Curiosities of History*, London 1857).

Glaublicher klingt die Notiz in *A record of the black Prince* von Henry Noel Humphreys (London 1849), der das Testament des Prinzen enthält und die Behauptung »eines neuen Forschers« anführt, wonach die drei Federn aus der Familie der Mutter des Schwarzen Prinzen, der Königin Philippa, Gräfin von Hennegau (Hainaut), stammen. Er beruft sich auf ein gleichzeitiges Verzeichnis von des Königs Haushalt zu Windsor, worin eine der Königin zugehörende »große Schüssel für die Almosen der Königin« beschrieben wird als »silbervergoldet und im Grund ein schwarzemailliertes Schild mit drei Straußenfedern«. Auch die beiden deutschen Devisen, die schon erwähnte »Ich dien« und »Houmouth« (hoher Mut) werden dann aus der Familie der Königin hergeleitet.

König *Eduard IV.* (1461–1483) hatte eine Geliebte, namens *Jane Shore*. Sie soll später gebettelt haben und in London in einem Graben (ditch) gestorben sein, wo sich jetzt die Straße Shoreditch befindet – eine Fabel, der englischen respectability und der Etymologie zuliebe erfunden.

König *Richard III.* (1483–1485), der letzte Plantagenet, ist fast allein aus Shakespeares Schauspiel bekannt, das auf Sir Thomas Mores Schauergeschichten zurückgeht. Auch die Angaben David Humes lassen sich auf denselben Geschichtsschreiber zurückführen, der von Richards erfolgreichem Gegner, König Heinrich VII., bestellt war. More kam durch sein Werk dem Dramatiker ebenso halbwegs entgegen, wie Tschudi dem Dichter des *Wilhelm Tell*. Richard soll bucklig gewesen sein und einen verkrüppelten Arm gehabt haben. Nun aber sagt John Rous, dessen lateinische *Geschichte der Könige Englands* (J. Rossi... *Britannica, sive de regibus veteris Britannicae...*, Francofurti 1607) Heinrich VII. gewidmet und der ein erbitterter Feind des Hauses York war, nur, daß Richard ein kurzsichtiger Mann von kleiner Figur und ungleichen Schultern gewesen ist. Nach anderen war der König zwar klein, sonst aber wohlgestaltet.

Wie die persönliche Erscheinung ist auch der Charakter Richards verzerrt worden. Die Mordgeschichten, die vom König erzählt werden, scheinen doch stark übertrieben zu sein. Er soll seinen Bruder George, Herzog von Clarence, 1478 in einem Faß Malvasierwein haben ertränken lassen. Auch Shakespeare spielt darauf an: In *Richard III* (I, 4) läßt er den ersten Mörder sagen: *then throw him into the malmsey-butt in the next room* (dann wirf ihn in das Malvasierfaß im nächsten Zimmer). Man hat diese unglaubliche Geschichte so erklärt, der Herzog sei im Tower ermordet und dann in einem Faß, das früher Malvasier enthalten habe, in die vorbeifließende Themse geworfen worden. Fest steht jedoch nur, daß er heimlich im Tower umgebracht worden ist und daß er bei Lebzeiten den Malvasier sehr geliebt hat. Daraus ist wohl die Anekdote entstanden (Timbs, *a.a.O.*).

König *Heinrich VIII.* (1509–1547), der sechsmal verheiratet war, könnte als Urbild des Ritters Blaubart gelten, dessen Geschichte Charles Perrault in seinen *Contes de ma mère L'Oye* erzählte (1697).

Angeblich hat der Kardinal Thomas Wolsey, des Königs allmächtiger Günstling, ihm den Hampton Court Palast geschenkt, *das prächtigste Geschenk, das je ein Untertan seinem Herrscher gemacht.* In Wirklichkeit wurden jedoch der Palast wie der übrige Besitz des Kardinals bei seinem Sturz einfach von der Krone konfisziert (Ernest Law, *The History of Hampton Court Palace in Tudor Time*, London 1885).

Das in Frankreich vielgesungene Abschiedslied der *Maria Stuart*, das sie gedichtet haben soll, als sie von Bord des Schiffes aus das ihr liebgewordene Land verschwinden sah:

> Adieu, plaisant pays de France!
> O ma patrie
> La plus chérie...

> Ade, angenehmes Land Frankreich,
> O mein Vaterland,
> mein vielgeliebtes...

stammt von dem Journalisten Querlon und ist zuerst 1765 gedruckt worden. Sie hat zwar wirklich vom Schiff wiederholt »Adieu France« gerufen, selbst jedoch immer nur schlechte Verse gemacht (Fournier, *a.a.O.*, S. 178 ff.).

Ein bevorzugtes Motiv der Historienmalerei war die dramatische Szene, wie der jugendlich schöne Sänger David Riccio vor den Augen der Königin Maria Stuart durch Abgesandte ihres eifersüchtigen Gatten Heinrich Darnley in ihrem Schlafzimmer im Holyrood Palace erstochen wird. Riccio war jedoch, als diese Begebenheit stattfand (9. März 1566), über dreißig Jahre alt und hatte nichts Anziehendes, da er bucklig war. Er war nicht der Liebhaber der Königin, sondern der bezahlte Agent des Papstes. Seine Ermordung erfolgte nicht aus Eifersucht, sondern aus politischen Gründen, und nicht vor den Augen Marias, sondern im finsteren Vorsaal, während die Königin sich in dem an das Schlafgemach anstoßenden Erkerzimmer befand.

Daß James Bothwell, der dritte Gemahl Marias, später Seeräuber geworden sei, ist eine Fabel. Auf der Flucht vor dem schottischen Adel (von Dunbar nach den Orkney- und Shetlandinseln) ist er von dort wider Willen nach Norwegen verschlagen und in Malmö, dann in Dragsholm gefangengehalten worden.

Die Erzählung, *Königin Elisabeth I.* (1558–1603) sei auf Robert Devereux, den Grafen Essex, aufmerksam geworden, weil er, als sie über eine schmutzige Straße schreiten wollte, seinen Mantel vor ihr ausbreitete, ist schlecht beglaubigt. Bekanntgeworden ist die Anekdote durch Walter Scott (*Kenilworth*, Kap. XV), der sie freilich auf Sir Walter Raleigh (1552–1618) bezieht.

Erfunden ist gleichfalls die Geschichte von dem Ring, den die Königin dem Grafen Essex in süßer Stunde geschenkt habe mit dem Versprechen, daß, wenn er ihn ihr je senden würde, sie sich alter Freundschaft wieder erinnern werde. Später (1600) in Ungnade gefallen und wegen Aufstandes (1601) verurteilt, bittet er die Gräfin Nottingham, den Ring der Königin zuzustellen. Die Gräfin wird von ihrem Gemahl überredet, den Ring nicht abzuliefern. Die Königin, durch Essex' scheinbaren Stolz beleidigt, unterschreibt sein Todesurteil, und der Graf wird am 25. Februar 1601 hingerichtet. Natürlich bekommt die Gräfin Nottingham auf dem Sterbebett Gewissensbisse und läßt Königin zu sich bitten. Diese schüttelt die Sterbende, nachdem sie das Geständnis der Gräfin gehört hat, mit der ihr eigenen Energie in ihrem Bett noch tüchtig durch mit den Worten: *Mag Gott Euch verzeihen – ich kann es nicht* und bleibt lange untröstlich.

Daß die Königin dem Grafen Essex einen Ring geschenkt hat, ist wohl richtig. Es gibt sogar noch drei Ringe, die als das bewußte Original gelten. Aber die erste Erwähnung der rührenden Geschichte findet sich erst fünfundfünfzig Jahre nach dem Tod der Königin. Sie ist voller Unwahrscheinlichkeiten. So blieb Lord Nottingham, der doch eigentlich der Hauptschuldige war, nach wie vor in ihrer Gunst (Timbs, *a.a.O.*).

Verständlicherweise ist der für den Kampf um die Weltherrschaft entscheidende Sieg über die spanische Armada im Jahre 1588 von Treppenwitzen nicht verschont worden (s. Kapitel *Spanier*).

Joseph Addison berichtet 1712 im *Spectator*, Königin Elisabeth habe nach dem Sieg eine Denkmünze prägen lassen mit der Inschrift *Afflavit deus et dissipantur* (Gott blies und sie wurden zerstreut/vernichtet). Schiller übernimmt (nach Louis-Sébastien Mercier, *Portrait de Philippe seconde*, Amsterdam 1785) diesen Irrtum und schreibt im Anschluß an die beiden letzten Zeilen seines Gedichtes *Die unüberwindliche Flotte*

> Gott der Allmächtige blies,
> Und die Armada flog nach allen Winden

als Anmerkung: *Die zween letztern Verse sind eine Anspielung auf die Medaille, welche Elisabeth zum Andenken ihres Sieges schlagen ließ. Es wird auf derselben eine Flotte dargestellt, welche im Sturm untergeht, mit der bescheidenen Inschrift:* Afflavit Deus et dissipati sunt.

Dagegen haben die Niederländer in Middelburg eine Denkmünze mit der Umschrift *Flavit Jehovah et dissipati sunt* (nach *Exodus* 15,10) prägen lassen.

Den oben erwähnten Sir *Walter Raleigh* (1552–1618) soll Königin Elisabeth I. einmal gefragt haben, ob er Rauch wiegen könne. Er wog etwas Tabak ab, rauchte ihn, wog nachher die Asche und gab den Unterschied als das Gewicht des Rauches an – dieselbe Geschichte erzählte bereits Lukian im Leben des Demonax, nur daß Holz statt des in der Antike unbekannten Tabaks erwähnt wird.

Von den über *Oliver Cromwell* (1599–1658) erzählten Anekdoten erscheinen einige verdächtig. So soll er nebst John Hampton (1594–1643) im Begriff gewesen sein, nach Amerika auszuwandern, sei aber durch einen Befehl Karls I. gegen alle Auswanderung zurückgehalten worden. Diese herodotische Schicksalsanekdote ist wohl daher entstanden, daß Cromwell Falkland gegenüber erklärte: Hätte das Unterhaus im Jahre 1641 nicht die *Remonstrance* (Einspruch, Veto) über den Zustand des Reiches angenommen, so wäre er ausgewandert.

Cromwells Leiche wurde nach der Restauration der Stuarts ausgegraben und an einen Galgen gehängt, nachdem der Kopf abgehauen worden war – also eine Hinrichtung post mortem.

Ein Kristallisationspunkt für historische Mythenbildung ist die Hinrichtung König *Karls I.* (30. Januar 1649). Er sagte zum Bischof Juxon, wahrscheinlich mit Beziehung auf eine frühere Unterredung oder Botschaft: *Remember!* (Erinnere dich). Man erzählte jedoch, es habe sich lange keiner gefunden, der das Todesurteil am König vollstrecken wollte. Zuletzt sei ein

Mann dazu bereit gewesen, dessen Braut der König einst verführt habe. Dieser Mann habe eine Larve vor dem Gesicht gehabt, sie aber vor der Hinrichtung abgenommen und, den König anschauend, geflüstert: *Remember!* Nach der Wiedereinsetzung der Stuarts (1660) sei die Familie des Henkers nach Ostpreußen ausgewandert. Die Geschichte entstammt wahrscheinlich einem Roman.

Wenige Tage nach der Hinrichtung des Königs erschien eine Denkschrift unter dem Titel *Königsbild oder Konterfey Seiner geheiligten Majestät in ihrer Einsamkeit und ihrem Leiden,* die der König während seiner Gefangenschaft verfaßt haben sollte. Sie wurde vom Publikum in gutem Glauben und mit Begeisterung aufgenommen, hat es mit der Zeit auf 47 Auflagen gebracht und hauptsächlich dazu beigetragen, dem hingerichteten König beim englischen Volk den Ehrentitel des Märtyrers zu verschaffen. Schon 1649 jedoch, also noch im selben Jahr, schrieb Milton im Auftrag des Parlaments die Widerlegung *Eikonoklastes,* worin er nachwies, daß das Buch nicht von Karl I., sondern von einem Dr. Gauden herrührte, der übrigens nach der Restauration der Stuarts zur Belohnung den Bischofssitz von Exeter erhielt.

Durch Eugène Scribes Lustspiel *Le verre d'eau ou les effets et les causes* (Das Glas Wasser oder Die Wirkungen und die Ursachen; 1840) ist eine Anekdote verbreitet worden, die Ungnade der Herzogin Sara Marlborough bei der *Königin Anna* (1702–1714) sei dadurch herbeigeführt worden, daß die Herzogin ein Glas Wasser, das sie der Königin überreichte, auf deren Kleid verschüttete. Das ist eine Erfindung. Die Königin Anna trank zwar viel – doch nie Wasser, so daß sie sich den Spottnamen *Brandy Nan* (Schnaps-Ännchen) zuzog (vgl. die *Queen Brandy-bottle* genannte Queen Victoria).

Überhaupt sind die Charaktere des berühmten Scribeschen Stückes fast alle verzeichnet. Die Herzogin von Marlborough war weder als Mädchen noch als Frau eine Kokotte, die sich mit dem ersten besten hübschen Mann einließ, der ihr über den Weg lief. Ebensowenig entspricht der Wahrheit, was der Historiker Thomas Babington Macaulay über John Churchill, Herzog von Marlborough, den britischen Feldherrn und Kampfgenossen des Prinzen Eugen in den Kriegen gegen Ludwig XIV., schreibt. Macaulay erzählt, Marlborough habe im Alter von achtundzwanzig Jahren ein armes Mädchen geheiratet. In Wirklichkeit entstammte seine Frau einer hochangesehenen Familie und stand seit ihrem zwölften Jahr im Dienst ihrer Freundin, der späteren Königin Anna. Auch sei der Herzog so geizig gewesen, daß er nie einen Offizier zu Tisch gebeten habe; gleich Wallenstein habe er sogar die Löhnung von Soldaten weiterbezogen, die vor seinen Augen bei Sedgemoor (6. Juli 1685) gefallen waren. Macaulays Quelle für diese Verleumdungen ist ein jakobitisches Pamphlet aus dem Jahre 1690 (vgl. Paget, *Paradoxes and puzzles*, London 1874, S. 14).

Im Jahre 1712 erschien in London eine Schrift, die in satirischer Form die politischen Ereignisse der letzten Jahre und die noch schwebenden Fragen behandelte. Der erste Teil führte (in deutscher Übersetzung) den Titel: *Ein Prozeß ist ein bodenloser Abgrund, erläutert durch das Beispiel des Lord Strutt, John Bull, Nicholas Frog und Lewis Baboon, die alles, was sie hatten, in einem Rechtsstreit darangaben.* In den Titeln der folgenden Teile tritt John Bull noch stärker als die Hauptperson hervor. Die vier Teile sind dann wiederholt gedruckt worden und erschienen endlich als eine zusammenhängende Schrift unter dem Titel *The History of John Bull.* Dem Schotten John Arbuthnot gebührt der Ruhm, die volkstümliche Verkörperung des nationalen Empfindens der Engländer in Gestalt John Bulls geschaffen zu haben. Aber wer ist eigentlich John Bull? Woher stammt sein Name? Diese Frage beantwortete 1908 Wolfgang Michael (*Historische Zeitschrift*, Bd 100) dahin, daß John Bull der glänzende Staatsmann aus der Zeit der Königin Anna, Henry Saint John Viscount Bolingbroke, war. Die *History of John Bull sei eine Verteidigung der Politik Bolingbrokes* (vgl. ferner Alan W. Bower u. Robert A. Erickson: *John Arbuthnot. The History of John Bull*, Oxford 1976; Büchmann, *Geflügelte Worte*, 33. Aufl., S. 228).

Tommy (Atkins) ist seit langem ein gemütlicher Kosename für den britischen Soldaten. Wie aber John Bulls Soldaten zu diesem Namen gekommen sind, darüber haben die Gelehrten lange hin und her gestritten. Keinesfalls ist die Annahme haltbar, daß der Name Thomas Atkins der häufigste oder auch nur einer der häufigsten Namen in den Stammrollen englischer Regimenter wäre, daß er etwa dem Friedrich Wilhelm Schultze oder Heinrich Schmidt in deutschen Truppenteilen entspräche. Wenn der typische Name der am häufigsten wiederkehrende sein sollte, so müßte er sicher George Smith lauten. Der englische Feldgeistliche Edward John Hardy (*Mr. Thomas Atkins*, London 1900) leitet den Ursprung des Namens aus dem alten Soldatentaschenbuch ab, das als *The Soldiers Small Book* bekannt ist. Darin fand sich zur Erläuterung über die Lieferung von gewissen Montierungsstücken, die der englische Soldat ganz oder teilweise selbst zu bezahlen hatte, eine Abrechnungsschablone zwischen der Militärverwaltung und dem Musketier Thomas Atkins. Der Name wäre auf diese Weise dann dem Soldaten so geläufig geworden, daß er als typische Bezeichnung Geltung erlangt habe. Andere neigen zu der Ansicht, daß der Name früher bereits in Heereskreisen einen sehr vertrauten Klang besessen und wohl deshalb in dem Büchlein Platz gefunden habe. Nach dieser Darstellung stießen beim Ausbruch des großen indischen Aufstandes im Jahr 1857 die in Lucknow nach dem Amtsgebäude des britischen Residenten fliehenden Europäer unterwegs auf einen Wachposten des 32. Infanterieregiments (Herzog von Cornwall). Sie berichteten ihm in fliegender Eile von der Meuterei der eingeborenen Truppen und redeten ihm zu, sich mit ihnen in das Residenzgebäude zurückzuziehen. Der Mann weigerte sich indes, seinen Posten zu verlassen und wurde kurz darauf, wo er stand, von den Meuterern niedergemetzelt. Der Soldat hieß Thomas Atkins. Seinen Namen und seinen Heldenmut haben nach der Verteidigung des Residenzgebäudes die wenigen, die befreit wurden, nicht vergessen. Wenn im späteren Verlauf des Aufstandes ein Soldat Todesverachtung bewiesen hatte, pflegte man ihn als einen richtigen »Tommy Atkins« zu bezeichnen. Möglich, daß der auf diese Weise in den allgemeinen Sprachgebrauch gelangte Name auch vom Verfasser des Soldatenbuches verwendet wurde.

Dem Minister *Robert Walpole* (1676–1745) hat man ein Wort zugeschrieben, das er in dieser Form nicht gesagt hat: *Jeder Mensch hat seinen Preis.* In William Coxe's *Memoirs of the Life and Administration of Sir Robert Walpole* (Bd IV, London 1798, S. 369) heißt es: *Schönrednerei verachtete er. Ihrem eignen Interesse oder dem ihrer Verwandten schrieb er die Beteuerungen eines erheuchelten Patriotismus jener Männer zu, von denen er sagte:* »*Alle diese Leute haben ihren Preis.*«

Horatio Nelson (* 1758) soll vor der Seeschlacht bei Trafalgar (21. Oktober 1805), in der er fiel, seine Galauniform und alle Orden angelegt haben, so daß er die Aufmerksamkeit des Feindes erregte. Sein Freund und geistlicher Beistand Dr. Scott, in dessen Armen er starb, erzählt jedoch, daß er nur seine gewöhnliche Uniform getragen habe, auf der vier Sterne eingestickt waren. Die Tendenz der Anekdote ist, seinen Tod mit seiner Eitelkeit in Verbindung zu bringen.

Die seit 1885 herrschende Meinung, Nelsons berühmtes Signal in der Schlacht von Trafalgar: *England expects that every man will do his duty* (England erwartet, daß jeder Mann seine Pflicht tut), sei nach dem Popham

Code von 1803 anders als üblich zu lesen, beruht insofern auf einem Irrtum, als Nelson selbst durch einen Befehl vom 16. Januar 1804 die beiden Signalbücher der Flotte von 1799 und 1803 durch ein Deckblatt berichtigt hatte, was McHardy, dem Urheber der Änderung von 1885, entgangen war. Seit 1908 aber wird am Jahrestag der Schlacht das Signal wieder richtig nach der Flaggenbedeutung von 1804 wiedergegeben. Auch die Nachrichten vom Schlachttag bestätigen, daß die traditionelle Übersetzung die richtige war. Robert Southey schildert in seinem vielgelesenen Buch *The Life of Nelson* (Bd II, London 1813, S. 247) nach dem gewissenhaften Bericht eines »Gentleman«, welche Flut von Begeisterung der am Signalmast wehende Schlachtbefehl des Admirals in der ganzen Flotte weckte. Zurufe, mahnend zu »Lorbeer und Löwenmut«, hallten von Schiff zu Schiff. Der Admiral sagte zu seiner Umgebung: *Jetzt kann ich nichts mehr tun. Wir müssen dem großen Herrn über jegliches Geschick und der Gerechtigkeit unserer Sache vertrauen. Ich danke Gott für diese große Gunst, daß er mich meine Pflicht tun läßt* (I thank God for this great opportunity of doing my duty). Als er dann schwer verwundet die letzten Anordnungen für die Flotte, seine angebetete Emma Hamilton und ihre Tochter Horatia, sein Begräbnis und sein Vaterland gab, schied er mit den Worten aus dem Leben, die wieder bedeutungsvoll an seine Losung zur Schlacht anklingen: *Gott sei Dank! Ich habe meine Pflicht getan* (Thank God, I have done my duty)!

William Pitt der Jüngere soll auf dem Totenbett, auf das ihn die Sorge um England nach dem Fall Ulms und der Schlacht von Austerlitz (1805) am 23. Januar 1806 gebracht hatte, ausgerufen haben: *O mein Vaterland! Wie verlasse ich mein Vaterland!*

Lord Rosebery erwähnt aber in einer Fußnote zu seinem *Pitt* (1891), wie Lord Beaconsfield die letzten Worte Pitts nach verbürgten Quellen wiedergegeben hat. Ein alter Kellner im House of Commons wurde während der Nacht vom 22. zum 23. Januar 1806 geweckt und erhielt den Auftrag, eine Kalbs- oder Wildschweinpastete nach Putney zu bringen, wo Pitt schwer krank lag. Dieser würdige Diener hat erzählt, die letzten Worte des großen Staatsmannes seien gewesen: *Ich denke, ich könnte doch eine von Bellamys Pasteten essen.*

Die 1884 von Drummond Wolff und Randolph Churchill gegründete Konservative Vereinigung, die sich *Primrose League* (Primelbund) nennt, hatte diesen Namen gewählt, weil Königin Victoria ihrem konservativen Ministerpräsidenten Lord Beaconsfield, gestorben am 19. April 1881, einen Strauß Primeln als *his favourite flower* (seine Lieblingsblume) auf den Sarg gelegt hatte. Das »his« bezog man allgemein auf den Verstorbenen, in Wirklichkeit aber hatte die Königin damit ihren verstorbenen Gemahl Albert († 1860) gemeint.

Die Treppenwitze aus der Welt der britischen Literatur und Wissenschaft führt Englands größter Dichter *William Shakespeare* (1564–1616) an.

Ausgestanden ist inzwischen die im 18. Jahrhundert aufgekommene Diskussion, ob Shakespeare überhaupt der Verfasser der unter seinem Namen laufenden Werke ist. Sie scheint unter anderem dadurch entstanden zu sein, daß die damals beginnende Shakespeare-Kritik sich nicht vorstellen konnte, daß ein aus kleinen Verhältnissen kommender, angeblich ungebildeter Schauspieler ein in seiner Bedeutung und Spannweite so gewaltiges Werk zu schaffen hatte imstande sein können. Es wirkte wohl auch das Wort seines Zeitgenossen Benjamin Jonson (1572–1637), daß er nur *small Latin and less Greek* (wenig Latein und noch weniger Griechisch) gekonnt habe, ebenso nach wie das angebliche Urteil Samuel Johnsons, der 1765 eine Ausgabe der Dramen besorgt hatte und geäußert haben soll, Shakespeare hätte keine sechs, nach anderer Lesart keine sieben Zeilen geschrieben *without making an ass of himself* (ohne sich lächerlich zu machen).

Hinzu trat der Umstand, daß in der dritten Auflage der von Shakespeares Freunden, den Schauspielern John Heminge und Henry Condell, besorgten Folioausgabe seiner Werke einige gar nicht oder nur teilweise von ihm stammende Dramen enthalten waren.

Nach einigen mehr auf einzelne Stellen oder Dramen bezogenen Zweifeln überraschte im Januar 1856 die amerikanische Missionarstochter Delia Bacon die literarische Welt mit einem Aufsatz in *Putnam's Magazine: William Shakespeare and his plays.* Sie stellte die Behauptung auf, daß ihr Namensvetter Lord Bacon von Verulam der eigenliche Verfasser der Shakespeareschen Dramen sei.

Die Diskussion wurde sehr erregt geführt und brachte eine Lawine ins Rollen. Denn bald wurden immer mehr hochgebildete Zeitgenossen des Dichters als die wirklichen Verfasser der Shakespeare-Stücke dargestellt; unter den mehr als 50 Kandidaten wurden neben Bacon vier weitere besonders favorisiert: der sechste Earl of Derby, der fünfte Earl of Rutland (Roger Manners), der siebzehnte Earl of Oxford (Edward de Vere) und schließlich der bekannte Dramatiker Christopher Marlowe (1564–1593).

Von den einzelnen Treppenwitzen aus dem Leben des großen Dichters sei zunächst der aufgeführt, daß Shakespeare als Junge seinem Vater beim Schlachten geholfen habe. Aber wenn er ein Kalb schlachtete (so erzählt Aubrey, der verschiedene Anekdoten über den Dichter fünfzig Jahre nach dessen Tod sammelte), *he would do it in a high style and make a speech* (pflegte er es in großartiger Manier zu tun und eine Rede zu halten). Wer wird schon damals darauf geachtet haben, wie der Junge ein Kalb schlachtete? Zweifelhaft scheint auch die Nachricht, Shakespeare sei in Stratford Wilddieb gewesen und deswegen vom Friedensrichter Sir Thomas Lucy eingesperrt und auf dessen Befehl ausgepeitscht worden. Der Dichter soll sich durch ein Spottgedicht gerächt haben, das er am Parktor des Sir Thomas angeheftet habe. Dieses Spottgedicht war verlorengegangen. Später fand sich eine Strophe (bei Oldys) – und im folgenden Jahrhundert tauchte die ganze Ballade wieder auf.

Um der Verfolgung Sir Thomas' zu entgehen, soll Shakespeare nach London entflohen sein und dort, wie es bei Samuel Johnson *(The Lives of the Most Eminent English Poets,* 4 Bde, London 1779–1781) heißt, seinen Lebensunterhalt dadurch verdient haben, daß er die Pferde der vornehmen Theaterbesucher während der Vorstellung beaufsichtigte und zu diesem Zweck sogar Knaben zur Hilfe annahm *(Shakespeare's boys).*

Aus dem Tagebuch des Advokaten Manningham stammt die Don-Juan-Anekdote: Shakespeare habe eine Dame belauscht, wie sie mit Richard Burbage, der Richard III. zu spielen hatte, ein Stelldichein verabredet, sei vor ihm selbst hingegangen, auch angenommen worden, und habe dem Schauspieler, als er sich später melden ließ, sagen lassen: *Wilhelm der Eroberer kommt vor Richard III.* Auch diese Anekdote ist schlecht beglaubigt. Desgleichen die an sich nette Erzählung, Shakespeare wäre oft bei seinen Reisen nach Stratford on Avon im Wirtshaus zur Krone eingekehrt und habe dort bei der schönen Wirtin sehr in Gunst gestanden, sei auch Pate (godfather) des Sohnes, des späteren Dichters William Davenant, gewesen. Als nun einmal der Knabe dem Gast entgegengelaufen sei, habe er auf die Frage, wohin er eile, erwidert: *To see his godfather Shakespeare* (seinen Paten bzw. Gott Vater Shakespeare zu sehen), worauf der Fragende gewarnt habe, den *Namen Gottes nicht zu mißbrauchen.*

Was den Unfrieden mit seiner acht Jahre älteren und als Hausdrachen verschrienen Frau Anna Hathaway *(Ann hath a way;* Ann hat einen Weg; zeigt, wo's langgeht) betrifft, so führt man an, daß er ihrer in seinem Testament nur kurz gedenkt und ihr sein z w e i tbeste Bett vermachte. Beides ist jedoch nicht so schlimm, wie es zuerst scheint. Für die Witwe war ohnehin gesorgt, da sie nach englischem Gesetz Ansprüche auf ein Drittel aller Erträgnisse des Besitzes an Land und Pächtereien hatte. Zweitens war das beste Bett das Gastbett, das bei dem Majorat verblieb, das Shakespeare für seine am 26. Mai 1583 geborene Tochter Susanna und einen etwaigen Enkel als Nachkommen gestiftet hatte.

Unzuverlässig sind auch einige weitere Anekdoten über Shakespeare; zum Beispiel, daß die Königin Elisabeth, wie damals üblich, auf der Bühne seitwärts sitzend, ihr Taschentuch verlor und Shakespeare, der gerade einen König spielte – aus seiner Rolle fallend und doch darin verbleibend – einem Trabanten zugerufen habe: *First pick up our sister's handkerchief!* (Heb erst unserer Schwester Taschentuch auf) – ebenso, daß Elisabeth, vom Ritter Falstaff in den Königsdramen *Heinrich IV.* entzückt, den Wunsch ausgesprochen habe, ihn einmal verliebt zu sehen, worauf Shakespeare innerhalb zweier Wochen die *Lustigen Weiber von Windsor* (1597) geschrieben habe. Diese Anekdote erscheint zuerst 1702 in dem *Comicale Gallant* von John Dennis.

Ein gewisser William Henry Ireland, Sohn einer Antiquars, fälschte mit siebzehn Jahren Ende des 18. Jahrhunderts Shakespeare-»Handschriften« und »fand« sie dann im Nachlaß eines reichen Mannes. Zuerst legte er der erstaunten Welt einen Vertrag zwischen Shakespeare und seinem Verleger Condell vor. Als dieser mit Begeisterung aufgenommen wurde, ging Ireland dazu über, alte Urkunden zu entdecken, die die Echtheit dieser Shakespeare-Reliquie und anderer, die er vorbereitete, bestätigen sollten. Unter anderem schüttelte er einen obskuren Vorfahren, William Henrye Irelannde, aus dem Ärmel, dessen hinterlassene Pergamente er auf das Jahr 1604 datierte. Unter diesen Urkunden fand sich auch eine »verbürgt echte« Locke, die nach Angaben Irelands Shakespeare von seiner Gattin Anna Hathaway bekommen habe. Durch seine Erfolge wurde der junge Ireland angestachelt, immer neue Fälschungen anzufertigen. Nach einiger Zeit zog er sogar eine Tragödie *Vortigern and Rowena* ans Licht, auf die selbst Sheridan hereinfiel. Dem großen literarischen Streit wurde dadurch ein Ende gemacht, daß im Jahre 1796 Ireland selbst einen »authentischen Bericht der Shakespeare-Manuskripte« veröffentlichte. Diese Fälschungen gerieten schließlich in den Besitz des Sammlers J. E. Hodgkin und wurden im April 1914 in London versteigert.

Über *John Milton* (1608–1674) gibt es zwei hübsche Anekdoten. Milton war von besonderer körperlicher Schönheit. Seine Kameraden nannten ihn neckend *the lady of Christchurch.* Als Jüngling soll er in der Nähe von Cambridge einmal unter einem Baum eingeschlafen sein, wo ihn zwei vorbeifahrende fremde Damen bemerkten. Sie stiegen aus. Nachdem sie ihn eine Weile bewundert hatten, schrieb die jüngere, die, wie er, sehr schön war, folgende Zeilen von Giovanni Battista Guarini auf ein Papier, das sie in seine Hand legte:

> Occhi, stelle mortali,
> Ministri di miei mali,
> Se chiusi m'uccidete –
> Aperti, che farete?

auf deutsch etwa:

> Ihr Augen mit tötenden Strahlen,
> Ihr Urheber meiner Qualen –
> Wenn geschlossen, ihr tötend mich deuchtet,
> Wie ist's, wenn geöffnet ihr leuchtet!

Die Damen müssen jedoch dabei beobachtet worden sein, da man sonst nicht verstehen kann, wie Milton diese Einzelheiten erfahren haben sollte. Denn er reiste nach Italien, um die schöne Unbekannte zu suchen. Dieser Leidenschaft für eine Dame, die er nie gesehen hatte, sollen wir einige der schönsten Stellen des *Verlorenen Paradieses* verdanken. Die Anekdote ist auch in einem Roman verarbeitet worden. Das Ganze jedoch ist die Erfindung von George Steevens, der literarische Fälschungen als Sport betrieb und deshalb von William Gifford »Puck, der Kommentator« genannt wurde. Überdies ist die Erzählung einer älteren Anekdote nachgebildet (Isaac D'Israeli, *Curiosities of Literature,* London 1866, S. 487 f.).

1877/78 erregte ein Bild von Michael Munkácsy in Paris Aufsehen, das die oft dargestellte Szene zeigt, wie der blinde Dichter in theatralischer Pose seinen gebannt lauschenden Töchtern die Früchte seiner Muse in die Feder diktiert. *Der Phantasie des Künstlers,* bemerkt Alfred Stern (*Milton und seine Zeit,* Teil IV, Leipzig 1879, S. 184) *mag eine derartige fromme Täuschung gestattet werden. In Wahrheit ließ sich von kindlichem Gefühl dieser Töchter kaum reden ... Die beiden jüngeren waren des Nachschreibens und Vorlesens in Sprachen, die sie nicht verstanden, längst überdrüssig geworden. Sie konnten den Ärger wegen dieser Art von Beschäftigung nicht immer verbergen, und er brach mehr und mehr in Ausdrücken des Unwillens hervor. Zuletzt wurden sie sämmtlich, die älteste mit eingeschlossen, aus dem Hause gethan.*

In seinem Testament nennt Milton seine Töchter ausdrücklich *undutiful* (pflichtvergessen, undankbar).

Von *Isaac Newton* (1643–1727), dem großen Physiker und Mathematiker, wird eine populäre Anekdote erzählt, wie sie in vergleichbarer Weise von zahlreichen bedeutenden Erfindern und Entdeckern üblich ist. Er sei nämlich auf die Entdeckung des Gravitationsgesetzes durch einen Apfel gekommen, den er in einem Garten zur Erde fallen sah. Die Zeitgenossen wissen noch nichts von der Geschichte (z. B. David Brewster, *The Life of Sir Isaac Newton*, London 1831). Sie ist aber ein dankbares Motiv und wurde deshalb von Leonhard Euler (*Briefe an eine deutsche Prinzessin*, 3 Bde, Stuttgart 1846–1848) und Johann Josef von Littrow (*Die Wunder des Himmels*, 3 Bde, Stuttgart 1834–1836) weiter ausgemalt.

Eine der Quellen für diese Anekdote ist Robert Greene, der um 1725–1730 allerlei wunderliche Werke über die Quadratur des Kreises und dergleichen veröffentlichte. Seine Autorität ist der Klatsch von Martin Folkes, der ihn wahrscheinlich von Newtons Nichte, Frau Conduitt hat, die auch Voltaire als seine Autorität angibt. Die Anekdote befand sich auch in einer Notizensammlung Conduitts, die für Fontenelle bestimmt war. Da aber Fontenelle, so gern er sonst Anekdoten auftischt, diese in seinem *Éloge de Gallois* (1707) nicht erwähnt, darf man davon ausgehen, daß sie in der ihm zugesandten Abschrift ausgelassen war.

Isaac D'Israeli hat in seinen *Curiosities of Literature* eine noch weiter ausgeschmückte Fassung. Danach ist Newton der Apfel auf den Kopf gefallen und so stark aufgeschlagen, daß Newton von der Wirkung überrascht gewesen sei. Dies hätte ihn auf die immer stärker werdende Bewegung fallender Körper gebracht (also auf die Gesetze des Falles, die jedoch durch Galilei lange vorher 1589 erkannt worden waren) und im weiteren auf die Entdeckung der Schwerkraft.

De Morgan (*A Budget of Paradoxes*, London 1872) meint dazu: *Ich kann mir nicht denken, wo Disraeli den Schlag auf den Kopf her hat, ich meine für Newton her hat; die Geschichte ist gar nicht so übel, auch möglich; ihr einziger Fehler ist, daß verschiedene Schriften, welche Newton als sehr gelehrter Mathematiker gewiß gekannt hat, ihm mehr Anregung zur Entdeckung des Gravitationsgesetzes gegeben haben müssen, als ein ganzer Sack Aepfel und wenn sie ihm alle zugleich an den Kopf geflogen wären. Pemberton, der mit Newton selbst verkehrte, sagt nur, daß der Gedanke, der Mond werde von der Erde mit der selben Kraft festgehalten, mit welcher sie den Apfel an sich zieht, ihn in einem Garten gekommen sei. Man hat dann einen Baum in Woolsthorpe besonders ausgesucht, welcher der bewußte gewesen sein soll; 1820 ist er abgestorben. Keppler's Vermutung einer Anziehung im umgekehrten Verhältnis der Entfernung und Bouillaud's einer solchen im umgekehrten Quadrat der Entfernung sind Dinge, welche Newton wahrscheinlich besser kannte als seine heutigen Leser.*

Newtons Hündchen namens Diamond soll durch das Umwerfen einer brennenden Kerze ein Manuskript zerstört haben, das die Resultate langjähriger optischer Untersuchungen enthielt. Der große Naturforscher aber soll nur sanft gesagt haben: *O Diamond, Diamond, Du weißt nicht, was du mir für Schaden angerichtet hast.* Brewster leugnet jedoch die Wahrheit dieser sehr rührenden Geschichte, schon aus dem guten Grunde, daß Newton niemals mit Hunden oder Katzen zu tun gehabt hat. Es gibt übrigens, wie wir sahen, eine ähnliche Geschichte über Friedrich den Großen und seine *Geschichte des siebenjährigen Krieges:* nur wird aus dem Hund ein Page.

Auch über die Inschrift auf dem Denkmal Newtons in der Westminsterabtei in London ist in Deutschland viel gefabelt worden, wie sich jeder überzeugen kann, der die berühmte Kirche besucht.

In den vielverbreiteten mathematischen Lehrbüchern von Heinrich Borchert Lübsen (z. B. *Ausführliches Lehrbuch der Analysis zum Selbstunterricht*, 6. Aufl., Leipzig 1873, S. 23) wurde erzählt, daß der binomische Lehrsatz auf dem Denkmal eingegraben sei. Das ist unrichtig.

Auch die Inschrift

Nature and nature's laws lay hid in night;
God said: let Newton be – and all was light

Natur und Naturgesetze lagen verborgen im dunkeln;
Gott sprach: Laß Newton sein – und alles war hell.

(von Alexander Pope) steht nicht auf seinem Grabe, sondern auf einer Marmortafel in seinem Geburtshaus in Woolsthorpe. Die wirkliche Inschrift ist vielmehr in lateinischer Sprache, zählt Newtons Entdeckungen auf, ohne jedoch den binomischen Lehrsatz besonders zu erwähnen, und schließt mit den Worten: *Sibi congratulentur mortales tale tantumque existisse humani generis decus* (die Sterblichen mögen sich Glück wünschen, daß eine solche und so große Zierde des Menschengeschlechtes gelebt hat).

315

Daß sich an den exzentrischen und skandalumwitterten *Noel Gordon Lord Byron* (1788–1824) viele Anekdoten und irrige Klatschgeschichten geheftet haben, darf nicht überraschen. Namentlich darf man Gedichte und Stellen, die sich auf seine Person zu beziehen scheinen, nicht als zuverlässige Quellen ansehen. Daß er auf Newstead Abbey mit seinen Genossen aus Totenschädeln getrunken habe, dürfte eine Fabel sein, veranlaßt durch sein Gedicht *Lines upon a cup formed from a skull.* Daß er das Vorkommnis selbst andeutet, beweist nichts, da er jene krankhafte Eitelkeit besaß, die sich lieber beleidigen als übersehen läßt und um jeden Preis Aufsehen erregen möchte.

Die meisten Skandalgeschichten über ihn sind seine eigene Erfindung. Sein Biograph Lord John Russell bemerkt, daß er mit Lastern prahlt, die er nicht besessen hat. Der Herzog Achille von Broglie († 1870), der ihn in Coppet am Genfer See bei seiner Schwiegermutter, Frau von Staël, kennenlernte, nannte ihn in seinen *Erinnerungen* – nach dem Regenten Philipp (II.) von Orléans († 1723) – *fanfaron de vice* (Prahler in Lastern).

Was Byrons Verhältnis zu seiner Frau betrifft, so ist zu bemerken, daß er in seiner Verbindung mit ihr keine Geldheirat suchte oder fand. Byron unterhandelte zur Zeit seiner Heirat über den Verkauf seiner Besitzung Newstead zu einem Preis, der ihm nach Bezahlung seiner Schulden noch ein Einkommen von 100 000 Mark gelassen hätte. Klatsch ist ferner, daß, als er mit seiner jungen Frau seine Hochzeitsreise antreten wollte, eine Kammerzofe zwischen beide in den Wagen geschoben worden sei. Byron selbst hat den Unsinn dem Verfasser der *Conversations of Lord Byron* (London 1824), Thomas Medwin, in Pisa erzählt.

Byrons bester Freund, Hobhouse, der die junge Frau bis zum Wagen geleitete, hat entschieden bestritten, daß so albern verfahren wurde.

Das bekannte Gedicht

> Fare thee well and if for ever
> Still for ever, fare the well

> Lebe wohl, und wenn für immer,
> noch für immer, lebe wohl

schildert die Lage, die es schildern soll, falsch. Lady Byron hatte durchaus nicht die Hauptschuld an der Trennung der beiden Gatten, sondern Byron selbst gewiß die größere. *Er war lahm wie alle großen Engel, die gefallen sind.* Bei seiner Frau mögen ihn noch deren respectability, Langweiligkeit und Frostigkeit besonders abgestoßen haben.

316

Nach Griechenland, wo er am 19. April 1824 in Messolonginon am Fieber starb, ist er nicht nur aus Liebe zur Freiheit der Griechen, von denen er nicht viel hielt, sondern mit dem Gedanken gegangen, daß man ihm die Königskrone anbieten würde, damit sein Krönchen (Coronet) in eine Krone verwandelt würde.

Italiener

Die Sage, die Schillers Ballade *Der Taucher* zugrunde liegt, wird lebendig erhalten durch ein Bas-Relief, das in einem alten Haus des Hafenviertels von Neapel, Mezzocannone, eingemauert ist und einen wolligbehaarten Menschen mit einem gezückten Dolch in der Hand darstellt. Man nennt es den Niccolò Pesce (pesce = Fisch). Die Sage ist jedoch erst zwischen 1742 – als man es noch *Orion* nannte – und 1788 daran haften geblieben. Der Fischmensch wird zuerst erwähnt von Walter Map(es) in seiner Geschichten- und Anekdotensammlung *De nugis curialium* von 1193, wo er Nicolaus Pipè heißt: Er kommt um, als er auf Befehl des Königs, der den merkwürdigen Menschen zu sehen verlangt, vor diesen gebracht wird, da er infolge des steten Aufenthaltes im feuchten Element den längeren Aufenthalt außerhalb desselben nicht ertragen kann.

Dann nennt Gervasius von Tilbury den Nicolaus in seinen um 1212 für Kaiser Otto IV. verfaßten *Otis imperialia* einen aus Apulien gebürtigen Nicolaus Papa, berichtet jedoch nichts von seinem Tod. Map verlegt die Erzählung in die Zeit eines der beiden Könige Wilhelm, dieser in die Zeit des Königs Roger von Sizilien, Anfang des 12. Jahrhunderts. Aber schon Salimbene de Adam (Ognibene, de Parma; 1221– nach 1288) verlegt sie in seiner Chronik in die Zeit Friedrichs II. (1212–1250). Dieser habe einen Nicola öfters auf den Grund des Meeres geschickt. Einmal habe er auch, um zu erfahren, ob er wirklich bis zum Meeresboden hinabkomme, einen goldenen Becher hinabgeworfen, wo das Meer am tiefsten erschien. Diesen habe Nicola wieder heraufgeholt. Als der Kaiser ihn aber noch einmal hinabschicken wollte, habe er gesagt: Schicke mich nicht mehr hinab, denn ich komme dann nicht mehr zurück. Dennoch habe der Kaiser darauf bestanden, und Nicola sei in der Tiefe verschwunden geblieben.

Bei Fra Pipino aus Bologna (Franciscus Pipinus Bononiensis), der um 1320 lebte, finden wir in seiner von Ludovico Antonio Muratori herausgegebenen Chronik ein Kapitel »De Nicolao Pisce«. Da ist die Erzählung schon sagenhafter. *In dieser Zeit* [1239] *wurde im Königreich Sizilien Nicolaus Piscis geboren. Der liebte es, fortwährend im Wasser zu sein.*

Deshalb sprach seine Mutter im Zorn die Verwünschung über seinem Haupt aus, daß er stets im Wasser und niemals außerhalb leben solle. Von da an lebte er denn auch wirklich wie ein Fisch stets im Wasser, und zuletzt konnte er gar nicht mehr lange außerhalb bleiben. Er erschien häufig den Schiffern auf dem Meer und erzählte ihnen von den Geheimnissen der Meerestiefen. Kaiser Friedrich, der sich mit ihm unterhielt, warf einmal einen silbernen Becher ins Meer, den Nicolaus heraufholen sollte. Dieser erwiderte jedoch: Wenn ich dort hinabsteige, kehre ich nicht mehr zurück. Dennoch versprach er, den Versuch zu machen. Er sprang ins Wasser und kehrte niemals mehr zurück.

So recht bekannt aber wurde die Erzählung erst durch den Jesuiten Athanasius Kircher (1601–1680), der sie im *Mundus subterraneus* (Amsterdam 1665) angeblich aus den *Acta regia* anführt, eine Angabe, die wohl irrtümlich ist. Kircher, aus dem Schiller am meisten geschöpft haben dürfte, berichtet: *Zu der Zeit des Kaisers Friedrich II. lebte ein berühmter Taucher, der wegen seiner außerordentlichen Geschicklichkeit im Schwimmen Pesce cola, d. h. Niccolò, Fisch-Niklas genannt wurde... Zwischen Kalabrien und Sizilien hin und her schwimmend, tat er Dienste als Briefträger, selbst bis nach den nördlich von Sizilien gelegenen Liparischen Inseln vordringend... Die Leute sagten, daß er fast eine Amphibie geworden sei, denn zwischen den Fingern sei ihm eine Schwimmhaut gewachsen, und seine Lungen hätten sich derart erweitert, daß sie für den ganzen Tag Luft aufnehmen konnten. Als Friedrich nach Messina kam, wollte er ihn sehen und ließ ihn das Experiment mit dem goldenen Becher machen. Ungefähr dreiviertel Stunden blieb der Taucher unter dem Wasser und kam dann mit dem Becher in der Hand wieder herauf. Der Taucher sagte dann zum König, daß, wenn er gleich von vornherein gewußt hätte, was er da unten alles zu sehen bekommen würde, er selbst um die Hälfte seines Reiches nicht hinabgestiegen wäre; denn da unten gäbe es fast undurchdringliche Dinge, wie den Anprall der Strömung, die mit Heftigkeit aus den tiefen Strudeln des Meeres aufsteige, dann die vielen Klippen und endlich die großen Mengen von gewaltigen, menschengroßen Polypen, die an den Klippen sich anklammernd mit ihren langen Fangarmen Schrecken einflößen und einen zu erfassen suchen. Auf die Frage, wie er den Becher gefunden habe, antwortete er, daß er durch die Strömung zwischen die Klippen gefallen sei. Ein ihm zugemutetes abermaliges Untertauchen lehnte er entschieden ab. Als der Kaiser jedoch einen Sack mit Münzen ins Meer warf, sprang er aus Habgier dennoch ins Meer. Aber er erschien nicht wieder* (vgl. **Heinrich** Viehoff, *Schillers*

Gedichte erläutert..., BdII, 5.Aufl., Stuttgart 1876, S.244ff.; *Schillers Werke*, , hrsg. von Ludwig Bellermann, BdI, Leipzig 1896, S.340, mit weiteren Literaturnachweisen).

Kaiser *Heinrich VI.* (1190–1197) hatte, so wird erzählt, um die Kaiserkrönung zu erlangen, auf seinem ersten Italienzug (1191) das seinem Haus treu ergebene Tusculum der Rache der Römer preisgegeben, die dann nach dem Abzug der Deutschen über die wehrlose Stadt herfielen, die Einwohner töteten und die Häuser niederbrannten. Ein geringer Überrest der Tusculaner soll sich Laubhütten erbaut haben, und daraus (Zweige – *frasche*) sei dann eine neue Stadt Frascati entstanden. Diese Geschichte kann in dieser Form nicht wahr sein: Frascati bestand schon im achten Jahrhundert. Wenigstens hat es damals am Abhang des mit Buschwerk besetzten Berges die Kirche S.Maria de Frascata gegeben (Ferdinand Gregorovius, *Geschichte der Stadt Rom im Mittelalter*, BdIV, Stuttgart 1870, S.589–93).

Von *Dante Alighieri* (1265–1321) erzählt Schopenhauer *(Über den Willen der Natur)* eine nette Anekdote: *Als Dante, im Carneval, sich ins Maskengewühl verloren hatte und der Herzog von Medici ihn aufzusuchen befahl, zweifelten die damit Beauftragten an der Möglichkeit, ihn, der auch maskiert war, herauszufinden, weshalb der Herzog ihnen eine Frage aufgab, die sie jeder dem Dante irgend ähnlich sehenden Maske zurufen sollten. Die Frage war: »Wer erkennt das Gute?« Nachdem sie auf selbige viele alberne Antworten erhalten hatten, gab endlich eine Maske diese: »Wer das Schlechte erkennt.«*
Daran hätten sie Dante erkannt. Aber Schopenhauer hätte stutzig werden müssen, als er in einer Note als Autorität anführt Baltasar Graciáns allegorisch-philosophischen Roman *El criticón* (III, 9).

Daß der Dominikaner *Girolamo Savonarola* (verbrannt 23.Mai 1498) das Opfer politischer Umtriebe der ihm feindlich gesinnten Franziskaner geworden ist, die die Feuerprobe am 7.April 1498 absichtlich nicht zustande kommen ließen und dadurch das Ansehen des großen Bußpredigers untergruben, hat Joseph Schnitzer einwandfrei nachgewiesen (*Savonarola*, BdI, München 1924, S.504–523). Derselbe Forscher hat ebendort (S.112–117) eindeutig klargelegt, daß von einer besonderen Härte des Frate gegenüber dem sterbenden Lorenzo (Verweigerung der Absolution) keine Rede sein darf. Danach ist auch die Schilderung, die Isolde Kurz in der *Stadt*

320

des Lebens von den Vorgängen am Sterbelager Lorenzos il Magnifico (gestorben 9. April 1492) gegeben hat, zu berichtigen.

Hat der römische *Pasquino*, angeblich ein witziger Schulmeister in der ersten Hälfte des 16. Jahrhunderts, dessen Name man auf ein unverstandenes antikes Statuenfragment (Menelaos mit dem toten Patroklos) vor dem Palazzo Orsini übertrug und zu einer lustigen Huldigung alljährlich am 25. April benutzte, wirklich existiert? Im *Liber facetiarum* Gian Francesco Poggio Bracciolinis von 1470 wird unter *Castigata vanitas* ein redseliger, witziger Mann (vir dicax ac jocosus), Pasquinus aus Siena, erwähnt. Auch wird der römische Pasquino als Schuster, Schneider, Barbier usw. angesprochen.

Über *Raffaels* (Raffaello Santi; 1485–1520) Leben wissen wir wenig. Daß der Vater ihn und die Mutter in Madonnenbildern darstellt, daß er als Kind bei seinem Vater Majolikagefäße bemalen mußte, daß er in so vielen Gemälden sein eigenes Bildnis angebracht habe – alles dies sind Erfindungen. Sein erster Empfang beim Papst wird dramatisch dargestellt. Johann Heinrich Wilhelm Tischbein (*Aus meinem Leben*, Bd I, Braunschweig 1861, S. 186 f.) erzählt: *Als Bramante, so erzählte man mir, seinen Neffen dem Papste vorstellte, knieete Raphael nieder, die Haare hingen ihm um sein schönes Gesicht bis auf die Schultern. Der Papst hub ihn auf, indem er sagte:* »*Das ist ein reiner, unschuldiger Engel; ich will ihm einen Lehrer in dem Cardinal Bembo geben, und er muß mir diese Wände mit Geschichtsbildern malen.*«

Zu Tischbeins Zeit kam die Vorstellung vom angeborenen Genius auf, *dessen Begeistrung gleichsam als reine Mitgift der Natur gewähre, was andere, niedriger begabte Naturen sich erst durch mühsame Studien zu erwerben hatten... Raphael ist das Wunderkind...* »*Was, dieser Knabe hat das gemacht?*« *läßt Rehberg Giulio II. ausrufen, als er die Camera della Segnatura vollendet sieht.* »*Neben seinem Oheim Bramante, zu Thränen gerührt, in tiefster Demuth kniend, empfing Raphael den Segen des heiligen Vaters, und wie von einem höheren Gefühle beseelt stand er auf, vor Freude und Zufriedenheit strahlend*« (Hermann Grimm, *Das Leben Raphaels von Urbino*, Berlin 1872, S. 195). Sehr ergreifend! Nur war Raffael gar nicht Bramantes Neffe, Bembo damals weder Kardinal noch in Rom, und Raffael war 29 Jahre, als er die Stanza della Segnatura vollendet hatte.

Diese Legenden mögen manchem armen Jungen das Leben ruinirt haben, der mit blonden Locken, viel Begeistrung, wenig Talent und geringer Arbeitskraft sich nach Rom auf den Weg machte, meint Grimm *(a.a.O., S. 196).*

Über das eine Gemälde in der Stanza, die *Schule von Athen,* streitet man, was es eigentlich vorstellen soll. Giorgio Vasari nennt es 1568 noch die Schule der Philosophen. Nach anderen stellt es Paulus oder sogar Petrus in Athen dar. *Wenn trotzdem heute die Namengebung Passavant's in Biographien Raphàel's sowie in Reisehandbüchern und ähnlichen Schriften reproducirt wird, als sei niemals an ihr gezweifelt worden, so rührt dies daher, daß dem großen Publicum bestimmte Namen immer erwünscht sind und daß die wenigsten von denen, welche diese Arbeiten abzufassen haben, im Stande waren, sich über die Frage ein eigenes Urtheil zu bilden.* (Grimm, *a.a.O., S. 203).*

Ein Kopf des Bildes soll wieder Raffaels Bildnis sein, aber gerade an diesem Kopf *ist so viel herumgedoctert worden, bis etwas ganz Neues daraus ward. Niemand weiß, wie oft hier fremde Hände thätig waren: man scheint das Gesicht, wie Luthers Dintenklex, unaufhörlich aufgefrischt zu haben ... In der Farbe wirkt er so neu, daß er, mit dem übrigen Gemälde verglichen, gleichsam herausfällt* (Grimm, *a.a.O., S. 273 f.).*

Über Raffaels Geliebte, die Bäckerin Fornarina, hat schon Joh. Dav. Passavant (*Rafael von Urbino und sein Vater Giovanni Santi,* Bd I, Leipzig 1839, S. 226–228) berechtigte Zweifel geäußert: *Man hat ihr den Namen Fornarina gegeben, und dürften wir dem Masserini Glauben beimessen, so wäre sie die Tochter eines Sodabrenners gewesen, welcher über dem Tiberfluß bei S. Cecilia wohnte. Noch zeigt man ein Häuschen mit einer schönen alterthümlichen Fenstereinfassung von gebrannter Erde in der Straße S. Dorotea No. 20, als ihr Geburtshaus. Dazu soll ehedem ein kleiner Garten gehört haben, in den man über eine niedere Mauer hineinsehen konnte, und in welchem das liebliche Mädchen oft verweilt habe. Ihre Schönheit sei daher bald ins Gerede gekommen ... Auch Rafael, den begeisterten Verehrer der Schönen, habe ihre Ruf hingelockt, und da er das Mädchen grade belauscht habe, wie sie an einem im Garten springenden Wasser die Füße gebadet, sei er von so heftiger Liebe ergriffen worden, daß er nicht eher Ruhe erlangt, bis er sie die Seine haben nennen dürfen ... So schön nun auch diese Erzählung lauten mag, die selbst durch ein Bildchen unterstützt wurde, welches dem Sebastiano de Piombo [1485–1547] zugeschrieben wird, und worin Rafael dargestellt ist, wie er mit seiner Geliebten am springenden Wasser im Garten sitzt, so haben doch neuere Forschungen dargethan, daß diese Sage als eine reine Erfindung anzusehen*

322

ist, daß selbst der Name Fornarina nicht weiter hinaufreicht, als in die Mitte des verflossenen Jahrhunderts. Wir müssen uns daher mit der Angabe des Vasari begnügen, welcher mit schlichten Worten berichtet, Rafael habe ein Mädchen geliebt, welches bei ihm gewohnt und dem er bis zum Ende seines Lebens zugethan war.

In kaum einer seiner Biographieen zeigt sich Vasari so oberflächlich unterrichtet, so ins Blaue urtheilend und von Hörensagen erfüllt, als in der des Antonio Allegri da Correggio (1494–1534; Adolf Stern – Andreas Oppermann, *Das Leben der Maler...*, Leipzig 1862, S. 280). Jedenfalls ist seine Armut übertrieben worden, vielleicht in Berücksichtigung dessen, daß er für das weltberühmte Bild *Die Nacht* (Dresdner Galerie) nur 420 Mark erhalten hat. Schließlich soll er dann an sechzig Scudi, die er zu Parma in Kupfermünzen ausgezahlt erhalten hat, sich auf dem Heimweg fast zu Tode geschleppt, zu kaltes Wasser getrunken haben und daran gestorben sein! *Diese Geschichte, welche zu so vielen sentimentalen Seufzern Anlass geboten, hat nicht die entfernteste Wahrscheinlichkeit für sich, wir sahen, dass Antonio Allegri sich in seinen letzten Lebensjahren im mässigen Wohlstand befand, und wenn er anders einen Sack mit Kupfermünzen empfing, wenigstens kaum nöthig gehabt haben würde, denselben selbst zu schleppen* (ebd., S. 290).

Michelangelo Buonarroti (1475–1564) soll einen Menschen gekreuzigt (!) haben, um danach eine Kreuzigung Christi zu malen. In einer Seitennische der Marienkirche in Danzig hängt ein holzgeschnitzter Christus am Kreuz. Der unbekannte Künstler soll seinen Schwiegersohn gekreuzigt haben, um danach das Gesicht darzustellen. Es gibt auch ein Gedicht von Adelbert von Chamisso über ein entsprechendes Thema: *Das Kruzifix. Eine Künstlerlegende.*

Auch die Berichte von der grausamen Behandlung *Torquato Tassos* (1544–1595) sind unhistorisch. *Denn an jene Erzählung von einem Verhältniß des Dichters zu der Prinzessin Leonore von Ferrara, die zuerst ein gewisser Brusoni, ein anerkannt fabelhafter Autor in der Mitte des siebzehnten Jahrhunderts, in Umlauf brachte, ist nun zuvörderst gar nicht zu glauben* (Leopold von Ranke, *Abhandlungen und Versuche. Neue Sammlung*, hrsg. v. Alfred Dove u. Theodor Wiedemann, Leipzig 1888, S. 233).

Tasso litt wirklich an religiösem und Verfolgungswahn und wurde deshalb im Juni 1577 eingesperrt, aber mit allen möglichen Rücksichten und in schöne, große Zimmer. Das übrige, Rührende ist erfunden. Man zeigt in Ferrara jedoch noch einen Kohlenkeller im Hospital der heiligen Anna als sein Gefängnis (1579), dessen Tür sogar die Inschrift trägt: *prigione di Tasso* (Gefängnis von Tasso), von wo er seine Eleonore in ihrem Turm erblickt haben soll – dazu hätte er freilich durch Mauern hindurchsehen müssen. Byron soll sich in dem Gefängnis haben einschließen lassen und zwei Stunden darin mit großen Schritten auf und ab gegangen sein, was etwas unwahrscheinlich ist, da der Keller überhaupt nur etwa drei Schritte lang ist. Ferner ist es ganz unmöglich, daß Tasso darin sieben Jahre (Tasso verließ das Hospital am 12. Juli 1586) eingesperrt gewesen sei, da der Aufenthalt selbst einen robusten Menschen in kürzester Zeit töten würde. Auch hätte er dort keine Besuche empfangen können, was Herzog Alfonso II. gestattete.

Unhistorisch ist, daß *Galileo Galilei* (1564–1642) nach der von der Kirche erzwungenen Abschwörung seiner Lehre von der Bewegung der Erde um die Sonne am 22. Juni 1633 mit dem Fuß aufgestampft und gesagt haben soll: *Eppur si muove* (Und sie [die Erde] bewegt sich doch).

Diese Schilderung geht zurück auf die *Querelles littéraires* (Paris 1761) des Abbé Augustin Simon Jrailh. Dort heiß es (Bd III, S. 39): *In dem Augenblick, so versichert man, in dem er wieder frei wurde, bekam er Gewissensbisse. Er schlug die Augen nieder und sagte, indem er mit dem Fuß aufstampfte:* »Gleichwohl bewegt sie sich« (Au moment, assure-t-on, qu'il fut mis en liberté, le remords le prit. Il baissa les yeux vers la terre et dit, en le frappant du pied: »Cependant elle remue« [E pur si muove]).

Auch ist Galilei nicht gefoltert worden, wohl ist er nach seinem Prozeß zu unbefristeter Haft in seinem Landhaus zu Arcetri bei Florenz verurteilt worden.

In Possagno (Treviso), dem Geburtsort *Antonio Canovas* (1757–1822) erzählt man, er habe als Kind eine Schafherde aus nassem Chausseestaub geformt, und ein vorbeifahrender Engländer habe ihm dafür eine Handvoll Goldmünzen zugeworfen. Die Geschichte scheint unverbürgt, schon weil die Engländer selten so mit Geld um sich werfen. Ob der Löwe aus Butter, den Canova als Küchenjunge geformt haben soll, besser beglaubigt ist?

Im Sommer 1924 wurde in Rom an dem Haus an der Piazza di Spagna, wo der Pianist und Komponist *Giovanni Sgambati* (1841–1914) lange Jahre gewohnt hatte, eine Gedenktafel angebracht. Als man hierfür seine Lebensdaten nachprüfte, stellte sich heraus, daß Sgambati nicht im Jahre 1843, sondern schon am 28. Mai 1841 geboren war. Da er selbst gegen die Feier seines 70. Geburtstages am 2. Mai 1913 keinen Einspruch erhoben hatte, ist anzunehmen, daß ihm sein richtiges Alter überhaupt unbekannt geblieben war. Seine Eltern, ein italienischer Advokat und eine Engländerin, hatten das Wunderkind, das Sgambati einst war, offensichtlich zwei Jahre jünger gemacht, um mit ihm um so größeres Aufsehen zu erregen.

Ähnlich hat sich Beethoven bis zu seinem 40. Jahre für zwei Jahre jünger gehalten. Erst als er sich 1810 mit einem Heiratsplan trug und sich eine Abschrift aus den Bonner Taufregistern kommen ließ, wurde er über sein richtiges Alter aufgeklärt.

Alberto Lumbroso, Herausgeber der Zeitschrift *La Rivista di Roma*, der sich namentlich mit Studien über Napoleon I. beschäftigt hatte, hatte zufällig neue Urkunden über den Admiral Conte *Carlo Pellion di Persano* erworben, der die Niederlage von Lissa (20. Juli 1866) verschuldet haben soll. 1904 veröffentlichte er die Akten des Prozesses vor dem Kriegsgericht gegen Persano, hatte aber das Unglück, daß alle offiziellen Kreise und der größte Teil der Presse sein Buch totschwiegen, weil sie daran festhalten wollten, daß Persano der Sündenbock für die Niederlage von Lissa bleibe. Der Chauvinismus findet sich eben mit dem »Verrat« eines einzelnen eher ab als mit der für sein Land beschämenden Wahrheit. Lumbrosos Zusammenfassung *La battaglia di Lissa nella storia a nella leggenda* (Rom 1910) bietet dem Historiker und dem Politiker eine reiche Fundgrube; denn sie beweist klipp und klar, daß nicht Persano das Unglück von Lissa verschuldet hat, sondern der bürgerliche Marineminister Agostino Depretis. Als Persano das Oberkommando übernahm, waren seine Unterführer unter sich uneinig. Er mußte feststellen, daß die Flotte für einen Krieg unvorbereitet war, zumal die Ausbildung der Artillerie fehlte. Außerdem befanden sich die besten Schiffe auf Auslandsreisen. Persano verlangte drei Monate Frist, um diese abzuwarten und unterdessen seine Flotte instand zu setzen. Depretis aber befahl am 20. Juni 1866 die Abfahrt der Flotte nach Ancona. Er fuhr selbst hin und sprach mit allen Admiralen einzeln, ohne einen Kriegsrat abzuhalten. Entgegen der Legende benahm sich Persano während der Schlacht wie ein Held, wurde aber von seinen Unterführern, die sich auf die Rolle der Zuschauer beschränkten, schmählich im Stich gelassen.

Spanier und Portugiesen

Spaniens Nationalheld ist der *Cid*, ein Ritter ohne Furcht und Tadel. Chroniken und Dichtungen (vgl. Frenzel, *Stoffe der Weltliteratur*, S. 106 ff.) verherrlichen ihn, die Historie beurteilt ihn kritischer. Die Moslim nannten ihn Said, d. h. »Herr«, woraus »Cid« entstand. Die Spanier fügten den Ehrentitel »el Campeador« (Kämpe) zu. Sie sind so stolz auf *el mas famoso Castellano*, den berühmtesten Kastilier, daß sie seinen eigentlichen Namen darüber fast vergaßen. Er hieß Ruy (Rodrigo) Díaz de Vivar und wurde um 1043 als Sohn eines Granden geboren.

Die Dichter feierten ihn als den Mann, *der kein größeres Glück kannte als das, seinem König zu dienen,* doch darf man ihn nicht mit dem Hagen unseres Nibelungenliedes vergleichen: Mannentreue galt dem historischen Cid wenig.

Nach dem Tode Ferdinands I. von Kastilien im Jahre 1065 zerstritten sich seine Söhne Sancho und Alfonso. Der Cid kämpfte auf seiten des siegreichen Sancho. Dieser wurde während der Belagerung Zamoras 1072 ermordet, das seiner Schwester Urraca als Erbteil zugefallen war. Nunmehr gab König Alfonso dem Cid seine Base Jimena zur Frau und gewann ihn dadurch für sich. Die Freude war kurz: Der eigenwillige Cid wurde 1081 vom Hofe verbannt. Jetzt unterstützte er den maurischen Emir von Saragossa im Kampf gegen dessen Bruder. In der Folge kämpfte er abwechselnd gegen Mauren und Christen, stets auf seinen Vorteil bedacht. »Unparteiisch« brandschatzte er beide und verkaufte die Gefangenen als Sklaven. Im Jahre 1094 ergab sich das heißumkämpfte Valencia. Trotz des beschworenen Kapitulationsvertrags wütete der Cid grausam in der Stadt und erpreßte ungeheure Kontributionen. Er starb als König von Valencia (1099). Seine Witwe bestattete ihn im Kloster San Pedro de Cardeña. Später wurde er neben seiner Gattin in Burgos beigesetzt.

Während der französischen Besetzung (1808–1813) ließ General Thiébault die Sarkophage öffnen und eignete sich das Schwert des Cid an. Die Gebeine kamen später in den Besitz Karl Antons von Hohenzollern. Seit 1883 befinden sie sich wieder in Burgos.

Mit unserm Maßstab darf man den Cid nicht messen. Das Mittelalter wertete den Krieger nach seiner Tapferkeit, Tatkraft und Kühnheit. Diese Tugenden machten den Cid zum Nationalheros Spaniens (Jean-Alphonse Willemaers, *Le Cid*, Brüssel 1873; Reinhard Pieter Anne Dozy, *Recherches sur l'histoire de l'Espagne*, 3. Aufl., Leiden 1881).

Häufig ist auf die berühmte *Huldigungsformel der aragonischen Stände* angespielt worden, die sie zum König sagen läßt: *Nosotros, que cada uno por si somos tanto como os, y que juntos podemos mas que os, os hacemos nuestro Rey, contanto que guardareis nuestros fueros; si, no, no* (Wir, die wir jeder einzelne eben so viel gelten als Ihr, und die wir zusammen mehr sind als Ihr, machen Euch zu unserm Könige unter der Bedingung, daß Ihr unsere Freiheiten unverletzt erhaltet; wo nicht, nicht). Die Quelle dafür ist Antonio Perez (*Obras y relaciones*, Ausgabe Köln 1676, S. 143), doch ist die Zuverlässigkeit dieser Angabe mit guten Gründen bezweifelt worden (Wilhelm Adolf Lindau, *Darstellungen aus der Geschichte von Spanien*, Görlitz 1812).

Als 1487 der Portugiese *Bartholomeu Dias* das Kap der Guten Hoffnung umschifft hatte, soll er es nach João de Barros, der die ruhmreiche Entdeckungsgeschichte der Portugiesen verewigt hat, *Cabo tormentoso* (Sturmkap) genannt haben. Sein König João II. aber habe es in *Cabo de bõa Esperança* umgetauft.

Ernst Georg Ravenstein hat jedoch 1900 darauf hingewiesen, daß Duarte Pacheco, ein Zeitgenosse des Dias, ausdrücklich den gegenwärtigen Namen auf den Entdecker selbst zurückführte, und das wurde von Kolumbus bestätigt, der beim Verlesen des Berichtes vor dem König zugegen war.

Einer Menge von Treppenwitzen begegnen wir bei *Christoph Kolumbus* (ital. Cristoforo Colombo, span. Cristóbal Colón; 1451–1506), der unter spanischer Flagge Amerika entdeckt hat.

Im Altertum rühmten sich sieben Städte, der Geburtsort Homers zu sein; in der Neuzeit bestreiten mehrere Orte Genua die Ehre, Kolumbus geboren zu haben.

Domenico Colombo, ein Sohn des Webers und Tuchhändlers Giovanni aus Quinto, zog nach Genua und erwarb 1439 in der Vorstadt Ponticello vor der Porta San Andrea ein Haus, die Casa dell'Olivella. Hier soll Cristoforo das Licht der Welt erblickt, zumindest seine Jugend verbracht haben.

Die korsischen Abbati Peretti und Casanova behaupteten dagegen, Cristoforos Geburtsschein im Archiv von Calvi gefunden zu haben, und wiesen auf zwei Seeleute aus Calvi hin, denen er die Leitung der zweiten Reise anvertraut habe. Henry Harrisse hat ihre Behauptungen als Lügen entlarvt (*Christophe Colomb, les Corses et le gouvernement français*, Paris 1890). Es hätte schon stutzig machen müssen, da ja erst das Konzil von Trient (1545–63), hundert Jahre nach der Geburt des Kolumbus, Eintragungen von Taufen usw. in die Kirchenbücher angeordnet hat.

Der spanische Historiker Salvador de Madariaga vertritt die Meinung, der Entdecker sei ein aus Katalonien stammender getaufter Jude gewesen. Sein Name, Cristóbal Colón, käme noch heute häufig bei sefardischen Juden auf den Balearen vor. Er habe in seinem Reisejournal allen Ruhm seiner Entdeckungen dem Gott Israels zugeschrieben und diesem gedankt, daß er ihn *so herrlich vor allen Christen erhöht habe* (Salvador de Madariaga, *Christoph Columbus*, Stuttgart 1951). Im übrigen nennt er ihn einen Don Quijote, einen von Widersprüchen erfüllten Träumer, in dem sich weltfremder Idealismus mit Machtgier und Gewinnsucht gekoppelt haben.

Rudolf Karl Goldschmit-Jentner (*Christoph Columbus*, München 1949, S. 27) meint dazu: *Eine heute noch in Spanien am weitesten verbreitete Ansicht, die auch in anderen Ländern Anhänger gefunden hat, behauptet, daß Columbus ein spanischer Jude oder doch der Sohn einer spanischen Jüdin gewesen sei, und daß er aus Furcht vor den katholischen Königen Ferdinand und Isabella, die allein seine Unternehmen finanzieren konnten, seine spanisch-jüdische Abstammung verleugnet und sich als Genuese getarnt habe, zumal mit seiner Ausreise nach Amerika fast auf den Tag die Ausweisung aller nicht getauften Juden aus Spanien zusammengefallen sei. Für diese Anschauung, deren urkundliche Zeugnisse sich heute zum Teil als unecht erwiesen haben, gilt das Wort eines der bedeutendsten Columbus-Forscher* [Romulo D. Carbia, *La patria de Cristóbal Colón*, 1923] *unserer Zeit:* »*Die These von der semitischen Abkunft des Admirals Colon ist eine vollkommene Absurdität.*« *Auch ist die Ansicht, daß Columbus ein edler Katalonier gewesen sei, nicht mehr aufrecht zu halten:* Columbus war Italiener und ein Sohn der Stadt Genua.

Daß Königin Isabella die Katholische, um die Mittel für die erste Expedition des Kolumbus flüssig zu machen, ihre Juwelen verpfändet habe, ist widerlegt worden durch Cesáro Duro, *Las Joyas de Isabel la Católica, los Naves de Cortés y el Salto de Alvarado*, Madrid 1882.

Aus Gonzalo Hernández de Oviedos *Historia natural y general de las Indias...* (1535; Buch II, Kap. 5) stammt die bei uns vor allem durch

William Robertsons *Geschichte Amerikas* (deutsch Leipzig 1777) bekannt
gewordene Anekdote vom Streit des Kolumbus mit seiner Mannschaft, die
ihm schließlich am 8. Oktober 1492 noch drei Tage zur Erreichung des
gesuchten Landes bewilligt haben soll. In einem früher sehr bekannten
Gedicht von Luise Brachmann (1777–1822) wird die Pointe noch stärker
zugespitzt:

> Doch bis nur ein einziges Mal
> Die Sonne dem feurigen Osten entschwebt,
> Vergönnt mir den segnenden Strahl.

Zu der bekannten Anekdote schreibt Alexander von Humboldt (*Kritische
Untersuchung über die historische Entwickelung der geographischen
Kenntnisse von der neuen Welt*, 3 Bde, Berlin 1836–1852, Bd II, S. 125):
*Diese Fabel von drei Tagen scheint von Oviedo erfunden und auf die
Erzählung eines Matrosen Pedro Mateos, aus der Stadt Higuey gebürtig,
gegründet zu sein, welchen ich in dem Prozeß (Probanzas del Almirante,
Preg. XCI: Navarrete, Tom. I. p. 584) als eine Person erwähnt finde, welcher Columbus »ein Buch mit Bemerkungen des Mateos, über die Lage
der Berge und Flüsse der Küste von Veragua« weggenommen hatte. Selbst
der Zeuge Pedro von Bilbao erwähnt »die zwei oder drei Tage« nur als
eines Versprechens des Admirals, nicht als eine ihm von der Schiffsmann-
schaft auferlegte Bedingung und nach dem Tagebuche des Admirals gab
dieser ... der dringenden Aufforderung Pinzon's nach, indem er versprach,
die neue Richtung O.S.O. zwei Tage hindurch zu verfolgen. Schon Munoz
(Historia del nuevo mundo, lib. III, §. 7 p. 79) leugnet die Erzählung von
dem auf drei Tage erhaltenen Aufschub, ohne jedoch die Beweggründe
seiner Zweifel anzuführen.*

*Und an anderer Stelle lesen wir (a.a.O., Bd I, S. 212): Untersucht man
in dem Tagebuche des Columbus diejenigen Tage, an welchen nach
Oviedo und Herrera starke Anzeigen von Meuterei unter dem Schiffsvolke
hervortraten, so erstaunt man, fast keine Spur von diesen Ereignissen zu
finden. Da die Geschichtsschreiber die dramatischen Effekte lieben, welche aus dem Gegensatz der Charaktere hervorgehn, so haben sie den
genuesischen Seefahrer größer darstellen zu müssen geglaubt, indem sie
die Schilderung der Gefahren übertreiben, denen er durch die Bosheit,
Furcht und Unwissenheit seiner Matrosen ausgesetzt war. Man vergißt,
daß die spanischen Matrosen, besonders die Katalonier, Basken und
Andalusier von Palos, seit anderthalb Jahrhunderten die Küsten von
Guinea und Schottland befuhren; daß der Anblick eines Ausbruchs des
Pic von Teneriffa Männer nicht in Schrecken setzen konnte (dar espanto,*

wie Ferdinand Columbus sagt), welche gewohnt waren die Canarischen Inseln, Neapel und Messina zu befahren... Zwischen dem 22. und 25. September wollen die Gefährten des Columbus nach der Erzählung seines Sohnes und des Herrara (Vida del Almirante, c. 19, Herrera, Dec. I. lib. I. cap. 10) ihren Anführer ins Meer werfen, sobald er mit Beobachtung der Sterne beschäftigt sein würde (eigentlich emberido de estrellas, berauscht von den Sternen). Selbst Ferdinand Columbus, welcher von ebenso großem Hasse gegen Alonzo Pinzon erfüllt ist, als Las Casas gegen Ferdinand, berichtet die soeben angedeutete Tatsache nicht und begnügt sich mit der Bemerkung: que la gente esturo para amonitarse, perseverando en las murmoraciones y conjuraciones (Vida, cap. 20). Ja noch mehr: in dem Tagebuche findet sich der 7. Oktober durch kein anderes Ereignis bezeichnet als eine Änderung in der Richtung des Schiffes... Kein Wort von Meuterei und Empörung... Der 8. Oktober, welcher nach Oviedo der wegen der Empörung so gefahrvolle Tag sein sollte, findet sich im Tagebuche des Columbus als besonders günstig für den Fortschritt des Schiffes verzeichnet: »Das Meer, sagt der Admiral, ist, Gott sei Dank, so schön wie der Strom zu Sevilla; die Luft ist so mild wie in Andalusien; es ist ein Vergnügen, sie einzuathmen; denn sie ist mit balsamischen Wohlgerüchen angefüllt.«

In die Zeit nach seiner ersten Reise (3. 8. 1492–15. 3. 1493) wird der populärste Treppenwitz datiert, der vom geflügelt gewordenen Ei des Kolumbus. Er geht zurück auf eine Erzählung in Girolamo Benzonis Historia del mondo nuovo (Venedig 1565, Buch I, Kap. 5). Danach soll Kolumbus bei einem ihm zu Ehren von Kardinal Mendoza gegebenen Gastmahl, als die Behauptung aufgestellt wurde, seine Entdeckung sei gar nicht so schwierig gewesen, wenn man nur früher daran gedacht hätte, ein Ei genommen und gefragt haben, wer es auf einem der beiden Enden zum Stehen bringen könne. Als es keinem gelang, nahm Kolumbus das Ei, drückte durch Aufschlagen die Spitze ein, und es stand (Vgl. Voltaire, Essai sur les moeurs, 1739, Kap. 145, und A. v. Humboldt, a.a.O., Bd II, S. 394).

Einen ähnlichen Vorgang berichtet Vasari in seinen Vite de'più eccellenti architetti, pittori e scultori italiani (1. Aufl. 1550; Sammlung ausgewählter Biographien Vasaris, hrsg. von C. Frey, IV, 20) von dem Baumeister Filippo Brunelleschi († 1444). Zu einer Versammlung von Architekten, die über die Krönung des unvollendeten Baues des Domes Santa Maria del Fiore mit einer Kuppel beraten sollten, 1420 nach Florenz berufen, wollte er den anderen Baumeistern, die nach seinen theoretischen Ausführungen seinen Plan für undurchführbar hielten, sein Modell nicht zeigen. Den darob erzürnten Künstlern machte er nun den Vorschlag, der solle die Kuppel bauen, dem es gelänge, ein Ei aufrecht auf eine Marmorplatte zu stellen. Als er selbst die Aufgabe in der bekannten Weise löste und die anderen Baumeister sagten, das hätten sie auch gekonnt, antwortete er ihnen, so würden sie auch die Kuppel haben bauen können, wenn sie sein Modell gesehen hätten. Auf Brunelleschis Werk paßte das Beispiel vom Ei besonders gut, weil die von ihm und Ghiberti vollendete Kuppel in der Tat die Form eines an der Spitze eingedrückten Eies hat. Die Anekdote ist, wie J. H. Mordtmann (*Der Islam. Zeitschrift für Geschichte und Kultur des islamischen Orients* 12 [Straßburg 1922] S. 190 ff.) nachweist, orientalischen Ursprungs.

Wie gewöhnlich wurde dem Entdecker mit Undank gelohnt, so daß Kolumbus von seiner dritten Reise nach Amerika in Ketten zurückgebracht wurde. Daß er jedoch in Ketten in Granada vor Ferdinand und Isabella erschienen sei, ist ein romantische Ausschmückung. Ebensowenig sind sie ihm ins Grab mitgegeben worden.

Seinen Gebeinen ist es übrigens wie denen zahlreicher Heiligen gegangen: sie ruhen sowohl in der Kathedrale von Sevilla als auch in der von Santo Domingo auf Haiti. Dorthin wurden seine sterblichen Überreste – ohne daß Kolumbus dies gewünscht hätte – um 1541 gebracht und im Dom bestattet, in dem später sein Sohn Diego und sein Enkel Don Luis ihre Ruhestätte fanden. Als 1795 Ost-Domingo an Frankreich abgetreten wurde, führte man die vermeintlichen Überreste des großen Entdeckers (vermutlich waren es die seines Sohnes Diego) nach La Havana über und setzte sie am 19. Januar 1796 feierlich im dortigen Dom bei. Aber 1877 entdeckte man im Dom von Santo Domingo beim Öffnen einer neuen Grabkammer einen zweiten mit der Inschrift versehenen Bleisarg, den man für den richtigen Sarg des Kolumbus hält und 1915 ein Jahr lang in San Francisco ausstellte, während die Spanier, der Geograph Sophus Ruge und andere einen Betrug vermuteten. Seit 1898 ist die Havaneser Asche des Entdeckers zu Sevilla in Spanien beigesetzt.

Einen offenkundigen Treppenwitz hat sich die britische Postverwaltung geleistet, als sie 1933 für die westindischen Inseln Kitts und Nevis eine Halfpenny-Briefmarke herausgab, die Kolumbus an Deck seiner Karavelle *Santa Maria* zeigt, wie er sehnsüchtig mit einem Fernrohr nach Land ausschaut. Das ist ein köstlicher Anachronismus, denn erst hundert Jahre nach dem Tode des Seefahrers erfand der Holländer Jan Lapprey (Hans Lippershey) das Teleskop.

Unfreiwillig komisch übersetzte der Kartograph Martin Waldseemüller (um 1470– um 1521) die Worte: *Christophorus Columbus, admiralis maris Oceani* mit *Christoffer Däubler, Wunderer des Meers Oceani*, wobei er den Namen Columbus von *columba*, die Taube, und den Titel Admiral aus dem lateinischen *admirari* (bewundern) statt aus dem arabischen *amir-ar-rahl* (Befehlshaber des Transports, der Transportflotte) ableitet.

Es ist falsch, daß *Amerigo Vespucci* (1451–1512), der im Mai 1498 mit Hojeda nach Amerika segelte, dem neuentdeckten Kontinent absichtlich durch schlaue Ränke den Namen Amerika verschafft hat. Vielmehr entstand diese Benennung auf Vorschlag von Martin Waldseemüller, der 1507 eine Karte *Universalis Cosmographia secundum Ptolemaei traditionem et Americi Vespucii aliorumque lustrationes* und außerdem aus der Feder des Kanonikus Jean Basia zu Saint-Dié in Lothringen die Reisen Vespuccis unter dem Titel *Cosmographiae introductio...* aus dem Französischen ins Lateinische übersetzt, herausgegeben hat (vgl. Sophus Ruge, *Geschichte des Zeitalters der Entdeckungen*, Berlin 1881, S. 339).

Die schnelle Verbreitung des Vorschlags von Waldseemüller wurde dadurch gefördert, daß schon 1510 Henricus Glareanus seine Karte nachgezeichnet hat. In der venezianischen Ausgabe der berühmten Geographie des Ptolemaios (1520) wiederholt sich dann die Benennung, die ursprünglich nur auf das nördliche Südamerika gemünzt war, das man sich durch eine Meeresstraße von dem zu Asien gezogenen Nordamerika getrennt dachte.

Ein boshafter Treppenwitz der Weltgeschichte behauptet, *Bartolomé Las Casas* (1474–1566) habe, empört über die schändliche Behandlung der Ureinwohner Amerikas durch die Spanier, zu den Minenarbeiten Neger als von Natur kräftiger empfohlen und so den ersten Anstoß zum Negersklavenhandel gegeben. Es liegt aber bei dieser Angabe eine Übertreibung vor. Erstens hatten Portugiesen schon vor ihm Negersklaven zu Anfang des 16. Jahrhunderts gehalten. Im Jahre 1517 hat dann auch Las Casas die Neger für fähiger zu den Minenarbeiten erklärt als die Indianer, jedoch in der edelsten Absicht, um die Indianer, deren Freiheit er leidenschaftlich vertrat, vor der drohenden Versklavung zu schützen (vgl. A. v. Humboldt, *Kritische Untersuchungen...*, Bd II, S. 215, Anm.).

Der Eroberer von Mexiko, Hernando Cortez (1485–1547), soll am 26. Juli 1519 an der Küste Mexikos bei der Entdeckung einer Verschwörung unter seinen Begleitern die Anführer ermordet und, um jede Verbindung nach außen abzuschneiden, die Schiffe heimlich verbrannt haben. In Wirklichkeit hat Cortez die Schiffe für seeuntüchtig erklären und mit Zustimmung der ganzen Mannschaft auf den Strand auflaufen lassen, damit auch die Seeleute am Feldzug teilnehmen konnten (vgl. Sophus Ruge, *a.a.O.*, S. 369). Eine ähnliche Erzählung von verbrannten Schiffen berichtet schon Plutarch, *Über die Tugend der Frauen* von den Trojanerinnen.

1527 nach Spanien zurückgekehrt, hat Cortez angeblich lange keine Audienz erwirken können und sich deshalb einmal voll Ungeduld durch die Menge an den kaiserlichen Wagen herangedrängt. Als Karl V. hierauf fragte: *Wer ist der Mann?* soll ihm Cortez zugerufen haben: *Einer, der Euch mehr Königreiche verschaffte, als Ihr früher Städte hattet.* So Voltaire (*Essai sur les moeurs*, Kap. 147). Richtig ist, daß jener Gedanke wohl in ihm aufgestiegen sein könnte, da Cortez vom Hof kühl empfangen wurde. Daß er ihn aber so unhöflich ausgesprochen haben soll, gehört in den Bereich der Treppenwitze.

Englands und Spaniens Kampf um die Weltherrschaft wurde durch die Niederlage der *unüberwindlichen Armada* entschieden. Die volkstümlichen Schilderungen dieses Ringens sind voller Irrtümer und Legenden. Aber auch wissenschaftliche Darstellungen gehen in ihren Urteilen über den Verlauf und die Bedeutung des Geschehens weit auseinander.

Einig ist man sich darüber, daß das spanische Unternehmen von Anfang an unter einem Unstern stand. Sechs Wochen vor dem geplanten Auslaufen der Flotte am 9. Februar 1588 starb der Vater des Armada-Gedankens, Admiral Don Alvaro de Bazan, Marqués de Santa Cruz, *der letzte der großen Seehelden von Lepanto* (Ludwig Pfandl, *Philipp II. Gemälde eines Lebens und einer Zeit*, München 1938, S. 446).

Philipp II. bestimmte den Herzog von Medina Sidonia, Alonso Perez de Guzman, zum Nachfolger. Dieser gewissenhafte Edelmann lehnte in einem Briefe an den König die Würde ab mit den Worten: *Da ich weder über See- noch über Kriegserfahrungen verfüge, halte ich mich nicht für berechtigt, den Oberbefehl in einem solch bedeutsamen Unternehmen zu führen* (Garrett Mattingly, *Die Armada*, 2. Aufl., München 1960, S. 225). Offen wies er darauf hin, daß er stets seekrank geworden sei, sobald er sich an Bord befinde. Dem erneuten Befehl Philipps fügte er sich, flehte aber später *seine Majestät an, zu überlegen, ob es nicht ratsamer sei, sich mit England friedlich zu einigen oder das Unternehmen wenigstens um ein Jahr zu verschieben*, da die Umstände in der Flotte katastrophal seien (Mattingly, *a.a.O.*, S. 274).

Admiral Santa Cruz hatte die Sollstärke der Armada auf 150 Schlachtschiffe festgesetzt; als Besatzung waren, abgesehen von den nautischen Kräften, 55 000 Mann Infanterie, 4000 Artilleristen und 1600 Reiter vorgesehen. Als Medina Sidonia den Befehl übernahm, fehlten 20 Kriegsschiffe, und die Zahl der Bewaffneten war auf 19 000 Soldaten, 8000 Matrosen und 2000 Ruderer zusammengeschrumpft. Die eigentliche Invasionsarmee stand unter dem Befehl des Herzogs Alexander Farnese von Parma in den spanischen Niederlanden zur Überfahrt nach England bereit.

Die Royal Navy verfügte insgesamt über 196 Kriegsschiffe; dazu kamen armierte Kauffahrer und Küstenfahrzeuge zur Abwehr von Landungen. Etwa 140 Kriegsschiffe mit 15 335 Mann standen der Armada gegenüber. Die Flotten waren also ungefähr gleich stark. Oberbefehlshaber war Lord Howard. Als Fachmann stand ihm in erster Linie Sir Francis Drake, der »Lizentiat der Piraterie«, zur Seite.

Am 14. Mai 1588 verließ die Armada Lissabon, von neuen Mißgeschicken heimgesucht. Unter der Besatzung wütete der Typhus. Die Schiffe legten in La Coruña an, brachten die Schwerkranken an Land und nahmen Proviant und Süßwasser, Munition und Pulver an Bord, denn große Mengen waren bereits verdorben.

Am 22. Juli lichtete man die Anker, und am 31. Juli kam es am Eingang zum Ärmelkanal zum ersten Gefecht. *Aber nicht nur zwei Flotten, sondern zwei Flottenzeitalter ziehen jetzt gegeneinander zu See. Die Spanier verkörpern die alte und schwerfällige Enterflotte, die den Seekampf auf den Wellen selbst zu einem Landkampf umzugestalten vermag... Die Engländer sind bereits die Vertreter des Artilleriefernkampfes zur See, den sie auf flinken Seglern dem Feinde nach Belieben aufzuzwingen vermögen. Im Nahkampf sind sie verloren, weil ihnen die Erfahrung der Entertechnik und die geschulte Schiffsinfanterie fehlen... Dagegen sind sie unerreichbar im Fernangriff und im Ausweichen... Die Überlegenheit der englischen Artillerie vollends ist um diese Zeit schon so eindeutig, daß sie allein schon einen vollen Sieg zu verbürgen scheint* (Pfandl, a.a.O., S. 448).

Nicht in Form eines Halbmondes mit der konvexen Seite nach vorn, wie es noch heute die Wandteppiche im englischen Oberhaus zeigen und wie man es noch in Darstellungen der allerneuesten Zeit lesen kann, nahm die Armada ihren Vormarsch durch den Kanal, sondern in drei Gliedern gestaffelt hintereinander... Nach drei- bis vierstündigem Artilleriegefecht am 31. Juli 1588 erkennt Medina Sidonia die Unmöglichkeit, den Feind auf Enterkampfnähe heranzubringen und so die Entscheidung in einer regelrechten Seeschlacht alter Methode zu erzwingen (Pfandl, a.a.O., S. 451; 453).

Nächstes Ziel der Armada war Dünkirchen, der mit Farnese vereinbarte Treffpunkt, von wo aus die Invasion Englands erfolgen sollte. Drake aber ließ bei Flut und günstigem Wind Brander, *Hell burners* genannt, auf die schwerfälligen Kästen der Armada los. Sie erregten eine Panik bei den Spaniern. Noch einmal stellte Medina Sidonia die Ordnung wieder her und versuchte, den Nahkampf zu erzwingen. Howard und Drake beschränkten sich auf Kanonaden. Damit war ihr Sieg entschieden (8. August 1588).

Medina Sidonia umfuhr Schottland und Irland, um den Heimathafen zu erreichen. *Natürlich hatten die besseren Schiffe und die besseren Geschütze die Schlacht gewonnen, bevor das Wetter den Spaniern zu schaffen machte... So gesellte sich der gewaltige Sturm, der die spanische Armada vernichtete, zu den anderen Mären – dem Gemetzel der wilden Iren, den mächtigen spanischen und den winzigen englischen Schiffen... Zunächst am schwersten zu begreifen ist, warum die Spanier den Mythos des Sturmes übernommen haben...* (Mattingly, a.a.O., S. 408 f.). Am 22. September 1588 erreichte Medina Sidonia mit elf Schiffen Santander. Andere kamen in den nächsten Wochen einzeln oder in Gruppen nach.

Die Verluste der Armada während der Kampagne werden gewöhnlich als 65 aus 130 oder 64 aus 128 Schiffen angegeben... [Es] gingen aber höchstens 31 Schiffe... verloren, dazu höchstens zehn Pinassen... zwei Galeassen..., eine Galeere. Ingesamt nicht über 44..., vermutlich weniger... Dafür darf man nicht den erbärmlichen Zustand außer Acht lassen, in dem die Schiffe heimkehrten (Mattingly, a.a.O., S. 438; 440).

Das erbitterte Volk bezeichnete Medina Sidonia als den Alleinschuldigen. Schweigend zog er sich auf seine Besitzungen zurück, mied Hof und Hauptstadt, schon bei Lebzeiten ein toter Mann.

Allein aus der Tatsache, daß die spanische Flotte durchaus nicht völlig vernichtet wurde, ergibt sich, daß die Anekdote unhistorisch sein muß, nach der Medina Sidonia bei seiner Rückkehr nach Madrid König Philipp II. kniend einen Ring überreicht habe mit den Worten: *Majestät, das ist alles, was ich Ihnen bringe.* Das gleiche gilt dann ebenso für die angebliche Antwort des Königs: *Gegen Menschen, nicht gegen Naturkräfte war meine Flotte ausgesandt.*

Zum Schluß ein literarisches Kuriosum: Bei Lepanto hat der größte spanische Erzähler, Miguel de Cervantes Saavedra, mitgekämpft, auf der Armada der größte Dramatiker Spaniens: Lope de Vega Carpio.

Philipp II. (1556–1598) heiratete nach dem Tode seiner Gemahlin Maria von Portugal – sie starb wenige Tage nach der Geburt des Don Carlos (Juli 1545) – Maria die Katholische von England (Juli 1554) und nach deren Tode die vierzehnjährige Prinzessin Elisabeth von Valois, die Tochter Heinrichs II. und der Katharina von Medici. Anläßlich der Hochzeit sah sie ihren Gatten zum erstenmal (Juni 1559), und zwar im Alkazar von Toledo. Philipp war zweiunddreißig Jahre alt, mehr als doppelt so alt wie sie, und soll sie mit schneidender Kälte gefragt haben: *Was starrt Ihr mich so an? Wollt Ihr etwa prüfen, ob ich schon graue Haare habe?* Angesichts seiner menschlichen Vornehmheit und des spanischen Zeremoniells konnte die Anekdote nicht dümmer erdacht werden. *Trotzdem: es gibt, soweit wir es nachzuprüfen vermochten, nicht eine einzige unter den vielen Biographien Philipps II., die diesen Blödsinn... nicht gewissenhaft ans Licht gezerrt hätte* (Pfandl, a.a.O., S. 339).

Geschichte und Dichtung sind zweierlei. In der Novelle *Dom Carlos* des Abbé Saint Réal (1672) ist Elisabeth mit Carlos verlobt. Der verwitwete König Philipp trennt, von ihrer Jugend bezaubert, das Verlöbnis und heiratet die Braut seines Sohnes. Seelisch aber bleiben die jungen Leute miteinander verbunden. Ihr heimliches Glück wird durch die Fürstin Eboli, die den Prinzen liebt, und durch Philipps Halbbruder Don Juan d'Austria, der die Königin begehrt, vernichtet. Sie flüstern dem König ein, Carlos plane, in das abtrünnige Flandern zu fliehen, und da Philipp gleichzeitig von den Beziehungen seiner Gattin zu seinem Sohn erfährt, überantwortet er ihn der Inquisition. Zum Tode verurteilt, öffnet sich Carlos die Pulsadern; Elisabeth endet ihr Leben durch Gift.

Aus dieser Erzählung schöpfte Schiller den Stoff zu seiner Tragödie. Aber sein Don Carlos ist kein Mensch des 16. Jahrhunderts, sondern ein aufgeklärter Fürst des 18., ein Weltbeglücker, der die französischen Enzyklopädisten studiert hat.

Der wirkliche Don Carlos war von seiner Urgroßmutter her erblich belastet. Seit dem frühen Tod ihres Gatten, Philipp des Schönen, war Johanna die Wahnsinnige – *Juana la Locuta* – unheilbar schwermütig. Ihr Urenkel war geistig defekt, skrofulös, verwachsen; er hinkte und stotterte. Elisabeth war von ihrer Mutter beauftragt worden, eine Ehe zwischen diesem vierzehnjährigen Halbidioten und ihrer jüngeren Schwester Margarete anzubahnen. Sie bemitleidete den Kümmerling, und er vergalt es ihr, seiner »Mutter«, mit Anhänglichkeit. Von unerlaubten Beziehungen zwischen ihnen weiß nur Verleumdungssucht Späterer zu berichten.

Im Oktober 1567 gebar Elisabeth ihre zweite Tochter, Infantin Margarete. Bei Don Carlos mehrten sich die Zeichen geistiger Gestörtheit. Im Januar 1568 verfügte der König seine strengste Überwachung. Jeder Verkehr mit der Außenwelt wurde unterbunden. Im Juli 1568 starb der Unglückliche. Die Schauergeschichten über Philipps Härte seinem Sohn und seiner Gattin gegenüber sind unwahr.

Das Wesentliche an diesen Vorgängen ist, daß Philipp vor der Geschichte in Ehren besteht. Er hat seinem Volk zuliebe und um das Reich zu sichern, das denkbar größte Opfer gebracht. Obgleich der unselige Prinz sein eigenes Kind war, hat er ihn unschädlich gemacht, als er erkannte, daß der Thronerbe ein gemeingefährlicher Idiot war (vgl. Pfandl, *a.a.O.*, S. 353 f.).

Hat *Isabella die Katholische* gelobt, kein reines Hemd anzuziehen, bis Granada genommen wäre, und dann drei Jahre warten müssen, so daß das Hemd isabellenfarben wurde? Oder hat Isabella, die Tochter Philipps II., bei der Belagerung von Ostende dieses Gelübde getan? In der Reisebeschreibung Johann Ernst des Jüngeren von Weimar von J. W. Neumayr von Ramßla (1620), die 1734 J. G. Pagendarm neu herausgegeben hat, steht unter Ostende folgende Anmerkung: *Zwey Belagerungen hat dieses Ostende ausgestanden, die erstere von 1601 den 5. Julii an biß 1604 den 22. September da die Spanier geglaubet, innerhalb 14 Tagen damit fertig zu werden, so gar, dass auch die Infantin Isabella das Gelübde that, nicht eher ihr Hembde auszuziehen. Daher es auch so gelbe geworden, dass man noch heute die sogenannte Isabellenfarbe davon hat. Hergegen die andere Belagerung, so mehr als 100 Jahre hiernach geschah, währete kaum zwey Monath.*

Um die Macht des *Inquisitionsgerichts* in Spanien zu beweisen, erzählt man, habe es König Philipp III. (1598–1621), weil er bei einem Autodafé Mitleid mit einem der Opfer gezeigt, zu einer Buße verurteilt: sich zur Ader zu lassen und das Blut ins Feuer zu gießen. Diese Erzählung ist unwahr, Philipp III. hat nie Mitleid bei einem Autodafé gezeigt, denn er war von Kindheit an daran gewöhnt. Sonst hätte die Inquisition den König wohl zur Rechenschaft gezogen, denn sie hat mehrmals Kerkermeister zur Geißel und zu zehnjähriger Galeerenstrafe verurteilt, weil sie Anwandlungen von Mitleid für die Gefangenen gezeigt hatten.

In Spanien sind zwischen 1540 und 1599 etwa 220 Protestanten verbrannt worden. Die Protokolle der frommen Bruderschaft des San Giovanni decollató zu Rom, die in Rom die Verurteilten zur Richtstätte zu begleiten pflegten, weisen »nur« ungefähr 100 innerhalb eines Jahrhunderts auf; darunter befinden sich z. B. Pietro Carnesecchi (1567), Gabriel Henriquez (1583), Jacopo Paleologo (1584) und namentlich Giordano Bruno (1600). Andererseits gibt der Jesuit Mariana allein für 14 Jahre inquisitorischer Tätigkeit Torquemadas 2000 lebendig Verbrannte an. Sodann hat man für Juan Llorentes Angabe von 32 000 Opfern zu berücksichtigen, daß die Inquisition gleichzeitig auch in den spanischen Nebenländern gewütet hat.

Als am 21. Oktober 1693 der holländische Admiral Tromp die spanische Flotte bei Duins an der englischen Küste vollständig vernichtet hatte, wurde das Gerücht verbreitet, der spanische Admiral *Antonio de Oquendo* (ein Baske) habe mit 21 Schiffen einen glänzenden Sieg über 114 holländische Schiffe davongetragen, und Admiral Tromp sei auf Befehl der Generalstaaten in Den Haag öffentlich enthauptet worden. Seine Vaterstadt San Sebastian hat ihrem berühmtesten Sohn, dem Admiral Oquendo, 1894 ein Denkmal gesetzt, dessen Inschrift ihn als den »Unüberwindlichen« feiert.

Schweden

Die schillernde Gestalt des schwedischen Königs *Karl XII.* (1697–1718), der im Jahre 1700 als Achtzehnjähriger in den großen Nordischen Krieg (1700–1721) gegen die verbündeten Dänemark, Polen und Rußland zog; der die Dänen zum Frieden von Venthal (18. 8. 1700) zwang, die zahlenmäßig weit überlegenen Russen bei Narwa (20. 11. 1700) besiegte und den Polenkönig August den Starken nach Siegen bei Klissow und Pultusk (1702/03) 1706 zur Abdankung zugunsten des Stanislaus Leszczyński zwang; der nach wechselvollem weiteren Schicksal 1714 aus der Türkei, wo er nach Niederlagen in Rußland Zuflucht gefunden hatte, in einem sechzehntägigen Ritt das belagerte Stralsund erreichte und endlich bei der Belagerung von Frederikshald, wahrscheinlich durch eine aus den eigenen Reihen abgefeuerte Kugel umkam: Diese Gestalt hat seit ihren Lebzeiten stark die Phantasie beflügelt (zum literarischen Fortleben vgl. Frenzel, *Stoffe der Weltliteratur*, S. 354 ff.).

Daß sich dabei auch der Treppenwitz des Herrschers bemächtigte, kann nicht verwundern (Christian Sarauw, *Die Feldzüge Karl's XII.*, Leipzig 1881). Bei der Landung der Schweden in Humlebäk bei Kopenhagen soll Karl z u e r s t aus dem Boot ins Wasser gesprungen und dann samt seiner Begleitung an Land gegangen sein. Das sonst bei solchen Gelegenheiten übliche Stolpern mit dem Ausruf *Ich halte dich fest* (Julius Caesar bei der Landung in Adrumetum; Wilhelm der Eroberer bei Pevensey 1066) fehlt allerdings, doch stimmt die Nachricht auch sonst nicht.

In dem ausführlichen Bericht des bei der Landung anwesenden schwedischen Generalquartiermeisters Stuart steht nur, daß der König die Leute anfeuerte und jeder Unordnung, die er sah, abzuhelfen wußte, indem er *stets unter den ersten sein wollte.* Aus diesem Ausdruck mag wohl die Sage entstanden sein. In Wirklichkeit befand sich der König bei dem Truppenteil, der z u l e t z t landen sollte und auch wirklich zuletzt gelandet ist.

Voltaire hat in seiner *Histoire de Charles XII* (2 Bde, Rouen 1731) die romantische Lesart, verschönert durch eine vorhergehende bühnengerechte Unterhaltung zwischen Karl und dem französischen Gesandten. Ludwig Häusser bemerkt in seiner *Geschichte der französischen Revolution* (Berlin 1867, S. 34) über Voltaire: *So lesen sich die Schlachten Karls XII. ausgezeichnet; aber es ist kein Wort wahr daran.* Denn es ist z. B. nur eine gewissermaßen »dezimale« Sage, daß Karl bei Narwa mit 8000 Schweden 80 000 Russen schlug. In Wahrheit waren es nur 29 000 Russen, und diese waren ungeübt und schlecht verpflegt. Ihr Feldherr, der niederländische Herzog von Croy, hatte erst am Tag vorher den Oberbefehl übernommen; von einem regelrechten Kampf konnte überhaupt nicht gesprochen werden, und russischerseits war von Führung keine Spur vorhanden.

Nachher wurde es von Jahr zu Jahr deutlicher, daß auch der Kriegsführung Karls XII. kein Plan zugrunde lag. Hatte er anfangs für die Verteidigung Schwedens gekämpft, so setzte er später den Krieg fort, weil er ihm zum Sport geworden war. Gewiß ist Karl unerschrocken und soldatisch, persönlich anspruchslos, sittenrein und ein strenger Lutheraner gewesen, aber als Feldherr hat er sehr mäßige Fähigkeiten, als Staatsmann gar keine gezeigt.

Man hielt ihn fälschlicherweise für einen Frauenfeind, weil er es für unter seiner Würde hielt, mit der ehemaligen Geliebten seines Gegners Friedrich August II. von Sachsen-Polen, der Gräfin Aurora von Königsmarck, über Staatsgeschäfte zu verhandeln – und zwar seltsamerweise über den ersten Vorschlag zu einer Teilung Polens, der demnach von einem polnischen König ausgegangen wäre –, falls nicht das Zusammentreffen Auroras mit Karl überhaupt Legende ist.

Schließlich wird über Karls XII. Tod (11. Dezember 1718) bei der Belagerung von Frederikshald in Norwegen eine ähnliche Geschichte kolportiert wie über Gustav II. Adolfs Tod bei Lützen. Seines Schwagers Generaladjutant André Sicre, der in seiner Nähe war, soll der Mörder gewesen sein. In der Hitze des Fiebers hat Sicre sich einige Tage nach dem Ereignis selbst des Mordes bezichtigt, ohne daß jemand Notiz davon genommen hätte. Im *Theatrum Europaeum* (Bd XXI, 1716–1718) wird das Gerücht nicht erwähnt, obwohl der Tod des Königs mit Beifügung einer Abbildung erzählt wird. 1859 und 1917 vorgenommene Untersuchungen der Leiche haben die Grundlosigkeit der Verleumdung bestätigt. Sie ist aber lange geglaubt worden.

Voltaire hat erzählt, Sicre habe ihm gegenüber seine Schuld geleugnet und sei arm in Frankreich gestorben. Er berichtet ferner, daß der Ingenieur-Oberst Maigret beim Anblick der Leiche des Königs ausgerufen habe: *Voilà la pièce finie, allons souper.* (Nun ist das Stück aus; laßt uns zu Abend essen). Das klingt sehr unwahrscheinlich, auch wenn Maigret ein *wunderlicher und gleichgültiger* Mensch gewesen ist.

Aber der Tod eines Mannes, der so viel Aufsehen erregt hatte, wie Karl XII., mußte eben dramatisch ausgestaltet werden.

Slawen und Osmanen

Der Kosakenhetman *Iwan Mazep(p)a* (1652–1709), dessen Unzuverlässigkeit ein Hauptgrund für Karls XII. Mißerfolg bei seinem Vorgehen gegen Rußland war (er brachte im Oktober 1708 kaum 7000 Mann zusammen), soll 1663, als er Page am Königshof Johann Kasimirs von Polen war, ein Liebesverhältnis mit der Frau eines Magnaten gehabt haben. Der Ehemann habe ihn dabei in flagranti ertappt, mit Hilfe seiner Diener überwältigt und nackt auf den Rücken eines wilden Hengstes gebunden. So soll das ungestüme Tatarenroß den Don Juan im Galopp von Warschau bis in die Ukraine (!) getragen haben – ein romantisches Motiv, das die Feder des Dichters und den Pinsel des Malers geradezu herausfordert. Byron und nach ihm Victor Hugo haben das Abenteuer des jungen Mazeppa in glühenden Versen besungen, Horace Vernet und Georges Boulanger es in effektvollen Gemälden dargestellt. Franz Liszt hat es sogar vertont. In Wirklichkeit ist das Pferd mit Mazeppa nur einige hundert Schritte von dem Haus des beleidigten Gatten bis zu Mazeppas eigenem gelaufen (Fournier, *a.a.O.*, S. 302, Anm.) Der ganze bühnengerechte Vorgang ist leider erfunden. Der wahre Grund, weshalb Mazeppa in die Ukraine zurückgekehrt ist, war die Rivalität zwischen dem ehrgeizigen Jüngling und dem allmächtigen und eifersüchtigen Günstling Passel (Elie Horschak-René Martel, *Vie de Mazeppa*, Paris 1931, S. 10).

Als im Winter 1700 der brandenburgische Gesandte, Baron von Printzen, dem Zaren *Peter I., dem Großen* (1682–1725) seine Beglaubigung überreichen wollte, ließ ihn dieser, so wird erzählt, zu sich auf sein Schiff klettern und nahm dort die Urkunde in wenig förmlicher Weise in Empfang. Auch wurde der Gesandte in der Hauptstadt zu einem Festessen eingeladen, bei dem der Zar zwanzig Strelitzen mit allerhöchst eigener Hand geköpft haben soll, zwischendurch immer einen Schnaps trinkend. Als Gewährsmann wird König Friedrich II. angeführt; doch ist die Angabe in dessen Werken nicht zu finden (Karl Friedrich Becker's *Weltgeschichte*, 7. Aufl., Berlin 1837, Bd 10, S. 150).

342

Peters Schiffsbautätigkeit in Rußland begann erst 1704. Über seine Lehr- und Wanderjahre sind gleichfalls viele Anekdoten im Umlauf. Eine der liebenswürdigsten behandelt seinen Aufenthalt in der niederländischen Stadt Saandam am Y. Die Hauptschuld an den hierauf sich beziehenden Geschichten trägt natürlich Albert Lortzings reizende Spieloper *Zar und Zimmermann* (1838). Der ganze Aufenthalt in Saandam hat bloß sieben Tage, vom 17. bis 25. August 1697, gedauert; trotzdem war er, weil sich »Peter Michailow, der Zimmerbaas«, in seiner leidenschaftlich auffahren- den Art nicht zur neugierigen Gassenjugend zu stellen vermochte, unlieb- sam genug verlaufen. Bei aller Kürze hatte Peter jedoch Zeit gefunden, sich eine wohlgenährte Wirtshausmagd zuzulegen – *pour faire l'amour les jours de repos à l'exemple d'Hercule* (um während der Ruhetage der Liebe zu pflegen nach dem Beispiel des Herkules), wie ein Zeitgenosse an Leibniz schreibt; ein 20 Jahre später gemaltes Bildnis des Flamen J. J. Horemans, das einen Schiffer in roter Jacke mit einer derben Schönen am Arm darstellt (Palais Monplaisir, Peterhof), soll jene »seligen« Tage verewigen.

Als sich Rußland anschickte, am 27. Juni (alter, am 10. Juli neuer Zeitrechnung) 1909 das zweihundertjährige Jubiläum des Sieges bei Poltawa zu feiern (das richtige Datum der Schlacht ist der 8. Juli), ließ man die Garde, von der mehrere der ältesten Regimenter nach Poltawa abgeordnet wurden, einen Tagesbefehl auswendig lernen, den Peter I. auf der berühmten Walstatt am Morgen der Schlacht gegeben haben soll. Das Machwerk ist in einem überschwenglichen Ton gehalten und schließt mit den Worten: *Aber was Peter betrifft, so wisset, daß für ihn das Leben keinen Wert hat, wenn nur Rußland groß und glücklich ist...* In dem Geschichtswerk des Sergej Michajlowitsch Solowjew (*Geschichte Rußlands seit den ältesten Zeiten,* 7 Bde, 1851–1879) wird dieser Tagesbefehl überhaupt nicht erwähnt. Wahr- scheinlich ist er viele Jahre nach dem Ereignis von Bischof Theophan Prokopowitsch verfaßt worden. Übrigens haben die beiden Hauptbeteilig- ten an der Schlacht bei Poltawa ihr Bestes getan, um die Geschichte zu fälschen: Karl XII. durch die versuchte Vertuschung seiner Niederlage, Peter I. durch die Aufbauschung seines Sieges bis ins Unermeßliche. Karls XII. Bericht langt in Stockholm erst am 7. September 1709 an. Die Siegesberich- te Peters durchflogen aber Europa schon um die Mitte des Monats August.

Tatsächlich wissen wir aus des *Kgl. Dänischen Envoyé Georg Grund's Bericht über Rußland in den Jahren 1705–1710* (hrsg. v. G. L. Grove, St.- Petersbourgh 1900, S. 19), daß Peter I. eine sehr geringe Meinung von der russischen Armee auch nach der Schlacht von Poltawa hatte.

Beydes aber so wohl der Infanterie als Cavallerie wird es jederzeit schwer fallen tüchtige Officiers aus der Nation vorstellen zu können, dan die Russische Noblesse ist zwar an sich selbst stoltz und Hoffvörtig genug, aber hat doch keine rechte gloire und Liebe zum Kriege im Hertzen, und will deswegen lieber auf den Güthern sitzen oder sich umb civile Bedienungen durch Spendages bewerben, als fürs Vatterland aus eigenem trieb fechten. Weshalben der Czaar auch von Sie zu sagen pflegt, wie Ich selbst gehöret, das Er dem Sehl. Gollowin, Schermetoff, Gollofkin und Apraxin vorgesaget, das wann aus Ihren oder anderen Geschlechten dan und wann sich ein eintziger durch etwas hervorthäte, so wäre es alles, und der rest Läuter Narren, wie es Ihre eigene Brüder bezeugeten.

Über den Brief Peters vom Pruth (Juli 1711) heißt es bei A. Brückner, *Der Zarewitsch Alexi* (Heidelberg 1880, S. 117 f.): *Unzählige Male ist die Geschichte erzählt worden, wie Peter am Pruth, von einer weitaus überlegenen Streitmacht belagert, sich verloren gegeben und an den Senat geschrieben habe: die Senatoren sollten, wenn sie von seinem Tode hören würden, unter ihnen selbst den Würdigsten zum Nachfolger wählen. Hätte Peter in der That so geschrieben, so würde daraus zu schließen sein, daß er schon damals Alexei als der Thronfolge durchaus unwürdig angesehen habe. Schwieg er in seinem an die oberste Regierungsbehörde gerichteten Abschiedsworte von seinem [damals 26jährigen] Sohne, stellte er sich, als gebe es im Jahr 1711 gar keinen legitimen Nachfolger, so ist damit Peter's Stellung zu Alexei schon damals, also noch vor des Zarewitsch Verheirathung ausreichend charakterisirt, so kann Alexei schon 1711 als formell entthront bezeichnet werden. Indessen ist die Geschichte von diesem angeblich heroischen Schreiben Peter's an den Senat in das Gebiet der Fabel zu verweisen... Gerade in derselben Zeit, als Peter den Feldzug an den Pruth unternahm, während dessen jene einer Ausschließung Alexei's vom Throne gleichkommende Aeußerung gethan worden sein sollte, zeigte die eifrig durch Peter betriebene Verhandlung in Betreff der Verheirathung Alexei's mit einer deutschen Prinzessin, daß er nicht an eine formelle Ausschließung Alexei's vom Throne dachte.*

Die Anekdote hat sich vielleicht aus den Schlußworten des (vom 11. Oktober 1715 vordatierten) Ultimatums entwickelt, das Peter am Begräbnistag seiner Schwiegertochter (27. Oktober) seinem Sohn überreichte: *Besser ein fremder Tüchtiger als ein eigner Unbrauchbarer* (a.a.O., S. 132).

344

Über die am 28. August 1694 geborene Gemahlin des Zarewitsch Alexei, *Charlotte von Braunschweig-Wolfenbüttel*, wird eine romanhafte Geschichte erzählt. Nach ihrer am 25. Oktober 1711 zu Thorgau erfolgten Vermählung reiste sie mit ihrem Gatten nach Rußland, der sie aber seit 1714 zugunsten einer finnischen Magd, namens Affrosina (Euphrosyne), gänzlich vernachlässigte und sich arge Grobheiten gegen sie zuschulden kommen ließ. Doch sind es Übertreibungen, wenn man erzählt, der Zarewitsch habe seine Gemahlin vergiften wollen und sie sich nur durch Gegengift gerettet, sowie, er habe ihr einmal im letzten Monat ihrer Schwangerschaft einen so heftigen Fußtritt gegeben, daß sie ohnmächtig und im Blut schwimmend zu Boden gesunken sei. Der Zar sei verreist gewesen und der Zarewitsch unmittelbar darauf abgereist. In Gegenwart der Gräfin Aurora von Königsmarck – es ist unwahrscheinlich, daß diese damals in Rußland war – sei die Prinzessin von einem toten Kind entbunden worden. Die Gräfin habe die Prinzessin beredet, sich allen weiteren Leiden durch das abenteuerliche Mittel eines Scheintodes zu entziehen, und dem Zarewitsch geschrieben, sowohl Frau als auch Kind seien tot. Der Zarewitsch habe angeordnet, sie sofort und ohne Feierlichkeiten zu beerdigen. Nachdem die Prinzessin sich erholt, habe die Königsmarck ihr Geld und einige Edelsteine verschafft, und sie sei mit einem alten Bedienten, der für ihren Vater galt, nach Paris und von da weiter nach Louisiana gereist. Hier bemerkte sie ein Offizier, namens d'Auban, der in Rußland gewesen war, und näherte sich ihr, wohnte auch zuletzt mit dem angeblichen Vater zusammen. Als die Nachricht von Alexeis Tod (gestorben 7. Juli 1718) zu ihnen gelangte, war d'Auban bereit, sie nach Rußland zurückzugeleiten, aber sie lehnte ab. Nach dem Tod des alten Bedienten heirateten sie und hatten eine Tochter. Zehn Jahre später begaben sie sich nach Paris, wo d'Auban mit Erfolg einen Arzt befragte; hier habe der Marschall Moritz von Sachsen, der Sohn der Aurora von Königsmarck, die Prinzessin mit ihrer Tochter auf einer Bank in den Tuilerien-Gärten sitzend getroffen, deutsch sprechen hören und die Prinzessin erkannt.

Die früheste Spur dieser abenteuerlichen Erzählung findet sich in dem 1777 in Amsterdam erschienenen Werk *Nouveaux Voyages dans l'Amérique septentrionale* des Kapitäns Bossu. Der Stoff war zu romantisch, als daß die Belletristik sich seiner nicht hätte bemächtigen sollen. Im Jahre 1804 erschien Zschokkes Novelle *Die Prinzessin von Wolfenbüttel*, in der die Sage geschickt ausgesponnen wird. In unzähligen Auflagen und in einer großen Anzahl von Übersetzungen (französisch, dänisch, spanisch, holländisch usw.) wurde dieser Stoff dem Publikum immer wieder dargeboten.

Auch dramatisch ist er verwertet worden; im Théâtre des Variétés zu Paris wurde am 16. August 1836 zum erstenmal ein Stück gegeben: *Madame Péterhoff, Vaudeville anecdote en un acte*, das die Fabel von der rätselhaften Flucht der Prinzessin ins Ausland zum Gegenstand hat.

Auch das *Testament Peters des Großen* ist eine Erfindung, doch nicht eine Napoleon I.; denn es wird schon in Louis Dutens' *Mémoires d'un voyage qui se repose* ... (3 Bde, Paris 1806) als Fälschung im Auftrag Katharinas II. hingestellt.

Ferner wird es als »Projekt« erwähnt in einem Werk von M(onsieur) L(esur) *De la politique et des progrès de la puissance russe, depuis son origine jusqu'au commencement du XIXe siècle* (Paris 1811, S. 176–179), jedoch nicht im Originaltext, sondern nur unter der Einführung *on assure qu'il existe*... (man versichert, es existiert...) als Résumé in 14 Artikeln. Von diesen sind die 12 ersten eine gelungene Skizzierung der von Rußland 1725–1811 befolgten Politik, als bloße vaticinia post eventum. Artikel 13 und 14 fordern die Eroberung ganz Europas, jedoch in Ausdrücken, wie sie Peter der Große schwerlich gebraucht hätte. Ausdehnung längs des Baltischen Meeres, Vertreibung der Türken aus Europa und Besitzergreifung von Konstantinopel werden als europäische Zielpunkte angeführt. Ein enges Bündnis und große Vertraulichkeit mit England sollten Rußland zu einer Flotte verhelfen, um in den angrenzenden Meeren die Vormachtstellung aufrechterhalten zu können. Der Testamentsverfasser empfiehlt weiter seinen Nachfolgern, sich unbedingt mit der Wahrheit vertraut zu machen, daß der Handel Indiens der Handel der Welt und daß, wer darüber ausschließlich verfüge, der wirkliche Herrscher Europas sei. Demnach dürfe man keine Gelegenheit verlieren, Kriege in Persien zu erregen, seinen Niedergang zu beschleunigen und bis zum Persischen Golf vorzudringen, ferner danach zu streben, den alten Handel der Levante durch Syrien wieder aufzurichten. Weitgehend ist auch der Vorschlag, vorsichtig zuerst am Hof von Versailles, dann in Wien wegen Teilung der Herrschaft über die Welt zu sondieren, wobei Rußland ganz unverdächtig nur die Herrschaft über den Orient zu beanspruchen habe. Nach glücklicher diplomatischer Vorbereitung solle dann der große Schlag gelingen. Während die übrigen Mächte sich um die Herrschaft des zweiten Teiles der Welt stritten, müsse sich Rußland entschließen, für Österreich Partei zu nehmen und in Deutschland bis zum Rhein mit großen Massen »asiatischer Horden« (!) einzumarschieren, gleichzeitig zwei Flotten auslaufen zu lassen, von denen eine vom Baltischen Meer aus Europa mit Truppen überschwemmen, die andere ihre lebenden Massen auf Italien, Spanien und Frankreich ausgießen solle. Mit der angenehmen Hoffnung, daß diese Seeoperationen die Aufmerksamkeit der Gegner völlig auf sich ziehen würden und es dann ferner für die am Rhein stehende Feldarmee ein leichtes sei, mit ganzer Kraft zu handeln, um den Rest von Europa zu unterjochen und die russische Macht dauernd zu festigen, schließt das Testament.

Damit wurden Rußland seine Wege für die Zukunft in klarer und auch dem Volk leicht verständlicher Weise vorgezeichnet. Wer in Westeuropa daran glaubte, der mußte von der moralischen Rechtfertigung des Napoleonischen Zuges, auf russischer Seite aber von der hohen Bedeutung der göttlichen Bestimmung des »heiligen Rußlands« überzeugt sein. Lesur hat jedoch seine Fälschung lediglich einem Vorgänger zu verdanken: dem (im Berliner Staatsarchiv ruhenden) Memorandum, das 1797 der Pole Sokolnicki dem französischen Direktorium eingereicht hatte. Jener hat es seinem Machwerk wahrscheinlich auf Weisung Bonapartes zugrunde gelegt, während sich der polnische Verschwörer auf Angaben von Petersburger Freunden berief, die sie aus Warschauer Staatspapieren geschöpft haben wollten.

Peter hat – soviel steht fest – weder von dem unter seinem Namen gehenden Text eine Zeile geschrieben noch überhaupt ein Testament hinterlassen.

In einer Audienz, die der englische Gesandte Fitzherbert am 2. November 1876 in Yalta bei Kaiser Alexander II. hatte, erklärte dieser, das Testament Peters des Großen und die weitausschauenden Pläne der Kaiserin Katharina II. seien *Illusionen und Phantome.* Auf einer Reise der Kaiserin Katharina II. durch die Krim (Januar–Juli 1787) sollen nämlich an allen Stationen ihres Weges – nach anderen: lediglich auf dem Südtor der durch Potemkin rasch aufgebauten Stadt Cherson (Mai 1787) – die Worte eingeschrieben gewesen sein: *Weg nach Byzanz.* Die Anekdote beruht aber auf einem Mißverständnis des britischen Gesandten.

Fürst Grigorij Alexandrowitsch *Potemkin* (1739–1791), der Günstling Katharinas der Großen, siedelte russische und fremde Bauern und Bürger im Schwarzmeergebiet an, gründete u. a. die Städte Cherson, Jekaterinoslaw, Nikolajew und die Häfen Sebastopol und Feodosia und schuf die russische Schwarzmeerflotte. Über die Reise Katharinas durch das von Potemkin kolonisierte Land, namentlich durch die Krim (1787), haben als Gäste der Kaiserin berichtet der französische Gesandte Graf L. Ph. Ségur, Fürst K. J.

Ligne, Prinz Karl von Nassau-Siegen u. a.; hinzu kommen die Briefe der Kaiserin selbst. In keinem dieser Briefe ist von gemalten *Potemkinschen Dörfern* und sonstigen großartigen Täuschungen die Rede. Wohl aber erfuhr man schon während der Reise, daß solche Gerüchte in Petersburg erzählt wurden von Leuten, die, wie Ligne meint, sich darüber ärgerten, daß sie nicht mitgenommen worden waren. In die wissenschaftliche Welt ist dieser Klatsch eingeführt worden durch die von dem sächsischen Residenten Essen in Petersburg verfaßte Lebensbeschreibung Potemkins. Dieses Werk und die ebenso haltlosen Gesandtschaftsberichte Essens sind von vielen Schriftstellern als zuverlässige Quellen angesehen worden.

Der polnische Feldherr Thaddäus Kościuszko (1746–1817) soll nach einem Bericht der amtlichen *Südpreußischen Zeitung* vom 25. Oktober 1794 in der Schlacht bei Maciejowice am 10. Oktober 1794, tödlich verwundet, gesprochen haben: *Finis Poloniae* ([Das ist das] Ende Polens). In einem vom 12. November 1803 datierten Brief an den Grafen Louis Philippe de Ségur, der diesen Ruf in sein *Tableau historique et politique de l'Europe, depuis 1786 jusqu'en 1796* (Paris 1800) aufgenommen hatte, leugnet Kościuzko ihn ab.

Dieser Brief, der sich in der Urkundensammlung der Familie Ségur befindet, ist in Amédée Renées Übersetzung von Cesare Cantù's *Storia di cento anni* (Paris 1852 f.; I,419) abgedruckt und von Karl Blind in der *Gartenlaube* von 1868 (Nr. 27) und später in der *Gegenwart* vom 11. August 1877 nach einer von Ch. Ed. Chojecki mitgeteilten französischen Urschrift übersetzt.

Am 16. Dezember 1800 erhielt August von Kotzebue durch den Grafen von der Pahlen (den späteren Mörder des Zaren) die Mitteilung, Kaiser *Paul I.* (1796–1801) wolle eine persönliche Aufforderung zum Tournier an alle Souveräne Europas erlassen, und Kotzebue solle sie durch die Zeitungen bekanntmachen.

In der Tat erschien dieses seltsame Schriftstück an einem der nächsten Tage in der *Petersburger Hofzeitung* und in der Nummer 9 des *Hamburgischen Korrespondenten* vom 16. Januar 1801. In beiden Blättern war die vorsichtige Klausel beigefügt: *Man weiß nicht, ob man diesem Gerücht Glauben beimessen soll; indessen scheint es nicht ganz ohne Grund, da es den Stempel dessen trägt, wessen man ihn* [Kaiser Paul] *oft beschuldigt hat.* Jeder Zweifel wird behoben durch Kotzebues Mitteilungen, denen zufolge der Zar selbst die Handschrift in französischer Sprache (mit der ihm eigenen fehlerhaften Rechtschreibung) aufgesetzt, sie sodann Kotzebue persönlich überreicht und mit dem Schriftsteller die Stilisierung genau beraten hat. Der Hauptsatz des Dokumentes lautet: *Man sagt, daß Seine Majestät der Kaiser, da er sieht, daß die europäischen Mächte sich nicht vereinigen können und er einen Krieg zu beendigen wünscht, der seit elf Jahren wütet, einen Ort vorzuschlagen gedenkt, wohin er alle die anderen Potentaten einladen will, um mit ihnen in geschlossenen Schranken zu kämpfen; zu welchem Behuf sie ihre aufgeklärtesten Minister und geschicktesten Generale als Knappen, Kampfrichter und Herolde mit sich bringen sollen.*

In der *Revue historique* vom Oktober 1907 veröffentlichte Großfürst Nikolaus Michailowitsch einen Aufsatz über den Zaren *Alexander I.* (1801–1825), in dem er sich mit der in Rußland weitverbreiteten Legende befaßte, daß der Zar 1825 nach Sibirien geflohen und dort verschollen sei. Der historische Hintergrund dieser Legende besteht darin, daß Ende 1825 der Wagen des Zaren, der sich auf der Rückreise von der Krim befand, in Taganrog umschlug, wobei der Kabinettssekretär des Kaisers, Maskow, getötet wurde. Dieser Maskow soll nun als Zar Alexander I. in der Peter- und Paulskathedrale in St. Petersburg beigesetzt worden sein, während Alexander, der Regierung schon längst überdrüssig, nach Sibirien geflohen sei, nachdem er vorher Sorge getragen habe, die Nachricht von seinem in Taganrog erfolgten Tod möglichst zu verbreiten. Als 1922 die juwelenlüsternen Petersburger Sowjets die Kaisergräber »untersuchten«, soll der Sarg Alexanders I. nur einige Bleistücke enthalten haben, die seinerzeit das nötige Gewicht hätten vortäuschen sollen. Diese Leere gab dem alten Gerücht, daß Alexander nicht in Taganrog gestorben sei, neue Nahrung.

Im Anschluß an diese Legende hat zunächst der russische Historiker Schilder genauere Nachforschungen in der Familie Maskow angestellt und dort die Auskunft erhalten, daß sich in ihr die Überlieferung vererbt habe, in der russischen Kaisergruft ruhe im angeblichen Sarg Alexanders I. sein Kabinettssekretär Maskow. Alexander I. habe noch bis 1864 in Sibirien gelebt und sei dann im hohen Alter von 87 Jahren gestorben. Dieser Legende gibt nun ein tatsächlicher Bericht von dem plötzlichen Auftauchen eines fremden Mannes einen Schimmer von Wahrscheinlichkeit. Der Fremde nannte sich Feodor Kusmitsch (Kosmich), sagte nicht, wer er war und woher er kam, und führte jahrelang ein Einsiedlerleben, bis ihn um das Jahr 1850 ein Kaufmann in Tomsk in sein Haus einlud und mit seiner Tochter sorgsam pflegte. Auch hier vermied der Fremde jede Berührung mit anderen Menschen; doch soll, wer ihn gesehen habe, über seine Ähnlichkeit mit Alexander I. erstaunt gewesen sein.

An diese Erzählung knüpft die Studie des Großfürsten in der *Revue historique* an. Er erklärt die Ähnlichkeit zwischen Kusmitsch und dem Zaren dadurch, daß er Kusmitsch für einen natürlichen Bruder Alexanders hält, der aus den Beziehungen des Großfürsten Paul, des späteren Kaisers, zu der Gräfin Czartoryska hervorgegangen sei. Aber auch ihm erscheint seltsam, daß sich die russische Polizei um den plötzlich auftauchenden Kusmitsch so gar nicht gekümmert und sein Einsiedlerleben sowie sein Zusammensein mit dem Kaufmann in Tomsk völlig unbehelligt gelassen habe. Doch im März 1914 veröffentlichte Großfürst Nikolaus im *Istoritscheskij Wjestnik* den Brief, den die Gemahlin Alexanders I., Elisabeth Alexejewna, zwei Tage nach dem Tod ihres Gemahls, also am 3. Dezember 1825, an die Kaiserinmutter Maria Feodorowna, gerichtet hatte. Darin berichtet die Zarewna über den Tod des Zaren so genau, daß an der Wirklichkeit des Geschehnisses kein Zweifel mehr übrigbleibt.

Eine grundlegende Darstellung dieses verworrenen Komplexes, und zwar unter Benützung aller russischen Quellen, hat Martin Winkler in seiner gründlichen Untersuchung *Zarenlegende* (Berlin 1941) gegeben. Nach gewissenhafter und kritischer Abwägung des gesamten widerspruchsvollen Quellenmaterials kommt Winkler zu der überzeugenden Schlußfolgerung (S. 235): *Metternich weiß es:* »*Im Jahre 1825 erlag Alexander einer vollständigen Lebensmüdigkeit.*« *So ist das Gewährenlassen gegenüber dem Tode der folgerichtige Schluß, den das Leben Alexanders findet. Das Volk aber versteht ihn nicht mehr. Aus seiner altmoskovitischen Religiosität dichtet es seine Legende vom orthodoxen Zaren, der namenlos in Sibirien durch ein Leben in Gott seine Schuld abzutragen sucht.*

Der Krimkrieg von 1853–56 hat ganz Europa lebhaft beschäftigt. Vor allem rechnete man mit einem baldigen Fall des belagerten Sebastopol und ahnte nicht, daß sich die heldenhaft verteidigte Feste den Verbündeten erst am 8. September 1855 ergeben würde. Eine in Wien am 2. Oktober 1854 aufgegebene Depesche brachte dem aufhorchenden Europa folgende Botschaft: *Sebastopols Fall wird bestätigt. Nach einer zweiten von den Alliirten gewonnenen Schlacht beschossen diese das Fort Constantin, die Festung und die Flotte, worauf die Übergabe erfolgte. Die Russen zählten 18 000 (!) Tote, 20 000 Gefangene. Sechs Kriegsschiffe und Fort Constantin sind zerstört. Diese Nachricht brachte ein Tatar mit Depeschen an Omer Pascha nach Bucharest. Offizielle Bestätigungen werden noch erwartet.*

Unmittelbar darauf traf bei der Schriftleitung der *Allgemeinen Zeitung* in Augsburg folgende Depesche ein: *Bucharest, 30. September. Zweite Tatare-Nachricht an Omer Pascha: Fort Constantin ist gesprengt, die übrigen Forts genommen. 22 000 Russen gefangen. Sechs russische Linienschiffe zerstört. Mit den übrigen hat sich Fürst Menschikoff in den inneren Hafen zurückgezogen und gedroht, die ganze Flotte in die Luft zu sprengen, wenn der Angriff fortgesetzt würde. Hierauf wurde dem Fürsten Menschikoff sechs Stunden Bedenkzeit gewährt und Menschlichkeit empfohlen.*

Die Aufregung, die jene Meldung in Westeuropa, vor allem in Wien, Paris und London verursachte, war ganz ungeheuer. Aber der mit Recht so beliebte »Post-Tatar« hatte den Westeuropäern einen großen Bären aufgebunden. Seitdem sprechen wir von einer Zeitungsente als einer *Tataren-Nachricht* (Franz Babinger, in: *Neuer Orient* 7 [1920], S. 125–127).

Bei Beginn dieses Krieges wurde in ganz Europa eine Anekdote erzählt, wonach der russische Gesandte Fürst *Alexander Sergejewitsch Menschikow* (1787–1869) dem Großwesir einen Besuch im Überzieher gemacht hatte, gleichsam um ihn damit zu beleidigen.

Die Wahrheit ist folgende: Menschikow war am 28. Februar 1853 zur See in Konstantinopel eingetroffen. Unter Umgehung Fuad Effendis, des Rußland feindlich gesinnten Ministers des Auswärtigen, bat er um eine private Zusammenkunft mit dem Großwesir Mehemed Ali Pascha, dem Schwager des Sultans. Wahrscheinlich lag ein (absichtliches?) Mißverständnis vor, als der Großwesir ihn dennoch offiziell empfing. Menschikow, der dies nicht hatte voraus sehen können, begab sich in Frack und Überzieher zu der Zusammenkunft. Den letzteren nahm er in einem langen ungeheizten Korridor nicht ab, indem er zunächst in ein Vorzimmer zu kommen dachte, wo er den Überzieher hätte ablegen können. Aber als sich am Ende des Korridors ein Vorhang von schwarzem Tuch öffnete, stand plötzlich der Wesir im Galaanzug vor ihm. Jetzt erst konnte Menschikow den Paletot abnehmen, warf ihn über den linken Arm, näherte sich dem Wesir und nahm auf dem angebotenen Sofa Platz, indem er den Überzieher neben sich legte. Die ganze Zusammenkunft dauerte nur eine Viertelstunde.

Der Slawist *Václav Hanka* (1791–1861), geboren in Hořiněves bei Königgrätz, war Bibliothekar am Böhmischen Nationalmuseum in Prag. Als leidenschaftlicher Patriot bedauerte er, daß sein Volk keine so ehrwürdigen Schriftdenkmäler besaß wie die Deutschen mit dem Nibelungen- und

Gudrunlied. Wenn die Tschechen Lieder aus der Zeit Libussas und ihres (ebenso sagenhaften) Gemahls Przemysl vorweisen könnten, dann würde sich ihr Ansehen heben. Aber alle Handschriften der Prager Archive stammen aus viel jüngerer Zeit. Auf einer Reise durch Nordböhmen kam Hanka nach Königinhof. Hier machte der Forscher am 16. September 1817 die Entdeckung seines Lebens: Im Halbdunkel des Turmgewölbes der Kreuzkirche fand er unter vermoderten Scharteken zwölf kleine Pergamentblätter und zwei Blattstreifen, von Feuchtigkeit zermürbt, von Mäusen benagt, aber beschrieben mit altertümlichen, kaum noch lesbaren Schriftzeichen.

Während er in Prag die Blätter konservierte und entzifferte – der Schrift nach stammten sie aus der Zeit um 1300 – kamen – Duplizität der Ereignisse! – im Archiv des nordböhmischen Schlosses Grünberg Handschriften zutage, die augenscheinlich aus dem 9. Jahrhundert stammten. Sie enthielten die in altböhmischer Sprache verfaßten Gedichte *Der Landtag* und *Libussas Gericht.*

Die Veröffentlichungen der Urtexte und Übersetzungen im Jahre 1818 wurde von Gelehrten und Dichtern in ganz Europa als Bereicherung der Weltliteratur gefeiert, so von Goethe, Chateaubriand und den Brüdern Grimm. Bald aber setzte die Kritik ein. Der Prager Slawist Dobrowsky erklärte die Grünberger Handschrift bereits 1824 für eine moderne Fälschung, und der Streit um die Echtheit der Königinhofer Handschrift währte bis zur Jahrhundertwende.

Hanka hatte schon als Student eine Sammlung eigener Lyrik veröffentlicht. Man erkannte, daß diese Dichtungen große Ähnlichkeit hinsichtlich des Stils und der Gedanken mit den beiden »alten« Nationaldenkmälern hatten. Der Gelehrte hatte sich um den tschechischen Nationalismus unbestreitbare Verdienste erworben, aber seine »Urtexte« waren unwissenschaftlich ediert, so daß er als literarischer Fälscher hingestellt wurde. Den Lehrstuhl für Slawistik erhielt er erst mit siebenundfünfzig Jahren.

Im Laufe der Zeit bewiesen die deutschen Professoren Büdinger und Wattenbach, aber auch die Tschechen Kopitar, Masaryk, Goll und vor allem Jan Gebauer, daß die Grünberger und die Königinhofer Handschriften als Fälschungen Hankas anzusehen sind. Die letzten Zweifel räumte der tschechische Philologe Jan Machal aus, als er nachwies, daß Hanka ganze Zeilen und sogar Absätze einem russischen Gesangbuch entnommen und in die »uralten« tschechischen Dichtungen eingefügt hatte (1899).

Die überraschendste Entdeckung aber gelang dem Prager Professor

Dolansky: Die 62. Zeile des Gedichts *Libussas Gericht* enthält nur zwei lesbare Worte. Der Rest der Zeile ist mit zehn farbigen, zum Teil kopfstehenden Buchstaben ausgefüllt, die Palacky »eigentümliche Zeichen« genannt hatte. Dolansky erkannte, daß sie abwechselnd aufrecht oder umgekehrt geschrieben waren, und nun ergab sich der Satz: V.H.A.N.K.A.F.E.-C.I.T. Das heißt: *V(áclav) Hanka fecit* (V. Hanka schuf dies). Die chemische Analyse der Farben dieser Buchstaben bewies zu allem Überfluß die Übereinstimmung mit den Initialen der Königinhofer und der Grünberger Handschrift. Somit hat sich Hanka selbst als Verfasser und zugleich als Fälscher bekannt (Beilage zur *Allgemeinen Zeitung* 1900/7).

Auf der Weltausstellung zu Paris 1867 erregte ein Gemälde des polnischen Meisters Jan Matejko (1838–1893) durch seine dramatische Gruppierung wie durch die glänzende Ausführung großes Aufsehen. Es stellte die bewegende Szene dar, wie den Landboten des Polnischen Reichstages von 1773, die den Teilungsvertrag der drei Mächte von 1772 zu genehmigen bereit waren, der Landbote Rejtan auf der Schwelle des Sitzungssaales sich entgegenwirft, um sie am Verlassen des Saales zu hindern. Einer ihrer Führer, Graf *Felix Potocki*, ist auf dem Gemälde mit der Hand in der Tasche zu sehen, aus der eben Goldstücke gefallen sind, ein Beweis für seine Käuflichkeit. Als nun das Bild in fremde Hände übergehen sollte (es kam nach Wien), wurde sofort die Anekdote verbreitet, ein Sproß derselben Familie, welcher der erwähnte Führer angehörte, habe dem Maler Mangel an patriotischem Gefühl vorgeworfen, daß er nämlich eine derartige Darstellung ins Ausland wandern ließe. Darauf habe der Maler geantwortet: Hat das Ausland seinerzeit das Original erkaufen können, so ist es nur recht und billig, daß es heute auch dessen Kopie behalte. Auch diese Anekdote ist gut erfunden.

In Paris sollte um die Jahrhundertwende von Georg Hitl eine *Zentralstelle für Fotos historisch bedeutsamer Ereignisse* als – eine für uns heute sehr naive Vorstellung – objektiv richtige Hilfsquelle für spätere Geschichtsschreiber geschaffen werden.

Wie zweifelhaft das Unternehmen war, zeigte sich bald. So wurde der Tod des Marschalls *Concha*, der am 27. Juni 1874 bei Estella gegen die Carlisten fiel, in einem englischen Blatt »authentisch« dargestellt. Es war aber nur eine simple Änderung des Bildes in Hitls Werk *Der französische Krieg von 1870 und 1871* (Bielefeld und Leipzig 1872), das den Tod des Generals von Craushaar am 18. August bei Saint-Privat darstellte. Ähnlich wurden im griechisch-türkischen Feldzug Zeichnungen aus den Jahren 1870/71 hervorgeholt; nur ersetzte man die Pickelhaube durch den Fes. Wenig später reichte die Phantasie der armenischen und der mazedonischen Berufsverschwörer nicht aus, um die türkischen Grausamkeiten im neuen Gewand zu schildern. So wurden die Armenierinnen, die sich von hohen Felsen mit ihren Kindern in den Abgrund stürzten, um der Schande zu entgehen, von Augenzeugen dargestellt, die sich dazu Ary Scheffers Bild zum direkten Muster nahmen, das die Suliotinnen beim Kampf gegen Ali Pascha von Janina in gleicher Lage zeigt. So spukte Anfang 1903 eine Fotografie in den Wochenblättern, auf der ein türkischer Polizeikommissar und mehrere Gendarmen mit schußfertigem Gewehr einen Tisch umstehen, auf dem einige abgeschnittene Köpfe liegen. Natürlich sind es, wie im begleitenden Text hervorgeben wird, Köpfe unglücklicher Christen, die den türkischen Mördern zum Opfer fielen. Dieselbe Fotografie konnte man jedoch bereits im Sommer 1902 in Monastir kaufen. Sie war aber auch schon 1902 einige Jahre alt, denn die Köpfe gehörten einer Räuberbande, die das gerechte, wenn auch harte Schicksal Gendarmen in die Hände geliefert hatte.

Einen schlagenden Beweis für die Schnelligkeit, mit der die Legende arbeitet, lieferte der *Japanische Krieg*. Am 13. April 1904 ging das russische Panzerschiff *Petropawlowsk* durch eine Mine unter. Dabei fand der tüchtige Vizeadmiral Stepan Ossipowitsch Makarow den Tod. Schon im Mai erzählte ein russischer Pilger eine Schauermär (die er von einem Augenzeugen haben wollte), daß der Taucher, der das Wrack auf dem Meeresgrund untersuchen sollte, schreckensbleich heraufgekommen sei und drei Tage und Nächte geschwiegen habe. Dann aber habe er berichtet, daß auf dem zerstörten Admiralsschiff der heilige Sergius und der mit untergegangene Erzpriester Alexei einen allgemeinen Betgottesdienst mit wundersamem Gesang für den Zaren abgehalten hätten. Plötzlich seien alle Toten verschwunden gewesen, mit Ausnahme des Geistlichen, der ihm jenes dreitägige Schweigen auferlegt habe. Man werde siegen, habe er ihm prophezeit; dann werde auch die Petropawlowsk wieder aufsteigen und Marakow die Flottenschau abhalten. Erst hierauf werde der Panzer ins Meer zurücksinken, auf immer!

Ein außerordentlich dichter Sagenkranz hat sich um den osmanischen Helden *Enver Bey* (später *Pascha*; 1881–1922) gebildet. Wie oft ist dieser kühne Mann totgesagt worden! Und immer wieder erstand er zu neuen überraschenden Taten.

354

Schon als er als junger Major aus Monastir gegen Konstantinopel loszog, wurde wiederholt sein Tod verkündet und immer gläubig aufgenommen. Tapfer und verwegen, ein eingefleischter Fatalist, immer inmitten des heftigsten Kampfes stehend, nie eine Vorsichtsmaßregel anwendend, von vielen geliebt und von vielen gehaßt, schien er dazu bestimmt, einer tückischen Kugel oder einem hinterlistigen Dolch zum Opfer zu fallen. Als er nach dem Sturz Abdul Hamids 1909 den reaktionären Kriegsminister Nasim Pascha erschoß, war in Konstantinopel jedermann davon überzeugt, daß er bald denselben Tod erleiden werde. Auch von Tripolis kamen seine »Todesnachrichten« des öfteren nach Europa. Einmal war er in den Kämpfen bei Derma gefallen, das andere Mal sah man ihn bei der Verteidigung von Bengasi zu Tode getroffen niedersinken; dann sollte ihn wieder ein fanatischer Senussimarabut mit einem vergifteten Dolch niedergestreckt haben. Der Weltkrieg führte ihn mit seinen Armeen in die öden Felsenberge Hocharmeniens. Er kämpfte in der Schlacht von Barikamisch, und hunderte Zeugen behaupteten, er sei von Kosakenlanzen getroffen tot zusammengesunken. In der blutigen Schlacht bei Tschorok, als schon alles verloren war, stürzte er mit einer Nachhut auf die nachdrängenden Russen, es kam zu einem blutigen Gemetzel, die Nachhut wurde aufgerieben; mit ihr zusammen fiel angeblich auch Enver Pascha. Acht Tage später erreichte er das Gros der flüchtenden Armee, sammelte sie und stellte sie den Russen entgegen. Unter den Soldaten verbreitete sich der Glaube, Enver Pascha sei unverletzlich. Enver Pascha, der immer gern hörte, wenn man ihn den türkischen Napoleon nannte, hatte nichts dagegen, wenn an Napoleon erinnernde Wunderdinge erzählt und geglaubt wurden.

Er fiel im Alter von 41 Jahren im August 1922 in Samarkand als Führer eines islamischen Aufstandes gegen die Sowjets.

Schluß

Wir haben gesehen, daß gerade die bekanntesten und beliebtesten Anekdoten der Geschichte meist entweder erfunden sind oder doch bei näherer Betrachtung den Reiz verlieren, um deretwillen wir sie gernhatten.

Orte, wo etwas geschehen sein soll, gefallen immer mehr als andere, wo nichts geschehen ist, weil wir ihnen in einer gesammelteren Stimmung gegenübertreten und das Erzählte die Einbildungskraft anregt.

Die Treppenwitze der Weltgeschichte haben einen ganz bestimmten Charakter: *they overstep the modesty of nature* (sie gehen über die Bescheidenheit der Natur hinaus). Sie möchten immer alle Begebenheiten in die aristotelischen Einheiten zwängen, haschen wie die Worte nach dem Charakteristischen oder nach dem, was ihnen so scheint. Die Schnelligkeit, mit der sie die Ereignisse im Gegensatz zur Wahrheit geschehen lassen, strebt nach dem Bühnenmäßigen und schließlich nach dem Zauberschlag des Märchens hin, während in Wirklichkeit Voltaires Wort gilt: *toutes les affaires sont longues* (alle Begebenheiten dauern lang). Alles organische Werden, alles Sichentfalten ist ihnen langweilig und unverständlich wie einem Kind, das selbst noch keine Entwicklung mit Bewußtsein durchgemacht hat und darum die Begriffe noch nicht fassen kann. Daher des Kindes Vorliebe für Märchen und deren Wunderbares sowie die der Erwachsenen für die Treppenwitze der Weltgeschichte.

Diejenigen Erscheinungen, welche am leichtesten das Gefühl der Ehrfurcht erregen, werden immer die bühnenmäßigen sein – als solche, die sich an die Sinne wenden, – welche beanspruchen, Verkörperungen der größten menschheitlichen Gedanken zu sein, welche in einigen Fällen wagen dürfen, selbst eines höheren als menschlichen Ursprungs sich zu rühmen. Dasjenige, das in seinen Ansprüchen geheimnisvoll, in der Art seiner Tätigkeit undurchsichtig ist, – glänzend bei seiner Erscheinung, strahlend sichtbar für einen Augenblick und dann sich verhüllend, – dasjenige, das verborgen und doch sich offenbarend, oberflächlich und doch wieder tief, anscheinend greifbar und doch gerne mehr als greifbar in seinen Folgen, – dieses, wie sehr seine Formen sich auch ändern oder wie immer wir es bestimmen oder beschreiben mögen, ist es und ist es allein, was der Masse der Menschen heimisch vorkommt (Walter Bagehot, The English Constitution, London 1872).

Was nun die »dekorativen Elemente« der Geschichte, die Anekdoten betrifft, so können wir mehrere Gruppen zusammenfassen, die zu genauer Prüfung auffordern. Danach sind verdächtig: Erzählungen und Berichte, in denen die Zahl sieben eine Rolle spielt; Szenen, die gemalt, in Legenden und Volksliedern besungen oder auf die Bühne gebracht werden; Anekdoten über die erste Bestätigung junger Genies und die Worte Sterbender (diese immer, außer wenn sie besonders trivial sind). Ferner sind verdächtig alle in Schlachten gehörten Ausrufe, erfüllte Prophezeiungen, Erzählungen, in denen der Name der Helden oder des Schauplatzes irgendwie auffallend zur Tat oder zu den Ereignissen paßt, treffende Antworten, Aussprüche, in denen ein Gefühl oder ein Eindruck auffallend charakteristisch wiedergegeben wird: das Wahre ist meist wenig eindrucksvoll.

Andererseits haben Leute mit überraschender Treue den Eindruck von Szenerien geschildert, die sie noch nie gesehen hatten, wie Jean Paul im Titan die Borromäischen Inseln, wie Schiller die Schweiz im Wilhelm Tell, Sizilien in der Braut von Messina, der Bürgschaft oder im Taucher.

Ferner sind verdächtig alle Berichte, die die Entstehung der Wappen, Namen von Städten, Ländern und Familien erklären wollen. Alles, was irgendwie typisch und allegorisch geworden ist, alles »Epochemachende«. Schließlich alles besonders Rührende, Hinreißende, sehr Edle – es ist ganz gleich, von wem es erzählt wird; vom Höchstgestellten bis zum einfachen Künstler. Ebenso, aber leider nicht mit derselben Wahrscheinlichkeit, alles besonders Scheußliche und Entsetzliche.

Die Ausrufe, die in Schlachten geschehen sein sollen, sind gerade so erst das Zeugnis einer späteren Zeit wie das Denkmal, das zur Erinnerung an Ort und Stelle errichtet wird. Es herrscht sogar eine gewisse Ähnlichkeit zwischen beiden, und das Wort ist mitunter aere perennius – haltbarer als Erz (Horaz, Oden III, 30, 1).

Eine besondere Gruppe unhistorischer Erzählungen sind ferner die Wanderanekdoten, denen wir häufig begegnet sind. Gewissermaßen gemeinsames Eigentum der Menschheit, scheinen sie einherzugehen mit Lücken für Namen, Datum und Ort, um solche bei jeder sich bietenden Gelegenheit sich ausfüllen zu lassen (Edward Augustus Freeman, Historical Essay, London 1875, S. 5).

Hervorzuheben sind hier die Berichte über Schlachten, in denen ganze

Heere umkommen mit Ausnahme eines einzigen Kämpfers, der dann die Schreckenskunde in die Heimat trägt, und selbst dieser wird manchmal umgebracht. Die schale Wirklichkeit genügt nicht dem träumenden Volksgeist; Mitleid mit dem dunklen Heldentum eines (gerecht oder ungerecht) Leidenden schafft besonders gern eine Dämmeratmosphäre. *Wer das Unglück hat, berühmt zu sein, muß sich gefallen lassen, daß Anekdoten von ihm zirkulieren wie schlechte Münzen* (Karl Julius Weber, *Demokritos*, VII).

Hierher gehören auch die rührenden Berichte, die von vielen berühmten Musikern erzählt werden, wie sie einen wenig begabten und deshalb heruntergekommenen Kollegen auf der Straße in bitterer Not finden, ihm seine Geige wegnehmen, dem Instrument nun mit ihrer Virtuosität bezaubernde Töne entlocken und schließlich bei den in solcher Weise Gebannten eine Kollekte halten. Zuerst erzählt wird diese Geschichte (nach einem Feuilleton von Ernst Pasqué in der *Frankfurter Zeitung* vom 10. Januar 1886) vom Tenor Jean Ellevian (1765–1842), dem sie 1802 in Paris auf den Champs Elysées widerfahren sein soll; daneben auch von dem 1770 geborenen Geiger Alexander Boucher, dem berühmten *Alexandre des violons*, der Napoleon I. so ähnlich gewesen sein soll. Die Szene wurde in Kupfer gestochen und noch im selben Jahr auf die Bühne gebracht; sie ist daher wohl schon viel älter.

Gleichfalls verdächtig sind die Künstleranekdoten. *Überall begegnen uns dieselben märchenhaften Nachrichten über die erbärmlich niedrige Herkunft der größten Künstler, über die wunderbare Naturwahrheit ihrer Werke, wodurch sich Tiere und Menschen täuschen lassen, über erstaunliche Leistungen in der Geschwindmalerei, über gräßliche Experimente mit lebenden Modellen, überall dieselben epigrammatisch zugespitzten Kunsturteile, dieselben Bonmots, dieselben Künstlernarrheiten wie in der antiken Kunst* (Gustav Wustmann, *Apelles' Leben und Werke*, Leipzig 1870, S. 79).

Auch das Kunstwerk wird mit Freuden empfangen, aber mit Schmerzen zur Welt gebracht, und verdächtig sind Erzählungen über die plötzliche Entstehung oder Veranlassung berühmt oder bekannt gewordener Gedichte, Melodien, Bilder, Statuen und sonstiger Kunstwerke. Noch keine Konzeption ist jemals belauscht worden, und zwischen Konzeption und Geburt liegt oft eine lange Zeit.

Die Treppenwitze der Weltgeschichte sind in der Tat wie dem Text zugefügte bunte Zeichnungen, illustrieren ja die meisten Bilder volkstümlicher Werke fast einzig die Treppenwitze der Geschichte – eben deshalb sieht man nach ihnen gewöhnlich zuerst, eben deshalb prägen sie sich der Erinnerung leichter und fester ein als der Text selbst. Man darf aber fast von jedem solcher »historischen« Bilder behaupten, daß es so nicht gewesen ist.

Die eigentliche Ursache aber, warum gerade die Treppenwitze der Weltgeschichte sich vorzugsweise dem Gedächtnis einprägen, ist eben, daß sich in ihnen gewöhnlich irgendeine Tendenz des einzelnen, der Partei, der Sekte, der Nation, des Zeitalters ganz rein ausspricht. Deswegen gefallen sie immer wieder, und weil sie immer wieder gefallen, leben sie immer wieder auf und werden stets mit Ehrfurcht behandelt.

> Was sich nie und nirgends hat begeben,
> Das allein veraltet nie!
> (Schiller: *An die Freunde*, 1803).

Kindliche Gemüter, die noch wenig schmerzliche Bekanntschaft mit den eckigen Kanten der Außenwelt gemacht haben, erfinden solche Erzählungen und erfreuen sich ihrer, während der Tendenz in der Wirklichkeit kein freier Spielraum gewährt, sie vielmehr fortwährend zu Kompromissen gezwungen wird. Das Wesentliche, das Verführerische, ja das Schlechte bei allem Theatralischen ist dieses Siegen ohne Kampf; eben darum muß man bei allem, was sich dem Gedächtnis aufdrängt, befürchten, es habe einen Haken. Das ist eben der zugespitzte Tendenzhaken, mit dem es haften will, denn wie ein mächtiger Strom sein Delta, so bildet eine mächtige Tendenz sich ihre Tendenzanekdote. Das Entzücken, das wir manchmal bei ihrer Mitteilung empfingen, ist zu vergleichen mit dem Eindruck, den ein künstlich angelegtes physikalisches oder chemisches Experiment auf uns macht, indem es uns das Wirken irgendeiner Naturkraft leicht übersehbar vor Augen rückt, getrennt von störenden Einflüssen, wie es in der Natur selbst nie vorkommt. Dieses Entzücken gleicht ferner dem, was die Menschen beim Anhören schöner Mythen und tiefsinniger Legenden empfinden, wie wunderbar auch (und daher unmöglich) der Inhalt sein mag; denn selbst was sich solchergestalt nicht als Gleichnis gibt, ist doch meist nur Gleichnis. Die Geschichte will in den Tendenzanekdoten das aus sich herauskristallisieren, was die Natur den Naturwissenschaften durch Vorgänge bietet, die die Engländer *glaring instances* (schreiende Beispiele) nennen. Doch gerade vor diesen *instantiae ostensivae* warnt Francis Bacon (*Novum Organon* II, 14), weil sie dem Verständnis zu sehr entgegenkämen. Sie erinnern so an den bei einem Gastmahl auf der Bühne ein Trinklied vortragenden Sänger, der nicht für seine Tischgenossen singt, sondern sein leeres Glas erhebt, an die Rampe tritt und sich direkt an das Publikum wendet. So treten auch die Treppenwitze aus dem Rahmen der Weltgeschichte heraus und wenden sich demonstrativ an die Nachwelt. Sie sind wie für uns zurechtgemacht und schmeicheln der menschlichen Eitelkeit; sie funkeln so stark, weil sie schon teilweise geschliffen sind; sie sind wesentlich durchsichtig, während das wirklich sich Ereignende oft undurchsichtig ist.

Wir glauben, die Wirklichkeit zu verstehen, während es nur ein ersonnenes Märchen ist, das wir begreifen. Aber gerade das Gemachte, Ersonnene unterscheidet die *Poesie* (im weitesten Sinne) von der Geschichte; das wirklich Geschehende, das man erfragen, erforschen kann (historein = besehen, erkunden, erfahren, erzählen), ist nicht poetisch. Das *Gedichtete* ist auch meistenteils *er*dichtet. Daher bemerkt Schopenhauer mit Recht: *Ein Dichter ist man nicht ohne einen gewissen Hang zur Verstellung und Falschheit (Aus Arthur Schopenhauer's handschriftlichem Nachlaß, hrsg. v. Julius Frauenstädt, Leipzig, 1864, S. 295).* Goethe sagte mit Bezug auf die Zweifel an den Erzählungen von der Lucretia und dem Mucius Scaevola zu Eckermann am 15. Oktober 1825: *... wenn die Römer groß genug waren, so etwas zu erdichten, so sollten wir wenigstens groß genug sein, daran zu glauben.* Das ist zuviel verlangt. Ja, wenn es die Größe der Römer gewesen wäre, die diese Anekdoten erfunden hat; aber es war die liebe Eitelkeit und nichts weiter. Doch eben darum machen die Treppenwitze der Weltgeschichte, wenn sie gut sind, auf uns den Eindruck eines Kunstwerkes; sie befriedigen; selbst wenn sie schon an die Karikatur zu rühren scheinen, muten sie uns nett an, wie eine Fotographie mit einer gewissen Selbstironisierung besser gefällt als eine ganz ernste. Dagegen kann die wirkliche Geschichte, die eine Wissenschaft, aber keine Kunst sein will, nie befriedigen, weil das die Natur ihres Themas, des Menschen, nicht zuläßt.

Eben deshalb aber, weil die Treppenwitze immer schon eine Leidenschaft, eine Tendenz, eine Neigung so abgelöst, abgeklärt hinstellen und gewissermaßen destilliert vorzeigen, wie es in der Wirklichkeit nie vorkommt, üben sie auf den Künstler, sei er nun Maler, Bildhauer, Dichter, Rhetor oder Opernkomponist, eine so eigentümliche Anziehung aus. Seine Aufgabe ist, die Vorgänge des Lebens verständlich und leicht überschaubar darzustellen. Die Hälfte der Arbeit ist ihm schon abgenommen. Selbst die Historiker haben sich oft und gern von diesen Tendenzanekdoten berücken lassen; ja, sie haben sie vorzugsweise aufgesucht und gesammelt, wie Plutarch dies von sich selbst bemerkt in der Widmung seiner *Sammlung der Aussprüche von Königen und Feldherren* (Kap. 1) an Kaiser Trajan, und wie es unter den Neueren manche getan haben, ohne es anzuerkennen. Den Kindern und dem Volk gefällt immer das Sichtbarwerden und Sichgeltendmachen einer einzelnen Persönlichkeit, eines einzelnen Strebens. Daher die unbegrenzte Volkstümlichkeit aller Freischarenführer, mögen ihre Pläne und Unternehmungen noch so aussichtslos sein. Daher auch die vielen Erinnerungen in Rom an Nero‹ und in Moskau an Iwan IV., den Schrecklichen; es waren Scheusale, aber erfolgreiche Scheusale. Der Roman gefällt den meisten Menschen besser als die Wirklichkeit.

Der Treppenwitz der Weltgeschichte hat aber auch einen sozialistischen Zug: Er gefällt sich in der Demütigung des Hohen und berichtet gern die niedrige Abstammung später höchst einflußreicher Personen, und wie ihre Geburt und Erhaltung einst an einem Haar gehangen habe. Desgleichen erzählt er gern, daß wichtige Entdeckungen und Erfindungen nicht dem Nachdenken, sondern einem Zufall zu verdanken seien.

Oft wird das Leben berühmter Persönlichkeiten, besonders von Herrschern, so geschildert, als ob sie von Anfang an ein festes Programm für ihr Wirken gehabt, dieses sogleich klar erkannt, alles Ablenkende vermieden und nichts ihnen Günstiges übersehen, alle Hindernisse sogleich überwunden und es schließlich in allen Teilen durchgeführt hätten. Dies ist wohl immer falsch.

Wie man Kindern die »Moral« nur am Ende von Fabeln, ganzen Völkern nur im Gefäß von Mythen der Religionen beibringen kann, so wird wohl noch lange selbst bei den Gebildeten die Geschichte hauptsächlich durch die Treppenwitze Eingang finden,

> um die gemeine Deutlichkeit der Dinge
> den goldnen Duft der Morgenröte webend.

Personen- und Sachregister

375

Merkel, G. 190
Merkenschlager, F. 226
Merlin 297
Messalina, Valeria 119
Messenische Kriege 50 f.
Messerschmidt, L. 32
Meteren, E. v. 179
Metternich, K. W. N. L. Fürst v. 350
Metz an Frankreich 171 f.
Meulen, A. F. v. d. 256
Meyer, C. F. 185
Michael de Leone 147
Michael, W. 307
Michelangelo 323
Michelet, J. 260
Miller, F. v. 154
Milon 135
Milon v. Kroton 54
Milton, J. 306, 313 f.
Minding, J. 192
Minotauros 45
Mirabeau, H. G. Graf 219, 267
Mohammed 149
Molière, J.-B. 253–255, 257
Mollwitz, Schlacht bei 201 f.
Moltke, H. Graf 229 f., 232 f., 291
Mommsen, Th. 92, 94, 97
Montaigne, M. de 24
Montague 191
Montausier, Herzog v. 254 f.
Montrond, Graf 289
Montyron 293
Morant und Galie 134
Mordred 297
Mordtmann, J. H. 331
More, Sir Th. 30, 302
Moreau, J. V., General 283
Morgan, Fee 297
Morgarten, Schlacht bei 153
Moritz v. Sachsen, Herzog 171, 259, 345
Morus, Th. s. More, Sir Th.
Mosen, Ritter v. 163 f.
Moses 149
Mothe-Langon, Baron E.-L. de la 276
Motley, J. L. 179
Moufle d'Angerville 261
Mozart, W. A. 236
Mucius, G. – Cordus s. Scaevola
Muck, O. H. 27 f.
Mudford 224
Mudrach, Baron 210
Mühlbach, L. 40
Mühldorf, Schlacht bei 154
Mühle v. Sanssouci 212–214
Müller, C. 53

Müller, Hans 155
Müller, Heinrich 189
Müller, J. 153
Müller, J. A. 189
Müller, Th. 53
Müller, W. 136
Müller, Willibald 201
Müller zu Wiesbaden, J. 221
Münch-Bellinghausen, E. F. J. v. s. Halm, F.
Münster, Graf 157
Muller, P. 281
Munkácsy, M. 313
Munoz 329
Murad Bey 278
Muratori, L.-A. 318
Murr, G. v. 185
Musäus, J. K. A. 148
Myron v. Priene 50
Myrto 85
Myson 77

Naboth 213
Nádasdy, G. 207
Napoleon I. 15 f., 58, 111, 157, 182, 215, 221,
      222, 225, 249, 256, 275–287, 325, 347, 358
Napoleon III. 231, 283, 290
Narses 127
Narvaez, R., Herzog v. Valencia 252
Nasim Pascha 355
Natalis Beda 293
Naundorf(f), K. W. 275
Neander, Pfarrer 187 f.
Nebe, Domprediger 229
Nebo 35
Nebukadnezar 37
Nelson, H. 308 f.
Nemesis 128
Nennius 296
Nepos, C. 9
Nero 119–123, 361
Neubauer 213
Neuhaus, F. 191
Neumark, G. 188 f.
Neumayr v. Ramßla, J. W. 337
Neuville, A. de 291
Newton, I. 294, 314 f.
Nicolai, F. 201, 203, 209 f., 216
Nicolaus de Siegen 142
Niebuhr, C. 33
Nieritz, G. 189
Nijhoff, Verleger 190
Nika-Aufstand 127
Nikolaios v. Damaskus 37, 42, 44
Nikolaus Michailowitsch, Großfürst 349 f.
Ninos 34

381